润州年鉴

2022

总第20卷

镇江市润州区人民政府 主办
镇江市润州区史志办公室 编

江苏大学出版社
JIANGSU UNIVERSITY PRESS
镇 江

图书在版编目(CIP)数据

润州年鉴. 2022 / 镇江市润州区史志办公室编. --
镇江 ：江苏大学出版社，2022. 12
ISBN 978-7-5684-1881-2

Ⅰ. ①润… Ⅱ. ①镇… Ⅲ. ①区(城市)—镇江—
2022—年鉴 Ⅳ. ①Z525.34

中国版本图书馆 CIP 数据核字(2022)第 212441 号

润州年鉴(2022)

编　　者／镇江市润州区史志办公室
责任编辑／任建波
出版发行／江苏大学出版社
地　　址／江苏省镇江市京口区学府路 301 号(邮编:212013)
电　　话／0511-84446464(传真)
网　　址／http://press.ujs.edu.cn
排　　印／安徽禾美文化产业发展有限公司
开　　本／889 mm×1 194 mm　1/16
印　　张／20.5
字　　数／699 千字
版　　次／2022 年 12 月第 1 版
印　　次／2022 年 12 月第 1 次印刷
书　　号／ISBN 978-7-5684-1881-2
定　　价／280.00 元

编辑说明

一、《润州年鉴（2022）》以马克思列宁主义、毛泽东思想、邓小平理论、“三个代表”重要思想、科学发展观、习近平新时代中国特色社会主义思想为指导，坚持辩证唯物主义和历史唯物主义的立场、观点和方法，是镇江市润州区人民政府主办，区政府办公室、区史志办公室具体承办的综合性地方年鉴，记载润州区经济、政治、文化、社会、生态文明等建设方面的成就、经验及发展情况，旨在为了解润州、研究润州、发展润州提供信息密集、准确权威的地情资料，也为续修《润州区志》积累史料。

二、《润州年鉴（2022）》为《润州年鉴》总第20卷，记述时限为2021年1月1日至2021年12月31日。为保持年鉴的完整性、实用性，部分资料的时间略有前溯和后延。

三、全书采用条目体，分类编辑。条目为记述实体，其标题用黑体字加【】表示。

四、本年鉴所用稿件由区各部门、单位专人撰写（部分内容由编辑自撰），经各单位负责人审阅后定稿，在条目后署撰稿人姓名或单位名称，一个分目内同一作者的连续几个条目，在最后一个条目署名。所有稿件均经过编辑部编辑加工，并经区地方志编委会审定。正文中的数据由撰稿单位提供，如有出入，则以区统计局提供的数据为准。数字和计量单位的使用，按国家标准执行。为保持文章原貌，“特载”“重要文件选录”等类目中的工作报告、文件、文章所涉及的数据、计量单位不做改动。

幸福润州 Happy Runzhou

年度要闻

2021年2月5日，区委主要负责人走访慰问著名非遗传承人

2021年2月20日，机关党员代表为老党员吴登来庆祝99岁生日

2021年2月，润州区城市经济高质量发展大会

获奖企业家代表（一）

获奖企业家代表（二）

2021年3月31日，省、市、区三级人大代表视察润州政法工作

2021年12月29日，省、市、区三级负责人视察调研政协协商议事工作

2021年7月1日，润州区庆祝中国共产党成立100周年座谈会

2021年6月17日，润州区庆祝中国共产党成立100周年文艺活动

2021年6月17日，出席全区中国共产党成立100周年庆祝大会的老党员代表

2021年7月26日—28日，中国共产党镇江市润州区第九次代表大会

2021年7月28日，区党代表进行选举投票

2021年7月28日，中国共产党镇江市润州区第九届委员会委员、候补委员

2021年9月30日，“官塘创新社区高质量发展行动”启动仪式暨城市设计、产业规划成果发布会

2021年9月30日，官塘创新社区高质量发展行动启动

2021年9月30日，区政府主要负责人作官塘创新社区产业定位说明

2021年8月17日，润州区举办“我为群众办实事”新闻发布会

2021年4月1日，“星期六社区”工作制度运行

2021年6月18日，“市县联动聚合力，我为群众办实事”主题活动

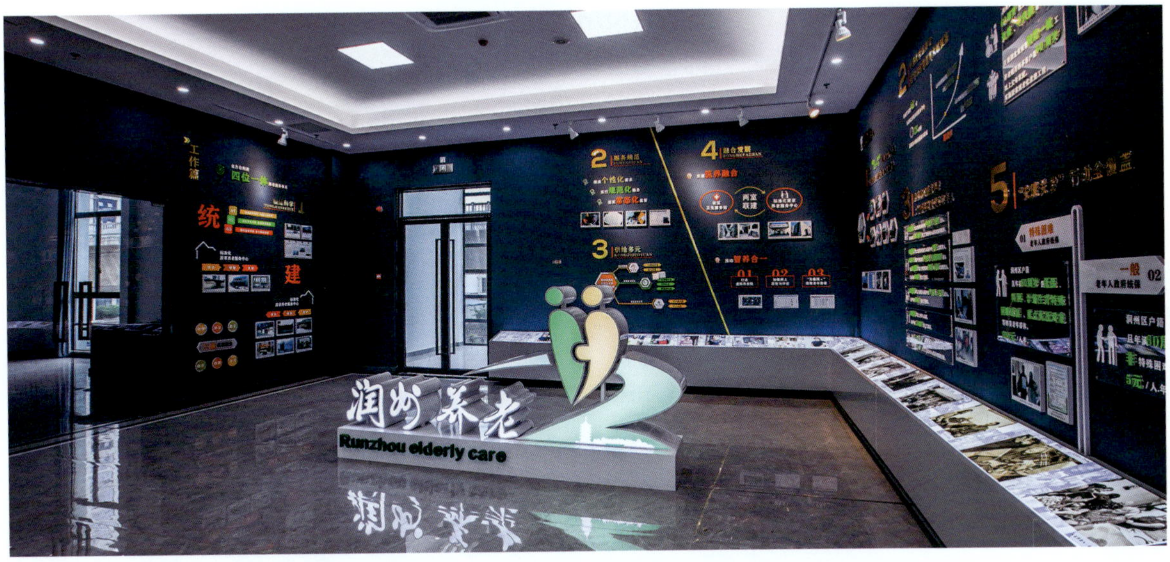

2021年10月，光华朱方路社区瑞和居家智慧养老服务中心

润州便览 2021

【数字润州】

土地面积113平方千米
户籍总人口为24.2万人
7个街道　3个场圃
4个行政村　48个社区
地区生产总值273.69亿元
一般公共预算收入14.66亿元
全社会固定资产投资56.57亿元
社会消费品零售总额134.6亿元
外贸进出口总额18.40亿元
中小学18所
在校学生26730人
城乡基本社会保险覆盖率98%
城镇登记失业率1.40%
城镇常住居民人均可支配收入58145元
在岗职工平均工资130970元

【辖区内风景名胜】

全国重点文物保护单位：镇江英国领事馆旧址、昭关石塔
全国重点寺庙道观：金山江天禅寺
国家重点风景名胜区："三山"风景名胜区中的"金山"
国家AAAAA级旅游风景区：金山公园
国家AAAA级旅游风景区：镇江博物馆、南山风景区
国家森林公园：南山国家森林公园
省级风景名胜区：南山风景名胜区、西津渡历史文化街区

【荣誉】

全国科技进步先进区
江苏省社会治安安全区
江苏省工会工作模范区
江苏省依法行政示范点
江苏省土地执法模范区
江苏省素质教育实验区
江苏省社区建设示范区
江苏省社区卫生服务先进区
江苏省卫生应急工作示范区
江苏省科普示范区
江苏省党建工作先进区
江苏省科技进步考核先进区
江苏省残疾人社区康复先进区

区政府所在地位于北纬32°11′42″、东经119°24′20″
地址：镇江市润州路5号
邮政编码：212005
政府网站为"中国•润州"（网址 http://www.runzhou.gov.cn）

《润州年鉴》主要机构（单位）简称全称对照表

简　称	全　称
区委	中国共产党镇江市润州区委员会
区人大常委会	镇江市润州区人民代表大会常务委员会
区政府	镇江市润州区人民政府
区政协	中国人民政治协商会议镇江市润州区委员会
区纪委监委	中国共产党镇江市润州区纪律检查委员会 镇江市润州区监察委员会
区委办	中国共产党镇江市润州区委员会办公室
人大办	镇江市润州区人民代表大会常务委员会办公室
政府办	镇江市润州区人民政府办公室
政协办	政协镇江市润州区委员会办公室
统战部	中国共产党镇江市润州区委统一战线工作部
政法委	中国共产党镇江市润州区委政法委员会
法院	镇江市润州区人民法院
检察院	镇江市润州区人民检察院
机关工委	中国共产党镇江市润州区委区级机关工作委员会
编办	镇江市润州区机构编制委员会办公室
史志办	镇江市润州区史志办公室
文明委	镇江市润州区精神文明建设指导委员会
关工委	镇江市润州区关心下一代工作委员会
经发局	镇江市润州区经济发展局
财政局	镇江市润州区财政局
农业农村局	镇江市润州区农业农村局
商务局	镇江市润州区商务局
市场监管局	镇江市润州区市场监督管理局
卫健委	镇江市润州区卫生和健康委员会
城管局	镇江市润州区城市管理局
交通运输局	镇江市润州区交通运输局
科技局	镇江市润州区科学技术局
文体旅局	镇江市润州区文化体育和旅游局
民宗局	镇江市润州区民族宗教事务局

简　称	全　称
人社局	镇江市润州区人力资源和社会保障局
应急局	镇江市润州区应急管理局
信访局	镇江市润州区信访局
公安分局	镇江市公安局润州分局
自规分局	镇江市自然资源和规划局润州分局
税务局	国家税务总局镇江市润州区税务局
生环局	镇江市润州生态环境局
机关事务服务中心	镇江市润州区政府机关事务服务中心
工贸总公司	镇江市润州区工贸总公司
团区委	共青团镇江市润州区委员会
妇联	镇江市润州区妇女联合会
侨联	镇江市润州区归国华侨联合会
工商联	镇江市润州区工商业联合会
科协	镇江市润州区科学技术协会
残联	镇江市润州区残疾人联合会
区广播电视台	镇江市润州区广播电视台
区新闻中心	镇江市润州区新闻中心
供销社	镇江市润州区供销合作总社
环卫所	镇江市润州区环境卫生管理所
文联	镇江市润州区文学艺术界联合会
作协	镇江市润州区作家协会
民革润州支部	中国国民党革命委员会 镇江市委员会润州区支部委员会
民盟润州支部	中国民主同盟镇江市委员会 润州区支部委员会
民建润州基层委员会	中国民主建国会润州基层委员会
民进润州支部	中国民主促进会润州综合支部
农工党润州支部	中国农工民主党润州区支部委员会
致公党润州基层委员会	中国致公党润州基层委员会
九三学社润州委员会	九三学社润州委员会
城管润州执法大队	镇江市城市管理执法支队润州大队

总 目 录

目　　录

幸福润州

特　载

润州概况

大事记

中共润州区委员会

润州区人民代表大会

润州区人民政府

政协润州区委员会

中共润州区纪律检查委员会 润州区监察委员会

民主党派·工商联

群众团体

法治·军事

经济管理

农业·水利

工业·服务业

城乡建设·环境保护

商业经济

财　税

教 育

科技·卫生·广电·文体旅

社会事业

街道·场圃

荣誉榜

附 录

索 引

实施“双轮驱动” 筑造“四个主城”
向着现代化一流主城区的宏伟目标砥砺奋进

——在中共镇江市润州区第九次代表大会上的报告

高国成

（2021 年 7 月 26 日）

各位代表、同志们：

现在，我代表中共镇江市润州区第八届委员会向大会作报告。

中共镇江市润州区第九次代表大会，是在举国同庆中国共产党百年华诞、向着第二个百年奋斗目标迈进的历史交汇点，是在润州转型发展、跨越赶超的关键时刻，召开的一次承前启后、继往开来的大会。大会的主题是：坚持以习近平新时代中国特色社会主义思想为指导，深刻把握“争当表率、争做示范、走在前列”使命要求，牢牢紧扣“三高一争”奋斗指向，实施“双轮驱动”、筑造“四个主城”，向着现代化一流主城区的宏伟目标砥砺奋进。

浓墨重彩五年间，不懈奋斗交出不凡答卷

区八届一次党代会以来的五年，是润州发展史上极不平凡的五年，挑战前所未有、历程艰辛难忘、成绩令人鼓舞。面对行政管理区划调整带来的重大变化，区委以“白纸作画”的勇气和担当，带领广大干部群众“二次创业”、开启发展城市经济的新征程。五年来，全区上下深入贯彻习近平新时代中国特色社会主义思想，在转型攻坚中砥砺前行，在抢抓机遇中乘势而上，经济社会发展和党的建设实现全方位提升，决战第一个百年奋斗目标取得历史性胜利。

回首这极不平凡的五年，最让我们欣喜和激动的是，如期实现了高水平全面建成小康社会的目标，圆了润州人孜孜以求的梦想。我们准确把握“高水平”“全面性”两个基点，坚定不移践行新发展理念，推动高质量发展走在前列，以“强富美高”为内涵的高水平全面小康，在润州展现出生动的现实模样。**“经济强”强在质量。**相比于 2017 年，2020 年全区实现地区生产总值 245.23 亿元、年均增长 5.9%；服务业占比从 80.1% 提升至 84.2%，优势地位进一步巩固；市场主体年均增长 23.72%、注册资本总额达 1134.22 亿元。五年来，

累计实施产业项目87个、完成投资291.71亿元，累计引进创新创业领军人才53人、新增高级专业技术人才600余人，经济发展实现稳中有进、进中提质。**“百姓富”富在感受。**村均集体经营性收入连续五年列全市第一，城镇居民人均可支配收入年均增长7%、高于经济发展水平；累计新增就业5.29万人，城镇登记失业率始终控制在4%以内；完成棚户区、城中村、老旧小区改造176.62万平方米，教育年限、医疗服务、养老服务、预期寿命等指标均超省定小康标准，人民群众幸福感、获得感普遍增强。**“环境美”美在韵味。**坚决打赢污染防治攻坚战，2020年空气质量创有监测记录以来最好水平，“润州蓝”成为“常态蓝”；全面消除黑臭水体，扎实推进“厕所革命”，全力推行垃圾分类，城乡人居环境质量不断改善，山水城林一体共生的韵味日益彰显。**“社会文明程度高”高在风尚。**24人入选全国、省、市三级“好人榜”，标准化善行义举榜的经验在全市推广。常态化开展文明创建活动，社会文明程度测评指数持续提升，为镇江夺取全国文明城市“三连冠”作出重要贡献。体育、档案、慈善、残疾人、关心下一代等事业加快发展，全区人民在政治、经济、文化、社会、生态方面需求得到极大满足。

回首这极不平凡的五年，最让我们鼓舞和振奋的是，以极高定力打赢了几场“硬仗”，着重抓了一批关乎全局和根本的大事要事，将发展的主动权牢牢掌握在自己手中。我们坚持发展第一要务，主动适应形势变化，科学回答了新的历史条件下润州发展方向、发展路径等重大命题。**开辟了发展新道路。**审时度势作出发展城市经济重大战略，制定产业发展规划、出台产业发展政策，连续4年召开城市经济高质量发展大会，以生产性服务业、高端商贸业、现代旅游业、智能制造和低碳产业为主导的城市经济体系初步形成。特别是生产性服务业发展迅猛，受到省政府“真抓实干”督查激励。**拓展了发展新空间。**积极抢抓宁镇扬一体化、G312产业创新走廊建设机遇，坚定不移推进“产城融合”发展战略，官塘创新社区正式挂牌，核心区城市设计、区域产业定位基本完成，一批对未来发展有影响力的重大项目签约落户，“镇江主大门”建设开启崭新篇章，润州融入区域一体化的战略支点正在形成。**释放了发展新活力。**坚持全面深化改革不动摇，全国残疾预防试验区试点、省级服务业综合改革试点通过验收，新一轮党政机构改革、纪检监察体制改革、农村集体产权制度改革、基层“三整合”改革全面完成，财税管理体制改革、国有企业改革取得积极成效；创新实施“三岗十八级”社工职业体系和“六办六不办”社工标准化工作体系。随着一系列重大改革项目的实施，落实党的全面领导制度更加健全，政府职能配置全面优化，制约经济社会发展的体制机制障碍有效破除。

回首这极不平凡的五年，最让我们骄傲和自豪的是，“十三五”圆满收官，各项事业发展取得标志性成果，交出了一份过硬的“成绩单”。我们敢于创新、真抓实干、攻坚克难，各方面新添了一批“金字招牌”。**润州在全国有影响。**“全域党建引领基层善治”获评全国基层党建创新最佳案例，三次登上中国浦东干部学院讲堂；通过国家公共文化服务体系示范区终期验收，首届城市旅游经济发展论坛在人民日报社成功举办，长江禁捕退捕工作被央视《新闻联播》报道，标准化居家养老服务中心建设入选《民生周刊》“2020年民生示范工程”。**润州在全省有地位。**成功入选首批省级文旅消费试点单位，西津渡中央休闲区被评为“省级夜间文旅消费集聚区”；成功创建1家省级博士后创新实践基地，商务金融服务集聚区入选省级生产性服务业集聚示范区；创成首批省社区教育示范区、省慢性病综合防控示范区、省现代社区治理创新实验区、省书香城市示范区；基层减负工作成为全省典型，获省委督查室肯定。**润州在全市有担当。**高质量完成省委巡视反馈意见整改，在全市首次政治生态监测评估中名列第一，全面从严治党满意度持续提升、2020年位列全市辖区第一；“润州最滋润”营商品牌、“润州明月夜”夜经济品牌打造有声有色，“红色形象体系”建设、“三聚三提五创”活动、“三结三定”共驻共建、“大党建·微治理”形成特色亮点。

回首这极不平凡的五年，最让我们欣慰和满意的是，成功经受住百年未有之大变局带来的治理考验，城市安全运行的“筋骨”更加强健、“韧劲”更加彰显。我们统筹发展和安全两件大事，努力实现高质量发展和高水平安全的良性互动。**妥善处置“黑天鹅”“灰犀牛”事件。**万众一心抗“大疫”，构筑起“大数据+网格化+铁脚板”的严密防线，有序落实常态化疫情防控举措，疫苗接种工作走在全市前列，一直保持低风险地区状态；众志成城防“大汛”，成功应对去年极端恶劣天气带来的破纪录汛情，实现了江河安澜、社会安宁、人心安定。**有效提升本质安全水平。**坚持把维护政治安全放在首位，把维护人民群众生命财产安全作为重要任务，统筹防范化解经济金融、意识形态、社会生态等各领域风险隐患，确保了重要敏感时期和重大活动期间的社会稳定。扎实推进安全生产专项整治，创新开展城市安全“四风行动”，推动“一年小灶”“三年大灶”无缝衔接，实现重大安全生产事故“零发生”。**不断深化社会治理创新**。在全市率先建成区级网格化联动指挥中心，推动“警格 + 网格”双网融合，公众安全感得到全面提升；扎实推进“七五普法”宣传，落实行政执法“三项制度”，建成半小时法律服务圈，法治建设满意度稳居全市前列；“扫黑除恶”专项斗争取得丰硕成果，政法队伍教育整顿有力提升了队伍形象和执法司法的公正性。

回首这极不平凡的五年，最让我们感动和感激的是，全区上下牢固树立“一盘棋”思想，凝聚起“同向奔跑、共创荣光”的奋进合力，展现出“比学赶超、争先进位”的良好风貌。我们知重负重、逆势而行，彰显了党员干部应有的精神担当，拼搏奋斗成为全区各级党组织最厚重的底色。**有效解决了思想之困**。全面加强党的思想政治建设，扎实开展“三严三实”专题教育、“两学一做”学习教育、“不忘初心、牢记使命”主题教育和党史学习教育，推动党员干部不断增强“四个意识”、坚定“四个自信”、做到“两个维护”；隆重举办庆祝中华人民共和国成立 70 周年、庆祝中国共产党成立 100 周年系列活动，有效激发全区上下爱党爱国的热情；坚持在解放思想中统一思想，深入开展解放思想大讨论，着力破除转型发展的信心不强、创新发展的理念不新、争先发展的干劲不足等问题，“润州能行、服务全局、时不我待”三种意识牢牢根植到每一名干部的内心深处。**全面夯实了队伍之基**。出台“鼓励激励、容错纠错、能上能下”三项机制、关爱激励干部担当作为六项举措、领导干部 360° 适岗评价办法，营造了干事创业良好氛围；在全市率先完成村（社区）两委换届，选优配强了基层党组织“领头雁”；推动纪律监督、监察监督、派驻监督、巡察监督统筹衔接，持续正风肃纪反腐，深化系统施治、标本兼治，党员干部的政治意识、纪律意识、规矩意识不断增强。**充分凝聚了奋进之力**。党的领导核心作用充分体现，区委常委会定期听取区人大常委会、区政府、区政协、区人民法院、区人民检察院党组工作汇报，积极支持人大、政协依法依章履职，认真做好民族宗教工作，不断壮大爱国统一战线，充分发挥群团组织桥梁纽带作用；各单位、各部门围绕中心大局认真履职尽责，各街道勠力同心、担当作为，合力奏响了新时代奋进最强音！

看似寻常最奇崛，成如容易却艰辛。五年来，润州所有的发展成就，是在外部环境“风高浪急”的大背景下取得的，是在转型发展面临重大考验的特殊形势下取得的，更显不易和珍贵。我们深切感受到，成绩的取得离不开以习近平同志为核心的党中央和省委、市委的正确领导，离不开历届区委的接续奋斗，离不开全区 1.2 万共产党员和 24 万群众的团结拼搏。荣光属于全区人民，每个润州人都了不起！在此，我代表八届区委，向广大党员干部和人民群众，向始终情系润州工作的老领导、老同志，向与我们同心同德的各民主党派、工商联、无党派人士和人民团体，向所有关心支持润州改革发展的朋友们，致以崇高的敬意和衷心的感谢！

五年来，我们坚持把新发展理念与润州实际紧密结合，创造性开展工作，既收获了丰富的实践成果，更创造了宝贵的精神财富：**我们深深感到，办好润州自己的事，必须始终坚持“旗帜鲜明讲政治”**。自觉从“知其然、知其所以然、知其所以必然”的政治高度，深刻领会习近平新时代中国特色社会主义思想和习近平总书记视察江苏、镇江重要指示精神，坚定不移把党的路线方针政策在润州落到实处，做讲政治的知行合一者。**我们深深感到，办好润州自己的事，必须始终坚持“一张蓝图绘到底”**。发展城市经济是经过实践检验的正确路径选择，是推动转型发展、实现现代化宏伟蓝图的关键之举。润州的前途命运已经与城市经济发展紧密联系在一起，唯有保持十年磨一剑的定力，一锤接着一锤敲，一任接着一任干，才能构建现代产业体系、提升发展能级。**我们深深感到，办好润州自己的事，必须始终坚持“想尽办法干成事”**。凡成大业者，无不具备咬定青山不放松的韧劲和一抓到底钉钉子的精神。事实反复证明，想则有招、干则必成。定下来的目标、想明白的事、已明确的任务，只要把准方向往前走，不害怕难题、不回避矛盾、不停下脚步，就一定能取得实效。这些认识是八届区委在大变革、大考验、大抉择中总结出的有益经验，对未来长远发展具有重要指导意义，必须长期坚持、不断完善。

在肯定成绩的同时，也要清醒地看到，我区发展中的一些深层次、结构性矛盾仍未得到根本解决，前进道路上还存在许多困难和挑战。主要表现在：对照新发展阶段、新发展理念、新发展格局要求，我区科技创新能力、产业发展规模还不强大；对照人民群众对美好生活的新向往新期待，教育、医疗、住房等优质公共服务供给能力还不匹配；对照“争当表率、争做示范、走在前列”的使命任务，干部队伍能力素质还不适应。全区各级党组织和全体党员干部要增强忧患意识，坚持问题导向，努力在实践中把各项工作做得更好。

接续奋斗向未来，激情满怀开启时代征程

这是一个正在发生历史性变革的伟大时代。在以习近平同志为核心的党中央坚强领导下，我国如期实现了第一个百年奋斗目标，正在意气风发向着全面建成社会主义现代化强国的第二个百年奋斗目标迈进！润州，在经历了工业化和城市化的洗礼后，已经迎来了现代化建设的崭新篇章。

*继往开来，必须认清形势、把握大势。*新征程、新机遇、新挑战，如何牢牢把握工作主动权，把现代化建设之路走得更稳更实，需要我们以更大格局、更广视野、更深层次全面分析发展环境。**要深刻认识到，我们正处于战略叠加的机遇期。**从外部看，世界百年未有之大变局加速演进，国际力量对比深刻调整，“东升西降”的历史潮流浩浩汤汤、不可阻挡，时与势都在我们一边。从自身看，习近平总书记“争当表率、争做示范、走在前列”的殷殷嘱托，为润州开启新征程提供了最强大的精神动力；长江经济带、长三角一体化、宁镇扬一体化等多重叠加战略的深入实施，为润州更大范围、更高层次配置要素资源提供了坚实基础；镇江“一体、两翼、三带、多片区”发展布局和主城区、行政中心所在地的特殊地位，为润州在全省、全市发展大局中发挥更大作用提供了战略空间。只要我们乘势而上，就一定能让未来五年成为大有作为的黄金发展期。**要深刻认识到，我们正处于风险挑战的承压期。**新冠肺炎疫情影响广泛深远，经济全球化遭遇逆流，单边主义、保护主义思潮暗流涌动，全球产业链供应链面临重塑，不稳定性不确定性明显增加；国内经济转型发展压力加大，政治安全、经济安全、社会安全等面临新的考验，影响改革发展稳定的各种矛盾不断凸显；区域竞争态势更加激烈，发展格局日趋分化，我们一旦落后就有被边缘化的风险。全区党员干部必须客观理性审视外部竞争和自身不足，切实增强紧迫感和危机感，下更大决心练好内功，吃更多辛苦赢得主动。**要深刻认识到，我们正处于蓄势转型的突破期。**在第一届城市经济发展大会上，区委希望通过10年左右时间的打造，构建起一个结构优化、特色鲜明的现代城市经济体系。经过近四年的探索实践，城市经济发展已奠定坚实基础。更为重要的是，在宏观经济下行和疫情冲击等巨大压力的考验下，广大党员干部深化了对经济发展的规律性认识，驾驭城市经济工作的能力日趋成熟；最为关键的是，我们的干部队伍团结务实，敢打必胜。天时、地利、人和，润州具备了跨越赶超的条件。未来五年，润州必将成为突破崛起的新高地、城市经济的示范区。

*继往开来，必须明确方向、谋定快动。*习近平总书记在庆祝建党100周年大会上发表的重要讲话，是指引我们向第二个百年奋斗目标进军的行动纲领。全区上下要深入学习贯彻习近平总书记“七一”重要讲话精神，拿出更加昂扬向上、更加奋发有为的精神状态，在现代化建设新征程上努力拼搏奋斗。未来五年，全区工作的总体要求是：**高举习近平新时代中国特色社会主义思想伟大旗帜，深入学习习近平总书记“七一”重要讲话精神，全面贯彻习近平总书记视察江苏、镇江重要指示精神，统筹推进“五位一体”总体布局，协调推进“四个全面”战略布局，坚持稳中求进工作总基调，加快构建生产性服务业、数字经济“双轮驱动”格局，奋力筑造创新融合发展的活力主城、近者悦远者来的品质主城、宜居宜业宜游的魅力主城、共建共治共享的平安主城，向着现代化一流主城区的宏伟目标砥砺奋进。**

——着眼润州城市经济发展的当下与未来，加快构建生产性服务业和数字经济“双轮驱动”新格局：

*立足主城核心城区，重点培育产业集群，推动链式发展，引导生产性服务业壮大成势，不断夯实城市经济发展的根基。*生产性服务业是两化融合的核心，是引领产业向价值链高端提升、实现产业发展弯道超车的关键环节和根本途径。2017年以来，以商务服务、金融服务、科技服务为代表的生产性服务业已经成为润州的特色产业和支柱产业。下一个五年，最重要的还是一张蓝图绘到底，久久为功做强生产性服务业，实现在服务业增加值中占比超过60%的目标。要持续巩固商务金融服务集聚区建设成果，推动空间布局更加合理、产业特色更加明晰、配套功能更加完善；要坚持政府引导、市场主导，积极吸引符合产业导向的高端项目落户，不断提升产业规模和层次；要通过产业链延伸、资源链整合、价值链提升，加快融入长三角一体化和宁镇扬一体化发展战略，推动跨区域联动发展，努力建成具有区域辐射力的生产性服务业高地。在壮大生产性服务业的同时，同步抓好其他现代服务业的转型升级，依托“两山一渡”，重点发展现代文旅融合产业，放大润州历史、人文、生态等资源优势，串点成线、连线成面，形成全域旅游发展新格局；依托现有城市综合体和楼宇载体，重点发展精品商

贸、特色商业，增加新型消费占比，提升主城消费档次和体验；顺应碳达峰、碳中和趋势，重点发展低碳产业，培育绿色发展先机，打造更多符合绿色发展理念的经济增长点。

立足官塘创新社区，重点对接沪宁产业创新带、G312产业创新走廊建设，全力发展数字经济，加快培育城市经济发展新动能。当前，以数字经济为代表的新一轮科技革命和产业变革正在重塑全球经济结构，潜力不可低估、未来不可限量。数字经济大发展，已经成为大变局下各类不确定性中的最大确定性，是不容错失的重大机遇。镇江“四群八链”产业规划，明确我区重点发展新一代信息技术产业；市委、市政府也对主城区发展数字经济寄予厚望，在“一体、两翼、三带、多片区”发展布局中，明确要求我们重点发展数字经济；市委马明龙书记寄语官塘创新社区成为镇江“数字经济引领区”，让我们对润州数字经济的未来充满期待。立足官塘创新社区，补全润州城市经济版图，打造镇江数字经济增长极，其时已至！在方向上，要全力构建“1+2+6”产业格局：“1”，即打造“数字经济引领区”；“2”，即聚焦智能制造和数字服务两大类；“6”，即发展工业物联网、智能装备（机器人）、工业和信息软件、数字及金融外包、大数据和云计算、全渠道新零售六大细分产业。在路径上，要聚焦头部企业带动，探索创新投融资机制，以超常规力度推进产业项目投资和基础设施建设，力争数字经济核心产业增加值年均增长10%以上；数字经济是年轻人的经济，要深度推进产城融合，加快推进以年轻人为主体的人口导入，让创新社区有人气、有活力。

实施“双轮驱动”战略，就是要构建以生产性服务业为主导，以数字经济为引领，高端商贸业、现代旅游业、智能制造和低碳产业多点支撑的现代城市经济体系。这是完整准确全面贯彻新发展理念的必然要求，是加快形成具有润州特色的现代产业体系的战略选择，有利于生产要素合理流动和优化配置，有利于推动城市经济发展实现质量变革、效率变革、动力变革，有利于推动润州全域实现新路超越、进位突破。

——着眼推进“产、城、人、治”一体现代化，全面建设“四个主城”：

推动“产”的转型，打造创新融合发展的活力主城。现代化一流主城区，产业发达是鲜明标志。必须坚定不移将“产业强区”作为一号战略，将“产城融合、创新驱动”作为核心路径，将构建城市经济产业体系作为关键抓手，将打造“润州最滋润”营商品牌作为特色亮点，使润州以产而兴、因业而强。

彰显“城”的特色，打造近者悦远者来的品质主城。现代化一流主城区，文明美丽是气质表征。润州是一座有山有水有故事的城市，要遵循城市发展规律，把地域、历史、文化等元素，有机融入城市规划建设和运营管理，突出山水花园名城的内在风度，让好山好水好故事与城市交相辉映。

满足“人”的需求，打造宜居宜业宜游的魅力主城。现代化一流主城区，满足人民对美好生活的向往是核心价值。要坚持以人民为中心的发展思想，把便民惠民安民乐民作为基本功能，推进以人为核心的新型城镇化，优化生产、生活和生态空间布局，提升资源使用效率和效益，促进公共服务、城乡建设与产业发展相协调。

提升“治”的效能，打造共建共治共享的平安主城。现代化一流主城区，平安善治是根本内涵。要坚持全周期管理理念，充分发挥基层党组织的领导作用、基层政府的主导作用、基层群众性自治组织的基础作用和社会力量的积极作用，建设人人有责、人人尽责、人人享有的基层治理共同体。

同志们！实施“双轮驱动”、筑造“四个主城”，是未来五年润州发展的主旋律。全区上下要紧紧围绕这个战略部署，找准坐标定位，深入谋划和务实推进各项工作。广大党员干部要以“功成不必在我、功成必定有我”的境界担当，想尽办法干成事，奏响发展最强音！

加速奔跑争荣光，创新实干建设一流主城

战略已定、方向已明。未来五年，全区上下必须立足新发展阶段、贯彻新发展理念、构建新发展格局，确保“双轮驱动”和“四个主城”战略不折不扣落到实处。

（一）自觉全面融入新发展格局，塑造区域竞争新优势

全面构建现代产业体系。围绕健全完善现代城市经济体系总目标，按照“头部企业带动、大项目支撑、集聚化推进”总思路，建立重点产业链“链长制”，加快培育一批“链主企业”和“链主项目”，切实提升城市经济产业能级和竞争力。加大产业发展支持力度，充分发挥产业政策导向性作用，不断完善招商引资、招才引智、企业高质量发展、产业培育等专项政策，引导资本流向生产性服务业和数字经济的关键领域，激发产业发展活力。

打造融入一体化的战略支点。一方面，高标准

打造官塘创新社区。坚持精品建设，聚焦“总部经济集聚区、产城融合示范区、山水花园名城样板区”战略定位，以打磨艺术品的心态，推动基础设施建设、景观水系打造、文化元素植入等工作；坚持精细招商，瞄准“总部型、创新型、服务型、流量型”四类经济，充实招商项目资源库，积极探索委托招商、商会招商、顾问招商等模式，确保每年引入一批亿元以上优质项目；坚持精准治理，统筹生活业态构建和营商环境优化，让创新社区更具吸引力；坚持精心组织，加快体制机制创新，争取新理念新模式在创新社区内先行先试。另一方面，放大韦岗片区资源优势，以高端化、绿色化为主攻方向，培育壮大绿色产业。

统筹推进扩大内需和对外开放。推动传统商贸业提档升级，鼓励商家引入现代理念、运用现代技术、发展新零售业态，打造品牌更多、服务更好、环境更优的中央商贸区；大力发展“夜间经济”“线上经济”“社区经济”，增强消费对经济增长的拉动作用。加强对外开放合作，向东对接长三角一体化龙头城市上海，增强对高端产业、优势资本的吸引力；向西对接南京都市圈建设，发挥主城端口作用，积极承接数字经济产业和项目转移；向外用足用好国家政策，加大双招双引力度，支持本土企业走国际化发展道路。

（二）始终坚持创新主体地位，着力培育发展新动能

激发创新主体活力。突出企业创新主体地位，以提升自主创新能力为核心，构建企业阶梯式发展路径，精准培育龙头领军型企业、高新技术企业、科技型中小企业创新梯队。围绕科技企业成长的全生命周期，以孵化器为核心，引导建设“众创空间—孵化器—加速器”一体化的孵化链条。支持辖区企业通过项目合作、技术交流等方式开展联合创新，力争未来五年全区企业研发经费投入年均增长15%。

集聚优秀创新人才。坚持把人才资源作为创新创业发展的第一资源，深入实施“润州英才”计划(2021–2025)，持续打造“名校高企产才行”活动品牌，更大范围招引集聚海内外优秀人才，补齐润州专业人才缺口。全方位支持保障人才就业创业，主动提供落户、医疗、住房、子女教育等精准服务，营造“来润州、才无忧”的服务环境。加快培育一批具有全局视野、战略思维和创新能力的新型本土企业家，打造润州创新“生力军”。

营造良好创新生态。深化“政产学研金”合作，加快构建产业、企业、平台、人才、载体、金融、政策“七位一体”创新生态系统，推进创新链、产业链、资金链、政策链“四链”融合。发挥金融集聚优势，提升金融支持创新发展能力，完善天使投资、创业投资、知识产权质押等服务方式，让更多金融活水流向实体经济、支持创新发展。深化“润州最滋润”营商品牌打造，加大行政审批改革力度，常态化开展大走访、早餐会等为企服务活动，最大限度减少制度成本、压缩交易成本、降低要素成本。

（三）积极有为推进共同富裕，不断满足群众新期待

千方百计增加居民收入。强化就业优先政策，稳步扩大就业规模，不断优化就业结构，促进充分就业，确保每年城镇新增就业6000人左右，城镇登记失业率控制在3%以内。健全完善城乡居民收入与经济同步增长机制，鼓励劳动者通过资本、技术、管理等要素参与分配，增加群众工资性、经营性、财产性、转移性收入，推动更多低收入群体迈入中等收入群体行列。

健全完善社会保障体系。深入推进全民参保计划，多渠道实施社保精准扩面，力争到2025年底各项社会保险基本实现法定人群全覆盖。完善分层分类、城乡统筹的社会救助体系，加强城乡居民社会保险与社会救助制度的衔接。更加关注“一老一小”，健全居家社区机构相协调、医养康养相结合的养老服务体系，深入解决托幼难题，促进养老和托幼事业标准化、规范化、科学化发展。保障妇女儿童合法权益，完善帮扶残疾人、孤儿等社会福利制度。继续做好退役军人服务保障工作。

推动公共服务优质均衡发展。办好人民满意的教育，加快学前教育公益普惠建设，确保区域内普惠性幼儿园覆盖率保持在90%以上；加大义务教育师资队伍建设力度，持续深化“五育”并举育人体系，系统推进教育评价改革，推动职业教育特色发展。深入实施“健康润州”建设行动，健全疾病预防控制体系，创新医疗联合体合作模式，加快发展中医药事业，推动优质医疗资源均衡布局。坚持“房住不炒”原则，促进房地产市场健康发展。

（四）深入践行“两山”理念，绘就美丽润州新画卷

持续优化生态环境。全面贯彻习近平生态文明思想，以减污降碳协同增效为总抓手，扎实推进美丽润州建设。聚焦重点区域、重点时段、重点领域，严格落实“治气”措施，推动空气质量持续好转。打好长江大保护持久战，毫不放松抓好长江十年禁渔，继续巩固城市生活污水整治成效，让“水

润之州”成为城市新名片。稳步推进土壤污染防治，开展大规模国土绿化行动，全面营造生态良好、景色优美的城市山林风貌。

不断提升城市品质。遵循城市发展规律，在城市建管中着力塑造特色风貌、彰显内涵底蕴。坚持规划引领，科学统筹生产、生活、生态空间布局，推进国土空间规划、环境保护等各类规划多规融合、有效衔接。有序实施老旧小区改造、危房解危，同步做好“两违”治理、物业服务、垃圾分类等工作，不断推进城市有机更新，实现“城市让生活更美好”的目标。

全面推进乡村振兴。坚持农业农村优先发展，大力发展现代农业，努力提高润州特色产品的市场化程度和附加值。持续健全乡村人才工作体制机制，促进农业农村人才队伍建设，培养造就一支懂农业、爱农村、爱农民的“三农”工作队伍。全面推进美丽乡村建设，扎实开展乡村公共空间治理，着力提升农村人居环境质量，让农民群众享有更优质的生活环境和公共服务。充分激发现代化新农民成长的内生动力，有力提升村民自治、自律、自我教育和自我发展能力。

（五）繁荣文化事业文化产业，彰显千年古城新魅力

激发文化发展活力。坚持传承性发展、创造性转化，让润州独特的历史文化、红色文化、江南文化、街巷文化在交相辉映中激发创造活力、绽放独特光彩。深入推进历史文化街区及大运河文化带的保护利用，积极打造大运河、西津渡等文化IP，加强国家级、省级非物质文化遗产项目申报工作。做好革命纪念设施、遗址和爱国主义教育基地建设，打造以嵇直故居、五卅演讲厅、韦岗战斗胜利纪念碑为代表的红色文化集群。激活街巷文化资源，打造一批老街巷文化体验地。

塑造文化产业优势。实施文化品牌工程，支持原创性文化作品生产，精心创作一批带有润州印记的优秀文艺精品。完善现代公共文化服务体系，加快公共文化服务设施数字化建设。培育壮大“文化+”新业态，大力发展数字文化产业和创意文化产业。深化文旅融合，激发文旅消费潜力，大力推进国家全域旅游示范区、省级文化旅游消费试点建设，努力建成“长三角旅游目的地”。

擦亮城市文明底色。高水平推进全区新时代文明实践中心工作体系建设，深入开展文明村镇、文明校园、文明家庭等群众性精神文明创建活动，坚决打赢全国文明城市创建战、保卫战。积极培育践行社会主义核心价值观，持续开展市民文明素养提升行动，加强“最美润州人”等城市人文品牌建设，在全社会营造崇德向善、见贤思齐、德行天下的浓厚氛围。

（六）更好统筹发展和安全，开辟城市治理新境界

提升城市安全韧性水平。全面提高公共安全保障能力，提升食品药品安全保障水平，毫不放松抓好常态化疫情防控。扎实推进安全生产“三年大灶”专项整治行动，持续完善防灾减灾救灾应急体系，提高城市风险防御能力。坚持和发扬新时代“枫桥经验”，加强人民调解体系建设，创新和完善基层社会治安防控体系。扎实推进“阳光信访系统”建设，维护群众合法权益，促进社会和谐稳定。

高水平建设法治润州。践行习近平法治思想，一体推进法治城区、法治政府、法治社会建设，着力打造最安全稳定、最公平公正的标杆城区。坚持重大行政决策程序，完善行政执法标准化体系。深化司法体制综合配套改革，推进民事诉讼程序繁简分流改革和诉讼体制改革。全面巩固政法队伍教育整顿成果，常态化推进“扫黑除恶”专项斗争，严厉打击网络电信诈骗等犯罪。全面实施“八五”普法规划，建设便捷高效、均等普惠、智慧精准的现代公共法律服务体系。

提升基层治理现代化水平。全面推进治理体系和治理能力现代化，加快建设基层治理共同体。坚持“众人的事情由众人商量”，探索创新党建引领基层治理有效制度，全面激活社区自治功能，加强群众性社会组织培育，构建党领导下多方参与、共同治理、充满活力的基层治理体系。加强信息平台一体化建设，有序推进智慧城市、智慧社区建设，为治理现代化提供“智慧支撑”。

赓续初心担使命，坚定不移加强党的建设

今年是中国共产党建党100周年。百年征程波澜壮阔，百年初心历久弥坚。站在第二个“百年”新的起点上，要全面继承发扬伟大建党精神，认真落实新时代党的建设总要求，不断提高党的建设质量和水平，努力为现代化一流主城区建设提供坚强政治保证。

（一）旗帜鲜明讲政治，加强党的全面领导。坚持以习近平新时代中国特色社会主义思想武装头脑、定向领航，建立政治学习“第一议题”学习制度，深入开展“大学习、大调研”，健全习近平总书记重要指示批示精神和党中央决策部署贯彻落实

情况督查制度，切实增强“两个维护”的政治自觉。加强和改进党委对经济社会重大事务的综合协调，充分发挥党委议事协调机构职能作用，提高党委管大事、议大事能力，发挥把方向、管大局、作决策、保落实作用。加强干部队伍政治能力建设，不断提高政治领悟力、判断力、执行力，始终牢记“国之大者”、抓好“润州大事”。坚决响应党中央号召，按照省委“两在两同”建新功（**同人民想在一起、干在一起，风雨同舟、同甘共苦，在现代化新征程上建新功**）行动部署，争做伟大号召的迅速行动者、忠实执行者、模范践行者。

（二）*加强思想引领，凝聚发展共识*。把统一思想、凝聚力量作为宣传思想工作的中心环节，更好担当举旗帜、聚民心、育新人、兴文化、展形象的使命任务。全面加强思想政治工作，推动习近平新时代中国特色社会主义思想进社区、进农村、进家庭，引导广大党员干部扛起主城使命担当，教育广大群众坚定“四个自信”。严格落实意识形态工作责任制，全面加强各领域意识形态工作，牢牢掌握意识形态领域领导权和主导权。自觉将宣传思想工作融入主城区建设发展大局，进一步激发全区人民主人翁意识和奋进精神。

（三）*树立正确导向，锻造高素质铁军*。全面贯彻新时代党的组织路线，把思想教育、选人用人、容错纠错、能上能下、关心关爱、考核评价等激励措施有机贯通，推动干部争做狠抓落实、善作善成的创业者、实干家。实施干部成长路径拓展计划，加强专业能力培训，拓宽岗位历练渠道，抓好年轻干部培养和专业岗位干部储备，提高干部队伍落实新发展理念、构建新发展格局、领导推动现代化主城区建设的水平。

（四）*建强组织体系，筑牢基层堡垒*。聚焦现代化一流主城区定位，探索城市基层党建新路，面向更大范围、更广领域、更深层次、更新场景深化党建创新，全面提升基层党建开放性包容性。强化街道党工委“轴心”作用，织密“街道党工委—村（社区）党组织—网格党组织—党员中心户”四级组织体系。加大重点群体、薄弱领域发展党员力度，全面提升党员教育管理质效。全面加强机关、国企党建，以产业园区、商圈楼宇、新社会组织为重点，推进新兴领域党建。

（五）*深化从严治党，营造风清气正的政治生态*。持之以恒正风肃纪，严格落实中央八项规定精神，锲而不舍纠治“四风”，严肃查处顶风违纪行为，以优良党风政风带动社风民风。强化对“一把手”和领导班子监督，加强基层“微权力”监管，推动各类监督贯通协同。正确把握“惩、治、防”辩证统一关系，一体推进不敢腐、不能腐、不想腐战略目标实施。切实改进工作作风，持续深化为基层减负工作，厉行勤俭节约，推动清廉元素向各领域全方位潜移默化，营造风清气正的政治生态和良好发展环境。

同志们！新的航程已经扬帆，美好的愿景就在前方！让我们更加紧密地团结在以习近平同志为核心的党中央周围，以习近平新时代中国特色社会主义思想为指导，实施“双轮驱动”、筑造“四个主城”，向着现代化一流主城区的宏伟目标砥砺奋进！

奋力建设现代化一流主城区 以优异成绩迎接党的二十大胜利召开

——在中共镇江市润州区委九届二次全会上的报告

高国成

（2021 年 12 月 30 日）

同志们：

这次全会的主要任务是，高举习近平新时代中国特色社会主义思想伟大旗帜，全面贯彻党的十九大和十九届历次全会、中央经济工作会议精神，深入贯彻省第十四次党代会、市委八届二次全会精神，全面落实区第九次党代会部署要求，总结今年、部署明年，动员全区各级党组织和广大党员干部坚决扛起“争当表率、争做示范、走在前列”光荣使命，深入实施“双轮驱动”主战略，加快塑造“四个主城”新形象，奋力建设现代化一流主城区，以优异成绩迎接党的二十大胜利召开。

现在，我代表区委常委会，向全会作报告。

一、勇担使命，社会主义现代化新润州建设起步有力、开局良好

2021 年是党和国家历史上具有里程碑意义的一年，是润州意气风发向着现代化一流主城区宏伟目标砥砺奋进的起步之年。这一年，面对持续反复的新冠肺炎疫情，面对不断累积的经济下行压力，区委常委会始终胸怀“国之大者”，牢记总书记殷殷嘱托，科学统筹发展和安全两件大事，在保持战略定力中把握战略主动，推动高质量发展取得新进展，润州“十四五”开局和现代化建设实现首战首胜。

——经济运行态势在持续恢复中企稳向好。预计（下同）全年实现地区生产总值 290 亿元，增长 9%以上；一般公共预算收入 14.68 亿元，增长 5.3%；一般公共预算税收收入 12.82 亿元，增长 9.4%；社会消费品零售总额 135 亿元，增长 20%；城镇居民人均可支配收入达 5.9 万元，增长 10%，高于经济增长速度。

——官塘创新社区在夯基垒台中蓄势积能。成立投资运营公司，发布城市设计规划和产业发展规划，出台《官塘创新社区高质量发展行动计划》，密集开展“双招双引”；西理（镇江）智造园、南航国家技术转移镇江分中心等一批项目签约，东大校友产业园顺利开园。

——疫情防控屏障在实战检验中加固筑牢。成功处置年初突发疫情，圆满完成周边城市转运人员集中隔离任务；疫苗接种进度保持领先，18 岁以上人群首针接种率全市第一；开展大规模核酸检测演练，为应对复杂局面积累了宝贵经验，常态化防控与应急处置能力得到全面提升。

——党史学习教育在守正创新中彰显成效。牢牢把握“学史明理、学史增信、学史崇德、学史力行”总要求，区委常委会带头开展集中学习 18 次、现场学习 4 次；创设“三联”润“三心”品牌，实施“百名干部办百件实事”和“幸福‘微’实事工程”，打造创新示范点 19 个，受到中央巡回指导组肯定。

一年来，重点抓了四个方面工作：

一是坚持用习近平新时代中国特色社会主义思想统领全局，坚决落实“两个维护”政治责任。始终把学习贯彻党的创新理论作为政治任务，全年召开区委常委会会议、中心组学习会 39 次，分层开展专题宣讲 679 场次，在深学细悟中提高政治判断力领悟力执行力；始终把不折不扣推动党中央重大决策部署落地见效作为政治自觉，主动把握新发展阶段，贯彻新发展理念，融入新发展格局，在融入区域一体化、构建现代产业体系等方面深入谋划，推动出台一批政策、实施一系列争先举措，确保中央有要求、润州有行动、行动见成效；始终把践行习近平总书记对江苏工作重要指示精神作为政治要求，自觉用“争当表率、争做示范、走在前列”统领现代化建设，结合润州实际，创造性转化为“双轮驱动”战略构想和“四个主城”发展方向，在总

书记指引下阔步迈上实现第二个百年奋斗目标的新征程。

二是坚持以做强城市经济为核心路径，深入实施“产业强区”一号战略。千方百计推进重点产业项目建设，一刻不歇狠抓招商引资，累计签约项目135个，其中亿元以上项目16个、总投资171.6亿元，超额完成年度计划。加快产业转型升级，生产性服务业发展获省政府办公厅督查激励；着力深化文旅融合，入选省级“文化和旅游消费试点城市”；大力发展数字经济，江苏冬云成为省规划布局内重点企业，江苏鼎峰、镇江新创跻身省“专精特新”名单；严格执行能耗“双控”政策，规上工业综合能耗下降5.6%。实施“润州英才”计划（2021—2025），省“双创计划”完成率300%、居全市第一，累计引进专科及以上人才3302人。全方位优化营商环境，通过完善29条产业政策、制定出台“润十条”、推出政务服务大礼包等举措，实现企业开办“零成本”、开办时长压缩至0.53个工作日，新增企业和注册资本总额分别增长43%、102%；通过举办城市经济发展大会、发放“润州请您来赏秋”消费券、开展企业大走访等活动，真正让企业、群众感受到“润州最滋润”。

三是坚持把增进民生福祉摆在突出位置，切实提升人民群众幸福感获得感。聚焦群众“急难愁盼”，高质量办好民生实事，区疾控中心实验室标准化建设验收通过，5家标准化居家养老服务中心投入运营，“双减”政策落实初显成效，群众在医疗、养老、教育等方面需求得到更好满足。新增城镇就业5800人，扶持创业1632人，创业带动就业7167人，均超额完成目标任务。美丽宜居城市建设步伐加快，十八进片区入选省级试点，实施老旧小区改造10.22万平方米，开展危房解危1万平方米，累计惠及居民1696户。生态环境持续改善，$PM_{2.5}$浓度降幅全市最大，国省考断面、饮用水水源地水质达标率位列辖市区第一，农村污水改造达标率全市领先，跨界河湖联防联治创新实践形成广泛影响。积极推进治理体系和治理能力现代化转型，一件矛盾化解案例入选最高检典型案例，为基层减负经验做法被《江苏督查专报》通报表扬，电信诈骗高发势头得到有效遏制，信访总量连续3年大幅下降，积案化解经验做法2次被市委主要领导批示推广；建成三级退役军人服务保障体系，“五站一中心”创成全国示范型服务中心（站）；深化安全生产三年专项整治，成功化解滨江花城消防、黄山夜市用电用气等一批突出隐患，城市本质安全水平得到有效提升。

四是坚持推动全面从严治党向纵深发展，有效涵养风清气正政治生态。隆重庆祝建党百年，以“红心向党·犇腾润州”为主题，广泛开展“永远跟党走”群众性主题宣传教育活动，极大激发了润州人的民族自豪感和自信心。巩固提升文明创建成果，大力弘扬社会主义核心价值观，常态化开展志愿服务活动，1人获评中国好人、2人获评江苏好人；创成第三批省书香城市建设示范区，新时代文明实践中心实现三级阵地全覆盖。积极践行“两在两同”，聚力“三提三促三个走在前”，解决基层问题3200余个；实施“红色源动力”项目，出台“五式”党员教育管理意见，做法被《中国组织人事报》报道；全域党建入选全国基层党建与民生发展优秀案例，第四次登上中浦院讲台；圆满完成区委换届、村（社区）委员会换届任务。深入推进西津渡统战特色街区建设，建成“1+5”新的社会阶层人士统战工作阵地矩阵。区工商联被评为全国“五好”县级工商联，顺利完成换届工作。启动九届区委第一轮巡察，扎实开展政法队伍教育整顿、民生领域专项监督、群众身边腐败和作风问题查处，运用“四种形态”处理113人次，查处违反中央八项规定精神问题9起13人，干部队伍更加纯洁、政治生态更加清朗。

区委常委会坚持统揽全局、协调各方，全区上下讲政治、勇担当，共同凝聚起干事创业的强大合力。区人大常委会和区政协围绕中心、积极履职，街道议政代表会议制度实现全覆盖，“有事好商量”协商议事活动取得实实在在的成效。工青妇等群团组织桥梁纽带作用进一步发挥，国家安全、党管武装、“双拥”、慈善、档案等工作取得新成效！成绩来之不易，凝聚着全区上下的智慧与汗水。在此，我代表区委常委会，向大家表示衷心的感谢！在总结成绩的同时，也要看到润州仍处于产业重构、动能转换的攻坚期，产业链现代化水平、原始创新能力还有很大提升空间，在加强优质公共服务供给、防范化解重大风险等方面也还有很多工作要做，我们要坚决贯彻新发展理念，在推动高质量发展的过程中切实加以解决。

同志们，今年7月1日，习近平总书记在庆祝中国共产党成立100周年大会上庄严宣告，经过全党全国各族人民持续奋斗，我们实现了第一个百年奋斗目标，在中华大地上全面建成了小康社会，历史性地解决了绝对贫困问题，正在意气风发向着全面建成社会主义现代化强国的第二个百年奋斗目标迈进。站在“两个一百年”的历史交汇点上，我们由衷地自豪，中国共产党创造了中华民族发展史、人类社会进步史上令人刮目相看的奇迹；回首这充满变革与挑战、见证历史与荣耀的特殊一年，我们由衷地庆幸，有习近平总书记这样当之无愧的全党核心和人民领袖掌舵领航；展望现代化建设的光明前景，我们由衷地相信，只要坚定不移地沿着总书记指引的方向继续前进，一定能够推动润州发展完成战略转型、实现羽化蝶变，现代化一流主城区的美好愿景必将实现！

二、勇毅前行，加快推动各项战略部署落地见效

深入学习贯彻党的十九届六中全会和省第十四次党代会、市第八次党代会精神，是润州当前及今后一个时期的首要任务，最根本、最紧要的是把学习全会和省、市党代会精神，同贯彻落实区第九次党代会精神紧密结合起来，加快推动各项战略部署落到实处、见到实效。*要统一思想、凝聚共识。*区第九次党代会提出的各项目标举措，本质上与中央全会和省、市党代会要求一脉相承，是润州立足新发展阶段、贯彻新发展理念、服务构建新发展格局、推动实现高质量发展的“路线图”。实施生产性服务业和数字经济“双轮驱动”战略，是区委充分考虑润州发展的阶段性特征和未来发展支撑条件，审慎作出的重大决策，事关转型成败、事关前途未来。全区上下要切实把思想和行动统一到全面实施“双轮驱动”战略部署上来，结合各自职责、努力找准定位，增强主动性、激发创造性、力求突破性。*要时不我待、激情奔跑。*数字经济大发展是当今世界最大的产业变革，是打破区域竞争“马太效应”最现实的机遇。机遇面前人人平等，但战略机遇窗口不会常开、弯道超车时机转瞬即逝，留给我们的时间极其有限。唯有激情奔跑、快人一步，方能塑造优势、立于不败。全区上下要争做起而行之的行动者、不做坐而论道的清谈客，时刻保持闻鸡起舞、昼夜不歇、风雨无阻的奋斗姿态，抢抓历史机遇、把握发展主动，努力干出一番不负时代梦想、不负人民重托的伟业。*要争先实干、担当作为。*建成现代化一流主城区的宏伟目标，绝不是轻轻松松、敲锣打鼓就能实现的。面对艰巨使命，我们比以往任何时候都更需要发扬攻坚克难精神，比以往任何时候都更需要强化担当实干意识。广大党员干部要倍加珍惜当前发展的好思路、好环境、好士气，奋发有为去干事，想尽办法干成事，真正在打造现代化一流主城区的实践中展现新担当新作为。

明年是党的二十大召开之年，也是润州加速构建“双轮驱动”新格局、加快实现“四个主城”新愿景、全面建设现代化一流主城区极为关键的一年，抓好各项工作意义重大、任务艰巨。明年工作的指导思想是：**高举习近平新时代中国特色社会主义思想伟大旗帜，全面贯彻党的十九大和十九届历次全会、中央经济工作会议精神，深入贯彻省第十四次党代会、市委八届二次全会精神，全面落实区第九次党代会工作部署，坚持“稳字当头、稳中求进”工作总基调，坚持以人民为中心的发展思想，坚持统筹发展和安全，完整、准确、全面贯彻新发展理念，加快服务构建新发展格局，着力推动高质量发展，坚决扛起“争当表率、争做示范、走在前列”光荣使命，深入实施“双轮驱动”主战略，加快塑造“四个主城”新形象，奋力推进现代化一流主城区建设，以优异成绩迎接党的二十大胜利召开！**

主要工作目标是：地区生产总值增长7%左右，固定资产投资增长15%左右，一般公共预算收入增长6%左右，服务业应税营业收入增长10%左右，城镇居民收入增长与经济增长同步，确保完成市委、市政府下达的各项约束性指标。

做好明年的工作，关键要着眼“十四五”和现代化建设全局，围绕构建“双轮驱动”、筑造“四个主城”需要，统筹考虑战略落地时序和阶段性重点工作，力争通过一年时间的努力，在推动关系润州转型发展、稳定发展、长远发展的牵引性工作上见实效：*一要在建强战略载体上取得明显进展。*市第八次党代会将官塘创新社区列为全市“九大重点片区”之首，**居于首位就要强化首位担当**，要敢于啃“硬骨头”、打“关键战”，在革新发展模式、完善体制机制上多下苦功实功，努力把创新社区打造成承接长江经济带、长三角一体化、宁镇扬一体化等重大战略的重要支撑，现代化新镇江建设、市域一体化发展的关键节点，高质量发展、产业强市的新增长极；要坚持对历史负责、对发展负责，自觉涵养“功成不必在我、功成必定有我”的境界和胸怀，讲究策略不蛮干，既要借风起势、突破瓶颈，又要算好平衡账、把好安全关，稳扎稳打推动创新社区高质高效发展。**居于首位就要体现首位速度**，要全面实施创新社区“三年行动计划”，凝心聚力打好基础设施攻坚战，不断完善功能配套、改善区域环境，跑出产城融合发展的加速度；要抢抓数字经济大发展之机、G312产业创新走廊建设之机、全市上下全力支持之机，在关键产业突破上想办法，在重点项目落地上出实招，确保数字经济发展初步形成引领之势、在多片区竞争中赢得“圈速优势”。**居于首位就要彰显首位风采**，官塘创新社区是润州的创新社区，要坚持以我为主、增强主人翁

意识，把服务创新社区发展当成分内之责、自身之事，决不做袖手旁观的局外人；要牢树全区“一盘棋”理念，心往一处想、劲往一处使，在创新社区建设发展的大局中相互配合、各展所长，再掀干事创业新高潮。*二要在扩大有效投入上取得明显突破*。今天没有投入，明天就没有产出。要深刻认识到，“双轮驱动”新格局的形成，必须靠一笔笔产业投资来推动、靠一个个项目落地来实现。要高度重视有效投入问题，坚持产业强区“一号战略”，把补齐项目短板作为打开明年发展局面的“金钥匙”。**在项目招引上**，要紧紧围绕宏观政策导向、城市经济产业、税源培植需要精准谋划，把更多战略投资引向数字经济、生产性服务业等重点领域；要健全招商机制、创新招商模式，既重视龙头型企业、基地型项目，又重视高成长性中小微企业，进一步提升项目成功率；各板块要因地制宜制定招引计划，努力形成招商引资的“群狼攻势”，以一域之光为全局添彩。**在项目实施上**，要牢树“牵一发而动全身”理念，加强对项目的全过程研判、全环节把控，充分考虑可能出现的问题，提前准备应对预案；要强化责任意识，创造性破解难题，以“钉钉子”精神抓好落实，全力以赴为项目建设“保驾护航”。*三要在防范化解重大风险上取得明显成效*。明年既是政治大年，也是风险凸显之年。要把“稳”的举措贯穿到经济社会发展的各个方面，特别是面对经济上需求收缩、供给冲击、预期转弱的“三重压力”，要强化监测分析、指挥调度，努力保持经济运行在合理区间；要把推进全面深化改革同防范化解重大风险结合起来，蹄疾步稳推进供给侧改革、国企改革、综合行政执法改革等重点任务，推动改革行稳致远；要坚持系统观念，增强底线思维，有效防范各领域风险的关联传导，切实为党的二十大胜利召开营造安全稳定的政治环境、经济环境、舆论环境和社会环境。

具体工作上，就是要**锚定“三个明显”，聚焦“产、城、人、治”四位一体现代化，全面实施“四大行动”：**

1. 实施数字经济领跑行动，加快构建更具竞争优势的城市经济体系。区第九次党代会将发展数字经济上升到战略和全局的高度来谋划，我们要清醒认识时代浪潮和产业大势，抓住重要窗口期，加快推动数字经济发展驶入“快车道”。**一要夯实数字产业根基**。以升级城市经济政策体系为抓手，制定支持数字经济发展的专项政策，全面加强顶层设计；以打造“数字经济引领区”为抓手，通过项目导入带动链条延伸、产业集聚，壮大数字经济核心产业规模；以融入区域一体化为抓手，深层次承接沪宁高端要素，支持瑞祥、鼎峰、新创等本土数字经济企业开拓市场，着力构建全面开放新格局；以加强校地合作、院企合作为抓手，优化整合创新平台，提升数字创新能力。**二要完善数字经济生态**。继续在打造“润州最滋润”品牌上下功夫，努力培育数字经济发展的“黑土地”。政务环境方面，要推动“数字政府”改革，加大“互联网 + 政务服务”转型力度，让“数据多跑路”；市场环境方面，要坚持市场化、法治化、国际化方向，全方位优化要素保障，力争在市场准入、社会信用、监管体系建设上达到更高水平；生产环境方面，要持续加大生产性投资，加快推进 5G 网络、数据中心等新型基础设施建设；人才环境方面，要着力推进新时代人才强区建设，抢抓 G42 人才创新走廊建设机遇，构筑官塘创新社区“产才融合”创新高地，打造西津渡人才友好示范街区，聚力引进科技领军、青年及海外人才，为数字经济发展提供更强“智力支撑”。**三要推动数实融合发展**。在壮大数字经济的同时，要更加注重运用数字化手段助推现代服务业转型升级，构建数字经济与实体经济协同发展、优势互补的良性格局。突出品牌化、规模化、高端化导向，坚定不移做大做强生产性服务业，推动商务金融集聚示范区数字化改造，打破传统时空服务界限，破解小区域、小市场难题，在更大范围的区域协作分工中占据主动。积极适应消费升级新趋势，推动传统生活性服务业的全渠道、多场景数字化升级，在智慧商圈建设、体验式消费等方面加强探索；以创建全域旅游示范区为契机，深化数字技术运用，打造数字旅游的润州品牌。

2. 实施绿色低碳示范行动，加快打造更具独特韵味的城市山林典范。坚持走生态优先、绿色发展之路，持续提升发展“含绿量”，努力让润州的生态底色更加鲜明。**一要厚植绿色发展优势**。聚焦实现碳达峰、碳中和“3060”目标，加快编制润州行动方案，持续跟进东亚碳素、船山矿等重点企业能耗监测，探索实施碳排放权交易。加快可再生新能源推广应用，全力保障韦岗青山湖抽水蓄能电站项目前期工作开展，推进屋顶分布式光伏开发试点，切实提升可再生能源占比。推动闲置楼宇资源高效整合，健全产业载体进退出机制，着力提升楼宇经济密度，以“亩产论英雄”倒逼“寸土生寸金”。倡导简约适度、绿色低碳的生活方式，加强生活垃圾分类和减量管理，积极创建国家级节水型社会建设达标县（区），形成全民共同参与绿色低碳生活的新风尚。**二要改善生态环境质量**。以第二轮中央

环保督察迎检为契机，持续打好污染防治攻坚战。加强大气污染防治，坚持工业源、移动源、餐饮源、扬尘源“四源”共治，扎实推进 $PM_{2.5}$ 和臭氧浓度“双控双减”；深入抓好长江“十年禁渔”和骨干河道入河排污口规范整治，继续开展小流域和生活污水治理工作。稳步实施农用地分类管理，加快消除韦岗尾矿库生态隐患。完善生态环境保护责任制，依法开展涉环境类公益诉讼，探索开展生态环境损害赔偿，加快生态环境治理体系与治理能力建设。**三要提升城市功能品质。**高水平编制国土空间规划分区规划，通过优化空间布局突出地域特色、彰显城市风貌。有序推进城市更新，完成张家湾棚改及运河路 105 号、丁卯桥等片区老旧小区改造任务，统筹抓好征收拆迁、危房解危、智慧物业建设工作。进一步提升城市精细化管理水平，增强群众性精神文明创建实效，巩固发展崇德向善的城市文化，创建更高水平全国文明城市。

3. 实施共同富裕促进行动，加快提供更加优质均等的基本公共服务。共同富裕是一个长期目标，要坚持实事求是，坚持尽力而为、量力而行，把提升公共服务水平作为当前重要发力点，努力探索契合润州实际的共富路径。**一要多渠道促进就业增收。**坚持把稳就业保就业摆在突出位置，高度重视高校毕业生等重点群体的精准就业帮扶工作，努力降低结构性失业风险，确保城镇调查失业率控制在4%以内。深入推动国家和省、市就业创业政策落地见效，打造高质量就业创业培训平台，着力改善就业创业环境。积极发展新就业形态，引导就业者转变观念，支持和鼓励灵活就业。全面推进乡村振兴，继续深化农业农村改革，发展高效现代农业，促进集体资产保值增值，增加农民经营性、财产性收入。**二要多层次发展民生事业。**把“过紧日子”的要求落到实处，推动更多可用财力向民生领域倾斜，持之以恒办好民生实事。突出抓好底线民生，健全和完善社会保障体系，动态满足城乡困难群众的基本生活需要。积极应对人口老龄化区情，建立健全基本养老服务清单制度，构建多层次养老服务体系，有效落实新的生育政策。发展新时代社会福利、慈善和残疾人事业，增强第三次分配在促进共同富裕中的积极作用，更好满足特殊人群对美好生活的向往。**三要多举措优化公共服务。**办好人民满意的教育，加强师资队伍建设，促进学前教育普惠发展、义务教育优质发展、职业教育特色发展；深入落实“双减”政策，高质量提供课后延时服务，推动校外非学科类培训机构有序规范运营，进一步减轻中小学生课业负担。合理调整卫生机构布局，优化医疗资源配置，切实提升健康润州建设的内涵和质量。深入推进文化强区建设，大力繁荣文化事业、发展文化产业，努力扩大优质文化产品供给。广泛开展全民健身运动，促进群众体育和竞技体育全面发展。

4.实施治理效能提升行动，加快营造更加安全稳定的整体社会环境。积极推动理念、制度、机制、方法创新，全面提升基层治理的网格化、信息化、精细化、法治化水平，有效防范各种“黑天鹅”“灰犀牛”事件。**一要织牢疫情防控网。**在坚持“外防输入、内防反弹、人物同防”基本策略的同时，更加注重科学精准、抓早抓小，切实提高疫情防控效率，坚决守住来之不易的防控成果。用好抗疫特别国债，推动区卫生应急指挥中心建成使用，加强业务培训、应急演练和指挥调度，有效提升应急处置能力。落实新冠疫苗接种阶段性工作要求，确保“一老一小”重点人群应接尽接，加快建立全人群免疫屏障。**二要织紧公共安全网。**聚焦构建新安全格局，深入贯彻落实总体国家安全观，把思想和行动统一到防风险、保稳定上来，彻底筑牢安全防线、守牢发展底线。完善平安润州建设体系，深化运用风险防控“四项机制”，做好重大社会矛盾风险预警，提前制定处置应对预案，严防苗头性问题向群体性事件转化。扎实做好意识形态、金融债务、食品药品等重点领域管控，加强重点群体、特殊人群的服务管理，促进房地产市场平稳健康发展。严格落实安全生产责任制，扎实推进专项整治三年行动，有效提升本质安全水平。深入推进应急管理和救援体制机制改革，做好极端恶劣天气的防灾减灾救灾抗灾工作。**三要织密社会治理网。**完善“大数据 + 网格化 + 铁脚板”治理机制，开展社会治理现代化先进镇（街道）建设，推进治理体系和治理能力现代化。进一步深化基层治理实践创新，增强村（社区）党组织服务功能，打通服务群众的“最后一公里”。深入贯彻习近平法治思想，全面实施“八五”普法规划，加强民主法治建设。

三、勇往直前，坚定不移加强党的全面领导

党的领导是中国特色社会主义最本质的特征，是战胜一切困难和风险的“定海神针”。面对日趋复杂严峻的外部环境，全区各级党组织和广大党员干部要坚持发扬伟大建党精神，认真践行“两在两同”，以高质量党建引领高质量发展，为经济平稳健康发展、社会大局和谐稳定提供坚强保障。

1. 聚焦忠诚维护核心，强化政治能力建设。持

续深化十九届六中全会精神学习，深刻领悟、自觉落实“两个确立”伟大意义和实践要求，做到旗帜鲜明讲政治，坚定地忠诚核心、拥戴核心、维护核心，把“两个确立”真正转化为做到“两个维护”的思想自觉、政治自觉、行动自觉。坚持不懈用党的创新理论最新成果武装头脑、指导实践、推动工作，建立健全贯彻落实习近平总书记重要讲话、指示批示精神的具体制度机制，推动全体党员干部自觉做习近平新时代中国特色社会主义思想的坚定信仰者、忠实实践者。加强对落实党中央和省委、市委、区委各项决策部署的监督检查，教育引导党员干部牢记“国之大者”，自觉同党中央保持高度一致。全面增强巡察工作的政治性、穿透力和巡察整改成果的可验化、实效性，督促各级党组织认真贯彻落实民主集中制，提高党内政治生活的政治性、原则性、战斗性。深化“两在两同”建新功行动，大兴调查研究之风，走好新时代群众路线。

2. *聚焦激励人心士气，加强宣传思想工作*。严格落实意识形态工作责任制，加强新闻舆论、互联网、学校等阵地管理，创新“清朗润州”网络综合治理路径，不断增强主导权和话语权。巩固深化拓展党史学习教育成果，推动党史学习教育融入日常。加强新时代文明实践中心建设，深化“爱在润州”“金山好声音”等品牌打造，持续探索“理论+文艺”融合新模式，充分发挥宣传创新理论、引领文明风尚主阵地作用。聚焦迎接党的二十大等重大主题、现代化一流主城区建设等中心工作，强化新闻传播广度深度延展度，更大力度、更广范围、更多层次宣传推介润州。

3. *聚焦提升能力水平，锻造硬核干部队伍*。优化综合考核体系，树好考核“风向标”。大力推进年轻干部培养使用，用好各领域、各年龄段干部。建设干部管理数字化信息平台，探索建立基于实绩、可量化可追溯的考评系统，将担当实干的干部选出来、用起来。创新干部教育培训模式，全面增强各级领导干部历史知识、文化底蕴、生态观念，提高领导经济工作的专业能力。坚持“走出去”和“引进来”相结合，有计划性选派优秀干部到发达地区、“三类500强”企业以及金融机构跟班学习，有针对性选聘国有企业、高校院所专业人才来我区挂职。加强高素质专业化公务员队伍建设，深化“三强三比加速跑”主题活动，围绕城市经济产业体系，制定紧缺型干部专业目录，精准开展公务员、事业人员招录。

4. *聚焦激活动力源泉，提升基层党建溢出效应*。创新推进基层党建“五聚焦五落实”深化提升行动，实施固本强基、队伍提升、党建赋能、服务发展等专项行动。建设城市基层党建标准化工作体系，探索“链上党建”，加强商圈、楼宇、新阶层等新兴领域党建，建设党群服务中心矩阵，全面打造“全域党建2.0版”。做实党建引领，加强街道、村（社区）党组织对基层各类组织和各项工作的统一领导，实施以增强基层党组织政治功能和组织力、增强村（社区）组织动员能力为重点的“双增行动”，积极探索党建引领城乡基层治理新机制新模式，切实把党的政治优势、组织优势转化为基层治理效能。切实加强离退休干部党建工作，推进“曦·夕行动”，深化“银发生辉”工程，传承红色基因，汇聚争先力量。

5. *聚焦深化自我革命，更大力度推进正风肃纪反腐*。勇于自我革命，从严管党治党，是我们党最鲜明的品格。要坚定不移推进反腐败斗争，严查“关键少数”和重点领域腐败案件，紧扣群众反映最集中、最突出、最迫切的诉求，聚焦教育医疗、养老社保、食品药品安全等重点领域，深入整治群众身边的腐败和作风问题。健全完善监督体系，强化对“一把手”和领导班子监督，推动纪律监督、监察监督、派驻监督、巡察监督统筹衔接，促进各类监督贯通融合。持续深化纠正“四风”和作风纪律专项整治，强力整治形式主义官僚主义问题。以村（社区）减负为重点，推进基层减负向纵深开展，切实提升基层减负获得感。增强“三项机制”引领力、穿透力，推出一批容错纠错典型案例，严厉打击诬告陷害行为，及时处置不实信访举报，旗帜鲜明为担当者担当。

同志们，星光不问赶路人，历史属于奋斗者！让我们更加紧密地团结在以习近平同志为核心的党中央周围，大力弘扬伟大建党精神，坚决扛起“争当表率、争做示范、走在前列”光荣使命，埋头苦干、激情奔跑，奋力建设现代化一流主城区，以优异成绩迎接党的二十大胜利召开！

政府工作报告

——2022年1月21日在润州区第十届人民代表大会第一次会议上

区人民政府代区长 徐 燕

各位代表：

现在，我代表润州区人民政府向大会报告工作，请予审议，并请各位政协委员和其他列席人员提出意见。

本届政府工作回顾

2017年至2021年，是润州发展史上极不寻常的五年，经历了发展环境、发展方式的深刻变化。我们坚持以习近平新时代中国特色社会主义思想为指导，认真贯彻党的十九大和十九届历次全会精神，深入落实习近平总书记视察江苏、镇江重要讲话指示精神，在市委、市政府和区委的坚强领导下，在区人大、区政协的监督支持下，团结依靠全区人民，攻坚克难、苦干实干，经受住世纪疫情大战大考，应对了区划调整重大变化，推动了城市经济和各项事业高质量发展，高水平全面建成小康社会，实现“十三五”圆满收官、“十四五”扎实开局。

五年来，我们咬定转型发展的关键任务，走深走实城市经济的发展道路

紧紧围绕高质量发展城市经济这条主线，撸起袖子“二次创业”，经济发展质效不断提升。2021年，预计（下同）实现地区生产总值285亿元、增长9.6%，完成一般公共预算收入14.66亿元、增长5.1%，社会消费品零售总额135亿元、增长20%。初步形成以生产性服务业、高端商贸业、现代旅游业、智能制造和低碳产业为主导的城市经济产业体系，并不断向更高层次的发展水平迈进。

*产业结构实现重大调整。*服务业增加值占GDP比重提升至85.5%，现代服务业应税营业收入五年内翻了一番；生产性服务业发展成效获省政府办公厅督查激励，税收贡献占比从2017年末的14.7%提升至2021年的47%，成为区域经济最有力支柱和最强劲动力；金融业税收净增长2.8亿元、成为第一大利税行业。以南徐片区为核心的商务金融服务集聚区，获评省级生产性服务业集聚示范区。线上线下融合发展不断加速，江苏冬云成为省规划布局内重点软件企业，江苏鼎峰、镇江新创跻身省“专精特新”名单，2021年各企业主体完成线上订单90万单，电子商务交易额超17亿元。现代城市旅游业发展水平快速提升，成功入选首批省级文化和旅游消费试点单位，西津渡历史文化街区获评国家级“城市中央休闲区”，金山湖“大江见证·红色传承”路线入选“江苏文旅消费新场景”前十名；过去一年接待游客总人次666万人，实现旅游总收入77.2亿元，同比增长58.2%。

*发展动能实现深度转换。*重大项目和创新要素驱动作用愈加显著，80个市、区重点产业项目完成投资185.61亿元。建成移动物联网中心、联想·星云镇江创新中心、东大校友经济产业园等创新研发类载体。树实科技、慧灵科技等智能制造企业迅速成长，2021年实现销售2996.3万元、增幅92.1%。优质金融企业加速集聚，南京银行、华夏银行、浙商银行等4个市级分行落户润州。重点片区建设取得突破性进展，官塘创新社区成功发布产业定位、核心区城市设计两项重要成果，获市委书记马明龙亲自推介。科技创新和人才工作“二次创业”成效明显，新认定高新技术企业13家，省“双创计划”[1]2018年实现“零”的突破，2021年完成率300%、跃居全市第一，市“金山英才”计划[2]入选占比始终保持全市第一方阵，跑出了创新发展的“加速度”。

*发展环境实现持续优化。*制定并持续修订完善产业政策“29条”[3]，兑现扶持资金1.05亿元。用心打造“润州最滋润”营商环境品牌，五年来开展各类暖企活动15场，累计解决实际问题365个。全面落实减税降费、暖企稳岗政策，累计减免社保费用2.08亿元。深入开展“放管服”改革，全市首创营业执照全程电子化办理，实现100%“不见

面”。市场主体年均增长23.82%，其中新增注册企业9044户。全面推进重点领域诚信制度建设，政务诚信评价位列全省县（市、区）第一等次。

五年来，我们聚焦全面小康的奋斗目标，持续增进公平普惠的民生福祉

紧扣“高水平”和“全面性”两个基点，保证优质公共服务的普惠性供给，以民生事业高质量发展的实践实效，让全面小康的百年梦想在润州变成了美好现实。

*聚焦精准有力，疫情防控常态长效。*坚持人民至上、生命至上，全面落实“四早”[4]措施，精准制定“作战图”，织密筑牢“大数据+网格化+铁脚板”联防联控网络，第一时间果断处置突发境外输入疫情，坚决有力守护人民身体健康和生命安全。持续筑牢免疫屏障，18岁以上人群接种进度保持全市领先。成功组织大规模核酸采样检测和突发疫情应急演练，完成单日超9万人次采样检测任务，公共卫生应急处置能力进一步提升。涌现出“镇江市人民奖章”“全省抗击新冠肺炎疫情先进个人”等一批先进典型，区卫健委被表彰为“全省抗击新冠肺炎疫情先进集体”。

*聚焦重点群体，有力保障基本民生。*五年间保持可用财力的75%以上用于民生支出，累计发放各类补助救助资金2.99亿元，最低生活保障标准提升31.2%。累计提供就业岗位2万个以上，新增就业4.67万人，扶持自主创业1.1万人，带动就业5.4万人。引进本科以上毕业生6315人，开发就业见习岗位1021个。全面完成农村集体产权制度改革，量化集体经营性资产9.53亿元，2021年村均集体经营性收入338.93万元、位居全市第一。

*聚焦群众关切，公共服务优质多元。*稳步推进民生实事项目55个，投资9.95亿元，标准化居家养老服务中心建设、中医药服务能力提升工程连续两年获评人民日报社《民生周刊》年度“民生示范工程”。不断擦亮润州教育名片，新建和改扩建九年一贯制学校2所、小学1所、幼儿园9所，创成省、市优质幼儿园10所，创成“全国中小学校责任督学挂牌督导创新区”等省级以上荣誉3个。基层公共卫生服务体系持续健全，2家社区卫生服务中心创成国家级中心，3家达全国“优质服务基层行”省级推荐标准，首创联合病房模式[5]并在全市推广，创成省级健康促进区。有效提升各类公共服务供给，完成区级国家综合档案馆达标建设。43个社区（村）基层综合文化服务中心全部达省级标准。辖区体育场地面积超106万平方米，人均体育场地4.4平方米，提前达到省“十四五”规划建设目标。

五年来，我们紧扣山水花园名城的发展定位，加快构建美丽宜居的城市生态

以美丽宜居为根本建设追求，将更加优质、更具韵味、更有温度的城市生产生活空间呈现给全体润州人民。

*城市建设加速推进。*完成国土空间规划近期实施方案编制，科学划定“三区三线”[6]，城市建设“蓝图”更加清晰。有力保障重点交通工程建设，镇扬城市第二过江通道城区段谷阳路拓宽改造工程顺利完工。城市更新有序推进，完成城中村、棚户区改造项目31个，新增城市建设面积124.74万平方米。有效开展违法用地整治，清理处置批而未供[7]和闲置土地超8000亩，城市发展空间得到充分拓展，两度获评年度“江苏省土地执法先进区”“江苏省土地执法模范区”。完成19个片区、70.62万平方米老旧小区改造，6万平方米危房顺利解危。全市首部既有住宅加装电梯竣工投入使用，京口闸十八进获评“省级美丽宜居示范居住区”称号，安全宜居成为更多市民的日常生活感受。

*城市管理更加精细。*坚持“人民城市人民建、人民城市为人民”，狠下“绣花”功夫，连续五年高分通过全国文明城市检查。稳妥有序完成城管基层执法体制改革，下放及委托行使执法职能107项，基层“权责不等”的管理矛盾得到有效解决。全面升级应用数字化城市管理平台，实现问题整改“一网通办”，近10万件交办问题案件整改率超88.41%。整治占道经营1.2万起，拆除违法建设4157处、21.6万平方米，城市秩序得到良好维护。扎实推进“厕所革命”，新建改造公厕43座。建成省级垃圾分类达标小区54个，实现居民小区、党政机关生活垃圾分类设施全覆盖。

*城市环境显著改善。*扎实做好长江禁捕退捕工作，相关做法被中央电视台《新闻联播》报道。深入打好污染防治攻坚战，27件中央环境保护督察组及省市督察交办问题完成整改，建成区黑臭水体全面消除，国、省考断面年度优Ⅲ比例连续五年保持100%，$PM_{2.5}$浓度五年间下降39%，空气质量优良天数比例上升20.1个百分点，植树造林面积超600亩。深入践行“碳达峰、碳中和”战略，“十三五”期间减排26万吨标准煤，能耗总量下降近40%。绿色低碳模式成为城市经济的突出特点，山清水秀的城市生态成为全体润州人民共享的绿色福祉。

五年来，我们汇聚共治共享的多元合力，健全优化广泛深入的治理体系

统筹好发展与安全两件大事，广泛汇聚共治共享合力，持续推进社会治理体系和治理能力现代化，真正打通基层治理神经网络的“终端”与“末梢”。

治理体系更加完善。全市率先建成区级网格化联动指挥中心，科学划分治理网格 293 个，基层治理效能明显提升。构建“网格 + 专业力量”融合模式，选派“三官一律”[8]网格政法指导员 504 名，畅通司法便民“最后一公里”。全力推进社区（村）工作者职业体系和标准化工作体系建设，“双全”社工[9]占比 94%，每万人拥有持证社工人数比例持续上升。“法治润州”建设不断深化，开展各类普法宣传活动 2500 场以上，法治建设满意度连续三年位居全市前三。建成区级矛盾纠纷非诉讼服务中心，诉前成功调解率达 74.14%，有效构建“少讼、无讼”的基层治理法治良序。

安全水平全面提升。压茬推进专项整治三年行动，实现“一年小灶”[10]与“三年大灶”[11]无缝衔接，五年来较大以上安全生产事故“零发生”，事前执法次数增长 106.25%，有力打击违法违规生产行为。创新开展“春风、飓风、秋风、清风”四大行动，排查整改隐患问题 2376 个。齐心共抗超历史极值的特大汛情，牢牢守住市区最长的长江岸线，有效应对台风、暴雪、极寒等极端恶劣天气，城市应急救灾能力显著提升。建成“江苏省餐饮质量安全示范街”2 个，大型餐饮明厨亮灶覆盖率超 95%，坚决守住人民群众“舌尖上的安全”。

社会大局和谐稳定。有力保障党的十九大、新中国成立 70 周年、中国共产党成立 100 周年等 168 次重大活动期间的社会和谐稳定。扫黑除恶专项斗争持续深化，破获恶势力犯罪集团 4 个，涉黑涉恶在逃人员缉捕率 100%。全力推进社会治安防控体系建设，公众安全感持续在全市位居前列。实体化运作区级反诈中心，累计开展精准劝阻 3 万次，全市首个实现对电诈团伙的全链条打击，挽回经济损失 800 余万元。各级信访件及时受理率、按期办结率、满意率综合评分位居全市前列，区人民来访接待中心被授予省级“人民满意窗口”称号。

在着力推动高质量发展的同时，我们坚持全面加强政府自身建设。始终把政治建设摆在首位，深入开展“两学一做”学习教育、“不忘初心、牢记使命”主题教育、党史学习教育等，积极践行“两在两同”[12]，推动学习成果转化成为民服务的生动实践。严格落实“三重一大”决策机制，开展重要文件、政府协议合法性审查 183 次。深化政务公开，主动公开政府信息 6667 条。自觉接受区人大法律监督、工作监督和区政协民主监督，办结人大代表建议 390 件、政协委员提案 592 件，办结率和满意率均为 100%。强化审计监督，节约财政资金 3.55 亿元。严防政府债务风险，切实管控债务规模和债务成本。认真落实中央八项规定及其实施细则精神，坚持厉行节约，压减一般性支出 18%、“三公”经费 50%。

五年来，老龄、妇女儿童、青少年、残疾人、工会、红十字、慈善、关心下一代等事业实现新进步，民族宗教、外事侨务、科普、档案、地方志、人民武装、国防教育等工作取得新成绩。

各位代表，本届政府取得的成绩，得益于历届区委、区政府打下的良好基础，凝聚着全区人民的汗水智慧，离不开各方面的关心支持。在此，我代表区人民政府，向全区人民，向全体人大代表、政协委员和离退休老同志，向各民主党派、工商联、无党派人士、各人民团体，向为润州发展做出积极贡献的在润单位、部队官兵、公安干警和消防救援人员，向所有关心支持润州发展的社会各界人士和海内外朋友，表示崇高的敬意和衷心的感谢！

各位代表，回首极不寻常的五年，我们深刻体会到：做好润州的工作，推动各项事业持续高质量向前发展，必须坚定不移贯彻落实习近平新时代中国特色社会主义思想，坚持以习近平总书记视察江苏、镇江的重要讲话指示精神统领全局；必须完整准确全面贯彻落实新发展理念，适应把握引领经济发展新常态，顺应区域经济一体化的发展大势；必须坚定不移走好城市经济发展道路，增强产业体系核心竞争力；必须坚定不移贯彻以人民为中心的发展思想，不断满足人民日益增长的美好生活需要。

在前进的道路上，我们也清醒地看到发展中存在的问题和不足：受多重因素影响，经济发展还不够快，综合实力还不够强，中心城区首位度还不够高；城市经济规模总量偏小，产业结构较为单一，抗风险能力较弱；掌握发展要素资源的主动性不足，重点片区建设、重大产业项目推进速度不够快；城市基础设施建设的薄弱点还比较多，常态长效管理机制未能充分有效运行；城市公共服务的多样性不足，教育、医疗、养老等重点领域的优质资源供给依然不够充分；政府部门的专业化能力水平还有不足，服务发展、服务群众的工作效能还需提升。我们必须直面矛盾、正视问题，采取有力举措，认真加以解决。

今后五年的目标任务

今后五年，是润州全面建设社会主义现代化的起步期，也是经济上台阶、提升首位度、全省争进位的关键期。市党代会发出“锚定‘三高一争’[13]扎实奋斗、激情奔跑”的动员令，区党代会作出“实施‘双轮驱动’、筑造‘四个主城’”的战略部署，全区上下必须以强烈的责任感和使命感，坚定不移抓好贯彻落实，集中精力办好自己的事，为谱写“镇江很有前途”现代化建设新篇章扛起主城担当、做出主城贡献。当前，百年变局和世纪疫情交织叠加，面临的挑战前所未有，但润州经济稳中向好的形势没有变、各方支持看好润州的预期没有变，这是我们最大的信心。未来五年，我们将增强定力、主动作为，牢牢稳住经济基本盘，加快提升核心竞争力，推动润州高质量发展行稳致远；我们将抢抓机遇、奋发有为，聚焦创新引领、项目建设、产业培育等关键领域，努力走出深度融入长三角一体化发展的“润州路径”；我们将进一步提高标杆、善作善为，坚持问题导向，对标先进地区，重实干、求实效，更高质量推动发展，更有成效优化环境，更实举措富民惠民，更大力度守护安全，努力跑出加速度、干出新精彩，把“宜居宜业宜游现代化一流主城区”的愿景更加清晰地展现在润州人民面前。

今后五年政府工作的指导思想是：**高举习近平新时代中国特色社会主义思想伟大旗帜，全面贯彻党的十九大、十九届历次全会、中央经济工作会议精神，深入贯彻习近平总书记视察江苏、镇江重要讲话指示精神，全面落实省第十四次党代会、省委经济工作会议以及市第八次党代会、区第九次党代会决策部署，坚持“稳字当头、稳中求进”工作总基调，完整准确全面贯彻新发展理念，突出高质量发展主题，扛起“争当表率、争做示范、走在前列”润州使命，提升“双轮驱动”加速度，奋进“四个主城”新征程，用心谱写“强富美高”新润州建设的现代化篇章。**

今后五年：

——建成“发展质效突出、服务功能齐备”的现代化城市产业体系。**优势产业具备全市领先发展态势。**数字经济产业链企业高度集聚，力争数字经济核心产业增加值占 GDP 比重突破 15%，形成高质量发展新增长极。绿色低碳发展特色更加凸显，重大新能源项目建设取得明显进展。**主导产业突出地位更加坚实。**实现金融业服务实体经济功能、面向中小微企业的法律服务功能、科技服务业推动重点产业创新功能“三个显著提升”，生产性服务业具有较为强劲的市域影响力，相关市场主体增长 70%以上。**城市窗口形象更加彰显。**以南山北水一渡为核心，打造长三角范围内有影响力和引流性的消费目的地。以文旅资源吸引外来人口流入，有效推动城市餐饮、商贸服务功能提升。五大主导产业达到较高集聚发展层次，服务业和数字经济产业总产值超 500 亿元，真正展现出现代化一流主城区的发展核心功能。

——建成“创新活力迸发、发展动能充沛”的现代化城市创新生态。**创新主体更具活力。**高新技术企业和专精特新“小巨人”企业[14]数量显著增长。创新人才、创新团队与企业技术升级需求高度契合，人才资源的产出效益充分彰显。**创新合作高效开展。**促成企业与高校院所形成长期、稳定、持久的合作，实现“研发—转化—生产”良性循环，提升行业整体创新水平。**创新环境显著优化。**金融机构、投资机构和民间资本共同形成优质创新项目扶持网络。政策体系“一揽子”解决高层次人才的安身、安心、安业问题。知识产权保护和交易机制更加健全完善。创新要素成为城市经济最高效的发展动能。

——建成“山水文化交融、人与自然和谐共生”的现代化城市生态空间。**城市布局更加完善。**发展空间、居住空间、生态空间规划布局合理，功能有机统一。区域交通网络、城市道路内循环更加畅通。**城市容貌更加精美。**纵深推进美丽润州、美丽街道建设，常态长效管理机制有效运行，占道经营、违章搭建等问题得到有效解决，城市管网、公厕、垃圾中转站等公共基础设施提档升级。**城市生态持续向好。**“山水林田湖草”系统治理成效显著提升，水、气、土壤整治成效持续巩固，空气优良天数、$PM_{2.5}$浓度稳定向好，长江“十年禁渔”任务严格落实，城市绿化率“只增不减”，林木葱茂、江河交汇的城市山林风貌更加彰显。宜居、宜业、宜游的城市品质更加突出，成为山水花园城市生动写照。

——建成“基础保障均衡、优质供给多元”的现代化城市服务系统。**扎实有力推进共同富裕。**民生支出占比保持 78%以上，居民收入增长始终与经济增长保持同步。劳动就业供需双向平衡，实现“劳有所岗”到“劳有优岗”转变，创业引领作用更加凸显。**坚决兜住基本民生底线。**基本养老保险、基本医疗保险应保尽保。建成较为完善、系统的多元化社会养老服务供给体系。保障性住房供给力度持续提升，城镇居民安居需求得到有效满足。**公共服务更加优质均衡。**优质教育资源供给更加充分，集团化办学[15]成效进一步提升，学前教育优质普惠度更高，义务教育学校办学特色更加鲜明。公共卫生服务体系更加健全，重大公共卫生事件应急处置能力显著增强，“健康润州”建设取得更好成效。全体润州人民更加公平地共享发展成果。

——建成“安全屏障稳定、智慧高效运转”的现代化城市治理网络。**智慧润州建设取得明显成效。**数字技术与城市基础设施深度融合，市域治理指挥平台应用效能显著提升，跨部门、多平台数据共享更加通畅，智慧化应用场景更加丰富，数字治理的覆盖面和渗透率显著增强，城市变得更加“智慧”“高效”。**社会治理体系更加健全完善。**矛盾纠纷多元调处机制有效运行，社区（村）工作者职业体系和标准化工作体系健全完善，广大群众享有参与重大公共决策的畅通渠道，社会组织更加规范、专业地承担治理任务。**城市安全总体屏障更加坚实。**城市治安持续平稳向好，防范化解重大风险的能力全面提升，群众安全感达97%以上，法治建设满意度保持在全市前三。城市日常安全监管体系有效发挥作用，现代化安全监管手段覆盖各个重点安全领域，城市本质安全水平实现再提升。

各位代表，确立上述目标，符合润州推进高质量发展的客观实际和自身定位，也符合全区人民的共同利益和普遍期盼。我们将切实肩负这一庄严使命，团结带领广大干部群众砥砺奋进，在现代化建设新征程中不懈奋斗！

2022 年工作安排

各位代表，2022 年是党的二十大召开的喜庆之年，是落实省、市、区党代会精神的开局之年，也是“十四五”规划实施的关键之年，做好今年工作事关全局、意义重大。

综合考虑需要和可能，今年经济社会发展的主要预期目标为：地区生产总值增长 6%；一般公共预算收入增长 4.5%，服务业应税营业收入增长 8%，固定资产投资增长 10%，社会消费品零售总额增长 7%；实际利用外资 2000 万美元，城镇常住居民人均可支配收入增长与经济增长同步；杜绝重特大生产安全事故，严控较大生产安全事故，事故起数和死亡人数实现双下降；完成市下达的节能降耗、污染物减排、生态环境约束性指标。

围绕上述目标，我们将深入实施“八大行动”：

一、实施“项目攻坚”行动，全力保证区域经济稳定运行

坚决保障有效投资。加快推进市、区重点产业项目建设，确保西理（镇江）智造园等新建项目按期开工建设，恒润商业广场主体竣工，产业投资增幅高于固定资产投资增幅。高效推进润商小学应急避难场所建设、征润州水源地生态修复工程等民生实事和基础设施项目建设，保持对教育、医疗、养老等重点民生领域投入力度，保证保障性住房配租供给，力争全年实现固定资产投资 65 亿元。发挥政府投入引导和撬动作用，引导社会资本有序参与产业发展、城市更新、民生保障等项目建设，增强金融、类金融企业对社会投资的有效支撑，营造更加开放的社会投资环境。

持续稳定消费需求。多形式丰富传统消费体验，持续办好“润州请客”“润州明月夜”等系列主题消费活动。引导万达广场、常发广场等商业综合体延长节假日营业时间，开设深夜营业专区、24 小时便利店等特色消费街区，更好扩宽夜间消费场景。加快释放新兴消费潜力，引导江苏冬云等互联网企业培育直播电商消费新业态，支持瑞祥等新零售企业加快线上线下融合发展进程，更好满足群众线上消费需求。鼓励促进信息消费，加快大数据、云计算等数字技术在传统消费领域中的应用，支持传统商贸企业运用人工智能、虚拟现实、增强现实、物联网等新兴信息技术，提供更人性化、更具沉浸感的消费体验。

不断优化营商环境。深入落实营商环境“润十条”，持续优化行政审批业务流程，压缩企业开办时间，力争 95%以上的企业开办业务控制在 0.5 个工作日内。进一步提升线上政务服务质效，持续保持所有事项“不见面”办理，“一窗通办”“一网通管”率持续保持 100%。强化政银企合作，健全“政银联办”机制，提升银企服务链接效率。全面推进街道、社区（村）服务大厅建设，严格落实“全科政务服务模式”。

二、实施“载体引领”行动，加快建设融合发展重点片区

聚焦“数字经济引领区”，提升官塘创新社区建设质效。瞄准数字经济发展赛道，编制《鼓励发展数字经济专项政策》和《三年行动方案（2022—2024）》，加快推进阿里·和润数字产业园开工建设，吸引导入大数据、人工智能等数字生态链上下游企业 15 家，逐步构建结构完整、功能齐全的数字经济发展生态。紧盯“产城融合示范区”功能定位，深入推进 3.72 平方千米核心区建设，加快推进四平山路、显洋路等基础设施建设，启动凤栖湖开挖工程，初步呈现“城市副中心”的高品质建设形象。优化创新社区发展运行模式，建立“管委会 + 运营公司”实体化运营机制，进一步理顺与市属集团公司的合作模式，健全重点项目“1 名牵头领导 +1 个服务团队 +1 套推进方案”的“3 个 1”协同推进机制，提升运行效能。

聚焦“商务金融服务集聚区”，放大南徐片区辐射功能。提升省级生产性服务业集聚示范区发展层次，提升专业化、特色化楼宇的产业集聚度，打造立起来的“产业园”。完善金融服务集聚区功能，推进金融服务向证券、保险等细分领域拓展，年内新引进金融、类金融企业20家，举办区级以上政银企活动8场。以国控双子楼、五里产业楼为主要载体，加快引进集聚法律服务类企业10家以上，为中小微企业提供知识产权等重点领域的配套咨询服务。依托联想·星云加速器、建设工程质量检测中心等平台，持续做好科技型服务业“提速增效”，新引进科技型服务业企业6家以上，力争生产性服务业全年营收突破128亿元。

聚焦“双碳战略践行区”，加速韦岗片区整体建设。紧盯碳中和、碳达峰“3060”战略目标[16]，全力保障青山湖抽水蓄能电站项目建设前期工作顺利开展，逐步推进分布式光伏项目建设，加快城市经济能源结构优化更新。以绿色建筑产业园项目建设，推动盘活原黄山水泥厂等一批闲置地块，加快弃料加工、装配项目等产业链上下游企业集聚，力争实现1~2个新材料领域重点企业进驻入园，形成与生态文明建设目标指向一致的绿色发展模式。

三、实施“优质创新”行动，加快提升区域创新服务能力

持续壮大创新主体。实行科技型企业梯次培养计划，力争中小型科技企业入库备案30家以上，发掘指导企业申报高企15家以上。突出企业创新主体作用，通过政策引导、供需对接、创新平台鼓励企业增加研发投入，确保增长10%以上。强化易沃客创意空间、东南大学校友经济产业园、南京航空航天大学国家技术转移镇江分中心等特色平台载体功能，加快建设和完善区级技术转移体系，形成“众创空间—孵化器—加速器—产业园”全链条孵化体系，年内新认定科技企业孵化器、众创空间2家以上。

有效集聚创新要素。实施高层次领军人才引进培养计划，围绕五大主导产业，全年引进培育产业类高层次人才15人以上，新增各级专业技术人才800人以上，打造集聚优秀人才的创新高地。深化校企创新合作，聚焦数字经济、智能制造等主题，组织专题产学研对接活动10场以上，力争举办市级以上的科技交流活动1场以上，校企合作频次提高至20次以上，促成辖区内龙头企业与高校形成长期稳定的研发合作关系，吸引一批高层次创新平台和优质科技项目落地。

不断优化创新生态。完善产业政策体系，对企业在技术、产品、工艺、流程、管理等多领域创新行为，给予精准有效扶持。强化人才服务保障，妥善解决引进人才在住房、医疗、子女教育等方面的问题，努力实现“来润州·才无忧”。围绕“四个好去处”[17]目标，在西津渡创成全市首家“人才友好示范街区”，落实消费优惠补贴等多项暖心政策，打造人才服务“润州样板”。健全完善知识产权保护体系，加大专利资助力度，发挥镇江知识产权维护援助中心作用，帮助科技型中小企业解决知识产权申请、补助以及融资难等问题，构建更具吸引力的创新服务保障体系。

四、实施“精美主城”行动，加快提升城市建管品质

优化城市空间布局。规划引领更加刚性，严格执行国土空间规划近期实施方案，科学规范推进7个成片开发区域建设。坚决杜绝新增违法用地，实现存量违法用地全面清零。有序推进城市更新，完成江南新村一期等6个片区、10万平方米老旧小区改造工程，完成张家湾国有土地征收拆迁项目。积极融入全市综合交通运输体系建设，保障G312镇江段快速化改造和G346城区段城市化改造顺利实施，推进庄泉路慢行系统改造工程和新马路项目建设，进一步畅通城市道路交通循环。

提升城市功能品质。强化危房解危力度，开展既有建筑安全隐患排查整治专项行动，确保年内解危面积超5000平方米。积极稳妥推进城镇污水处理提质增效精准攻坚“333”行动[18]，夯实“小散乱”排水整治成效，完成新河桥泵站等7个片区、12.6平方千米达标区建设任务。对标文明城市创建要求，构建长效巡查管理机制，智慧化清理占道经营、户外广告等城市“顽疾”；坚决遏制新增违法建设，进一步提升城市容貌品质。强化“市场化+兜底式”多元保障，基本建成综合物业管理体系，开展老旧小区市场化物业管理试点，提升住宅小区物业管理质效。深化生活垃圾分类收集和资源化综合利用，建成用好垃圾分类信息化微信小程序，年度新增省级垃圾分类达标小区30个以上。实施农村人居环境整治五年行动，深入推进乡村公共空间治理，让城乡同具精美色彩。

系统构建城市生态。深化生态环境领域体制机制改革，有效发挥生态环境保护委员会作用，以更加有力的组织领导体系，持续深入打好污染防治攻坚战。科学高效实施能耗“双控”[19]，规上工业能耗同比下降5%。聚焦重点区域、重点时段、重点场所实施源头治理，持续提升区域大气环境质量。

久久为功打好长江保护持久战，细化护渔队履职清单，加大执法打击力度，坚定不移抓好“十年禁渔”各项工作任务。统筹推进“山水林田湖草”生态保护修复，深入推行河湖长制，全面消除城市劣Ⅴ类水体，国、省考断面水质继续保持稳定超优Ⅲ标准。全面推行林长制，开展国土绿化行动，实现森林资源“一增、二保、三防”目标[20]。

五、实施“全域发展”行动，加快推进文旅融合发展

创成省级全域旅游示范区。扎实推进旅游基础设施建设，建成全域旅游游客集散中心，完善旅游停车场和临时停车位等配套设施建设，提升外来游客抵润后的“第一站”服务体验。强化镇宁专线、镇扬旅游城际公交的区域链接功能，增设丹阳、句容、扬中“润州文旅直通车”，扩大核心景区的辐射范围。建成润州智慧文旅大数据中心，实现文旅资源线上呈现，一部手机畅游润州。力争年内实现旅游接待总人数超700万人次，年度旅游总收入超80亿元，完成省级全域旅游示范区创建任务。

促进文旅产业融合发展。整合全区现有文旅资源，开发特色精品文旅组团。以西津渡历史文化街区为核心，带动伯先路、大小龙王巷等周边片区协同发展，增强渡口历史街区夜经济品牌影响力。进一步发挥南山优质山林、湖泊、宗教等度假资源优势，完善民宿、文化体验方面的服务配套，打造以城市山林为主题的休闲旅游度假区。整合高骊山红色旅游资源、燕子窝非物质文化遗产资源，持续做优做特韦岗红色非物质文化遗产品牌。加大“印巷镇江”等文创品牌的宣传推广力度，推动文创产品进景区、进文博展馆、进主题街区，线上线下同步开展系列推介活动，不断提升润州文旅品牌的知名度与影响力。

提升文化体育服务水平。进一步强化“全民艺术普及”“文艺播种计划”等系列文化活动品牌效应，年内开展各类艺术课堂培训500课时、文化普及演出40场，组织“HIFI西津艺术节”“南山杜鹃花节”“家在润州”广场演出等综合性节庆文艺活动10场以上，不断丰富人民群众的公共文化生活，提升外来游客的文化体验。新建、更新全民健身路径20套，举办润州区足球联赛、高骊山红色登山节、社区乒乓球邀请赛等区级群众性体育赛事10场以上，更好满足群众多样化的文化体育生活需求。

六、实施“富民惠民”行动，加快推进民生事业优质发展

拓宽就业增收渠道。高质量开展“春风行动”，全年组织人才招聘交流活动不少于10场，提供各类就业岗位7000个以上，新增城镇就业6000人以上。加大创业补贴和就业帮扶力度，开展退捕渔民“311”就业专项服务[21]和全方位就业创业帮扶，确保“零就业”家庭实现动态清零。加强就业供需两端对接，与辽宁朝阳、四川内江、德阳三所技术院校建立专技人才引进培育的定向合作关系，在中西部建立稳定的劳动力资源合作基地，全年引进实用型、应用型技术人才200名以上，持续提升适岗性和针对性。

强化基本民生保障。持续推进社保高质量精准扩面，深入实施全民参保计划，落实职工基本养老金合理调整机制，加快实现法定人员基本养老保险、基本医疗保险全覆盖，城乡基本养老保险覆盖率达98%以上。深入推进低收入人口认定工作，建立完善进出有序的低收入人口数据信息库，实现常态化监测预警，不断巩固脱贫攻坚战成果。建立健全医养结合服务体系，持续推进养老服务事业发展，新建AAA级居家养老服务中心1家，拓展高品质居家养老服务范围。

优化公共服务供给。巩固提升普惠性幼儿园覆盖率，区实验幼儿园中海园区正式招生，力争创成省、市优质幼儿园2所。深入落实“双减”政策[22]，义务教育阶段校外培训机构和民办教育规范有序发展。提升集团化办学成效，“一校一品”建设持续加强，职业教育、社区教育的品牌建设和特色发展成效进一步展现。优化基层医疗卫生资源布局，整合社区卫生服务中心服务功能，补齐官塘片区医疗卫生资源短板。深化中医药服务能力提升工程，实现“中医阁”建设全覆盖。完善公共卫生应急指挥体系建设，完成卫生防疫体系建设等2个抗疫特别国债项目，实现单日最大新冠病毒核酸检测能力超2万人次。

七、实施“数字赋能”行动，加快推进城市治理智慧化

完善智慧化基础设施建设。突出主城区基础设施布局早、数字产业导入快、五大通讯运营商集聚的先天优势，加快“智慧润州”软硬件建设。有效支持保障各运营商的5G基站扩面布局计划，积极主动推进城市数据中心等核心项目建设，开发“智慧润州”线上操作系统，升级区域治理现代化指挥平台功能，不断完善智慧城市建设基础。加快整合空间地理信息、人口信息、产业信息、治理信息等基础数据接入城市“智慧大脑”，形成“智慧润州”基础数据库。深化“升级版技防城”[23]和“雪亮工程”建设，结合老旧小区改造工程和城市更新步伐，完善各类技防设施，不断延伸城市数字治理

“神经末梢”。

塑造社会基层治理数字格局。整合社区、网格的最基层数据端口，在综合治理平台内实现跨部门、多领域的数据资源采集、共享、分析和利用，提高治理数据应用效能。利用数据信息强化治理网格赋能，打造“网格信息搜集—部门核实处理—结果及时反馈”的“线上治理”闭环模式，实现基层治理问题信息的分类上传和数字化处理。健全完善数字治理工作机制，压实各职能部门、各街道工作责任，拓宽信息公开透明的“窗口”，明确治理信息办理时限，进一步推动基层治理体系数字化高效运转。

构筑城市安全数字化屏障。加快应急管理手段数字化转型，着手打造智慧应急“一张图”，逐步实现对城市公共安全、生产安全和自然灾害等风险的全方位感知、立体化防范。加强数字化智能监控手段在人员密集场所、重点封闭场所、重点安全领域管理方面的应用，提升区、街、社区（村）三级应急管理网络效能，做到安全隐患早发现、早整改、早消除。推进重点行业企业安全管理信息化、智能化建设，全面提升企业安全生产管理水平，推动城市本质安全水平再上新台阶。

八、实施“效能提升”行动，持续强化政府自身建设

旗帜鲜明讲政治。始终坚持以习近平新时代中国特色社会主义思想定向领航，不断增强“四个意识”、坚定“四个自信”、做到“两个维护”，坚决当好“两个确立”的坚定捍卫者、忠实践行者。持续巩固党史学习教育成果，大力弘扬伟大建党精神，胸怀“两个大局”、心系“国之大者”。坚持党对政府工作的全面领导，确保中央、省、市和区委决策部署得到最有力、最有效的落实。

毫不动摇强法治。深入实施“八五”普法规划，严格落实法定决策程序，提高行政机关法律顾问在重大决策、政府合同、经济活动中的参与度，提升依法决策的科学化、民主化、法治化水平。深化行政执法体制改革，做好“双随机一公开”抽查检查监管工作。积极应对行政复议体制改革后的新形势新任务，进一步提高行政复议工作的权威性、实效性。自觉接受区人大及其常委会法律监督、工作监督和区政协民主监督，以及国家监察、司法监督，高度重视舆论、社会监督，加强统计监督。高质量办好建议提案，广泛听取各民主党派、工商联、无党派人士和人民团体意见。深化政务公开，推动发布、解读、回应相衔接，切实保障群众知情权和监督权。

持之以恒优作风。始终坚持把纪律和规矩挺在前面，认真履行全面从严治党主体责任，深入推进政府系统党风廉政建设。加大审计监督力度，强化公共资源交易、政府投资工程等重点领域、关键环节监督。持续提升“精文减会”工作实效，持续保持政府系统文件会议总量“只减不增”。树牢过“紧日子”思想，强化财政预算刚性约束，严控一般性支出，进一步压减“三公”经费5%。锲而不舍执行中央八项规定及其实施细则精神，持之以恒纠治“四风”，一体推进不敢腐不能腐不想腐，坚决整治群众身边的腐败和作风问题，永葆为民、务实、清廉的政治本色。

各位代表，奋斗路正长，行者方致远！让我们在市委、市政府和区委坚强领导下，在区人大、区政协和社会各界监督支持下，踔厉奋发，笃行不怠，用工作体现忠诚，用奋斗展现担当，高水平建设现代化一流主城区，以优异成绩迎接党的二十大胜利召开！

【名词解释】

[1] **省"双创计划"**：江苏省高层次创新创业人才引进计划。

[2] **市"金山英才"计划**：镇江市高层次领军人才引进计划。

[3] **产业政策"29条"**：《润州区关于加快推进产业发展的政策意见（修订版）》。

[4] **"四早"**：早发现、早报告、早隔离、早治疗。

[5] **联合病房模式**：由医疗集团各医院与社区卫生服务中心共同设置，医疗集团各医院将康复期病人转到社区卫生服务中心康复联合病房，共同提供后续治疗、康复、护理服务，减轻医院床位压力，增强社区卫生服务中心的服务和供给能力，使康复期病人获得全程、无缝、同质的医疗卫生服务。

[6] **"三区三线"**："三区"指集中建设区、弹性发展区、特别用途区；"三线"指生态保护红线、永久基本农田保护红线、城镇开发边界线。

[7] **批而未供**：往年批准的建设用地至今尚未供地。

[8] **"三官一律"**：检察官、警官、法官和律师。

[9] **"双全"社工**："全科＋全能"社工，全面掌握各项社区（村）工作职业技能，具有一人多岗、一专多能优势的社区（村）工作者。

[10] **"一年小灶"**：根据中共中央、国务院决策部署，国务院江苏安全生产专项整治督导工作组于2019年11月26日，进驻江苏省开展为期一年的专项整治督导工作。

[11] **"三年大灶"**：全国安全生产专项整治三年行动（2020—2022年）。

[12] **"两在两同"**：始终同人民想在一起、干在一起，风雨同舟、同甘共苦。

[13] **"三高一争"**：推进高质量发展、创造高品质生活、实施高效能治理，在谱写"镇江很有前途"新篇章中争得城市荣光。

[14] **专精特新"小巨人"企业**：集中于新一代信息技术、高端装备制造、新能源、新材料、生物医药等中高端产业领域的尚处发展早期的小型企业，其始终坚持专业化发展战略，普遍具有经营业绩良好、科技含量高、设备工艺先进、管理体系完善、市场竞争力强等特点。

[15] **集团化办学**：一所名校和若干所学校组成学校共同体，在教育理念、学校管理、教育科研等方面统一管理，实现优质教育资源共享。

[16] **碳中和、碳达峰"3060"战略目标**：2020年9月，在第七十五届联合国大会一般性辩论上，我国首次提出要在2030年实现碳达峰、2060年实现碳中和。

[17] **"四个好去处"**：人才生活休闲好去处、商务交流好去处、文化体验好去处、创意孵化好去处。

[18] **城镇污水处理提质增效精准攻坚"333"行动**：城镇污水处理提质增效精准攻坚三消除、三整治、三提升行动。"三消除"为基本消除城市黑臭水体、基本消除污水直排口、基本消除污水管网收集空白区；"三整治"为整治工业企业排水、整治"小散乱"经营户排水、整治小区和单位庭院排水；"三提升"为提升排水管网密度与路网密度、提升城市生活污水处理厂进水浓度、提升新改扩建污水收集处理项目质量管控水平。

[19] **能耗"双控"**：中共十八届五中全会上，提出实行能源消耗总量和强度"双控"行动。

[20] **森林资源"一增、二保、三防"目标**：增加森林蓄积量，保持森林覆盖率和林地保有量稳定，防控森林火灾、防治林业有害生物、防范破坏森林资源行为。

[21] **退捕渔民"311"就业专项服务**：建立"一对一"结对挂钩制度，明确专人、包干到人，对有劳动能力和就业愿望、处于失业状态的持证退捕渔民进行全程跟踪，至少提供1次政策宣讲、3次职业介绍和1次就业指导，并做好服务记录。

[22] **"双减"政策**：2021年7月19日，《中共中央办公厅、国务院办公厅印发〈关于进一步减轻义务教育阶段学生作业负担和校外培训负担的意见〉的通知》。

[23] **"升级版技防城"**：按照"全域覆盖、全网共享、全时可用、全程可控"的工作要求，实现技防网络全面升级、实战应用全面深化、工作机制全面优化，提升社会治安防控体系的建设层次、综合效能和工作质态。

润州概况

栏目编校：孙 伟

区情概要

【位置、面积、区划】 润州区是镇江市辖区，位于长江下游南岸、古运河以西，地处镇江市区西南部。东以古运河为界，与镇江市京口区毗邻；东南部分地段与镇江新区（江苏省镇江经济开发区）连接；北濒长江，与扬州市邗江区隔江相望；西南与镇江市丹徒区接壤。

2021年年末，润州区土地总面积约113平方千米，其中，耕地面积1489公顷，茶园面积98公顷，果园面积5.2公顷，另有淡水养殖面积53.3公顷。辖七里甸街道、官塘桥街道、宝塔路街道、和平路街道、金山街道、韦岗街道、南山街道7个街道，镇江市黄山园艺良种场、镇江市水产养殖试验场、润州茶场3个场圃，4个行政村、48个社区。境内，七里甸街道7.805平方千米，官塘桥街道12.641平方千米，宝塔路街道5.078平方千米，和平路街道57.186平方千米，金山街道2.996平方千米，韦岗街道10.481平方千米，南山街道16.811平方千米。区政府所在地位于北纬32°11′42″、东经119°24′20″，地址为镇江市润州路5号，邮政编码为212005，政府网站中文域名为“中国·润州”（网址 http://www.runzhou.gov.cn）。

【环境、交通】 润州区境内有金山公园、南山国家森林公园、伯先公园、西津渡、彭公山石晶洞等旅游名胜。境内，长江、京杭运河交汇构成水路运输网；沪宁铁路、312国道、243省道、222省道、沪宁高速公路和润扬长江公路大桥等交通要道纵横交织，陆运非常发达。官塘桥路、南徐大道、润州路、朱方路、中山西路、黄山路、电力路、大西路、长江路、跑马山路、檀山路、团山路等贯通境内城区，农村实现村村通公路。

截至2021年年底，润州区境内（含高新区）公路里程128.891千米，其中，一级公路59.854千米，二级公路15.391千米，三级公路5.866千米，四级公路40.797千米，高速公路6.983千米。公路客运站场2个。铁路28.28千米，车站2个。

【地貌、资源】 润州区位于长江、运河交汇处，属宁、镇、扬丘陵地区和长江冲积平原区，地势西高东低，南高北低。境内丘陵平地此起彼伏，有金山、宝盖山、跑马山、五州山、嶂山、南山、长山等，征润州、牌湾、小码头一带滨江沙洲由长江淤泥沉积而成，地形平坦宽阔。土壤类型分为水稻土、潮土、黄壤土和石灰岩土。土壤分布低，山以黄棕壤为主，岗地以黄土为主，平原以潜育型水稻土为主。

全区北有长江，东有古运河，西有运粮河，南有周家河、四明河等，开掘成大、中、小沟渠45条75.98千米，有小型水库6座，水闸、滚水坝15座，排灌站31座55台（套），总装机容量2328.5千瓦。区域内自然资源比较丰富，全区矿产资源以非金属矿产为主，有分布于韦岗一带的优质熔剂灰岩、铁矿，分布于五州山至彭公山一带的石灰石，以及分布于赣山北麓、五州山等地的石英砂岩等，区内砖瓦黏土、水泥配料等分布广泛。生物资源也很丰富。植物主要有常绿树种如雪松、侧柏、广玉兰、女贞等；落叶树种有蜡梅、白杨、银杏、水杉、槐等；药用植物有枸杞、黄芪、何首乌、龙胆草、车前草等；经济作物有茶树、果树、桑树、竹等。森林覆盖率32.31%。动物有哺乳类犬、猫、狐、鼠等，鸟类有麻雀、喜鹊、乌鸦等100多种，家禽类有鸡、鸭、鹅、鹌鹑、家鸽等，爬行类有水蛇、蜥蜴、壁虎、龟、鳖等，昆虫类有蟋蟀、金龟子、天牛、蝉等，境内长江鱼类有13目25科90多种，其中刀、鲥、鳗、河豚等属名贵鱼类，近郊养殖户养殖青、草、鲫、鲤等。

（区史志办）

【气候】 润州区属北亚热带季风气候，常年（1981—2010年30年平均）平均气温15.7℃，降水1085.4毫米，日照1972.4小时。2021年，平均气温17.4℃，平均降水量1248.9毫米，日照时数1909小时。

气温。2021年，年平均气温17.4℃，较常年偏高1.7℃，异常度值为2.47，属异常偏高年份。3月10日进入春季，比常年平均（3月19日）早9天。春季75天，较常年平均（63天）多12天。5月24日入夏，较常年平均（5月23日）晚1天。夏季140天，较常年平均（124天）多16天。10月11日入秋，比常年平均（9月24日）晚17天。秋季50天，比常年平均（60天）少10天。2020—2021年冬季108天，比常年平均（116天）少8天。

降水。2021年，年平均降水量1248.9毫米，比常年平均多15.1%，入梅偏早、出梅正常、梅期偏长。梅雨量明显偏少，雨量分布不均（降水量116.6毫米～228.3毫米），平均梅雨量160.3毫米（常年平均253.9毫米）。

日照。2021年，全年日照时数为1909.0小时，比常年平均（2025.7小时）少116.7小时。

（市气象局）

【风景名胜】 润州区具有“城市森林”和“真山真水”的独特风貌，以“天下第一江山”闻名于世。“寺裹山”的金山以绮丽著称。市区的昭关石塔、西津渡古街、镇江英国领事馆旧址等古、近代建筑和近郊的金山寺、招隐寺、竹林寺、鹤林寺等寺庙历史名胜体现着润州深厚的内涵；城南有南山国家森林公园，公园青山连绵，古木幽深，昭明太子读书台、文苑、增华阁等点缀其中。长江路和金桥大道把春江潮广场、金山江天禅寺、润扬长江公路大桥连为一体，成为润州版图一道亮丽的风景线。

【民族、方言】 润州区有回、蒙古、满、维吾尔、苗、壮、布依等少数民族21个4300余人，其中，回族约3900人。

润州话属北方方言的次江淮方言，城区及近郊（七里甸街道）以镇江话为主要方言，而远郊（韦岗一带）有部分移民操河南罗山话，征润州部分居民带有明显泰兴话。与普通话相比，镇江话没有全浊声母和舌尖后音声母；鼻化元音介于前鼻音韵母与单元音韵母之间，in、ing不分，en、eng不分，n、l不分；有入声调。词汇中保留着丰富的吴方言词。

（区史志办）

【人口】 2021年年末，润州区实有人口户数104821户、户籍人口241939人（男性120544人、女性121395人）。2021年，润州区死亡人口1144人、出生人口1062人。（区公安分局）

经济和社会发展

【做大做强城市经济】 签约项目135个，其中，1亿元以上项目16个，总投资171.6亿元，超额完成年度计划。加快产业转型升级，生产性服务业发展获省政府办公厅督查激励；着力深化文旅融合，入选省级“文化和旅游消费试点城市”；大力发展数字经济，江苏冬云云计算股份有限公司成为省规划布局内重点企业，江苏鼎峰信息技术有限公司、镇江市新创计算机系统集成有限公司跻身省“专精特新”名单；严格执行能耗“双控”政策，规上工业综合能耗下降5.6%。实施“润州英才”计划（2021—2025），省“双创计划”完成率300%，居全市第一，引进专科及以上人才3302人。全方位优化营商环境，通过完善29条产业政策、制定“润十条”、推出政务服务大礼包等举措，实现企业开办“零成本”、开办时长压缩至0.53个工作日，新增企业和注册资本总额分别增长43%、102%；通过举办城市经济发展大会、发放“润州请您来赏秋”消费券、开展企业大走访等活动，真正让企业、群众感受到“润州最滋润”。

【增进民生福祉】 聚焦群众“急难愁盼”问题，高质量办好民生实事。区疾控中心实验室标准化建设验收通过，5家标准化居家养老服务中心投入运营，“双减”政策落实初显成效，群众在医疗、养老、教育等方面需求得到更好满足。新增城镇就业5800人，扶持创业1632人，创业带动就业7167人，均超额完成目标任务。美丽宜居城市建设步伐加快，十八进片区入选省级试点。实施老旧小区改造10.22万平方米，开展危房解危1万平方米，惠及居民1696户。生态环境持续改善，$PM_{2.5}$浓度降幅全市最大，国省考断面、饮用水水源地水质达标率位列辖市区第一，农村污水改造达标率全市领先，跨界河湖联防联治创新实践形成广泛影响。建成三级退役军人服务保障体系，“五站一中心”创成全国示范型服务中心（站）；深化安全生产三年专项整治，成功化解滨江花城消防、黄山夜市用电用气等一批突出隐患。

【从严治党向纵深发展】 庆祝中国共产党成立100周年，以“红心向党·犇腾润州”为主题，广泛开展“永远跟党走”群众性主题宣传教育活动。巩固提升文明创建成果，大力弘扬社会主义核心价值观，常态化开展志愿服务活动，1人获评中国好人、2人获评江苏好人；创成第三批省书香城市建设示范区，新时代文明实践中心实现三级阵地全覆盖。积极践行“两在两同”，聚力“三提三促三个走在前”，解决基层问题3200余个；实施“红色源动力”项目，制定“五式”党员教育管理意见，做法被《中国组织人事报》报道；全域党建入选全国基层党建与民生发展优秀案例，第四次登上中国浦东干部学院讲台；完成区委换届、村（社区）委员会换届任务。深入推进西津渡统战特色街区建设，建成“1+5”新的社会阶层人士统战工作阵地矩阵。区工商联被评为全国“五好”县级工商联，顺利完成换届工作。启动九届区委第一轮巡察，扎实开展政法队伍教育整顿、民生领域专项监督、群众身边腐败和作风问题查处，运用“四种形态”处理113人次，查处违反中央八项规定精神问题9起13人，干部队伍更加纯洁，政治生态更加清朗。

（区史志办）

润州区组织机构及领导名录

中共镇江市润州区委员会

书　记　高国成
副书记　徐心田
　　　　徐　燕(女)
常　委　蒋　勇(1月止)
　　　　陈秋明(1月起)
　　　　杨　坚
　　　　张庆松
　　　　张　成
　　　　邵学军
　　　　梁　亮
　　　　朱　明(5月起)

区委办公室

主　任　曹　阳(9月止)
　　　　郑奇斌(9月起)
副主任　吴从芜
　　　　于彬彬(9月止)
　　　　霍晓剑
　　　　陈　辉

区委研究室

主　任　吴从芜
副主任　金　蕾(女)

组织部

部　长　梁　亮
常务副部长
　　　　徐文军
副部长　江其兵
　　　　杜婷婷(女)
　　　　张　斌

区级机关工委

书　记　江　琳(女)
副书记　张　晋(女)

区委老干部局

局　长　江其兵
副局长　王晓滢(女)

公务员局

局　长　江其兵
副局长　戴　敏(9月止)

区委非公企业和社会组织工委

书　记　杜婷婷(女)
副书记　范玲玲(女,5月止)

区委党建办

主　任　李　远(12月止)

区委党员电教中心

主　任　石天琦

宣传部

部　长　邵学军
常务副部长
　　　　张　镇
副部长　蒋天舒(女,9月止)
　　　　祁明星(女)
　　　　樊安成(9月起)

文明办

主　任　蒋天舒(女,9月止)
　　　　樊安成(9月起)
副主任　杨　娴(女)

文联

主　席　蒋天舒(女,9月止)
　　　　樊安成(9月起)
副主席　杨　镇

区委网信办

主　任　祁明星(女)
副主任　任　洁(女)

新闻中心

主　任　祁明星(女)

副 主 任　孔旺财
　　　　　汤力克

统战部

部　　长　邵学军
常务副部长　姜银土(10月止)
　　　　　　唐明乐(12月起)
副 部 长　田　冰
　　　　　李　志

民族宗教局

局　　长　姜银土(11月止)
　　　　　唐明乐(12月起)
副 局 长　卜　平(9月止)
　　　　　徐鲁生(12月起)

政法委

书　　记　张庆松
常务副书记　高　飞(5月止)
　　　　　　蔡楚天(5月起)
副 书 记　顾忠卫

区委编办

主　　任　张　斌
副 主 任　徐海萍(女)
　　　　　蒋天一

史志办公室

主　　任　华晨明(9月止)
　　　　　于彬彬(9月起)
副 主 任　孙　伟
　　　　　蒋厚军

档案馆

馆　　长　华晨明(9月止)
　　　　　于彬彬(9月起)

区委党校

校　　长　梁　亮
常务副校长　卢春生
副 校 长　张　静(女)
　　　　　祝　锋(4月起)

润州区人大常委会

主　　任　范永放
副 主 任　倪南成
　　　　　刘凯成
　　　　　易丽娟(女)
　　　　　周向群
党组书记　范永放(12月止)
　　　　　彭忠东(12月起)
党组副书记　刘凯成
　　　　　　倪南成

办公室

主　　任　贺永欣(女)

人事代表联络工作委员会

主　　任　魏春平(3月止)
　　　　　吴润宇(3月起)
副 主 任　刘银辉

监察和司法工作委员会

主　　任　孙　渊(9月止)
　　　　　姜银土(10月起)
副 主 任　姜克才

财政经济工作委员会

主　　任　杨　飚
副 主 任　吴俊彪

社会事业工作委员会

主　　任　黄成龙(9月止)
　　　　　张　浩(9月起)
副 主 任　王　娟(女)

环境资源城乡建设工作委员会

主　　任　徐厚华(3月止)
　　　　　李　俊(3月起)
副 主 任　刘　璇(女)

润州区人民政府

区　　长　徐心田
副 区 长　蒋　勇(1月止)
　　　　　陈秋明(1月起)
　　　　　朱　明(5月起)
　　　　　祝中昊(4月止)
　　　　　赖忠民
　　　　　王家振(11月止)
　　　　　江朝民
　　　　　景建国
　　　　　田　伟(5月起)
　　　　　崔　超(12月起)

政府办公室

主　　任　马　乐
副 主 任　丁笑笑(12月止)
　　　　　吴润宇(3月止)
　　　　　杜　炜
　　　　　刘　亮
　　　　　金威威
　　　　　赵　翼
　　　　　孙　蒙(女)
　　　　　吕云柱(6月起)
　　　　　张　烁(12月起)

机关事务服务中心

主　　任　李其兵
副 主 任　王　毅
　　　　　姚　缤(女)
　　　　　王玉坤

经济发展局

局　　长　吴斌斌
副 局 长　陈伟林
　　　　　杨海莲(女)
　　　　　陈欣国
　　　　　倪守俊

教育局

局　　长　陈赞群
副 局 长　樊安成(9月止)
　　　　　鄂　萍(女)
　　　　　谢雪岭
党委委员　束乾春
　　　　　夏建平
　　　　　李祥荣

区政府教育督导室

主　　任　樊安成(9月止)

文体旅局

局　　长　刘向华(女,3月止)
　　　　　王　慧(女,6月起)
党组书记　康　云
副 局 长　吴　瑛(女)

润州中等专业学校

党总支书记　杜闽生
校　　　长　臧　翔(9月起)
党总支副书记　李祥荣
　　　　　　　高新斤
副 校 长　孙文生(9月起)

镇江实验学校

校　　长　夏建平
副 校 长　祝　峰(5月止)
　　　　　夏　莉(女,3月止)
　　　　　戴天扬(女,3月起)
　　　　　田　静(女,9月起)
　　　　　蒋建国(9月起)
党总支副书记　束乾春

润州区实验小学

校　　长　靳钟琦(女)
党总支书记　罗雪梅(女)

科学技术局

局　　长　江金保
副 局 长　孙　伯
　　　　　郭海燕(女)
　　　　　孙　山(11月止)
　　　　　王　妮(女,12月起)

民政局

局　　长　袁其中
副 局 长　徐怀联
　　　　　张海东
　　　　　仇耀峰
　　　　　陶文琦（女）

司法局

局　　长　徐子强
副 局 长　解宏亮(12月止)
　　　　　张　健
　　　　　陈稳宇
　　　　　朱　怡(12月起)

信访局

局　　长　赵　翼
副 局 长　胡中良(6月止)
　　　　　苏德志
　　　　　钟　俊(6月起)

财政局

局　　长　匡淑平
副 局 长　殷荣栋
　　　　　钱玲凤（女）
　　　　　戴洪祥
党委书记　匡淑平
党委成员　易仁东

人力资源和社会保障局

局　　长　刘春光(3月起)
副 局 长　胡志中(3月止)
　　　　　沈　军
　　　　　张国荣
党委书记　刘春光(2月起)

住房和城乡建设局

局　　长　戴克祥
副 局 长　高　峰(9月止)
　　　　　许　谦
　　　　　卢　军
　　　　　康　伟
党委书记　戴克祥

城管局

局　　长　常耀中
副 局 长　李　俊(3月止)
　　　　　刘洪建
　　　　　刘　俊
　　　　　龚祝锋
党委书记　常耀中

交通运输局

局　　长　王重阳
副 局 长　孙建军
　　　　　蔡　军
　　　　　朱　辉

农业农村局

局　　长　黄　昕
副 局 长　张云凯
　　　　　陈　鑫
党委书记　李　伟

水利局

局　　长　夏兴政
副 局 长　欧阳国良
　　　　　张　杰

商务局

局　　长　范海进(3月止)
　　　　　刘向华(女,3月起)
副 局 长　李　雍
　　　　　熊　文
　　　　　邓　燕(女,5月起)
党组书记　李　雍

招商中心

主　　任　李　雍
副 主 任　邓燕(女,5月止)
　　　　　梅　俊
　　　　　殷婷婷(女)
　　　　　邵　昕(12月起)

卫生和健康委员会

主　　任　贺永欣(女,3月止)
　　　　　杨庆荣(3月起)
副 书 记　李　忠(6月止)
副 主 任　赵立军
　　　　　江蓓芬(女)
　　　　　李　兵(5月起)
党委委员　沙开红
　　　　　夏　峰
　　　　　满　明

红十字会

会　　长　江朝民
党组书记　沙开红(女)
常务副会长　沙开红(女)
副 会 长　朱　婧(女)

审计局

局　　长　史润忠
副 局 长　殷叶飞
　　　　　季吉祥

应急管理局

局　　长　杨庆荣(3月止)
　　　　　胡志中(3月起)
副 局 长　顾万银
　　　　　钱勇建
　　　　　张建明(9月止)

汤世鹏
束志祥
王　凯(9月起)
党委书记　胡志中

统计局

局　　长　陆庆宏
副 局 长　张涵宇
刘美中(6月止)
张振宇(6月起)

生环局

局　　长　唐明乐(11月止)
朱文仲(11月起)
副 局 长　康　忠
曹　阳
曾远忠
张　希(女)

市场监督管理局

局　　长　孙　晶(女,10月止)
耿长旭(11月起)
副 局 长　吴华昆(2月止)
赵　敏(女)
肖　骁
司智玲(女)
袁界荣(3月起)

行政审批局

局　　长　陆承宝
副 局 长　蔡　雷
何　峥(女)

退役军人事务局

局　　长　张群林
副 局 长　王志华
王美吉(9月止)
王振铭(9月起)

供销合作总社

主　　任　姚　继
副 主 任　谭福良
李火云
缪　迪
袁尤其(9月止)
王美吉(9月起)

曹　阳
纪委书记　李火云

区工贸总公司

总 经 理　蔡　飞
副总经理　周望梢(女,9月止)
葛月鹏
吴　丽(女)
沈　洁(女,12月起)
党委书记　刘志敏

区属平台公司

董 事 长　徐建春
总 经 理　杨　勇
副总经理　陈志强
田伟忠
丁　军
王永海
窦阿林(2月止)
朱一国
壮　伟

政协润州区委员会

主　　席　蔡文龙(1月止)
胡如明(1月起)
副 主 席　蔡　飞
季　莉(女)
刘向华(女)
张春平
匡淑平(1月起)
党组书记　胡如明
党组副书记　邵学军
秘 书 长　蒋阿喜(1月起)

政协办公室

主　　任　蒋阿喜

提案委员会

主　　任　宦玉兔(6月止)
邵建栋(6月起)
副 主 任　杨贤锋

学习和文史委员会

主　　任　肖尚平(2月止)
李　忠(2月起)

副 主 任　吕　芹(女)

经济科技委员会

主　　任　范丰年(9月止)
华晨明(9月起)
副 主 任　潘圣博(9月起)

社会事业委员会

主　　任　沈明安(9月止)
曾晓亚(9月起)
副 主 任　张月琴

中共润州区纪律检查委员会(润州区监察委员会)

书　　记　杨　坚
副 书 记　陆振兴
孙建民
常　　委　马少俊
吴　莹(女)
监委主任　杨　坚
监委副主任　陆振兴
孙建民
监委委员　马少俊
许传亮
办公室主任
潘　涛(5月止)
郑　列(9月起)
信访室主任　郑文杰
案件审理室主任　陈　飞
党风政风监督室主任
谈建桥(5月起)
案件监督管理室
薛容其
纪检监察干部管理监督室
马　佳(女)
第一纪检监察室主任
徐　华
第二纪检监察室主任
顾　宁
第三纪检监察室主任
吴　虹(2月起)
第四纪检监察室主任
殷　新(2月起)
第五纪检监察室主任
朱兆明

区委巡察工作办公室

主　　任　陆振兴(9月止)
　　　　　马少俊(9月起)
副 主 任　曾晓亚(9月止)
　　　　　许育根
　　　　　裴春霞(女,9月起)
巡察组组长　周志红(女)
　　　　　　耿长旭(11月止)
　　　　　　方　翔(11月起)
巡察组副组长　高　奇
　　　　　　　赵　莹(女)
派驻区委办公室纪检组组长
　　　　　沈小梅(女,2月止)
　　　　　谢竞美(女,2月起)
派驻区政府办公室纪检组组长
　　　　　吴国武
派驻区人民法院纪检组组长
　　　　　朱恒赏
派驻区检察院纪检组组长
　　　　　江再连
派驻区财政局纪检组组长
　　　　　易仁东
区属国有公司(场圃)综合
纪检组组长　易仁东

润州区人民法院

院　　长　张传军
副 院 长　马　力
　　　　　徐根法
　　　　　王　翔
　　　　　余　波
党组书记　张传军
政治处主任　王　琳

执行局

局　　长　赵向阳

润州区人民检察院

检 察 长　张东生
副检察长　曹学卫(9月止)
　　　　　杨海峰
　　　　　田云山
党组书记　张东生
党组成员　杨　可
　　　　　蒋文明
　　　　　成建民(2月止)
　　　　　江再连
　　　　　刘秀明(5月起)
　　　　　刘　滢(9月起)
政治处主任　蒋文明

群众团体

总工会

主　　席　夏祝平
副 主 席　谢竞美(女,3月止)
　　　　　张梅平
　　　　　刘美中(6月起)

团区委

书　　记　丁一舟(女,9月止)
　　　　　杨　凡(9月起)
副 书 记　朱颖倩(女)

区妇联

主　　席　李志鹰(女)
副 主 席　李　丹(女)

科协

主　　席　刘　旭
副 主 席　尹　忠

残疾人联合会

理 事 长　杨留永

工商业联合会

主　　席　季　莉(女)
副 主 席　王镇俐(女)
党组书记　李　志

台办

主　　任　田　冰

侨联

主　　席　周　红(女)

街道、场圃

七里甸街道

党工委书记　朱　明(10月止)
　　　　　孙　晶(女,10月起)
党工委副书记
　　　　　郑奇斌(9月止)
　　　　　石荣贺(9月起)
　　　　　方　翔(10月止)
　　　　　周景润
　　　　　夏　兵(10月起)
纪工委书记　彭　明
组织统战委员　刘　欢(女)
宣传委员　王　凯(9月止)
　　　　　江　悦(女,9月起)
办事处主任　郑奇斌(9月止)
　　　　　　石荣贺(9月起)
办事处副主任
　　　　　瞿惠林
　　　　　房　永(3月止)
　　　　　周　潇(3月起)
　　　　　张志团(9月起)
　　　　　郑泽宇(9月起)
　　　　　江　悦(女,9月起)
人大工委主任　陈小坤(9月止)
　　　　　　　高　峰(9月起)

官塘桥街道

党工委书记
　　　　　刘春光(2月止)
　　　　　田　伟(2—9月)
　　　　　曹　阳(9月起)
党工委副书记
　　　　　范海进
　　　　　蒋伟林(2月止)
　　　　　向　绯(女)
　　　　　房　永(2月起)
纪工委书记　张一玄
组织统战委员　陈　晔
宣传委员　颜　玲(女)
办事处主任　范海进
办事处副主任
　　　　　朱　怡(12月止)
　　　　　颜　玲(女)
　　　　　王卫领
　　　　　金　恺
　　　　　袁小鲁
人大工委主任　张　浩(9月止)
　　　　　　　戴　敏(9月起)

宝塔路街道

党工委书记　纪宁军
党工委副书记
张　娟(女,2月止)
高　飞(5月起)
周恒祥
纪工委书记
黎　骏(3月止)
陈　君(女,3月起)
宣传统战委员　谈　凯
组织统战委员
徐　春(6月止)
范玲玲(女,6月起)
办事处主任
张　娟(女,3月止)
高　飞(6月起)
办事处副主任　俞进东
王国文
李建国
倪若男(女)
人大工委主任　钱　进

和平路街道

党工委书记　汤小东
党工委副书记　石光亚
夏　兵(6月止)
郑永明(9月起)
丁笑笑(12月起)
纪工委书记
郑永明(9月止)
成　曼(女,9月起)
组织统战委员
张　烁(12月止)
阮庆红(女,12月起)
宣传委员　陈　璐(女)
人武部部长　张　宇
办事处主任　石光亚
办事处副主任　张　宇
胡笑宇
陈　璐(女)
人大工委主任　邵建栋(2月止)
卢庆荣(6月起)

金山街道

党工委书记　黄华良(11月止)
陈秋明(12月起)
党工委副书记
石荣贺(9月止)
丁一舟(女,9月起)
戴永能(5月止)
袁　颖(女,9月起)
卜　平(9月起)
杨　凡(9月止)
纪工委书记
王　妮(女,12月止)
薄开鹏(12月起)
组织统战委员
尤　毅(9月止)
孟国曦(12月起)
宣传委员
阮庆红(女,12月止)
陈　茜(女,12月起)
人武部部长　高春峰
办事处主任
石荣贺(9月止)
丁一舟(女,9月起)
办事处副主任
王　慧(女,6月止)
吕云柱(6月止)
高春峰
胡中良(6月起)
阮庆红(女,12月止)
陈　茜(女,12月起)
人大工委主任
卢庆荣(6月止)
戴永能(6月起)

韦岗街道

党工委书记
田　伟(2月止)
张　娟(女,2月起)
党工委副书记
蒋　蒙(女)
程相会
徐　春(5月起)
甘文茂(5月止)
纪工委书记
张志团(9月止)
金国民(9月起)
组织宣传统战委员
孔　珊(女)
人武部部长　金国民(9月止)
吴贞进(9月起)
办事处主任　蒋　蒙(女)
办事处副主任
孟国曦(12月止)
金国民(9月止)
吴贞进(9月起)
黄富忠(12月起)
人大工委主任　张　伟

南山街道

党工委书记　张　轶
党工委副书记
张媛媛(女)
袁　颖(女,9月止)
甘文茂(5月起)
尤　毅(9月起)
纪工委书记　曾　拟(女)
组织宣传统战委员　钟　静(女)
办事处主任　张媛媛(女)
办事处副主任
王振铭(9月止)
刘　玥(女)
人大工委主任　费荣海

南山联合社区

副主任　杨　斌
姜光明
赵　鸣
潘心浩(10月起)

黄山园艺良种场

副场长　朱邦政
郑红青
糜有俊

水产养殖试验场

副场长　谢泉林
张红军

润州茶场

副场长　窦宏进
倪南强
周　斌
洪　敏(女)
王　珉(9月起)

大事记

栏目编校：孙 伟

1 月

5 日 全区村（社区）“两委”换届工作领导小组（扩大）会议召开。会议围绕“一稳三好”的总体目标，进一步统一思想、研判形势、部署要求。区委副书记、官塘创新社区管委会主任徐燕出席会议并讲话，区委常委、组织部部长梁亮主持会议，副区长赖忠民就村（社区）委会换届工作进行部署，副区长、润州公安分局局长景建国出席会议。

11 日 中国人民政治协商会议镇江市润州区第六届委员会第五次会议开幕。155 名来自全区的各党派、团体、界别和行业的政协委员汇聚一堂，为润州开启现代化建设新征程贡献智慧和力量。

12 日 镇江市润州区第九届人民代表大会第五次会议在粤海会议中心开幕。来自全区各条战线的区人大代表们认真履行宪法和法律赋予的神圣职责，共商润州发展大计，共谋润州发展良策。

13 日 中国人民政治协商会议镇江市润州区第六届委员会第五次会议闭幕。胡如明当选为中国人民政治协商会议镇江市润州区第六届委员会主席；匡淑平当选为中国人民政治协商会议镇江市润州区第六届委员会副主席；蒋阿喜当选为中国人民政治协商会议镇江市润州区第六届委员会秘书长；沈明安当选为中国人民政治协商会议镇江市润州区第六届委员会常务委员会委员。

14 日 镇江市润州区第九届人民代表大会第五次会议闭幕。会议依法选举倪南成为镇江市润州区人大常委会副主任；张东生为镇江市润州区人民检察院检察长（须上报镇江市人民检察院提请镇江市人大常委会批准）；李志鹰、杨留永、费荣海为镇江市润州区人大常委会委员。经过票决，2020 年政府民生实事项目代表满意度测评结果为全部满意，确定环卫基础设施提升工程等 10 项镇江市润州区人民政府 2021 年民生实事项目。会议表决通过《关于政府工作报告的决议》《关于区国民经济和社会发展第十四个五年规划和二〇三五年远景目标纲要的决议》《关于区 2020 年国民经济和社会发展计划执行情况与 2021 年计划安排意见报告的决议》《关于区 2020 年财政预算执行情况和 2021 年财政预算安排意见报告的决议》《关于区人民代表大会常务委员会工作报告的决议》《关于区人民法院工作报告的决议》《关于区人民检察院工作报告的决议》。

2 月

5 日 七里甸街道党工委召开民主生活会，紧密结合会议主题，联系领导班子和班子成员个人实际，深入具体查摆问题，以刀刃向内的自我革命精神开展批评和自我批评。市政协副主席、区委书记高国成到会指导并作点评讲话。

同日 区政府党组召开 2020 年度民主生活会，区政府党组书记、区长徐心田主持会议并作总结讲话，区政府党组成员出席会议。徐心田代表区政府党组班子作对照检查，并带头作个人对照检查，进行自我批评，接受其他班子成员的批评意见。区政府党组班子成员逐一作对照检查，开展批评与自我批评。

8日 中共镇江市润州区第八届纪律检查委员会第六次全体会议召开。会议以习近平新时代中国特色社会主义思想为指导，深入学习贯彻习近平总书记在十九届中央纪委第五次全体会议上的重要讲话和中央纪委五次全会、省纪委六次全会、市纪委六次全会精神，总结工作、分析形势，部署2021年全区党风廉政建设和反腐败工作，为“奋勇争前列、再造新润州，全面开启社会主义现代化建设新征程”提供坚强政治保证。市政协副主席、区委书记高国成出席会议并讲话。

23日 润州区召开全区政法暨信访工作会议，深入贯彻落实中央、省、市政法和信访工作会议精神，全面部署2021年全区政法和信访工作。市政协副主席、区委书记高国成作出批示。区委常委、政法委书记张庆松出席会议并讲话。区人大常委会副主任刘凯成，副区长、区委政法委副书记、公安分局局长景建国，区政协副主席、区文体旅局局长刘向华，区法院院长张传军出席会议。区检察院检察长张东生主持会议。

24日 润州区召开城市经济高质量发展大会，以“新春第一会”贯彻镇江产业强市大会精神，推动产业强市“一号战略”在润州落地，表明区委、区政府坚持发展第一要务、绘好城市经济“一张蓝图”的态度和决心。市政协副主席、区委书记高国成出席会议并讲话。区委副书记、区长徐心田出席会议并对2021年城市经济发展工作做具体部署。

26日 润州区召开全区重大产业项目建设现场会暨东南大学校友经济产业园（镇江园）项目开工仪式，贯彻落实产业强市“一号战略”，全面开启与东南大学校地合作新篇章，推动城市经济创新动能再升级。

3 月

9日 区政协召开六届十七次常委会议，听取区纪委监委2020年工作情况通报，审议通过《润州区政协2021年工作要点》及2021年重点工作安排。区政协主席胡如明主持会议并讲话。区委常委、区纪委书记、区监委主任杨坚作了区纪委监委2020年工作情况通报。

10日 润州区委召开全区党史学习教育动员会议，市政协副主席、区委书记高国成作动员讲话，强调要深入学习贯彻习近平总书记在党史学习教育动员大会上的重要讲话精神，认真落实党中央和省委、市委决策部署，动员全区上下迅速掀起党史学习教育热潮，以奋发有为的精神状态投身“奋勇争前列、再造新润州”的火热实践。

11日 润州区委、区人大常委会、区政府、区政协领导带队前往官塘桥街道大莱山植树点，与广大干部群众一起，参加2021年“3·12植树节”义务植树活动，深入学习贯彻习近平生态文明思想，推动生态文明建设迈上新台阶，用实际行动为润州再添新绿。

14日至17日 区长徐心田率队到温州、上海拜访重点客商，开展招商引资。区委副书记徐燕，副区长王家振，区政协副主席、区商务局局长刘向华参加招商活动。

16日 市政协主席李健带队考察润州区政协工作，走访慰问政协委员。李健一行到润州区了解润州区近年政协工作，实地考察城际商圈“有事好商量”协商议事室运行情况，到九久老年康复中心走访慰问该中心负责人、省政协委员、市政协常委刘彤。

17日 省委驻镇江指导组副组长、省高级法院副院长刘嫒珍带队到润州检查政法队伍教育整顿工作。市政协副主席、区委书记高国成代表区委、区政府向指导组汇报全区政法队伍建设和教育整顿工作开展情况。

18日 全区一季度开门红指标分析会召开，分析1—2月全区主要经济指标完成情况和存在问题，研究部署下一步工作举措。市政协副主席、区委书记高国成出席会议并讲话。区委副书记、区长徐心田主持会议。

同日 润州区召开人才工作领导小组（扩大）会议，全面总结2020年全区人才工作，研究部署2021年重点任务。市政协副主席、区委书记、区人才工作领导小组组长高国成出席会议并讲话。

29日至31日 市政协副主席、区委书记高国成带队到上海市开展招商活动，拜会重要客商、宣传推介润州、推动项目合作，并参加2021年镇江（上海）产业项目暨人才招引推介会。区委副书记、官塘创新社区管委会主任徐燕，区委常委、常务副区长陈秋明，区委常委、组织部部长梁亮，区政协副主席、区商务局局长刘向华，区政协副主席、区财政局局长匡淑平等参加有关活动。

4 月

1 日 润州区举办民营企业家“学张謇精神扛民企担当、助力城市经济跑起来”主题实践活动启动暨“润企通”服务平台上线仪式。市政协副主席、区委书记高国成，市委统战部副部长、市工商联党组书记王红卫，区委副书记、区长徐心田，区政协副主席、区工商联主席季莉参加活动。区委常委、宣传部部长、统战部部长邵学军主持。

6 日 润州区召开政法队伍教育整顿办公室主任（扩大）会议，传达贯彻上级有关会议精神，总结交流学习教育环节工作，部署查纠整改阶段任务。区委常委、政法委书记、区政法队伍教育整顿领导小组副组长兼办公室主任张庆松出席会议并讲话。副区长、区委政法委副书记、公安分局局长、区政法队伍教育整顿领导小组副组长兼办公室副主任景建国主持会议。

同日 区委农村工作领导小组暨全区河湖长制工作会议召开，动员全区上下巩固拓展脱贫攻坚成果，全面推进乡村振兴，部署深化河长制工作，为建设“强富美高”新润州奠定更加坚实的基础。市政协副主席、区委书记高国成出席会议并讲话。区委副书记、区长徐心田出席会议并做工作部署。

14 日 区委、区政府召开 2020 年度高质量发展综合考核总结表彰大会，总结回顾 2020 年以来全区高质量发展的工作成绩，表彰 2020 年在全区高质量发展过程中涌现出来的先进集体和个人，动员全区上下以加速奔跑的激情、真抓实干的热情，“想尽办法干成事”，奋力谱写“强富美高”新润州建设的现代化篇章。市政协副主席、区委书记高国成出席会议并讲话。区委副书记、区长徐心田主持会议。

同日 润州区举办“习近平法治思想”专题辅导会。省社科院党委书记、院长夏锦文围绕学习贯彻习近平法治思想作专题辅导，市政协副主席、区委书记高国成主持专题辅导会，区领导徐心田、徐燕、杨坚、张庆松、景建国等参加专题辅导会。

16 日 区委副书记、区长徐心田前往阿里和润数字产业园（金山）、农商行改造项目现场推进重点产业项目建设情况。区委常委、常务副区长陈秋明参加现场推进工作。

20 日 润州区召开党史学习教育汇报会，市委党校二级调研员、市委党史学习教育第八巡回指导组组长王会明出席并讲话。市政协副主席、区委书记、区委党史学习教育领导小组组长高国成主持会议。

21 日 润州区召开 2021 年区人大代表建议、政协委员提案交办会，回顾总结 2020 年的建议、提案办理工作，安排部署 2021 年各项办理工作。区委常委、常务副区长陈秋明出席会议并讲话。区人大常委会副主任周向群、区政协副主席张春平出席会议并对建议、提案的办理工作提出要求。

5 月

12 日 区委副书记、区长徐心田现场调研推进部分 2021 年民生实事项目。区人大常委会副主任周向群、副区长赖忠民、区政协副主席蔡飞参加调研。

13 日 中国共产党镇江市润州区第八届委员会第十一次全体会议召开，市政协副主席、区委书记高国成主持会议。全会听取区委常委、组织部部长梁亮所作的关于召开中国共产党镇江市润州区第九次代表大会的决议（草案）的说明，作出区委八届十一次全会决议。全会决定，中国共产党镇江市润州区第九次代表大会于 2021 年 7 月中下旬召开。

25 日 润州区委统战部联合韦岗街道党工委于韦岗战斗胜利纪念碑广场举行统一战线党史学习教育现场教学活动暨“同心向党 · 礼赞祖国”主题活动启动仪式。市委统战部常务副部长徐建锋，区委常委、宣传部部长、统战部部长邵学军，区政协副主席蔡飞，区政协副主席、区工商联主席季莉出席活动。

26 日 润州区举办党史学习教育专题宣讲暨“学党史、强信念、跟党走”主题团日活动。市政协副主席、区委书记高国成主持宣讲活动。区委、区人大常委会、区政府、区政协领导，区法院院长、区检察院检察长、区总工会主席出席宣讲活动。

同日 润州区召开“书记项目”调度会暨基层党建重点任务推进会，围绕“红色源动力”党员教育管理提升项目，听取相关工作情况，对下一阶段基层党建重点任务作出具体安排，扎实推进“书记项目”落地见效。区委常委、组织部部长梁亮出席会议并讲话。他指出，街道社区党组织围绕“红色源动力”党员教育管理提升项目要求，切入的准、聚焦难点、示范性强，创新探索形成一批可复制可推广的做法和经验。

同日 由全国工商联礼品业商会、市工商联、润州区人民政府共同举办，以“跨界·融合·奔跑”为主题的“学史力行乡村振兴推进会暨中国礼赠品企业100强（镇江）峰会”开幕。全国礼品业百强企业、各地方礼品业商协会相聚润州，共同探索如何助力乡村振兴，共促行业与区域经济融合发展。

27日 区委理论学习中心组学习暨党史学习教育集体学习研讨会召开，深入学习领会习近平总书记考察广西期间重要讲话精神、党史学习教育指定教材中改革开放新时期历史和关于网络强国的重要思想，传达学习中央有关文件精神。市政协副主席、区委书记高国成主持会议并讲话。市委党史学习教育第八巡回指导组组长、市委党校二级调研员王会明，市委党史学习教育第八巡回指导组副组长、市国资委四级调研员景有军一行到会指导。

28日 润州区召开全区民兵整组工作任务部署会议，总结2020年民兵整组工作，部署2021年全区民兵整组工作任务。区委常委、区人武部部长张成，副区长赖忠民，区人武部政治委员阎海蛟出席会议并讲话。

6 月

8日 按照市委、市政府统一安排，副市长周凯到润州区开展“百团进百万企业千万员工”安全学习宣讲，深入学习习近平总书记安全生产重要论述精神，以新思想为指引，增强安全生产意识，扛稳安全生产责任，落实安全生产措施，守牢安全生产底线。区委副书记、区长徐心田主持学习宣讲。

同日 镇江市润州区乡村振兴局挂牌成立，区委副书记、官塘创新社区管委会主任徐燕，副区长赖忠民出席挂牌仪式并为区乡村振兴局揭牌。

11日 由南京航空航天大学和润州区人民政府主办，区科技局、区科技镇长团承办的南京航空航天大学国家技术转移镇江分中心暨人才培养基地签约活动在润州区举行，活动旨在深化校地双方合作关系，为推进落实“产业强市”一号战略集聚创新创业人才、汇聚创新发展动能。副市长潘早云，南京航空航天大学党委副书记陶勇出席会议并讲话。市政协副主席、区委书记高国成致欢迎辞。区委副书记、区长徐心田主持签约活动。

18日 区委副书记、区长徐心田主持召开区政府第48次常务会议。区委常委、常务副区长陈秋明，区委常委、副区长朱明，副区长赖忠民、王家振、江朝民、田伟出席会议。区人大常委会副主任周向群，区政协副主席、区商务局局长刘向华列席会议。

21日 市委书记马明龙深入小学、社区，调研指导“永远跟党走” 群众性主题宣传教育活动，强调要深入贯彻落实习近平总书记给淮安新安小学少先队员回信的精神，组织开展形式多样、内容丰富的“永远跟党走”群众性主题宣传教育活动，大力唱响“共产党好、社会主义好、改革开放好、伟大祖国好、各族人民好”的时代主旋律，积极营造“党的盛典、人民的节日”浓厚社会氛围，为推动“三高一争”新实践凝聚强大合力。

同日 “苦难·辉煌——丹青翰墨书画百年 党史教育盛世风华”迎建党百年书画展活动于市文化馆开展，用书画艺术讴歌党的百年光辉历程、感悟信仰力量、激发奋斗热情。活动特邀镇江第一位马克思主义传播者嵇直的侄子嵇钧生出席活动并致辞。市政协副主席、区委书记高国成，市委宣传部副部长王德家，区委常委、宣传部部长、统战部部长邵学军等出席活动。

23日 润州区召开全区冲刺“双过半”暨综合考核推进部署会，动员全区上下进一步振奋精神、凝聚力量、狠抓落实，以“期中考”的优异成绩，为全年综合考核争得“好位次”打下坚实基础。市政协副主席、区委书记高国成出席会议并讲话，区委副书记、区长徐心田主持会议。

24日 省安全生产第十一督导组二组到润州进行安全生产工作督导检查。区委常委、副区长、七里甸街道党工委书记朱明陪同。

28日 “红心相印跟党走，唱响润州跑起来”庆祝中国共产党成立100周年暨润州区文联优秀文艺展演活动在西津渡多功能厅举行，通过召开座谈会、举办文艺精品展览和文艺新秀汇报演出的形式，抒发文艺的热忱，寄托为民的情怀，坚定跟党走的信心和决心。市文联党组书记、主席、市文艺界联合党委书记张志耕，区委常委、宣传部部长、统战部部长邵学军，区人大常委会副主任刘凯成，区政协副主席、区商务局局长刘向华等出席活动。

29日 市委书记马明龙到官塘创新社区听取核心区城市设计方案汇报，了解整体工作进展情况，强调要围绕务实创新、融合共赢的理念，高起点规划、高标准建设、高水平招商、高效能治理，创新体制机制，加强党建引领，推进高质量发展，行稳致远建设总部经济集聚区、产城融合示范区、山水花园名城样板区。

同日 润州区举行庆祝中国共产党成立100周年网络安全保障工作推进会暨网络安全事件应急演

练，进一步防范网络安全隐患，化解网络安全风险，提升网络安全防护能力和应急水平。市政协副主席、区委书记高国成，区委副书记、区长徐心田分别就做好网络安全保障工作作出批示。市委网信办副主任蔡国华，区委常委、宣传部部长、统战部部长、区委网信委副主任邵学军出席会议并讲话。

7 月

1日 润州区举行庆祝中国共产党成立100周年座谈会，动员全区各级党组织和广大共产党员深入学习领会习近平总书记在庆祝中国共产党成立100周年大会上的重要讲话精神，牢记嘱托、激情奔跑，努力创造无愧于润州历史和人民的新业绩。市政协副主席、区委书记高国成出席会议并讲话。区委副书记、区长徐心田主持会议。区委常委，区人大常委会、区政府、区政协领导，区法院院长，区检察院检察长，副处级以上老干部出席会议。

2日 区委副书记、区长徐心田主持召开专题座谈会，研究推进党史学习教育“我为群众办实事”项目——润州全域旅游建设提升规划方案，部署推进润州区全域旅游示范区创建工作。

同日 润州区召开数字经济座谈会，区委常委、副区长朱明，区政协副主席、区商务局局长刘向华出席座谈会。

6日 市政协副主席、区委书记高国成等到镇江博物馆参观“奔流——镇江近代历史陈列”“信仰的力量——陈望道纪念展”。区委副书记、区长徐心田，区政协主席胡如明，区委副书记、官塘创新社区管委会主任徐燕参加活动。

同日 区委理论学习中心组党史学习教育专题读书班结业。市政协副主席、区委书记高国成出席结业仪式并讲话。市委党史学习教育第八巡回指导组组长、市委党校二级调研员王会明一行到会指导。

23日 润州区政协党组理论学习中心组扩大会议召开，深入学习贯彻习近平总书记在庆祝中国共产党成立100周年大会上的重要讲话精神，结合自身实际，悟思想、谈体会、促提升，通过交流学习心得，提高运用党的创新理论指导实践、推动振兴发展的能力，确保学习取得高质量的成效。区政协主席胡如明出席会议并讲话。

同日 润州区召开经济形势分析会，全面分析上半年主要经济指标完成情况，研究存在问题、查找薄弱环节、谋划有效对策，为全面完成年度目标任务夯实基础。区委副书记、区长徐心田出席会议并讲话，区委常委、常务副区长陈秋明主持会议。

8 月

3日 区委召开应对新冠肺炎疫情工作领导小组扩大会议，深入学习贯彻习近平总书记关于疫情防控工作的重要指示精神，全面落实省委、市委关于做好疫情防控工作的有关要求，动员全区上下坚持问题导向，持续查堵漏洞，确保人民群众生命安全和社会大局安定有序。市政协副主席、区委书记、区委应对新冠肺炎疫情工作领导小组组长高国成主持会议并讲话。区委副书记、区长、区委应对新冠肺炎疫情工作领导小组副组长徐心田出席会议并讲话。

6日 润州区召开政法队伍教育整顿第四次新闻发布会，区委常委、政法委书记、区政法队伍教育整顿领导小组副组长兼办公室主任张庆松出席发布会并通报全区教育整顿工作开展情况。

17日 润州区政协主席胡如明率队到万科社区参加“有事好商量”协商议事活动，就“推进万科垃圾收集点环境整治”议题展开协商议事。区委常委、副区长朱明，区政协副主席季莉，区政协秘书长蒋阿喜，区政协中共界别活动组部分委员，区政协“有事好商量”协商议事工作推进办成员参加议事活动。

20日 市政协副主席、区委书记高国成，区委副书记、区长徐心田到公安分局大数据指挥服务中心召开视频点调会，视频调度集中隔离点疫情防控工作。

23日 润州区人大常委会主任范永放主持召开区九届人大常委会第118次主任会议。会议听取区人民政府关于长江堤防防洪能力提升工程工作情况的报告，以及市自然资源和规划局润州分局关于国土空间分区规划编制情况的报告。

25日 区委理论学习中心组学习暨党史学习教育集体学习研讨会召开，深入学习领会习近平总书记在考察西藏时的重要讲话精神和在参观“‘不忘初心、牢记使命’中国共产党历史展览”时的重要讲话精神，不断推动党史学习教育走深走实。市政协副主席、区委书记高国成主持会议并讲话。徐心田、胡如明、徐燕等区委、区人大常委会、区政府、区政协领导，区法院院长、区检察院检察长、区总工会主席出席会议。

同日 区委平安润州（社会治理现代化）建设领导小组会议召开。市政协副主席、区委书记、区委平安润州（社会治理现代化）建设领导小组组长高国成主持会议并讲话。区领导徐心田、徐燕、张庆松等出席会议。

9 月

3日 区委常委会召开会议，传达学习省委十三届十次全会、市委七届十四次全会精神；审议《润州区党政机关公务用车管理办法》；研究党管武装工作；听取党史学习教育“我为群众办实事”情况汇报。市政协副主席、区委书记高国成主持会议。

4日 润州区召开区政府全体（扩大）会议，会议深入剖析全区招商引资工作现状和形势，明确做好今后一段时期招商引资工作的新要求和新举措，动员全体政府组成人员担当实干、精准发力，以高质量的项目招引建设工作，推动城市经济高质量发展，向着建设现代化一流主城区的宏伟目标砥砺奋进。区委副书记、区长徐心田出席会议并讲话。区委常委、常务副区长陈秋明主持会议并提出具体要求，区政府党组全体成员在主席台就座。

10日 润州区举行庆祝第37个教师节座谈会。区委常委、宣传部部长、统战部部长邵学军，区人大常委会副主任易丽娟，副区长江朝民，区政协副主席、区商务局局长刘向华出席座谈会。座谈会上，邵学军代表区委、区人大常委会、区政府、区政协向长期以来为润州教育事业付出智慧和汗水的广大教育工作者致以节日的问候。

13日 润州区召开“双拥”工作领导小组会暨省级“双拥”模范区争创迎检动员部署会，对当前润州“双拥”工作和新一轮全省“双拥”模范区创建工作进行推进部署，动员全区上下鼓劲加压、担当实干，高质量做好下一阶段“双拥”工作，奋力夺取省级“双拥”模范区“金字招牌”，全面开创润州“双拥”工作新局面。市政协副主席、区委书记高国成出席会议并讲话。

14日 润州区委召开“我为群众办实事”实践活动现场推进会，总结全区开展实践活动取得的阶段性成果和宝贵经验，分析存在的问题和下阶段重点任务，把学习党史同总结经验、观照现实、推动工作结合起来，增强人民群众获得感、幸福感、安全感，为实现建设现代化一流主城区的宏伟目标，凝聚更大力量，激发更大动能。市政协副主席、区委书记高国成出席会议并讲话。

16日 区委副书记、区长徐心田到辖区部分重点企业调研推进能耗“双控”工作。区委常委、常务副区长陈秋明参加调研。

17日 市政协副主席、区委书记高国成主持召开全区房地产企业家座谈会。辖区内重点房地产企业负责人参加会议，介绍企业生产经营状况及面临的困难问题，并提出相关工作建议。高国成认真听取各方发言、仔细记录，并不时就相关问题与企业家深入交流。

同日 省委编办副主任郭卫民一行到润州开展考察交流活动。市委编办主任、组织部副部长顾小俊，区委常委、组织部部长梁亮等陪同考察。

23日 区委副书记、区长徐心田现场推进老旧小区改造项目。在万家庄200号、桃园小区二期老旧小区改造项目现场，徐心田实地察看改造工程的进展情况，听取项目建设方的汇报和现场居民的意见建议。

24日 镇江高等专科学校、西理智造（江苏）园区发展有限公司、润州区人民政府举行战略合作签约活动。镇江高等专科学校党委书记林枫、镇江高等专科学校校长丁钢、镇江高等专科学校副校长李大洪；深圳天安智慧园区运营有限公司董事长、西安理工大学校友企业联盟理事长邹华，北京诚信昌科贸有限公司总经理、西安理工大学北京校友会会长庞建中；市政协副主席、区委书记高国成，市人社局局长曾文兵，区委副书记、区长徐心田，区委副书记、官塘创新社区管委会主任徐燕等出席签约活动。副区长田伟主持签约活动。

29日 “润州请您来赏秋”系列消费券发布活动在西津渡音乐厅广场举行，为全体在镇人员及外地来镇人员送上一份来自润州独有的“秋日之礼”。市政协副主席、区委书记高国成，区委副书记、区长徐心田，市文广旅局一级调研员马建中，市商务局党委委员、四级调研员虞军，区委常委、副区长、七里甸街道党工委书记朱明，区政协副主席、区商务局局长刘向华出席启动仪式，并共同启动此次活动。

10 月

8日 “学党史·开新局”红色领航行动“一把手”专题研讨班在区政府一楼会议厅举行开班仪式，市政协副主席、区委书记高国成作开班动员讲话，区委常委、组织部部长梁亮主持会议，区委组织部分管领导以及所有学员参加开班仪式。

9日　为严格落实能源消耗总量和强度“双控”目标任务，区委副书记、区长徐心田主持召开润州区能耗“双控”工作推进会，研究当前能耗“双控”形势，部署下一步重点工作。区委常委、常务副区长陈秋明参加会议并做出相关部署要求。

18日　润州区举行2021年“和润之州　镇等你来”深圳招商推介会。江苏省政府驻深圳办事处二级巡视员周建军，深圳市熙人实业发展有限公司董事长、广东省（深圳）江苏商会会长周伟，江苏省政协委员、深圳市康成亨投资集团董事长、深圳市南通商会会长袁亚康，深圳天安智慧园区运营有限公司董事长、西安理工大学校友企业联盟理事长邹华，深圳市合创资本管理有限公司董事长丁明峰等客商，区领导徐心田、徐燕、梁亮、朱明、刘向华等出席推介会。

21日　安徽省安庆市大观区委书记潘功发、区长金玉率领大观区党政代表团到润州考察交流，共商两地合作发展。考察期间，两地缔结为友好合作区，共同开启两地在长三角地区携手共进、乘势而上的新征程。

26日　润州区人大换届选举工作选民登记阶段辅导培训会在粤海会议中心举行。区人大常委会副主任、区选举委员会副主任兼办公室主任周向群主持会议并讲话。

27日　润州区委理论学习中心组学习暨党史学习教育集体学习研讨会召开，深入学习领会习近平总书记在山东考察期间、在中共十九届中央政治局第三十四次集体学习和在纪念辛亥革命110周年大会上的重要讲话精神。市政协副主席、区委书记高国成主持会议并讲话。

28日　2021年度省级食品安全示范城市创建命名评价汇报会在润州召开。省考核组组长、省市场监管局综合协调处处长孙建义主持会议。市政协副主席、区委书记高国成出席会议并介绍润州区创建江苏省食品安全示范城市工作开展情况。

11　月

1日　润州区九届人大常委会召开第123次主任会议，专题视察官塘创新社区建设情况。区人大常委会主任范永放主持会议并讲话。

2日　润州区红十字会第一次会员代表大会在粤海会议中心召开。市政协副主席、区委书记高国成，市红十字会党组书记、常务副会长苏枫出席开幕式并讲话。区领导徐心田、范永放、邵学军、江朝民、刘向华在主席台就座。

3日　中国少年先锋队镇江市润州区第四次代表大会在镇江实验学校魅力之城分校长山校区召开。会上宣读市政协副主席、区委书记、区少工委名誉主任高国成所作的批示。区委常委、组织部部长梁亮，团市委副书记、市少工委主任王思思，副区长江朝民出席会议。

4日　市政协副主席、区委书记高国成主持召开专题会议，听取2022年主要经济指标、重点任务、重点项目编排情况汇报。

5日　市政协副主席、区委书记高国成主持召开专题会议，听取2022年各街道重点工作情况汇报。区领导徐心田、徐燕、陈秋明、朱明出席会议。

同日　润州区选举委员会召开第二次会议，区人大常委会主任范永放主持会议。区人大常委会副主任刘凯成、易丽娟、周向群参加会议。

16日　润州区举办东京残奥会冠军刘静先进事迹媒体见面会。市政协副主席、区委书记高国成，市残联党组书记、理事长温小卫，区委常委、宣传部部长、统战部部长邵学军，区委常委、组织部部长梁亮出席活动。副区长赖忠民主持见面会。

19日　市政协副主席、区委书记高国成采取四不两直的方式督查全区文明城市创建工作。区委常委、宣传部部长、统战部部长邵学军陪同督查。

23日　区委副书记、区长徐心田带队现场督查推进部分民生实事项目实施推进情况。

26日　市委党史学习教育第八巡回指导组组长、市委党校二级调研员王会明，副组长、市国资委四级调研员景有军率队到润州区调研指导。区委常委、宣传部部长、统战部部长邵学军参加调研。

同日　润州区人大常委会与区人民政府、区监察委员会、区人民法院、区人民检察院召开“一府一委两院”联席会议，重点交流润州区十届人大一次会议筹备工作情况。区人大常委会主任范永放主持会议。区委常委、常务副区长陈秋明，区委常委、纪委书记、监委主任杨坚，区人大常委会副主任刘凯成、周向群，区法院院长张传军，区检察院检察长张东生出席会议。

12　月

3日　润州区召开全区2021年民生实事项目汇报会暨2022年民生实事项目座谈会。区委副书记、区长徐心田，区人大常委会主任范永放，区委常委、常务副区长陈秋明出席会议。

8日 润州区九届人大常委会召开第四十一次会议。会议接受相关辞职请求。会议通过有关人事任免事项。新任命人员向宪法宣誓。

同日 市政协副主席、区委书记高国成以区人大代表候选人身份和其他两位区人大代表候选人一起到所在的七里甸街道第一选区与选民见面，现场回答选民提问，回应选民关心的热点问题。

9日 润州区和西藏自治区拉萨市尼木县举行缔结友好区（县）签约活动，做好对口支援西藏工作，在更高视野、更深层次、更宽领域推进双方友好合作，共同促进经济社会等各项事业高质量发展。区委副书记、区长徐心田，尼木县委副书记、县长次旺多杰，区委常委、常务副区长陈秋明出席签约活动。

14日 润州区召开2022年度民生实事项目人大代表票决制工作领导小组会议，听取民生实事候选项目谋划、实施的意见建议。区委副书记、官塘创新社区管委会主任徐燕出席会议并讲话。

同日 学习贯彻中共十九届六中全会精神市委宣讲团在润州区举行报告会。市政协副主席、区委书记高国成主持报告会，市委宣讲团成员、市委政法委副书记朱海作宣讲报告。区委常委，区人大常委会、区政府、区政协领导，区法院、区检察院主要负责人出席报告会。

16日 润州区工商业联合会第七次会员代表大会召开。市政协副主席、市工商联主席卢道富，市政协副主席、区委书记高国成出席开幕式。区人大常委会主任范永放，区委常委、副区长朱明，区政协副主席、区工商联主席季莉在主席台就座。大会开幕式由区委常委、宣传部部长、统战部部长邵学军主持。

24日 润州区九届人大常委会召开第127次主任会议，专题听取关于“全力推动全域旅游建设，促进经济高质量发展”重要建议和关于“进一步提升社区治理体系和治理能力建设”重要建议办理情况的报告。

25日 位于官塘创新社区的东南大学校友经济产业园先导区（镇江）举行开园仪式。东南大学党委常委、副校长黄大卫，副市长胡宗元，市政协副主席、区委书记高国成出席活动，并为“东南大学校友经济产业园”开园。

30日 镇江市润州区第九届委员会第二次全体会议举行。市政协副主席、区委书记高国成代表区委常委会作题为《奋力建设现代化一流主城区 以优异成绩迎接党的二十大胜利召开》的工作报告。

31日 润州区召开领导干部警示教育大会，认真学习贯彻习近平总书记关于全面从严治党重要论述，深入贯彻中共十九届六中全会精神，充分发挥反面典型的警示震慑作用，以案为鉴、以案明纪，让各级领导干部知敬畏、明底线、守规矩，为实施“双轮驱动”战略、加快筑造“四个主城”构建风清气正政治生态。市政协副主席、润州区委书记高国成出席会议并讲话。区委常委，区人大常委会、区政府、区政协领导人，区法院院长、区检察院检察长出席会议。 （区史志办）

区委常委领导分工

高国成：主持区委全面工作，联系区人大常委会、区政协工作。

徐心田：主持区政府全面工作。

徐　燕：主持官塘创新社区管委会工作，分管农业农村、扶贫、“双拥”工作，协管党建工作、城市经济工作，分管区委办公室（机要局、保密局、密码管理局、档案局）、区委研究室（改革办）、区史志办（档案馆）。

陈秋明：负责区政府常务工作。

杨　坚：主持区纪律检查委员会、区监察委员会工作，负责纪检、监察、巡察工作。

张庆松：主持区委政法委工作，负责政法、维稳、信访、城建城管工作。

张　成：负责区人武部工作，联系驻区部队。

邵学军：主持区委宣传部、区委统战部工作，负责意识形态、新闻宣传、精神文明建设、网络安全和信息化工作，负责统战、侨务、对台、民族宗教工作，分管区委教育工委、区文联、区侨联、区科协、区红十字会、区广播电视台，联系文化体育和旅游、卫生健康、民主党派、民营经济工作。

梁　亮：主持区委组织部、区委党校工作，负责组织、干部、人才、公务员管理、党建办、考核办工作，分管区委编办、区委老干部局、区总工会、团区委、区妇联、区残联、区委区级机关工委、区关工委工作。

区委常委、委员、候补委员名单

区委常委

高国成　徐心田　徐　燕　陈秋明　杨　坚　张庆松　张　成　邵学军　梁　亮　朱　明

区委委员

高国成　徐心田　徐　燕　陈秋明　杨　坚　张庆松　张　成　邵学军　梁　亮　朱　明
范永放　胡如明　赖忠民　王家振　江朝民　匡淑平　景建国　田　伟　张传军　张东生
曹　阳　马　乐　黄华良　孙　晶　丁一舟

区委候补委员

汤小东　纪宁军　张　娟　陈赞群　张　轶

综 述

【区委办公室工作】 2021年，在区委的坚强领导下，区委办公室始终坚持以习近平总书记对办公室工作的重要批示指示精神为指引，坚决扛起“争当表率、争做示范、走在前列”光荣使命，聚焦全区中心任务，积极履职尽责，充分发挥参谋助手作用，为推动润州区现代化一流主城区建设献计出力。

始终坚持把牢政治方向。紧紧围绕区委要求，统筹推进办公室文件审核、机要保密、档案、会议会务等各项工作。坚持学习习近平总书记重要讲话、重要指示批示精神，全年开展专题研究学习12次。不断强化党风廉政建设。始终把党风廉政建设工作摆在突出位置，执行全面从严治党“两个清单”，推动“以单明责、照单履责、按单问责”落到实处。坚持以上率下，严格落实中央八项规定及实施细则有关精神，全区印发文件比上年减少32.57%、召开会议比上年减少11.30%。严格落实整改工作要求，区委巡察情况反馈中6个问题18条措施全部整改到位。全面提升党建工作水平。坚持党建与业务融合协同，扎实开展党史学习教育、“两在两同”建新功行动，积极参加“百名干部办百件实事”活动，参与建造润州花园社区红色宣传阵地，打造党员“红色充电站”，修葺改造小区廉政画廊等多件民生实事。抓实党支部建设，严格落实基本制度，创新组织活动形式，开设“青年秘书讲坛”，深化业务交流。

围绕大局，参谋辅政有为有方。坚持高标准做好区第九次党代会、区委九届二次全会等重要会议文稿材料起草，全年起草各类综合文字材料200余篇，严格执行发文前置审批及规范性文件备案审查，处理上级来文289件，审核发文362件，办文质效不断提升；组织承办党代会、换届选举、城市经济发展大会等各类会务活动300余次，有力有序保障全区重点工作的推进。深入开展调查研究，完成区级调研文章、课题72篇次，上报36篇次，《从基层操作层面对疫情防控的几点思考》获市委书记马明龙、市委副书记巩海滨批示；编印《润州信息》47期，获省、市采用信息26篇，七里甸街道“‘星期六社区’：让民生服务紧贴实际”获市委书记批示，为区委及市委科学决策提供重要参考，全年党委信息完成率位列全市第五名。狠抓落实，督查督办持续强化。紧扣决策部署，全年安排督查检查考核事项19项，持续跟踪督办2021年度区级督查计划、区委区政府主要领导批示事项、重点会议推进事项，有力保障润州区经济高质量发展。改进督查检查方式，减少台账资料依赖，督查检查考核进一步规范。巩固成果，基层减负有力推进。坚决贯彻执行中央和省委、市委、区委基层减负有关要求，全力推进为基层减负工作，精文减会成果进一步巩固，“指尖上的形式主义”整治成效明显，村级组织减负深入推进，基层获得感进一步增强，润州被省委督查室新增为全省为基层减负观测点，为村级组织减负“六办六不办”经验做法被省委办公厅通报肯定，市综合考核“为基层减负”指标为“好”的等次，位列全市第一。

强化认识，机要保密筑牢防线。坚持以查促改，组织开展2021年全区保密自查自评及督查工作，对全区所有单位进行全方位保密现场督导检查，严堵失泄密漏洞。规范日常保密文件管理，按规定及时办理电报、传真等，无丢失，无损毁，无失（泄）密，有力保障上传下达。牢固树立总体国家安全观，落实风险防控“四项机制”，建立2021年度决策风险评估目录和2021年度重大风险排查情况清单，加强情报信息搜集、研判、处置、报送工作，充分发挥情报信息工作对国家安全工作的引领和支撑作用，国家安全情报信息超序时完成目标任务，位列全市第一。

（钱雨舟）

重要会议

【中共镇江市润州区第九次代表大会】 7月26日，中共镇江市润州区第九次代表大会在粤海会议中心开幕。大会以坚持以习近平新时代中国特色社会主义思想为指导，动员全区上下深刻把握“争当表率、争做示范、走在前列”使命要求，紧扣“三高一争”奋斗指向，实施“双轮驱动”、筑造“四个主城”，向着现代化一流主城区的宏伟目标砥砺奋进。

高国成代表中国共产党镇江市润州区第八届委员会向大会作了题为《实施“双轮驱动” 筑造“四个主城” 向着现代化一流主城区的宏伟目标砥砺奋进》的报告。

报告以习近平新时代中国特色社会主义思想为指导，深入贯彻中共十九大和十九届二中、三中、四中、五中全会精神，认真落实习近平总书记视察江苏、镇江的重要指示精神，客观全面总结过去五年的工作，深入分析润州发展面临的形势，对未来五年发展做出战略部署，是今后一个时期润州各级党组织团结带领全区人民开拓奋进的行动纲领。

大会高度评价八届区委的工作。区八次党代会以来，八届区委团结带领全区干部群众开启发展城市经济的新征程，以极高定力打赢了几场“硬仗”，抓了一批关乎全局和根本的大事要事，“十三五”规划收官，各项事业发展取得标志性成果，全区上下展现“比学赶超、争先进位”的良好风貌，实现经济社会发展和党的建设的全方位提升，取得决战第一个百年奋斗目标的历史性胜利。同时，大会总结五年发展的宝贵经验，指出前进道路上面临的困难和挑战，要求各级党组织和全体党员干部切实增强忧患意识，坚持问题导向，努力在实践中把各项工作做得更好。

大会强调，当前润州正处于战略叠加的机遇期、风险挑战的承压期、蓄势转型的突破期，要高举习近平新时代中国特色社会主义思想伟大旗帜，深入学习习近平总书记“七一”重要讲话精神，全面贯彻习近平总书记视察江苏、镇江的重要指示精神，统筹推进“五位一体”总体布局，协调推进“四个全面”战略布局，坚持稳中求进工作总基调，加快构建生产性服务业、数字经济“双轮驱动”格局，奋力筑造创新融合发展的活力主城、近者悦远者来的品质主城、宜居宜业宜游的魅力主城、共建共治共享的平安主城，向着现代化一流主城区的宏伟目标砥砺奋进。

大会同意报告关于未来五年主要任务的部署。自觉全面融入新发展格局，全面构建现代产业体系，打造融入一体化的战略支点，统筹推进扩大内需和对外开放，塑造区域竞争新优势；始终坚持创新主体地位，激发创新主体活力，集聚优秀创新人才，营造良好创新生态，着力培育发展新动能；积极有为推进共同富裕，千方百计增加居民收入，健全完善社会保障体系，推动公共服务优质均衡发展，不断满足群众新期待；深入践行“两山”理念，持续优化生态环境，不断提升城市品质，全面推进乡村振兴，绘就美丽润州新画卷；繁荣文化事业、文化产业，激发文化发展活力，塑造文化产业优势，擦亮城市文明底色，彰显千年古城新魅力；更好统筹发展和安全，提升城市安全韧性水平，高水平建设法治润州，提升基层治理现代化水平，开辟城市治理新境界。

大会要求全面继承发扬伟大建党精神，认真落实新时代党的建设总要求，不断提高党的建设质量和水平，努力为现代化一流主城区建设提供坚强政治保证。

号召全区各级党组织和广大党员干部更加紧密地团结在以习近平同志为核心的党中央周围，以习近平新时代中国特色社会主义思想为指导，实施“双轮驱动”、筑造“四个主城”，向着现代化一流主城区的宏伟目标砥砺奋进。

【中国共产党镇江市润州区第九届委员会第二次全体会议】 12月30日，中国共产党镇江市润州区第九届委员会第二次全体会议在粤海会议中心举行。全会高举习近平新时代中国特色社会主义思想伟大旗帜，全面贯彻中共十九大和十九届历次全会、中央经济工作会议精神，深入贯彻省第十四次党代会、市委八届二次全会精神，全面落实区第九次党代会部署要求，动员全区各级党组织和广大党员干部坚决扛起“争当表率、争做示范、走在前列”光荣使命，深入实施“双轮驱动”主战略，加快塑造“四个主城”新形象，奋力建设现代化一流主城区，以优异成绩迎接中共二十大胜利召开。

全会听取和讨论高国成代表区委常委会作的工作报告，充分肯定2021年以来区委常委会的工作。面对持续反复的新冠肺炎疫情，面对不断累积的经济下行压力，区委常委会坚持用习近平新时代中国特色社会主义思想统领全局，坚决落实“两个维护”政治责任；坚持以做强城市经济为核心路径，深入实施“产业强区”一号战略；坚持把增进民生福祉摆在突出位置，切实提升人民群众幸福感、获得感；坚持推动全面从严治党向纵深发展，有效涵养风清气正的政治生态。经济运行态势在持续恢复中企稳向好，官塘创新社区在夯基垒台中蓄势积能，疫情防控屏障在实战检验中加固筑牢，党史学习教育在守正创新中彰显成效，润州“十四五”规划开局和现代化建设实现首战首胜。

深入学习贯彻中共十九届六中全会和省第十四次党代会、市第八次党代会精神，是润州当前及今后一个时期的首要任务，最根本、最紧要的是把学习全会和省、市党代会精神同贯彻落实区第九次党代会精神紧密结合起来，加快推动各项战略部署落到实处、见到实效。统一思想、凝聚共识，时不我待、激情奔跑，争先实干、担当作为，在建强战略载体上取得明显进展，在扩大有效投入上取得明显突破，在防范化解重大风险上取得明显成效。实施数字经济领跑行动，夯实数字产业根基，完善数字经济生态，推动数实融合发展，加快构建更具竞争优势的城市经济体系；实施绿色低碳示范行动，厚植绿色发展优势，改善生态环境质量，提升城市功能品质，加快打造更具独特韵味的城市山林典范；实施共同富裕促进行动，多渠道促进就业增收，多层次发展民生事业，多举措优化公共服务，加快提供更加优质均等的基本公共服务；实施治理效能提升行动，织牢疫情防控网，织紧公共安全网，织密社会治理网，加快营造更加安全稳定的整体社会环境。

全会要求坚持发扬伟大建党精神，认真践行“两在两同”，以高质量党建引领高质量发展，聚焦忠诚维护核心、强化政治能力建设，聚焦激励人心士气、加强宣传思想工作，聚焦提升能力水平、锻造硬核干部队伍，聚焦激活动力源泉、提升基层党建溢出效应，聚焦深化自我革命、更大力度推进正风肃纪反腐，为经济平稳健康发展、社会大局和谐稳定提供坚强保障。

号召全区各级党组织和广大党员干部要更加紧密地团结在以习近平同志为核心的中共中央周围，大力弘扬伟大建党精神，坚决扛起“争当表率、争做示范、走在前列”光荣使命，埋头苦干、激情奔跑，奋力建设现代化一流主城区，以优异成绩迎接中共二十大胜利召开。

组织工作

【概况】 2021年，润州区委组织部坚持以习近平新时代中国特色社会主义思想为指导，紧紧围绕庆祝中国共产党成立100周年主题主线，在聚焦主业中把准职责定位，在谋划创新中强化争先进位，为现代化一流主城区建设注入强劲的“红色动能”。

围绕强基固本抓质量，基层党建工作常抓常新。层层抓优“书记项目”。推行“三级联推”“两级领办”“季度问效”“年底命名”，确定三级党组织“书记项目”76个，统筹解决一批基层党建重点难点问题。区委、金山街道党工委“书记项目”分别获评2021年度市级十佳“书记项目”、优质“书记项目”。“全域党建引领基层善治”做法入选全国基层党建与民生发展优秀案例，第四次登上中国浦东干部学院讲台。全域激发红色动能。聚焦庆祝中国共产党成立100周年，建强党员队伍。新增47个党员学习阵地，升级打造韦岗初心主题园“初心之旅”实境课堂，服务党员3.1万余人次。完成百名“两优一先”选树和“光荣在党50年”纪念章颁发，西津古渡社区党委获评“江苏省先进基层党组织”，电教片“韦岗伏击战”为镇江市首部在江苏广播电视总台展播的节目。深入践行“两在两同”。创新“三提三促三个走在前”做法，聚焦“强经济”，着眼“全领域”，持续“提实效”，推动全域党员结合实际建功作为，更好更快服务发展大局，相关做法被省委快报、《新华日报》头版报道。切实强化组织保障。区委常委、党委（党组）书记联系指导党支部全覆盖。实施“红色源动力”党员教育管理提升项目，持续建强全域红色力量。抓好村（社区）“两委”换届“后半篇文章”，实施“薪火驱动力”项目，促成名师徒12对。制定《深化社区（村）工作者职业体系实施方案》，让社区工作者安心舒心干事。着力提升党群阵地效用，城市社区“一角一点三清单”全覆盖，西津古渡社区做法被江苏《党的生活》《江苏先锋》微信公众号推介。

围绕激励担当抓发展，干部队伍建设提质增效。紧扣“集中换届”这一主线，营造风清气正的政治生态。走访调研7个街道和29个区级机关部门，与210余名班子成员“面对面、一对一”谈心谈话；开展换届纪律学习3场，组织谈心谈话340余人次，发放《严肃换届纪律提醒卡》580余份，签订《严肃换届纪律承诺书》400余份；发挥牵头抓总作用，制定区委、人大、政府、政协换届筹备工作“三表责任清单”和会务组织“三表十文两培训”机制，完成换届工作；聚焦“激励担当”这一重点，锻造过硬担当干部队伍。开展“干部担当作为影响因素及激励路径优化”调研，分层分类分析干部担当作为影响因素，优化升级《“三聚三提五创”三十佳评选方案》，放大“三项机制”激励效应，挖掘典型案例10余例，树立干事创业鲜明导向；推行干部教育培训“四变四为”，相关做法被《江苏组工信息》刊载；开展年轻干部“条块互挂”行动，系统实施“润苗工程”，多举措助力年轻干部成长成才。抓好“党政正职”这一关键。举办“学党史·开新局”红色领航行动“一把手”专题研讨班，组织44名“一把手”到深圳学改革经验，并开展专题研讨，共话润州发展。探索构建“一把手”监督管理体系，编印履职指南，梳理责任清单，辅助“一把手”决策管理。

围绕中心大局抓服务，人才工作出绩促效。提高站位抓人才工作。坚持党管人才原则，区委书记、区长担任区人才工作领导小组双组长，调整全区人才工作领导小组成员，区级财政每年安排1000万元专项资金优先保障人才工作。严格实施人才工作目标责任制考核，连续3年将人才发展指标纳入高质量发展考核体系。精准发力促人才招引。制定《关于实施“润州英才”计划(2021—2025)的意见》，升级产业人才支持政策，给予产业强区人才三大“礼包”。搭建校地合作新平台，先后“走出去”举办“双招双引”推介活动6场，与西安理工大学、南京航天航空大学、省政府驻深办事处签订合作协议。西理智造园、东南大学国家技术转移镇江中心、校友经济产业园先导区、南航国家技术转移镇江分中心建设稳步推进。积极推动人才工程建设，全年入选省“双创计划”3人，完成率300%，位居全市第一；市“金山英才”计划8人，完成率112%，位居全市前列；入选第六批市“169工程”25人；评选“润州英才”计划团队项目1个、个人项目13个。服务升级优人才生态。推动“全链条”人才服务模式，围绕企业需求清单，各单位联合开展上门指导、组团拜访等活动40余场。区委组织部部长亲自带队开展“三上门”服务活动，深入企业一线，上门宣传人才政策，倾听企业存在的困难问题，集思广益、现场会办，为企业解决实际问题，走访人才科技企业30余家，帮助解决人才实际问题48件。在“学习强国”“润州发布”微信公众号和《镇江日报》等媒体上宣传人才优秀事迹，营造尊重知识、尊重人才的氛围。

【层层抓优“书记项目”】 实行“三级联推”，坚持聚焦难点、举措有效、年内能完成，确定区委、直属党（工）委、村（社区）三级党组织“书记项目”76个，推动“上级抓”向“共同抓”转变。实行“两级领办”，区委常委、党员副区长领办直属党（工）委“书记项目”，各街道班子成员领办挂钩联系村（社区）“书记项目”，定期开展调研指导、督查推进，并协调解决项目推进中的难题，推动“书记抓”向“班子抓”转变。实行“季度问效”，按季度开展集中启动、现场观摩、督查推进、评选表彰，推动“一时抓”向“全程抓”转变。区委、金山街道党工委“书记项目”分别获评2021年度市级十佳“书记项目”、优质“书记项目”。“全域党建引领基层善治”做法入选全国基层党建与民生发展优秀案例，第4次登上中国浦东干部学院讲台。

【全域激发红色动能】 创新党员教育方式，通过“自主教学+培训教学、刚性要求+个性需求、线下交流+云上互动”三个结合，新增“转角书屋”等47个学习阵地，形成覆盖全区的“15分钟学习圈”。统筹红色资源，集成推出红色学习线路，升级打造韦岗初心主题园“初心之旅”实境课堂，依托“润州先锋”微信公众号、抖音号、视频号等，开展“VR云课堂”等云端教学，服务党员3.1万余人次。完成百名“两优一先”选树和“光荣在党50年”纪念章颁发，西津古渡社区党委获评“江苏省先进基层党组织”，电教片“韦岗伏击战”为镇江市首部在江苏广播电视总台展播的节目。流动党员学党史、镇江市首家“红色影院”、党员全家福等被省简报、《新华日报》和“江苏先锋”微信公众号等报道16次。

【深入践行“两在两同”】 创新“三提三促三个走在前”做法，结合“红润全城·争当四个先锋”行动，更好更快服务发展大局，相关做法被省委快报、《新华日报》头版报道。聚焦“强经济”，建立5个红色联盟、32个红色支部、1个红色专窗，帮办企业业务600余件，区领导带头领办难题，推出政务服务大礼包，企业开办时长压缩至0.53个工作日。着眼“全领域”，打造“区域红色联盟——线红色支部—党员红色先锋”动力轴，6000余名党员常态化提供“红色帮办”“红色工匠”“红色代跑”“红色管家”服务，组建“徐深海清粪队”“星期六社区”“老街坊”等志愿服务队56支，开展服务近300场，解决基层问题3200余个。持续“提实效”，不断深化“三结三定”（条块结对定点、支部结盟定责、党群结亲定事），“社区吹哨，部门报到”成为常态，1200余名机关在职党员下沉疫情防控、文明创建等急难险重一线，参加“敲门行动”、应急演练、文明劝导等志愿服务。

【强化组织保障】 区委常委、党委（党组）书记联系指导党支部全覆盖，开展政策宣讲84次，解决问题62个。持续深化全域党建，实施“红色源动力”党员教育管理提升项目，制定党员教育管理“1+5”文件，激发党员全领域建功作为。抓好村（社区）“两委”换届“后半篇文章”，实施“薪火驱动力”项目，举办书记沙龙、“书记·一线说”4期，促成名师徒12对，新任村（社区）“两委”班子“开门一件事”完成率100%。持续深化社工职业体系建设，制定《深化社区（村）工作者职业体系实施方案》，明确12条“实打实”的激励保障硬核举措，让社区工作者安心舒心干事。不断提升党群阵地效用，34个城市社区“一角一点三清单”全覆盖，精准贴心服务党员群众，西津古渡社区等做法被江苏《党的生活》、“江苏先锋”微信公众号推介。

【完成换届工作】 制定换届筹备工作流程图，落实党代会4个阶段13个环节重点任务和具体要求，形成任务表、时间表、分工表“三表清单”，明确各筹备小组“三天一报告、一周一推进”工作机制，有事报问题、无事报进展。在做好党委换届工作的同时，通盘考虑人大、政府、政协换届工作，做到工作有序衔接、整体安排，扎实做好区人大代表、政协委员候选人初步人选提名工作，严把代表委员人选关、结构关、政治关。强化风险研判，对照摸排的四类风险点，从程序、规定入手，细致摸排分析，全领域再深入排查，从小切口入手，精准发力，逐一细化防控预案，压实关键责任，制定三级预案。换届工作整体平稳有序，新一届区委、区人大常委会、区政府、区政协领导均高票当选，组织意图圆满实现，没有出现任何违规、违纪行为或不良情况举报。

【干部教育培训“四变四为”】 变“多头调训”为“统一规划”。打造“主题研修+专题培训+政治轮训+周末课堂”全方位联培联训体系，制定培训专项管理规定，创新推行“训前布置考题、训中安排研讨、训后集中展示”的“任务链”模式，着力解决“学习与实践隔断、培训与培养隔离”问题。变“一线平推”为“因需施教”。针对“一把手”关键少数实施“问政求学”行动，侧重案例分析、情景模拟，着力提升政治素养和履职能力；针对年轻干部实施“墩苗压担”行动，注重一线历练，加压培养接续力量。变“大水漫灌”为“精准滴灌”。坚持“小切口”“微讲堂”，创新搭建共享式、常态化教育培训平台——“周末课堂”。建立全过程质量管理体系，课前由干部“点单”征集培训需求；课中分条线、小班化“滴灌”培训，课后由干部对培训课目打分，提出完善建议。变“闭门研创”为“示范引领”。开展“实境教学”，建成一批教学点，组织业务骨干现场观摩、实境感悟。贯穿“党史教育”，深度开发、挖掘、整理红色资源融入现场教学，引导干部强化理想信念、传承红色基因、赓续“纯正的红”。

【探索构建“一把手”监督管理体系】 编印《润州党政“一把手”履职指南》口袋书，分别梳理党委（党组）“一把手”21条责任清单、行政“一把手”14条责任清单；整合“监督与被监督”“三重一大”“基层党建”“意识形态”“干部选任”“财务管理”“经济责任管理”“国有资产管理”八大重要职责，并附30条法律法规、政策文件作为索引，辅助“一把手”决策管理。口袋书落实“一把手”第一责任人职责，督促“一把手”以身作则，自觉接受监督，同时也督促上级“一把手”抓好下级“一把手”，加强党组织自上而下的监督，把管理和监督寓于实施领导的全过程，把制度的笼子扎得更紧更牢，推进监督管理工作规范化。

【高质量推进综合考核工作】 邀请市考核办、市统计局相关领导，解读市2021年度综合考核文件及绩效评价指标，全年培训200余人次。突出“520”目标（市考核前5，省监测前20），全面修订润州区2021年度综合考核办法及其细则，形成“1+5”综合考核文件体系。按照部门职责分工，将省、市107项指标逐一分解，明确37家指标牵头部门、责任部门，压紧压实工作责任。健全指标推进机制，编制形成包括省、市考核指标三级责任部门主要领导、分管领导、责任科（室）长的通讯录。实行“四个一”工作法（每月一通报、每季一调度、半年一评估、年度一考核），在高质量发展中加快建设现代化一流主城区。

【重点人才工程实施】 制定《关于实施“润州英才”计划（2021—2025）的意见》，升级产业人才支持政策，给予产业强区人才三大“礼包”。整合教育卫生等民生保障领域人才政策，从人才端、供给侧发力，持续实施行业紧缺人才政策和大学生聚镇计划，集聚一大批基础人才。以省、市、区重点人才工程实施为抓手，不断吸引高层次人才到润州创新创业，省、市人才计划连年实现新突破，2021年入选省“双创计划”3人，完成率300%，位居全市第一；市“金山英才”计划8人，完成率112%，位居全市前列；入选第六批市“169工程”25人；评选“润州英才”计划团队项目1个、个人项目13个。 （汤昕怡）

党的基层组织数量和换届情况

表 1　　单位：个

项目		总数	党委	总支部	支部
党的基层组织数		632	76	33	523
任届期满		157	44	16	97
本年换届		157	44	16	97
城市街道		372	50	18	304
乡镇		—	—	—	—
企业	国有经济控制	18	3	—	15
	集体经济控制	8	—	1	7
	非公有经济控制	87	5	3	79
事业单位		55	2	2	51
机关	合计	137	15	10	112
	中央一级	—	—	—	—
	省（区、市）一级	—	—	—	—
	市（地、州、盟）一级	—	—	—	—
	县（市、区、旗）一级	137	15	10	112
社会组织		6	—	1	5
其他		321	51	16	254

党员基本情况

表 2 单位：人

项目		年龄													
		总数	预备党员	女	少数民族	30岁及以下	31~35岁	36~40岁	41~45岁	46~50岁	51~55岁	56~60岁	61~65岁	66~70岁	71岁及以上
总计		13290	390	4240	200	906	1181	969	819	932	1032	1337	1329	1633	3152
一、在岗职工		4955	337	1923	80	627	870	758	658	726	683	633	—	—	—
公有制单位	合计	2964	178	1266	56	329	456	478	428	522	410	341	—	—	—
	党政机关工作人员	1082	38	259	25	138	142	157	116	180	175	174	—	—	—
	事业单位管理人员	332	8	138	4	27	37	45	65	57	46	55	—		—
	事业单位专业技术人员	986	76	657	22	99	149	178	179	208	125	48	—	—	—
	企业管理人员	229	32	77	3	16	49	33	23	41	38	29	—	—	—
	企业专业技术人员	53	2	17		14	13	8	5	5	3	5	—	—	—
	工勤技能人员	282	22	118	2	35	66	57	40	31	23	30	—	—	—
	农民工	—	—	—	—	—	—	—	—	—	—	—	—	—	—
非公有制企业	合计	1976	159	650	24	296	409	275	229	203	273	291	—	—	—
	管理人员	398	37	124	10	37	68	45	60	46	72	70	—	—	—
	专业技术人员	407	46	109	7	31	78	58	49	55	71	65	—	—	—
	工勤技能人员	1171	76	417	7	228	263	172	120	102	130	156	—	—	—
	农民工	—	—	—	—	—	—	—	—	—	—	—	—	—	—
社会组织	合计	15	—	7	—	2	5	5	1	1	—	1	—	—	—
	管理人员	3	—	2	—	—	—	2	—	—	—	1	—	—	—
	专业技术人员	7	—	4	—	1	2	2	1	1	—	—	—	—	—
	工勤技能人员	5	—	1	—	1	3	1	—	—	—	—	—	—	—
	农民工	—	—	—	—	—	—	—	—	—	—	—	—	—	—
二、农牧渔业		188	13	54	—	24	24	10	13	19	21	32	17	16	12
	外出务工经商人员	—	—	—	—	—	—	—	—	—	—	—	—	—	—
三、军人、武警		—	—	—	—	—	—	—	—	—	—	—	—	—	—
四、学生		—	—	—	—	—	—	—	—	—	—	—	—	—	—
五、离退休人员		6510	—	1695	95	—	—	—	—	22	150	447	1196	1579	3116
六、其他		1637	40	568	25	255	287	201	148	165	178	225	116	38	24

党员学历情况

表 3 单位：人

项目		总数	研究生	大学本科	大学专科	中专	高中、中技	初中及以下
总计		13290	290	3499	3433	1250	2169	2649
一、在岗职工		4955	227	2560	1537	222	381	28
公有制单位	合计	2964	176	1885	787	45	65	6
	党政机关工作人员	1082	115	752	201	7	7	—
	事业单位管理人员	332	13	179	129	6	5	—
	事业单位专业技术人员	986	36	729	207	9	5	—
	企业管理人员	229	6	87	122	6	8	—
	企业专业技术人员	53	2	27	15	4	5	—
	工勤技能人员	282	4	111	113	13	35	6
	农民工	—	—	—	—	—	—	—
非公有制单位	合计	1976	51	662	748	177	316	22
	管理人员	398	20	120	187	46	25	—
	专业技术人员	407	21	122	168	43	53	—
	工勤技能人员	1171	10	420	393	88	238	22
	农民工	—	—	—	—	—	—	—
社会组织	合计	15	—	13	2	—	—	—
	管理人员	3	—	2	1	—	—	—
	专业技术人员	7	—	6	1	—	—	—
	工勤技能人员	5	—	5	—	—	—	—
	农民工	—	—	—	—	—	—	—
二、农牧渔业		188	—	47	46	5	39	51
外出务工经商人员		—	—	—	—	—	—	—
三、军人、武警		—	—	—	—	—	—	—
四、学生		—	—	—	—	—	—	—
五、离退休人员		6510	13	377	1333	923	1416	2448
六、其他		1637	50	515	517	100	333	122

宣传工作

【概况】 2021年，全区宣传战线始终围绕“双轮驱动、四个主城”建设，创新务实干、担当加速跑，努力答好“再造新润州”的光荣命题，为现代化建设凝聚奋进力量。

注重培根育魂，推动党史学习教育走深走实。创设“三联”润“三心”党史学习教育品牌，实施“百名干部办百件实事”和幸福“微”实事工程，打造19个党史学习教育基层实践创新示范点。中央第五指导组到西津古渡社区调研指导，万科社区党史长廊、红色加油站受到省委第三巡回指导组组长葛平观摩肯定，七里甸街道“星期六社区”创新案例获市委书记批示表扬。全年召开区委常委会会议、中心组学习会39次，举办区委理论学习中心组党史学习教育专题读书班封闭学习活动，区委常委会带头到镇江博物馆、镇江方志馆等地开展现场学习活动。全区正科职以上领导干部领办实事项目118件，实事办结率居全市前列。省市简报用稿通报排名全市第一位。

强化内聚外塑，推动宣传引导之歌更加嘹亮。围绕党史学习教育、中国共产党成立100周年等重大主题，开设专题专栏全媒体进行宣传报道，在省级以上媒体刊发稿件1600余条，“润州发布”微信、微博发稿3000多条，“润州发布”微信号在全市政务新媒体排行榜中稳居前列。举办民生实事项目、营商政策推介、政法队伍教育整顿、中国共产党成立100周年、“我为群众办实事”系列新闻发布会19场，运用网络直播方式实现多元化传播，有效展示润州好形象。策划开展“e起见证·打卡润州——媒体走基层”网络传播品牌活动7场，举办2021年招才引智“镇江日”润州专场活动和学史力行乡村振兴推进会暨中国礼赠品企业100强（镇江）峰会活动，打通“报、网、端、微、屏”等各种资源，全形态提高传播效果，助力和润之州广泛传播。

深化志愿服务，力促文明实践之火燃遍全城。建成区级新时代文明实践中心、7个新时代文明实践所、52个新时代文明实践站，实现全覆盖。聚焦文明城市常态长效化管理，坚持区级领导挂钩街道，街道领导联系社区，创建重点部门包干专项，各创建点位做到“点位到人、责任到人、考核到人”，构建“横向到边、纵向到底”的工作责任制。动员机关党员走进“三结三定”社区，开展清洁家园、文明引导等新时代文明实践活动。加强公益广告的投放，布置各类公益宣传20000余处。梳理暗访及各级测评中的问题，对占道经营、非机动车乱停乱放、乱贴小广告等问题“重拳出击”，划设近90000米的非机动车停放线，铲除小广告30000余处。

聚焦典型引领，让“爱在润州”之旗高高飘扬。镇江实验学校官塘分校初中英语教师汪素英被省委宣传部评为“江苏最美教师”。2021年，1人（高贵芬）获评中国好人，1人（高贵芬）获得第八届江苏省道德模范提名奖，2人（史建辉、高贵芬）获评江苏好人，2人（史建辉、包仁松）获评镇江好人，2人（郭志平、戴新年）获评微美人物，2个家庭（包福喜家庭、朱成林家庭）获评镇江市文明家庭。

提升服务效能，让文化文艺成果惠及居民。以“红心向党·犇腾润州”为主题，开展“永远跟党走”群众性主题宣传教育活动，推进“拾百行动”，举办庆祝中国共产党成立100周年文艺演出、“党史学习教育进行时”主题展览，以及“红色传家·我爱唱红色歌曲”合唱大赛等各类文化文艺活动。创成第三批江苏省书香城市建设示范区，听泉书社等4家农家书屋获评市四星级农家书屋。成功举办第十三届润心读书节、第十一届江苏书展润州分展场活动，深化“润心书场”“阅享宝塔”等品牌项目，持续开展“电波传递书香”、“全民阅读春风行动”、农家（社区）书屋月月读等群众性阅读推广活动，建立阅读推广人进校园机制，在新时代文明实践站、商圈等开辟“红色先锋·星悦书屋”、党史图书角、红馆加油站等特色阅读空间8个，为5家农家书屋配备图书500余册，征订“四史”书籍8000余册。

【党史学习教育】 全年结合党史学习教育高质量开展中心组学习会15场、党史学习教育常委会学习17场，举办区委理论学习中心组党史学习教育专题封闭读书班1场，区委常委会带头到镇江博物馆、镇江方志馆等地开展现场学习活动4场。全区各级中心组举办学习会、读书班358场，组织各种类型的集中学习1223场，举办各类宣讲693场次，覆盖62690人。启动“润州区初心主题园”升级工程，打造以初心、光影、烽火为主线的“三大课堂”，《韦岗战斗》云境课堂VR视频获“百年风华”全省党员教育全媒体作品创作大赛一等奖、五佳制作奖项。创设“三联”润“三心”党史学习教育品牌，实施“百名干部办百件实事”和幸福“微”实事工程，打造19个党史学习教育基层实践创新示范点。中央指导组，省委、市委巡回指导组和市委学教办先后到润州区调研指导，给予高度评价。七里甸街道在全市首推“星期六社区”工作制度，受到市委书记马明龙批示肯定，并在全市“七心”优质服务行动“两代表一委员”评议活动中作为全市唯一街道代表分享经验。“幸福‘微’实事”工程、“百年老巷学党史”等特色典型做法被学习强国、央视网、人民网、《新华日报》等省级以上媒体报道306篇，“‘街巷里’的红色研学”品牌获评市级创新成果，省市简报用稿排名全市第一位。

【宣传声势营造】 围绕重大主题，开设专题专栏全媒体进行宣传报道，在省级以上媒体刊发稿件1600余条，重大主题宣传全省推送16篇，“润州发布”微信、微博发稿3000多条，“润州发布”微信号在全市政务新媒体排行榜中稳居前列。举办民生实事项目、营商政策推介、政法队伍教育整顿、中国共产党成立100周年、“我为群众办实事”系列新闻发布会活动，区政府主要负责人出席新闻发布会，运用网络直播方式实现多元化传播，召开新闻发布会19场，新闻发布工作覆盖全区各街道，有效展示润州好形象。镇江实验学校官塘分校初中英语教师汪素英被省委宣传部评为“江苏最美教师”，相关事迹被江苏城市频道、中江网、《扬子晚报》等省级媒体宣传报道。策划开展“e起见证·打卡润州——媒体走基层”网络传播品牌活动7场，举办2021年招才引智“镇江日”润州专场活动和学史力行乡村振兴推进会暨中国礼赠品企业100强（镇江）峰会等外宣推介活动，打通“报、网、端、微、屏”等各种资源，全形态提高传播效果，助力和润之州广泛传播。

【文化文艺惠民】 开展“永远跟党走”群众性主题宣传教育活动，推进“拾百行动”，举办“红心向党·犇腾润州”庆祝中国共产党成立100周年文艺活动、“党史学习教育进行时”主题展览，以及“红色传家·我爱唱红色歌曲”合唱大赛等各类文化文艺活动，筹划举办“红心相印跟党走，唱响润州跑起来”中国共产党成立100周年庆祝活动。

（尹　媛）

统战工作

【概况】 2021年，润州统战工作坚持以习近平新时代中国特色社会主义思想为指导，以学习宣传贯彻《中国共产党统一战线工作条例》为重点，扛起使命、笃行实干，推动润州统战工作不断向前迈进。

【学习宣传贯彻《中国共产党统一战线工作条例》】 把学习贯彻《中国共产党统一战线工作条例》（以下简称《条例》）作为全年的一项重要政治任务，通过召开理论学习中心组专题学习会议、统战工作领导小组会议和举行联谊学习活动，推动《条例》学习落地落实、入脑入心。把《条例》学习纳入党校教学、干部业务学习和统战成员政治教育内容，分层次、分领域开展各类培训6次，为推进统战工作守正创新夯实思想根基。将学习贯彻《条例》与党史学习教育结合起来、与贯彻中共十九届六中全会精神结合起来，以庆祝中国共产党成立100周年为契机，举办“同心向党·礼赞祖国”系列主题活动、召开全区统一战线各界人士庆祝中国共产党成立100周年座谈会、组织党外人士开展党史学习教育现场教学、举办学习贯彻中共十九届六中全会精神润州区统战系统专场宣讲报告会等，增强统战成员坚定跟党走的政治自觉、思想自觉、行动自觉。

【党外干部队伍建设】 支持各民主党派、工商联和无党派人士在产业发展、乡村振兴等方面深入调研，建睿智之言、献务实之策，助力润州现代化一流主城区建设。成立润州区首个党外知识分子联谊会交流基地，为党外知识分子进行联谊活动等提供平台和载体。支持各民主党派、无党派人士和党外知识分子加强自身建设，做好党外代表人士的发现储备、培养锻炼、配备使用、监督管理工作，严格落实党外干部配备，11个应配党外干部的部门实现应配尽配。开展统战代表人士信息采集，健全党外代表人士数据库。把好入口关、政治关和素质关，做好市区两级人大、政协换届中党外人士推荐工作，为换届工作夯实根基。

【民族团结进步工作】 开展“民族团结进步月”“民族宗教政策法规宣传月”“民族团结一家亲，共学党史颂党恩”“民族联手做香囊，共庆端午话团结”等系列主题活动，以文化艺术为纽带，增进各族群众的思想认同和情感融合。建设家门口的统战工作议事厅，定期召开“民情恳谈会”；依托社区网格化管理平台，打造“少数民族网格议事”角，破解基层管理难题；联合社会组织开展“少数民族学党史办实事”活动；组建少数民族志愿服务队，参与疫情防控、纠纷调解、文明倡导等活动。精心指导金山街道杨家门社区和宝塔路街道同德里社区“红石榴家园”创建，推进民族团结进步工作走深走实，营造各民族手足相亲、守望相助、和睦相处的良好局面。

【宗教事务管理】 压实责任，健全“三级网络、两级责任”监管机制，落实宗教活动场所安全生产专项整治和疫情防控工作。学习宣传贯彻《宗教事务条例》，开展全区宗教活动场所、团体、教职人员信息摸底入库工作，着力提升宗教依法治理效能；探索宗教工作联合执法机制，开展非法宗教活动和民间信仰点治理，取缔私设聚会点3处。

【港澳侨台海外统战工作】 依托“苏台交流基地”等平台，开展“镇台连线话中秋”等主题活动，以乡情亲情为纽带，多渠道、多层次、多领域开展双向交流。密切对接两岸经贸文化交流协会，关心台企经营，帮助解决疫苗注射难题和企业经营困难，在“2021镇江·长三角台商投资推介会”上顺利与西津渡公司高档民俗酒店项目签约。协助举办“相约醋都 放飞梦想”2021年台湾大学生镇江实习营开营仪式和参观活动，增进两岸青年交流。开展“侨法宣传月”活动，切实提升侨法宣传的影响力和辐射面，共同营造护侨益、聚侨力的良好社会氛围。借助“侨之家”开展“我们的节日”等系列主题活动，持续加强惠侨暖侨工作。成立润州区欧美同学会（润州区留学人员联谊会），推动润州留学人员工作迈上新台阶。

【民营经济统战工作】 在民营企业家中开展“学张謇精神、扛民企担当，助力城市经济跑起来”主题实践活动，举办首届民营企业家精神研修周，创建区民营经济人士理想信念教育基地和区民营企业家培训交流中心，筑牢共同思想根基。常态化开展“润州最滋润”民营企业服务活动，制定《关于常态化开展“润州最滋润”民营企业服务活动的意见》，以“五送”套餐服务企业发展。做好工商联换届工作，选优配强队伍，充分发挥工商联和基层商会桥梁纽带作用。落实政商交往“正面清单”，推进法治化营商环境建设，助力企业健康成长。上线“润企通”信息化服务平台，24小时提供“不间断”服务。

【凝聚新的社会阶层人士力量】 建立润州区新的社会阶层人士统战工作联席会议制度，形成工作合力，开创新的社会阶层人士统战工作的新格局。推进全区新的社会阶层人士统战工作阵地提档升级，形成以“新联之家”为主阵地，以社会组织“e和同心汇”、中介组织“和润慧”、自由职业者“新津荟”、商管技术人才“新商荟”和楼宇统战“新智荟”为专项阵地的“1+5”新的社会阶层人士统战工作阵地矩阵。其中，“新津荟”入围江苏百家统战基地巡礼名单，“新商荟”被省委快报刊发，“e和同心汇”和“新智荟”分别被中央统战部官网、江苏统一战线公众号和《挚友》杂志推送。推进西津渡统战特色街区创建新的社会阶层人士统战工作省级示范基地，不断提升品牌内涵和影响力。

（陈　娟）

史志档案工作

【概况】 2021年，区史志办学习贯彻习近平新时代中国特色社会主义思想，扎实推进党史学习教育，统筹推进年鉴编纂、档案馆业务建设评价、档案数字化建设、史志成果进学校和社区等各项重点工作，加快奔跑步伐，史志档案工作取得新的进展。

【《润州年鉴（2021）》出版发行】 《润州年鉴（2021）》作为全面记载润州2020年经济社会发展进程的资料性文献，是社会各界了解润州发展的重要窗口。区史志办把这项工作列入重要日程，加快年鉴编纂的步伐。年初制定年鉴编纂工作方案，拟定篇章结构和工作要求，督促各承编单位按时报送年鉴资料；定期召开单位内部年鉴编纂工作推进会，倒排工期、明确任务，落实每个阶段的工作职责和要求；编辑部在修改已收资料的同时，不断加强与各承编单位的联系，加紧催收、补充欠缺材料。《润州年鉴（2021）》编纂工作历经组稿、编辑、排版、出版社审稿、样书制作等各项流程后，按期出版发行。

【国家综合档案馆业务建设评价准备工作】 按照省档案系统工作部署，省、市档案部门将在2022年一季度对润州区档案馆2016—2020年业务建设工作进行全面评估检查。区史志办全面对照《江苏省市县级国家综合档案馆业务建设评价标准》中建筑与设备、馆务建设、档案基础业务、开发利用服务等4大类70项指标，努力克服时间紧、任务重、人员少的困难，按照工作职责划分和任务包干原则，对验收评分细则进行细化分解，逐条逐项落实到人、到岗、到位，咬定通过上级验收的目标，倒排时间表，实行周例会和推进销号制度，找出问题、查漏补缺、补齐短板。对档案馆全部档案按规范要求重新归类整理，在完善业务规范上做细做实，保质保量完成各项工作，确保高质量、高水平迎接验收。

【档案征集、接收和数字化工作】 围绕中心、服务大局，区档案馆在中国共产党成立100周年之际，面向全区开展党史文献档案资料征集工作，征集润州区在新民主主义革命时期、社会主义革命和建设时期、改革开放和社会主义现代化建设新时期、中国特色社会主义新时代具有历史价值或纪念意义的各种文字、图片、声像、实物等，丰富馆藏红色档案资源。面向各街道、社区开展声像照片档案征集工作，征集反映群众生产生活各领域的照片数千张，丰富区档案馆馆藏声像资源。全面推进档案接收进馆规范化、制度化工作，继续开展档案集中接收进馆工作，疫情防控档案、出生医学证明档案、区人大档案相继进馆，区法院档案托管工作于12月底完成。馆藏出生医学证明档案数字化工作是区史志办开展“我为群众办实事”实践活动的民生项目，完成4253件馆藏出生医学证明档案目录录入和全文扫描工作，更好地满足群众对民生档案的需求。

【档案为民服务】 2021年，接待查阅档案2000余人次，其中，婚姻档案1600余人次、企业改制档案50余人次、出生医学证明档案50余人次、文书档案200余人次、其他各类档案100余人次，有力服务政府机关、居民群众、社会各界对档案的需求。做好档案业务指导工作。指导区卫健委做好疫情防控档案和出生医学证明档案整理工作，对各街道开展档案工作业务检查指导，督促做好档案收集、保管和安全工作。做好《全国档案事业统计调查制度》报表填报工作。在时间非常紧迫的情况下，将全区各单位档案事业年度统计报表按时上报。开展好档案宣传教育。围绕“档案话百年”宣传主题，与区司法局联合组织150余名社区服刑人员到常发广场参观“档案话百年——镇江市红色档案图片展”。

【党史学习教育】 党史学习教育启动以来，区史志办按照“六专题一实践”进行安排，确保高标准、高质量完成好党史学习教育各项任务。认真学习习近平总书记在中国共产党成立100周年大会上的重要讲话和中共十九届六中全会精神，扎实开展为民办实事实践活动，成立“史志先锋”志愿服务团队，结对挂钩七里甸街道金星社区，开展文明城市创建引导、疫情防控“敲门行动”、核酸检测应急演练、档案宣传进社区等各项志愿服务活动。组织全体党员到安徽凤阳小岗村参观大包干纪念馆、沈浩先进事迹陈列馆，到句容参观赵亚夫事迹展示馆，学习小岗村敢想、敢试、敢闯的精神，感受赵亚夫坚守初心、矢志为农的情怀，实地接受党性教育。 （孙　伟）

编制工作

【概况】 2021年，润州区委编办以习近平新时代中国特色社会主义思想为指引，全面贯彻中共十九大和十九届六全会精神，开展党史学习教育和“两在两同”建新功主题活动。巩固基层三整合改革成效，优化机构编制资源配置，服务全区经济和社会事业发展。

【基层治理改革】 完成基层“三整合”改革示范点工作，七里甸街道作为“三整合”改革的示范街道，改革成效明显，通过省、市评估组的检查验收，明确七里甸街道为民服务中心主任、综合行政执法局局长、集成管理指挥中心主任为副科职，增强基层开展工作的积极性，对提升全区基层治理能力起到示范作用。加大编制资源向基层倾斜，对全区7个街道就改革后存在的问题召开专题座谈会，协调相关部门解决，围绕基层“事多人少”“无编可用”的问题，通过内部挖潜、统筹调剂等方式，给全区各街道增加26名事业编制。通过镇江市优秀应届毕业生定岗特选、事业单位公开招考等方式补充人员，确保基层事情有人办。建立街道权力事项清单，采用“编办初筛＋部门复核”模式，会同司法部门根据各部门、条线最新的法律法规的变化情况，准确把握街道法定权力事项主体，将本轮清单编制工作与巩固基层“三整合”改革、综合行政执法改革等相关工作协同推进、同步发力，梳理街道权力事项108项，加快形成边界清晰、分工合理、权责一致、运转高效、依法保障的政府职能体系。

【机构编制管理】 加强机构编制核查，通过“线上指导＋线下核查”、数据信息手段与基础工作相结合的方式，对全区各部门的机构编制变革情况逐一审核比对，对各部门在核查过程中发现的机构编制文件资料缺失、机构编制底数不清等情况进行及时指正，推进机构编制法定化，提升机构编制管理规范化水平。合理安排用编计划，按照“从严控制、逐步补充、留有余地”的原则，对满编、超编单位采取“只出不进”的方式控制人员增长，对有空编的单位，根据单位的需求，结合润州实际，合理下达行政34名和事业53名用编计划，重点保障经济、民生等领域。规范编外用工管理，对各部门编外用工数量实行总量控制、动态平衡，严格执行三年消化任务。对于现有编制内人员能保证工作正常开展的，一律不得使用编外用工。对于实际工作需要增加编外用工的单位，严格事前审核准入，对各单位超出核定指标的编外用工只出不进，全区限额内编外用工人数消化242人。积极稳妥推进编外用工清理规范，促进编外用工长效管控。深化农业综合行政执法改革，将分散在区农业农村局的内设机构及所属单位的处罚、检查、强制等职能剥离，组建农业综合行政执法队伍，以农业农村局的名义统一执法。同时，整合润州区农业农村领域编制资源，配备区农业综合行政执法大队全额拨款事业编制21名，保障渔政执法的需求，为润州区全面贯彻落实习近平总书记关于长江“十年禁渔”的重要指示精神打下坚实的基础。

【事业单位登记管理】 做好事业单位年报公示，下发《关于开展2020年度事业单位法人年度报告公示工作的通知》，对年度报告公示的范围、时间、程序、应提交的材料等做出明确要求，全区108家事业单位全部公示，合格率100%，高质量推进事业单位规范运行。实施“双随机一公开”监管，随机抽取6家事业单位，重点了解并检查其遵守法律法规和政策情况、业务开展情况、法人证书及公章使用管理情况等，并对核查中发现的问题要求事业单位进行整改。开展事业单位信用等级评价，抓好事前事中事后监管一条主线，联合财政、审计、公安、人民银行、法院、经济发展、人社和税务等8家单位开展测评。严格按照自查自评、分类评分、初定等级、反馈征询、结果公示程序层层推进，全区108家参评事业单位信用等级均为A级。解决法人一码多赋问题。自规分局下属单位华厦房地产综合发展总公司存在事业单位法人与企业法人使用相同名称、同一主体标识码的情况，为切实做好统一社会信用代码重错码纠错工作，会同税务、行政审批等部门，督促其注销企业法人，进一步建立健全润州规范高效的统一社会信用代码运行机制。 （李心怡）

机关党建工作

【概况】 2021年，区级机关工委深入学习贯彻习近平新时代中国特色社会主义思想及中共十九届六中全会精神，认真落实上级各项决策部署，坚持围绕中心、建设队伍、服务群众，统筹推进机关党建工作。

【三级“书记项目”】 将“机关党员教育管理‘三维度’提升工程”选定为机关工委“书记项目”，作为落实区委“书记项目”的重要举措，聚焦基本队伍建设，强机制、讲方法、塑品牌，切实加强机关党员队伍建设，激发党组织生机活力，融入发展大局。年底，与区法院诉讼服务中心同时作为区委“书记项目”现场观摩点，推介举措成效，连续4年荣获全区基层党建十佳“书记项目”。

【机关党建绩效管理】 用好绩效考核指挥棒，加大机关党建考核在部门考核中的权重。每月调阅通报基础工作情况，借助“智慧党建”信息平台，督促各党组织基本党内生活制度严起来、实起来。每季度开展针对性调研，倒逼薄弱环节整改落实。年底，进行党组织书记抓党建述职评议，强化机关部门党组领导机关党建、机关党支部落实机关党建的意识。

【党员教育管理】 合作开辟有声专栏“百年党史润初心·红色印记”，组织机关党组织书记带头讲述红色故事，将线下学习动态以音频形式在线上展现交流，全年发布39期。开展“‘学史践行·一线有我’机关青年说”“践行‘三强三比’争当政法先锋——政法干部永远忠于党”演讲比赛，展示出机关青年、政法干部的使命和担当。组织“百年辉煌 风华正茂——光荣在党50年”主题党日活动，颁发纪念章，鼓励机关老党员发挥“银发”力量。增强机关新党员入党仪式感，联合京口区开展“区域联动学党史，上好入党第一课”主题党日活动，创新加强区域交流。

【党史学习教育】 以中国共产党成立100周年为契机，和结对社区共同开展“百名党员上党课”“百年奋斗路 奔跑‘镇’当时”等活动，让机关党员重温党的光辉历史，坚定高质量发展的信心。结合“百名干部办百件实事”主题实践活动，认领迎江路中心社区“初心剧场”项目，立足岗位办实事、解难题，“学亚夫，做亚夫”获评区级优秀服务项目，实现党史学习教育效果再提升。

【典型示范引领】 精心培塑先进典型，推荐并成功获评市级“两优一先”2个、区级“两优一先”7个，润州机关工委被评为“全省机关党建工作先进集体”。在全省党员教育全媒体作品大赛中，机关工委推送的新媒体作品《韦岗战斗》云境课堂VR视频荣获“百年风华”全省党员教育全媒体作品创作大赛一等奖和五佳制作奖，微视频《90VS90》系列荣获三等奖。举办“百年党史润初心”读书征文演讲比赛，推荐的作品荣获市级一等奖。新增四星先进党支部5个。

【“两在两同”工作】 积极对接基层需求，面对防疫、防汛、防台大考，机关工委组织百余名机关党员参加“敲门行动”及和平路街道全员核酸检测压力测试，314名机关志愿者奋战在防控一线，走访群众5000余户。区水利局党支部组建党员先锋突击队，织密防汛防台“安全网”，消除隐患。统筹协调市级机关19个部门同润州区6个街道对接，有效补充基层社区一线防控力量。联合团区委，招募约130名青年朋友共同参与疫情防控工作，凝聚党建带团建的强大合力。聚焦营商环境中的难点、痛点，经济部门党员领导干部带头讲举措、立规矩、亮承诺，为企业谋求更大政策福利。

【评议方式转变】 协助做好2021年度考核内容和细则修订工作，优化机关部门、街道日常

润州区“学党史·开新局”红色领航行动专题研讨班合照

（区委党校　摄）

考核分值权重设置。围绕区委、区政府中心工作，加强作风效能建设。改进社会评议方式方法，从纸质评议转变为网络评议，由一年一评议增加为一年两评议，并对作风评议库人员进行优化调整，提高评议质效。　（朱大维）

老干部工作

【概况】 2021年，润州老干部工作围绕区委、区政府中心工作，充分发挥老干部资源优势，在服务大局中释放活力。聚焦“筑牢基础，创新载体，丰富内涵，精细服务”工作目标，与时俱进，加速奔跑，全力以赴，加压奋进。

【争先创优】 在实现“六有一提升”达标全覆盖基础上，实施“分层”管理，实现提档进位。万科社区离退休党支部获评全省“六有一提升”示范支部，成为非建制党支部中的全市“唯一”，市级示范支部从1个增至5个。达标“看”先进，“追赶”齐奋进。3个支部升级政治生活室，1个支部全新打造党史学习教育长廊，硬件条件逐步提升，阵地建设持续加强。合理设置，“拓展”升级。依托基础优势，成立“红枫诗社”非建制兴趣小组党支部，公安分局老干部支部按照机关和派出所两个类别，划分为一、二支部，学习活动更灵活。先进引领，激发动力。4名老党员、1个离退休干部党支部“七一”前夕获全区“两优一先”表彰，树立“四同”（同部署、同推进、同考核、同表彰）鲜明“风向标”。

【老干部党史学习教育】 以中国共产党成立100周年为契机，找准政治思想建设发力点。以活动激发学习动力。围绕“回望百年路，助跑加速度”“风华百年、红心向党”等内涵丰富的主题党日活动，引导老党员牢记初心使命、永葆政治本色，坚决做到“两个维护”。编制党史学习教育“活教材”。开展“在党旗引领下”征文，聚力讲好党的故事，征集作品20余篇，10篇入

选《熔铸》，被市委老干部局授予“优秀组织奖”。老干部“红枫诗社”策划开展“四个一百”（“百幅楹联迎新春”“百首诗词颂党恩”“百名诗人颂润州”“百位烈士立新传”）系列活动，编印《吟咏碧血丹心》一书，致敬百年华诞。优秀作品献给党。举办百件书画、篆刻作品社区巡回展，让党史学习教育“飞入寻常百姓家”；创排两部原创剧目，角逐镇江市第二届群星奖。文艺活动展风采。组织参加省优秀文艺作品润州专场、“红心向党·犇腾润州”红色歌曲合唱大赛、润州区庆祝中国共产党成立100周年文艺演出等高规格文艺活动，获“最佳风采奖”。

【老干部志愿服务】 做好青年干部“摆渡人”。融入全区中心工作，与区委组织部、团区委联合开展“青银行动”，聚焦润州经济社会发展目标，助力青年干部“传帮带”，被市委老干部局授予“最美老干部志愿服务项目”。当好“两在两同”践行者。按照《镇江市老干部助力社区治理指导意见》及润州实施方案，鼓励离退休干部党员到社区报到，结合个人所能所愿，加入志愿服务队伍，为老党员就近就便发挥作用提供途径。万科社区“银发”力量参与敲门行动，其助力抗疫的感人故事受到市委副书记巩海滨的充分肯定，团队被市委老干部局授予“最美老干部志愿服务团队”。探索作用发挥新路径。依托全域党建发源地和示范区基础优势，选培一批市级“银辉驿站”，将“我为群众办实事”与基层需求有机结合，打造一批润州“老党员工作室”，进一步充实基层党组织资源，探索老干部工作与全域治理、城市基层党建相融相促新路径。打造最美最佳“群英谱”。选树身边可敬可学的老干部典型，1名离休干部被市委、市政府授予“全市脱贫攻坚暨对口支援合作先进个人”，1名退休干部入选市级银发人才工作站，1人获全省“百佳离退休干部共产党员”称号，8人被市委老干部局授予2020年度“不忘初心，牢记使命”正能量先锋，2人被授予“最美老干部志愿者”。

【老干部服务工作】 突出离休干部这一重点，政治上尊重，生活上关爱。高度重视“光荣在党50年”纪念章发放，推荐1名代表参加全区集中颁授仪式，区委主要领导亲自为其佩戴勋章；举行离休干部“特殊党费”捐赠仪式，弘扬一心向党政治本色；认真做好“三有一落实”（有就医绿色通道、有签约家庭医生、有医疗特困帮扶机制，落实好离休干部提高享受医疗待遇政策）工作，首次举办离休干部家庭医生优秀团队表彰，加大投入进行活动中心适老化改造，增强精准服务意识。按照区委组织部机关“五创五促”（访街道村社，促为民服务提速；访“两新”组织，促为企纾困提效；访干部队伍，促关爱激励提劲；访人才专家，促为才解忧提质；访优秀党员，促担当作为提能）要求，定期走访慰问老干部，落实易地安置离休干部探访制度，送去组织温暖，送去精神慰藉。精心打造“政治、文化、服务”中心。将县处级老领导参观考察与党史学习教育有机融合，为润州高质量发展汇聚“银龄智慧”；举办健康知识及智能手机应用讲座，让服务对接需求及时代发展；精心挑选书画、摄影作品参展，彰显老干部独特风采；承办全市老干部活动中心会议，搭建互学互促平台；合作举办全省离退休干部信息化平台培训班，推动信息化与老干部工作融合发展。

（王晓滢）

“周末课堂”现场照

（区委党校　摄）

党校工作

【概况】 2021年，区委党校紧紧围绕中心大局，坚持以建设“学习型、服务型”机关为总抓手，争作为、提绩效、树形象，各项工作取得新的业绩。

【干部培训主阵地】 根据2021年干部教育培训计划，先后组织实施1个进修班和2个专题研讨班，即村（社区）党组织书记进修班和“一把手”、产业强区专题研讨班，培训180人次。积极发挥优势，主动上门服务区级机关部门，先后为区法院和区市场监管局党员干部开展短途红色教育，为区卫健委青年干部等开展短期理论培训，培训200人次。

【常态化讲学平台】 围绕“月月有培训，全年不断线”目标，继续打造“周末课堂”常态化教育培训品牌。在师资层次上，突出以县处级以上领导干部和知名专家学者为主，邀请省、市有关部门领导13人和高校专家教授3人，站位更高，视野更广；在授课内容上，针对领导关注和工作急需，涵盖全域旅游示范区创建、自然资源离任审计、项目信息研判分析等诸多领域，与中心任务和重点工作贴得更紧、融得更深；在成果转化上，突出针对性和有效性，为招商引资、安全生产、营商环境建设等问题的解决提供理论根据和操作路径，做到学用相长、知行合一。举办16讲，参学人员1000人次。

【街道（社区）党校】 结合“我为群众办实事”，在七里甸街道党校先行试点建设的基础上，按照“有领导机构、有学习场地、有授课老师、有学习计划、有规章制度、有经费保障”的“六有”标准，新成立官塘、和平、韦岗等3所街道党校和24个社区党校。聚焦基层实务、以案说理、党史学习，先后为基层党员干部提供各类培训245场，覆盖3800人次，推动干部教育培训向基层延伸拓展。

【决策咨询】 在做好培训主责主业的同时，克服多种困难，挖掘内部潜力，培养年轻骨干。决策咨询开始起步，2020、2021连续两年独立完成市级党校网格化治理和全域旅游课题，分别获二、三等奖；2021年撰写的《中青年干部革命精神认同研究》理论文章获全市党校系统三等奖。理论宣讲开始破题，以党史学习教育为契机，深入社区和学校宣讲十九届六中全会精神，17篇党史学习教育宣传稿件被区简报采用，1篇被市简报采用。 （张桂蕊）

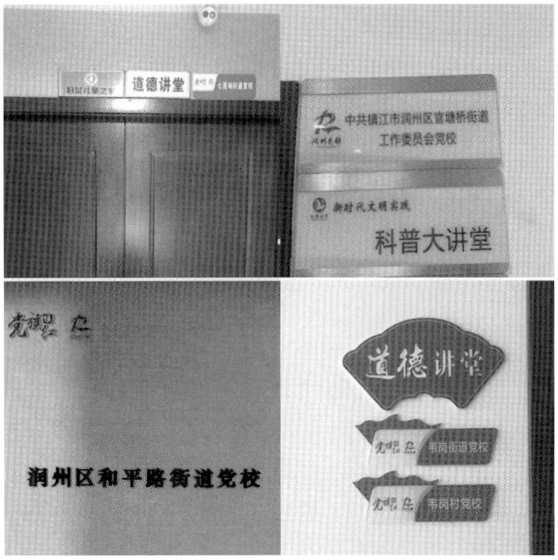

街道党校挂牌

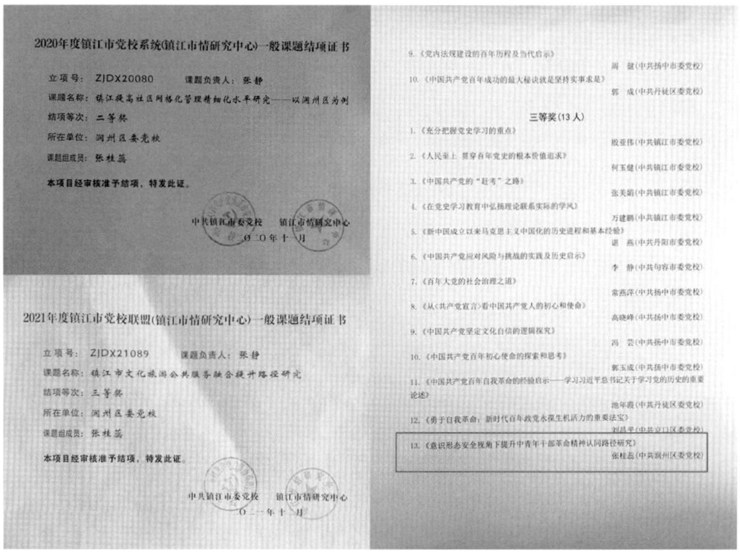

获奖证明

（区委党校 摄）

2021年润州区干部教育培训情况统计表

表4

时间	名称	地点
2021年5月9日至5月15日	“学党史·助发展”产业强区行动专题研讨班暨中青年干部培训班	西安理工大学
2021年5月17日至6月18日	“学党史·优服务”头雁集训行动村（社区）党组织书记进修班	镇江市委党校
2021年10月8日至10月14日	“学党史·开新局”红色领航行动专题研讨班	深圳大学

2021 年润州区"周末课堂"课程汇总表

表 5

时间	主要授课内容	授课人	授课人职务
2021 年 3 月 27 日	《中国共产党政法条例》解读	严　励	上海政法学院教授
2021 年 4 月 8 日	实施人才"镇兴"行动　建设人才聚集福地	汤　帅	镇江市委组织部人才处处长
2021 年 4 月 10 日	润州区全域旅游示范区创建方法路径	杨淇深	国家旅游标准化专家委员、江苏省旅游学（协）会常务理事
2021 年 4 月 24 日	自然资源资产离任审计	刘　平	南京市审计局资源环境处副处长
2021 年 5 月 15 日	提升网上正面宣传稿件传播力　壮大主流舆论声势	汤　沛	镇江市网络舆情中心副主任
2021 年 5 月 22 日	走进《中华人民共和国民法典》——从谈婚姻家庭、继承编开始	余　波	润州区法院党组成员、副院长
2021 年 6 月 5 日	安全生产法律职责与责任追究	王其宏	江苏省安全生产宣传教育中心培训科副科长、国家安全生产培训师
2021 年 6 月 19 日	项目信息科学研判和分析	蒋　慧	镇江新区招商六局副局长
2021 年 7 月 3 日	解读市 2021 年度综合考核文件	薛　松	镇江市委组织部综合考核处处长
	解读市 2021 年度综合考核绩效评价指标	陈正群	镇江市统计局副局长
2021 年 7 月 10 日	推进营商环境建设	王志新	镇江市发改委四级调研员
2021 年 9 月 18 日	依法治统，服务发展	施荣贵	镇江市统计局执法监督局局长
2021 年 9 月 25 日	我国国防法规和党政领导干部的国防职责	刘保国	国防大学政治学院教授
2021 年 10 月 30 日	以《中国共产党统一战线工作条例》为纲开创新时代统战工作新局面	徐建锋	市委统战部常务副部长、市社会主义学院院长
2021 年 11 月 6 日	全面推进知识产权综合能力提升	穆佳良	江苏省发明协会秘书长
2021 年 11 月 20 日	基层党组织规范化建设	王泉超	镇江市委组织部组织处处长
2021 年 12 月 17 日	加强新时代法律监督工作	张东生	区检察院党组书记、检察长、三级高级检察官

（区委党校）

润州区人民代表大会

栏目编校：蒋厚军

区人大常委会主任、副主任分工

彭忠东： 主持区人大常委会全面工作。

季　莉： 负责财政经济委员会工作，分管财政经济工作委员会工作。

江朝民： 负责法制委员会、监察和司法委员会工作，分管办公室、监察和司法工作委员会和信访工作。

周向群： 分管人事代表联络工作委员会工作。

徐建春： 负责社会建设委员会工作，分管社会事业工作委员会、环境资源城乡建设工作委员会工作。

区人大常委会组成人员名单

彭忠东	季　莉	江朝民	周向群	徐建春	艾学平	卢庆荣	朱　镇	刘银辉
李　俊	李志鹰	杨　凡	杨　飚	杨留永	吴润宇	沙玉庆	张　伟	张　浩
季秀平	周　华	姜银土	费荣海	贺永欣	贾代武	钱　进	殷凤楼	高　峰
高晓芳	戴　敏	戴永能						

综　述

【概况】　2021年，区九届人大常委会坚持以习近平新时代中国特色社会主义思想为引领，全面贯彻落实中共十九大和十九届历次全会精神以及中央人大工作会议精神，深入学习习近平总书记关于坚持和完善人民代表大会制度的重要思想，坚持党的领导、人民当家做主、依法治国有机统一，紧紧依靠全区人民和全体人大代表，依法履职尽责，主动担当作为，为推动润州高质量发展和民主法治建设做出积极贡献。

【正确政治方向把握】　区人大常委会自觉增强“四个意识”，坚定“四个自信”，做到“两个维护”，不断提高政治判断力、政治领悟力、政治执行力，确保人大工作始终沿着正确政治方向前进。

全面落实党的领导。始终把坚持党的领导贯穿于人大依法履职的全过程和各方面，紧紧围绕中央决策部署和省、市、区委工作要求，统筹推进监督、决定、任免等工作。充分发挥常委会党组把方向、管大局、保落实的作用，坚持重大决策、重大事项、重要工作、重要情况及时主动向区委请示报告，并按照区委要求和法定程序贯彻落实。严格落实区委全面深化改革目标任务，确保实现民主法治领域人大改革工作目标。

坚决落实区委决策部署。牢固树立“一盘棋”思想，紧紧围绕区委中心工作和全区工作大局依法履职，推动区委决策部署在人大工作中落地见效。

科学推进重大事项决定。全力推动重大事项决定制度化、科学化、民主化，依法对财政预算、“八五”普法等事关全区全局性、战略性、长远性的重大事项作出决议、决定，通过法定程序将中共主张转化为全区人民的共同意志。坚持党管干部原则和人大依法任免相统一，严格执行任前法律知识考试、任前表态发言、向宪法宣誓等制度，增强国家机关工作人员的宪法意识、人大意识和公仆意识。不断完善监督体系，组织开展述职评议，加强任后监督，促进任命对象实干担当、尽责为民。

【人大监督质效提升】 区人大常委会围绕区委工作重点和群众关注的热点、难点，依法监督、正确监督、有效监督，助推全区经济社会高质量发展。

加强财经工作监督，助力经济稳健发展。加强预算和计划监督，听取审议财政预算编制、执行和审计情况报告以及上半年国民经济和社会发展计划执行情况的报告，批准本级财政预算调整方案。依法做好“十四五”规划编制与实施情况的监督，提升发展的质量和效益。加强预算联网监督系统建设，实现全口径审查和全过程监管。听取国有资产管理情况专项报告，掌握资产底数，提升资产管理水平。

保障法律贯彻实施，促进社会公平正义。加强社会主义法治建设，持续强化法律监督。积极组织区人大代表旁听法院庭审、监督强制执行，参加公诉评议、新闻发布会等，督促“两院”提高办案质量，提升司法公信力。审议区人民法院立案工作、执行工作，区人民检察院扫黑除恶工作、经济检察工作等专项工作报告。对公安分局基本基础建设和基层政治建设等提出工作建议，维护和促进公平正义。充分发挥立法联系点的作用，配合省、市人大开展《江苏省慈善条例》《镇江市文明行为促进条例》《镇江市长江岸线资源保护条例》等地方性法规的立法调研。配合省、市人大开展《中华人民共和国土壤污染防治法》《江苏省学前教育条例》等法律法规的执法检查。运用法治思维和法治方式做好人大信访工作，有效维护群众合法权益。

聚焦社会事业建设，持续增进民生福祉。始终秉持民生情怀，主动回应社会关切，保障和改善民生福祉。加强对教育、医疗卫生、养老等相关工作的监督，推进社会救助工作、农村公路提档升级工程、棚户区改造和安置房建设，促进改革发展成果更好地惠及全区人民。加强对城乡生活垃圾分类治理、公厕升级改造、科技创新平台建设等工作的监督，在高质量发展进程中不断满足人民群众对美好生活的新期待。

加强生态环境监督，守护蓝天碧水净土。推进生态优先、绿色发展，连续5年审议政府年度环境状况和环境保护目标完成情况的报告，加强对中央、省、市生态环保督察反馈意见整改情况的监督，对照《2018—2020年润州区突出环境问题清单》，打好污染防治攻坚战，不断提高环境综合整治能力，确保所有问题全面整改到位，环境质量持续提升。着眼蓝天、碧水、净土保卫战，落实“河长制”、长江流域（润州段）禁捕退捕等工作要求，守护好润州的蓝天白云、绿水青山、良田沃土。和平路街道人大工委推进长江大保护，助力长江流域“绿色通道”建设，帮扶退捕渔民再就业，确保渔民退得出、稳得住、能致富。

督办民生实事项目，实现落地落实见效。坚持把助推民生实事项目落地落实作为维护好、实现好、发展好人民群众根本利益的重要载体，开展民生实事项目人大代表票决制试点，建立“党委领导、群众参与、代表票决、政府执行、人大监督”的民生项目票决模式，完善项目实施跟踪监督机制，确保有序推进。标准化居家养老服务中心建设项目、中医药服务能力提升工程分别被人民日报社《民生周刊》评选为2020年、2021年“民生示范工程”。各街道围绕议政代表会票决产生50件街道民生实事项目，充分发挥了议政代表的作用，形成议政代表沟通协调、跟踪监督等工作机制，七里甸街道人大工委和南山街道人大工委推动老旧小区改造、空气质量检测、菜场改造提升等项目的实施，惠民生、解民忧，真正做到“民有所呼，我有所应”。

【人大代表主体地位坚持】 强化代表履职服务保障。区人大常委会党组制定《关于加强和改进人大代表工作的实施意见》，建立健全代表履职档案制度，做到“一人一册”“一年一册”，详细记录代表履职行权情况。坚持为人大代表订阅《人民与权力》等工作刊物，多次举办区人大代表履职培训班，邀请省人大常委会、江苏大学相关专家作辅导报告。积极组织人大代表和人大干部参加省、市人大开展的各类培训，有效提升代表的整体素质和履职能力。常态化邀请代表列席常委会会议、参加常委会开展的视察调研等活动，推荐参加监督“一府一委两院”相关活动，畅通代表知情知政、监督建言渠道。

密切代表和群众的联系。认真落实“双联系”制度，积极组织开展统一接待选民活动，广泛搜集意见建议。扎实开展代表向选民述职工作，第九届区人大代表回选区向选民述职，恪守“对人民负责、受人民监督”的承诺。组织各级代表深入一线摸实情、献良策、解难题，充分发挥代表在倾听民声、汇聚民意、凝聚民力方面的作用。宝塔路街道在城际商圈设立代表工作室、代表联系点、“商呼我应”信箱，打造“商圈吹哨、代表报到”的代表联络特色品牌。金山街道人大工委开展代表履职感言报告会，在为民解忧办实事、为民代言勇担当中展现代表风采。韦岗街道人大工委“小板凳”架起“连心桥”，代表们带着小板凳走村串户，办理群众意见建议532条。蒋乔街道人大工委开展“上联下访”“行走蒋乔”活动，代表深度参与，真情为民。

全面推开议政代表会制度。在总结试点经验的基础上，全面推开街道议政代表会议制度，经推选产生议政代表327名，在全市率先实现议政代表全覆盖。议政代表会议积极参与街道经济社会管理和监督，票决确定街道民生实事项目等重要事项，全面推行街道办事处年度环境状况和环境保护目标完成情况报告工作。街道议政代表会议制度的实施，完善了街道民主决策、民主管理、民主监督机制，扩大了群众的有序政治参与，激发了街道人大的工作活力，增强了人大监督实效。官塘桥街道依托议政代表联络室，设立“平平联动”便民服务站，提供健康义诊、公益理发、家电维修等服务，深化与群众的联系。

提升代表建议办理质效。紧扣“内容高质量”，从源头上把好建议质量关，指导和服务代表依法依规提出建议。紧扣“办理高质量”，在强化日常督办的基础上，建立健全“主任领衔、区长领办、工委督办、代表跟踪问效”的重点建议联动工作机制，精选一批代表意见相对集中、社会关注度较高的建议进行重点督办。将重要建议督办列入主任会议议题，有效解决一批热点难点问题。开展代表优秀建议评选工作，有效激发代表履职积极性。

依法做好换届选举工作。区委专题研究并批转区人大常委会党组《关于做好全区人大换届选举工作的意见》，成立润州区选举工作领导小组，为及时召开全区人大换届选举工作会议进行动员部署。区人大常委会坚持党的领导、充分发扬民主、严格依法办事，区选举委员会先后召开4次会议，讨论、通过有关换届工作的意见、办法和规定。全区各参选单位成立9个选举工作领导小组和87个选区选举工作小组，抽调工作人员400余名，构建从上到下、全面周密的工作网络。严把人大代表政治关、素质关、结构关，围绕选民登记、选区划分、投票选举等关键环节依法有序推进，183名区人大代表如期产生，代表结构进一步优化，代表素质进一步提升。

【人大自身建设加强】 持续强化理论武装。建立健全常态化学习机制，始终把学习贯彻习近平新时代中国特色社会主义思想作为首要政治任务，扎实开展党史学习教育等，深入开展十九届历次全会精神和相关决议的学习贯彻，及时跟进学习习近平总书记最新重要讲话、重要指示批示精神和中共中央决策部署。组织开展中央人大工作会议精神专题学习，进一步增强做好新时代地方人大工作的政治自觉、思想自觉和行动自觉。

持续强化制度保障。根据新时代人大工作要求，及时修订常委会议事规则及常委会组成人员守则，健全完善人大各专门委员会、工作委员会工作规则，建立人大常委会与“一府一委两院”及相关部门工作联系常态化机制，有力支持和保障常委会依法履职。进一步完善审议制度和跟踪监督制度，加强审议意见落实，人大常委会履职效能持续提升。

持续强化作风建设。坚决扛起管党治党政治责任，支持派驻纪检组履职尽责，巩固人大机关风清气正的政治生态。认真抓好区委巡察反馈问题的整改落实，及时落实人大机构改革任务，完成相关专门委员会组建、工作委员会的更名和职责调整等工作。主动接受省、市人大的工作指导，积极配合开展视察调研，注重加强对基层人大的指导。

持续强化为民服务。区人大系统切实开展“民呼我应”主题实践活动，组建“润民心”先锋团队，深入基层走访群众360多户，广泛搜集民情民意，把群众需求作为人大履职的“发力点”，把推进“一人一重点，领办解难题”作为“民呼我应”取得实效的重要抓手，办成南徐社区健康小屋、新城花园三期健康路径等16件民生实事，为群众提供零距离、心贴心的服务。

重要会议

【区人大常委会会议】 2021年，区人大常委会先后举行10次常委会，审议“一府一委两院”10项工作报告，提出36项审议意见，作出12项决议决定。

区九届人大常委会第三十三次会议议题为：接受有关辞职请求；相关人事任命事项。区九届人大常委会第三十四次会议议题为：通报2020年度效能建设优秀单位；表决润州区人大常委会2021年度工作要点；表决润州区人大常委会2022年度历次会议议题安排；相关人事任免事项。区九届人大常委会第三十五次会议议题为：组织2名市人大代表述职评议；组织区经济发展局局长述职评议；听取并审议区人民政府关于2020年度环境状况和环境保护目标完成情况以及《2018—2020年润州区突出环境问题清单》完成情况的报告；听取并审议区人民政府关于教师队伍教学能力和素质提升工作情况的报告；投票表决有关免职事项。区九届人大常委会第三十六次会议议题为：相关人事任命事项。区九届人大常委会第三十七次会议议题为：举行"光荣在党50年"纪念章颁发仪式；组织对区科技局、区退役军人事务局负责人开展述职评议；听取并审议区人民政府关于2020年财政决算情况和同级审计情况的报告，并作相关决定；听取并审议区人民政府关于长江流域（润州段）禁捕退捕工作情况的报告；通过有关人事任免事项；接受有关辞职请求。区九届人大常委会第三十八次会议议题为：听取区人民政府政情通报；听取并审议区人民政府关于科技创新平台建设情况的报告；听取并审议区人民政府关于2021年上半年国民经济和社会发展计划及财政预算执行情况的报告；听取并审议区人民法院关于行政案件集中管辖工作情况的报告；组织对11名市人大代表述职评议（书面）；有关人事任免事项；有关重大事项。区九届人大常委会第三十九次会议议题为：审议、表决换届选举相关事项；投票表决有关人事任命事项；接受有关辞职请求；审议、表决镇江市润州区第九届人民代表大会代表资格审查委员会名单。区九届人大常委会第四十次会议议题为：听取并审议区人民政府关于区九届人大五次会议代表批评、建议和意见办理情况的报告；听取并审议区人民检察院关于经济犯罪检察工作情况的报告；听取区人民政府关于国有资产管理情况的报告；听取区人大常委会监察和司法工作委员会关于规范性文件备案审查工作情况的报告；作关于召开区十届人大一次会议的决定；通过有关人事任免事项。区九届人大常委会第四十一次会议议题为：接受相关辞职请求；相关人事任命事项。区九届人大常委会第四十二次会议议题为：听取区人民政府关于2021年政府民生实事项目完成情况和2022年政府民生实事候选项目情况的报告；听取并审议区人民政府关于"七五"普法实施情况和"八五"普法启动工作的报告，并作关于在全区公民中深入开展法制宣传教育第八个五年规划的决议；听取并审查区人民政府关于调整2021年国民经济和社会发展计划部分指标及财政预算的报告，并作相关决定；审议、表决区人大常委会代表资格审查委员会关于区十届人大代表资格审查的报告；相关人事任免事项。

【区人大常委会主任会议】 2021年，区人大常委会召开23次主任会议，听取"一府一委两院"10项工作报告。主要议题是：研究《区九届人大常委会2021年度工作要点》；研究2021年度区九届人大常委会主任会议历次会议议题安排；听取关于"全力推动润州全域旅游建设，促进经济高质量发展"重要建议的处理意见；听取关于"进一步提升社区治理体系和治理能力建设"重要建议的处理意见；组织对区人大常委会任命的法院干部述职评议；研究街道人大工委听取街道办事处年度环境状况和环境目标完成情况的指导意见；专题学习习近平法治思想；听取国土空间规划近期实施方案；听取区人民政府关于贯彻实施《中华人民共和国传染病防治法》工作情况的报告；听取区人民政府关于持续推广城乡生活垃圾分类情况的报告；组织对区人大常委会任命的检察院干部述职评议；听取区人民政府关于宗教场所安全整治工作情况的报告；听取区人民政府关于2021年度政府民生实事项目推进情况的报告，并组织视察；研究重大事项；听取区人民政府关于长江堤防防洪能力提升工程工作情况的报告；听取自规分局关于国土空间分区规划编制情况的报告；视察公安分局基本基础建设和基层政治建设工作情况；专题学习中央人大工作会议精神；听取并审查区人民政府关于2021年预算执行情况和2022年预算（草案）的报告；听取关于"全力推动润州全域旅游建设，促进经济高质量发展"重要建议办理情况的报告；听取关于"进一步提升社区治理体系和治理能力建设"重要建议办理情况的报告。

【重要视察活动】 为进一步增强区人大常委会的监督实效，充分发挥人大代表作用，2021年，区人大常委会及主任会议先后视察民生实事项目推进情况和公安分局基本基础建设和基层政治建设工作情况。

2021年区人大常委会会议情况一览表

表6

时间	名称	议题
2月5日	区九届人大常委会第三十三次会议	接受有关辞职请求；相关人事任命事项
3月11日	区九届人大常委会第三十四次会议	通报2020年度效能建设优秀单位；表决润州区人大常委会2021年度工作要点；表决润州区人大常委会2022年度历次会议议题安排；相关人事任免事项
4月29日	区九届人大常委会第三十五次会议	组织2名市人大代表述职评议；组织区经济发展局局长述职评议；听取并审议区人民政府关于2020年度环境状况和环境保护目标完成情况以及《2018—2020年润州区突出环境问题清单》完成情况的报告；听取并审议区人民政府关于教师队伍教学能力和素质提升工作情况的报告；投票表决有关免职事项
5月28日	区九届人大常委会第三十六次会议	相关人事任命事项
6月25日	区九届人大常委会第三十七次会议	举行“光荣在党50年”纪念章颁发仪式；组织对区科技局、区退役军人事务局负责人开展述职评议；听取并审议区人民政府关于2020年财政决算情况和同级审计情况的报告，并作相关决定；听取并审议区人民政府关于长江流域（润州段）禁捕退捕工作情况的报告；通过有关人事任免事项；接受有关辞职请求
8月26日	区九届人大常委会第三十八次会议	听取区人民政府政情通报；听取并审议区人民政府关于科技创新平台建设情况的报告；听取并审议区人民政府关于2021年上半年国民经济和社会发展计划及财政预算执行情况的报告；听取并审议区人民法院关于行政案件集中管辖工作情况的报告；组织对11名市人大代表述职评议（书面）；有关人事任免事项；有关重大事项
9月18日	区九届人大常委会第三十九次会议	审议、表决换届选举相关事项；投票表决有关人事任命事项；接受有关辞职请求；审议、表决镇江市润州区第九届人民代表大会代表资格审查委员会名单
10月29日	区九届人大常委会第四十次会议	听取并审议区人民政府关于区九届人大五次会议代表批评、建议和意见办理情况的报告；听取并审议区人民检察院关于经济犯罪检察工作情况的报告；听取区人民政府关于国有资产管理情况的报告；听取区人大常委会监察和司法工作委员会关于规范性文件备案审查工作情况的报告；作关于召开区十届人大一次会议的决定；通过有关人事任免事项
12月8日	区九届人大常委会第四十一次会议	接受相关辞职请求；相关人事任命事项
12月31日	区九届人大常委会第四十二次会议	听取区人民政府关于2021年政府民生实事项目完成情况和2022年政府民生实事候选项目情况的报告；听取并审议区人民政府关于“七五”普法实施情况和“八五”普法启动工作的报告，并作关于在全区公民中深入开展法制宣传教育第八个五年规划的决议；听取并审查区人民政府关于调整2021年国民经济和社会发展计划部分指标及财政预算的报告，并作相关决定；审议、表决区人大常委会代表资格审查委员会关于区十届人大代表资格审查的报告；相关人事任免事项

2021年区人大常委会主任会议情况一览表

表7

时间	名称	议题
2月2日	区九届人大常委会第105次主任会议	传达书记办公会精神；交流当前重点工作；研究区九届人大常委会第三十三次会议相关事项；研究基层人大百分考核相关事项；讨论《区人大常委会2021年度工作要点》和议题安排
2月25日	区九届人大常委会第106次主任会议	专题学习；研究区九届人大常委会2021年度工作要点；研究2021年度历次会议议题安排
3月9日	区九届人大常委会第107次主任会议	传达区委书记办公会精神；研究区九届人大常委会第三十四次会议相关事项；研究区九届人大常委会主任会议相关事项；各委办交流当前重点工作
3月31日	区九届人大常委会第108次主任会议	听取关于“全力推动润州全域旅游建设，促进经济高质量发展”重要建议的处理意见；听取关于“进一步提升社区治理体系和治理能力建设”重要建议的处理意见
4月9日	区九届人大常委会第109次主任会议	传达区委书记办公会精神；研究区九届人大常委会主任会议相关事项；交流当前重点工作
4月22日	区九届人大常委会第110次主任会议	组织对区人大常委会任命的法院干部述职评议；研究街道人大工委听取街道办事处年度环境状况和环境目标完成情况的指导意见；专题学习习近平法治思想
5月7日	区九届人大常委会第111次主任会议	听取国土空间规划近期实施方案；研究区九届人大常委会主任会议相关事项；交流当前重点工作
5月25日	区九届人大常委会第112次主任会议	听取区人民政府关于贯彻实施《中华人民共和国传染病防治法》工作情况的报告；听取区人民政府关于持续推广城乡生活垃圾分类情况的报告
6月3日	区九届人大常委会第113次主任会议	研究区九届人大常委会第三十七次会议相关事项；研究区九届人大常委会主任会议相关事项；交流当前重点工作；专题学习长征精神
6月24日	区九届人大常委会第114次主任会议	组织对区人大常委会任命的检察院干部述职评议；听取区人民政府关于宗教场所安全整治工作情况的报告
7月8日	区九届人大常委会第115次主任会议	传达区委书记办公会精神；研究区九届人大常委会主任会议相关事项；交流当前重点工作
7月22日	区九届人大常委会第116次主任会议	听取区人民政府关于2021年度政府民生实事项目推进情况的报告，并组织视察；研究重大事项
8月6日	区九届人大常委会第117次主任会议	传达区委书记办公会精神；研究区九届人大常委会第三十八次会议相关事项；研究区九届人大常委会主任会议相关事项；交流当前重点工作
8月23日	区九届人大常委会第118次主任会议	听取区人民政府关于长江堤防防洪能力提升工程工作情况的报告；听取自规分局关于国土空间分区规划编制情况的报告
9月6日	区九届人大常委会第119次主任会议	传达区委书记办公会主要精神；研究区九届人大常委会主任会议相关事项；部署换届选举相关工作，研究增开区人大常委会相关事项；各委办交流当前重点工作；专题学习百年大党的精神之源、省委人大换届选举工作精神
9月13日	区九届人大常委会第120次主任会议	研究换届选举相关事项；研究区九届人大常委会第三十九次会议相关事项；研究代表资格审查委员会建议名单
10月9日	区九届人大常委会第121次主任会议	传达区委书记办公会主要精神；研究区九届人大常委会第四十次会议相关事项；研究区九届人大常委会主任会议相关事项

续表 7

时间	名称	议题
10 月 20 日	区九届人大常委会第 122 次主任会议	视察公安分局基本基础建设和基层政治建设工作情况；专题学习中央人大工作会议精神
11 月 1 日	区九届人大常委会第 123 次主任会议	视察官塘创新社区建设情况
11 月 3 日	区九届人大常委会第 124 次主任会议	传达区委书记办公会主要精神；研究区九届人大常委会主任会议相关事项；交流当前重点工作；专题学习新形势下加强生态文明建设；研究电子会务系统相关事项
11 月 26 日	区九届人大常委会第 125 次主任会议	听取并审查区人民政府关于 2021 年预算执行情况和 2022 年预算（草案）的报告
12 月 7 日	区九届人大常委会第 126 次主任会议	研究九届人大常委会第四十一次、四十二次会议相关事项；研究区九届人大常委会主任会议相关事项；研究换届选举相关事项；交流当前重点工作
12 月 24 日	区九届人大常委会第 127 次主任会议	听取关于“全力推动润州全域旅游建设，促进经济高质量发展”重要建议办理情况的报告；听取关于“进一步提升社区治理体系和治理能力建设”重要建议办理情况的报告

润州区人民政府

栏目编校：孙　伟

区长、副区长工作分工

徐　燕：主持区政府全面工作，分管区审计局。

杨　坚：负责区政府常务工作，负责统计、国资监管、国企改革、政务服务管理、行政审批、政务公开、财政、税务、金融、应急管理、消防、机关事务管理等方面工作。

分管区政府办公室、财政局（国有资产监督管理办公室、区政府金融工作办公室）、行政审批局（政务服务管理办公室）、统计局、应急管理局、机关事务服务中心、润州区新农村发展实业有限公司、润州区土地房屋开发有限公司、润州区城市建设投资有限公司、润州区新城镇发展有限公司，协助分管区审计局。联系镇江市润州区税务局、区史志办、消防救援大队。

朱　明：负责发展和改革、粮食安全、对口支援、经济协作、商务、工业、信息化、民营经济、服务业经济、供电、能源、重大项目建设、外事、港澳事务、对台事务等方面工作。

分管区经济发展局、商务局、招商中心，协助分管区统计局。联系区工商联、侨联。

崔　超：负责科技、水利、农业农村、供销、扶贫、退役军人事务等方面工作，分管人民武装方面工作。

分管区科学技术局、水利局、农业农村局（乡村振兴局）、退役军人事务局、供销合作总社、工贸总公司。联系区总工会、科协、驻区部队。

景建国：负责司法、公安、信访等方面工作。主持公安润州分局全面工作。分管区司法局、信访局。

刘向华：负责人力资源、社会保障、民政、残疾人事业、社区建设、生态环境、文化、体育、旅游等方面工作。

分管区人力资源和社会保障局、民政局、文化体育和旅游局、水产养殖试验有限公司（原水产养殖场）、金黄实业有限责任公司（原黄山园艺场）、润州区茶叶良种场有限责任公司（原润州茶场）。联系润州生态环境局、残联、民族宗教事务局、慈善总会、区文联。

田　伟：负责住房和城乡建设、自然资源、城乡规划、城管等方面工作。

分管区住房和城乡建设局、城市管理局（城市管理综合行政执法局）。联系自然资源和规划润州分局。

孙　晶：负责教育、卫生健康、人口计划生育、医药卫生体制改革、市场监督管理、食品药品监督管理、知识产权、老龄事业、广播电视、妇女儿童等方面工作。

分管区教育局、卫生健康委员会、市场监督管理局（知识产权局）。联系团区委、妇联、红十字会、驻区学校、新闻中心。

蒋丰祥（挂职）：协助分管科技、人才、司法等方面工作。

刘　勇（挂职）：负责交通运输工作，协管经济工作，分管区交通运输局。

重要会议

【城市经济高质量发展大会】 2月24日，润州区召开城市经济高质量发展大会，以“新春第一会”贯彻镇江产业强市大会精神、推动产业强市“一号战略”在润州落地，表明区委区政府坚持发展第一要务、绘好城市经济“一张蓝图”的态度和决心。镇江市政协副主席、润州区委书记高国成出席会议并讲话，区委副书记、区长徐心田出席会议并对2021年城市经济发展工作做具体部署。

高国成指出，选择发展城市经济，是符合新发展理念、契合润州实际、顺应群众期盼的正确决定。历经一年破题、两年提升、三年起势，润州城市经济体系初步形成。全区上下以当前取得的成果为新的起点，坚定不移沿着城市经济发展既定路线，发扬钉钉子的精神，保持抓落实的定力，一以贯之推进伟大事业、接续奋斗实现宏伟蓝图。

高国成强调，迈入发展城市经济的第四个年头，全区上下正确看待形势变化，增强加快发展城市经济的定力；牢牢把握关键抓手，激发加快发展城市经济的动力；营造最优营商环境，凝聚加快发展城市经济的合力；持续提升作风效能，集聚加快发展城市经济的活力。

徐心田指出，近年来，广大企业不畏挑战、迎难奋进，作为经济活动的主要参与者、就业机会的主要提供者、技术进步的主要推动者，润州企业展现出极强的发展韧性、高度的社会担当、卓越的创新精神。润州区以更加紧迫的企业思维推进项目落地；以更加精准的企业视角实施产业升级；更加务实地围绕企业需求优化创新服务，坚持稳定可预期的政策环境、推出更加精准便捷的政务服务、构建更加公平透明的市场环境、提供更加贴心到位的企业服务，让“润州最滋润”成为广大在润企业最真实、最直接的感受。

区主要领导高国成、徐心田、范永放、胡如明为获得2020年度“服务城市经济高质量发展贡献奖”的企业和企业家颁奖。区委副书记、官塘创新社区管委会主任徐燕主持会议并宣读2020年度城市经济发展贡献奖表彰决定。区委常委、常务副区长陈秋明通报2020年度产业发展政策兑现情况。航天高新（镇江）创业投资管理有限公司、慧灵科技（江苏）有限公司、七里甸街道党工委、区商务局作交流发言。区委、区人大常委会、区政府、区政协全体领导，区法院院长、区检察院检察长；各街道党政主要负责人、分管负责人、经济发展和建设局负责人，官塘创新社区相关负责人；区各部委办局、各人民团体、各直属单位主要负责人，区人大常委会、区政协各委办室主要负责人；“润州最滋润”服务企业重点部门分管负责人；城市经济发展贡献奖获奖的优秀企业负责人、优秀企业家；辖区内重点企业和产业政策兑现企业负责人；2020年度“金山英才”“润州英才”入选者等参加会议。

【区政府组成人员全体（扩大）会议】 9月4日上午，润州区召开区政府组成人员全体（扩大）会议，专题研究部署招商引资工作。区委副书记、区长徐心田出席会议并作题为《抓好项目建设 招引龙头 创新汇聚双轮驱动的强大发展动力》的报告，区委常委、常务副区长陈秋明主持会议并提出具体要求，区政府党组全体成员在主席台就座。

徐心田指出，2021年润州区积极践行“争当表率、争做示范、走在前列”发展使命，对照“三高一争”奋斗目标，统筹抓好疫情防控和经济社会发展工作，经济运行有亮点、城市品质有提升、民生改善有实效、高效治理有保障，各项事业呈现出回暖向好的发展态势。推动产业持续转型升级，首先要从发展思维上谋求转变，坚持市场化思维、系统化思维、融合性思维、创新性思维，科学把握转型升级方向，找到引导促进的有效手段。

创新招商引资工作的方向已定、任务已明，重点把握好三个突破点：明确“双轮”主导、“八链”衔接的招商引资新路径；创新科学规范、务实高效的招商引资新机制；明确细化工作职责、切实提升专业能力、树立鲜明考核导向，建设专业精干、素质过硬的招商引资新队伍，形成“条块联动抓招商、全员出击引项目”的良好格局。

徐心田要求以项目建设为“支点”，打造高效便利的投资环境；以产业方向为“原点”，打造精准稳定的政策环境；以企业需求为“基点”，打造融合创新的发展环境；以信用体系为“焦点”，打造公平法治的市场环境；以优势资源为“亮点”，打造舒心安心的生活环境，为实施“双轮驱动”、筑造“四个主城”注入强大的发展动力。

陈秋明作会议小结，强调坚持结果导向，加强重点产业链研究，压实板块第一责任人责任，形成人人都是“招商员”的招商氛围，全力以赴抓项目招引；坚持问题导向，千方百计提升“难题”解决力度、加快项目建设速度、提高营商环境美誉度，全力以赴抓在手项目；坚持目标导向，突出重点，抓好关键经济指标、扎实有序推进年度重点工作、坚定不移确保社会安全稳定，全力以赴抓重点工作，着力推动润州经济的高质量发展。

七里甸街道、官塘桥街道、区经发局、区商务局分别围绕“更高质量建设好生产性服务业集聚区”“加快推进数字经济产业发展”“提升大项目建设工作水平”“提升招商引资专业化水平”进行交流发言。

2021 年润州区政府重要会议一览表

表 8

时间	名称	议题
2 月 1 日	第 44 次常务会议	审议城市本质安全大整治、大规范、大提升“三大行动”方案
2 月 24 日	城市经济高质量发展大会	表彰先进，部署全年城市经济发展工作
3 月 5 日	第 45 次常务会议	传达学习党史学习教育动员大会精神
4 月 2 日	第 46 次常务会议	听取安全生产工作情况汇报
4 月 30 日	第 47 次常务会议	传达学习《中华人民共和国退役军人保障法》、省政府安全生产工作会议精神
6 月 18 日	第 48 次常务会议	传达学习《中华人民共和国长江保护法》，研究行政权力事项委托街道行使等事项
6 月 18 日	第 49 次常务会议	学习贯彻相关讲话和文件精神，研究安全生产和自然灾害综合风险普查工作；研究行政权力事项委托街道行使相关事宜
7 月 22 日	第 50 次常务会议	审议《镇江市润州区国企改革三年行动实施方案》《润州区党政机关公务用车管理办法》等事项
8 月 31 日	第 51 次常务会议	审议《润州区创建安全发展示范城市工作任务清单》等事项
9 月 4 日	润州区政府组成人员全体（扩大）会议	主题为“抓好项目建设招引龙头　创新汇聚双轮驱动的强大发展动力”
10 月 15 日	第 52 次常务会议	审议《润州区全域旅游发展规划》等事项
11 月 20 日	第 53 次常务会议	传达学习中共十九届六中全会精神
12 月 15 日	第 54 次常务会议	审议《省第二十安全生产巡查组反馈意见整改方案》等事宜

综合服务和协调工作

【区政府办公室工作】 2021 年，区政府办公室围绕中心、服务大局，较好地完成了年度工作目标和领导交办的各项任务，为“现代化一流主城区建设”做出应有的贡献。

【政务运行】 全力保障经济运行。牵头完成润州区城市经济高质量发展大会、“润州请您来赏秋”系列消费券发布、2021“和润之州 镇等你来”深圳专场招商推介会等重大活动的筹备工作。协助区领导联系走访企业 56 家，解决企业实际问题 63 个，深入推动构建亲清政商关系。抓严抓实疫情防控。全力协助区委区政府高效研究部署疫情防控工作，有力应对处置润州区境外输入和关联病例精准防控，牵头协调 614 名南京、扬州涉疫重点人员在镇江集中隔离医学观察，积极组织 8 批次 1051 名涉外人员接驳转运，统筹负责 12907 条涉疫数据流转核查，助推疫情防控更加科学有效。持续强化政务保障。有序做好重要会议服务保障，召开区政府常务会议 12 次、区长办公会议 12 次、各类专题会议 102 次。加强公文审核把关，接收、流转各类文件 4043 件，手工登记、传阅办理涉密文件 543 件，审核、制发各类公文 181 件。持续提升“精文减会”工作实效，进行发文前置审查 62 件，实现政府系统办文、办会“只减不增”。

【信息反馈】 服务科学决策。围绕经济运行、城市建设、民生发展等重点工作，深入调查研究，编辑报送政务信息 170 余篇，其中，被国务院办公厅录用 7 篇、被省政府办录用 26 篇，《基层快速调查显示当前高校推进“双创”工作仍面临多方面问题》等 3 篇政务信息获国务院领导批示。全面排查梳理基层突出瓶颈问题，提出建设性意见建议，撰写专题调研报告 17 篇、理论交流文章 28 篇，为区政府决策提供有力参考。深化政务公开。加大信息公开力度，政府网站主动公开信息 290 条，受理答复依申请公开 9 件，实现政府信息依申请公开“零诉讼”。加大政策解读力度，坚持政策发布与解读同步进行，协调召开 2021 年度民生实事项目发布、优化营商环境政策推介等新闻发布会 6 场，进一步提升政策知晓率。畅通诉求渠道。畅通来信来访渠道，积极协助区领导办理信访事项，接收、办理人民来信 113 件，协调、处置上级交办信访函件 24 件。畅通网上诉求渠道，通过“阳光信访”平台经办信访件 61 件，收到“书记、区长信箱”来信 70 件，均按要求及时受理、按期回复。

【督查推进】 全力推进百项重点任务。充分履行区政府办督查职能，对区政府工作报告确定的事项进行分解，明确 2021 年度区政府百项重点工作，定期跟踪督办，推动各项工作有效落地落细。扎实推进民生实事项目。对区九届五次人大票选出的 10 项民生实事，实行目标责任制管理，完善问题协调解决机制，定期开展现场督查，确保项目按期推进，教育基础设施提升工程、社会养老服务提升工程等 4 项实事顺利完成，剩余 6 项实事按序时推进。有序推进建议提案办理。采取重点建议提案区领导督办等方式，加大建议提案办理力度，办理市、区两级人大代表建议、政协委员提案 212 件，办复率和满意率、基本满意率均达 100%，一大批群众反映强烈、代表委员高度关注的难点、热点问题得到解决。

【机关作风】 扎实开展机关党建工作。深入开展党史学习教育和“两在两同”建新功行动，严格落实集体学习、“三会一课”、谈心谈话等制度，到初心主题园开展“五个红色”主题党日活动，充分发挥基层党组织的战斗堡垒作用。稳步推进党风廉政建设。始终将政治建设摆在首位，严格落实全面从严治党主体责任和“一岗双责”责任制。坚持民主集中制，坚持重大事项集体决策，召开区政府办公室党组会议、主任办公会议集体研讨 16 次。强化办公室作风效能建设，严格落实“二级带班”和 24 小时值班值守制度，严格遵守保密规定，完成值班室和办公室机要保密部位改造，确保各项规定任务执行到位。持续提升干部队伍素质。积极参加区委、区政府和各部门组织的各类培训学习，持续加强办公室干部队伍的政治理论水平，提升业务能力素质，进一步增强干部队伍整体素质。

（赵映杰）

信 访

【概况】 2021 年，全区信访系统以“中国共产党成立 100 周年”安保稳定为重心、“集中治理重复信访、化解信访积案”专项行动为主线，持续深化“越级进京登记访”“城乡建设领域”两项整治，全力盯考核、化积案、保稳定、压责任，全年全区信访形势整体平稳可控。

【信访工作责任制】 高位推进重点部署。2021 年召开信访动员部署会 2 场；召开“重复信访治理”等重点工作推进会 8 场；区委常委会专题听取信访工作汇报 2 场；区政府常务会议研究信访重点工作 3 场、专项信访工作会议 3 场、工作推进会 6 场。严格落实领导接访。区党政领导接待来访群众 466 人次，会商会办 52 场次。督查督办压实责任。将信访工作考核纳入全年高质量发展考核体系，建立信访事项督查考评问责制度。发出信访风险警示函 21 封、信访工作提醒函 12 封，推动矛盾摸排、复查复核责任到人、履责见效。

【化解重点问题矛盾】 重点信访问题妥善处置。妥善化解 5 件群体性问题；有效处置 3 件信访问题。重点信访人员分类施策。以信访诉求合理性研究分类施策工作方案，制定化解重点信访人员工作措施。聚力化解遗留存量积案。紧盯重点安保任务，提早进入状态、提前谋篇布局，全力推进化解润州区征地拆迁遗留的存量积案。

【优化升级人民满意窗口】 连续3年投入70万元对区级人民来访接待中心进行改造升级，满意窗口建设全面达标，通过省级评定。重点推进辖区七里甸街道“人民满意窗口”创建省级达标工作。落实“江苏阳光智慧信访”建设工程，设立区级网上信访事项办理机构，全年组织网上信访办理业务培训4场。配齐区级24个信访联席会议成员单位与7个属地街道的终端设备与专职人员，有序运用领导信箱、网上投诉、微信公众号等渠道受理办理各类群众信访事项。2021年，润州“阳光信访平台”实现标准化验证100%、及时受理率100%、按时办结率100%、群众满意率93%、一次性化解率85.71%，整体成绩位居全市前列。（徐晓东）

应急管理

【概况】 2021年，局党委坚持以习近平新时代中国特色社会主义思想为指引，紧紧围绕安全生产“基本盘、基本面”和“两个坚持、三个转变”新时期防灾减灾理念，统筹抓好经济发展与安全生产，从源上防范化解重大安全风险，真正把问题解决在萌芽之时、成灾之前。2021年，全区发生1起生产安全事故（建筑施工），死亡1人，工矿商贸行业领域生产安全事故零发生，总体安全形势平稳可控。

【安全生产责任落实工作】 严格落实党政领导责任。区委、区政府召开2次区委常委会会议、3次政府常务会议，传达学习习近平总书记关于安全生产的重要指示批示精神，专题研究部署安全生产工作，及时安排部署，层层压实责任。强化落实部门监管责任。按照“三管三必须”要求，细化各行业主管部门权责清单。局党委与相关部门联合组织开展综合性督查检查8次。全面落实企业主体责任。持续推进安全生产标准化建设，督促企业全员落实主体责任，全部完成辖区606家企业风险报告工作，位居市区第一、全市第三。严格安全生产监管执法。开展“双随机、一公开”执法检查43家次，完成年度任务27件，落实事前处罚金额17.54万元，执法率位居全市第二。

【突出问题整改工作】 突出抓好专项整治。深化“三年大灶”工作任务清单、落实国务院安委会指导任务清单，排查各类隐患问题2389个，整改2371个，整改率达99.2%。全面推进巡查整改。各级交办的107条问题隐患有102条完成整改，余下的明确责任单位和整改时限。安全生产问题处置平台常态运行，全区录入有效数据2364条，办结2336条，办结率98.8%。抓实危化品使用专项治理。完成所有危化品使用单位“一企一档”“两表一单”和“一图一表”，全区1115家危化品使用单位全部录入。

【安全发展统筹创建工作】 有序推动示范城市创建工作。印发《润州区安全发展示范城市创建任务清单》，按序时推进、分步落实。持续推进润州区全国第一次自然灾害综合风险普查，基本完成公共服务设施九大承灾体的清查、核实、普查工作。及时做好台风“烟花”防范，确保安全度汛，发放救灾资金20余万元。扎实开展安全宣传“五进”工作。开展安全宣传“进企业”66场、“进农村”2场、“进社区”36场、“进学校”15所、“进家庭”150余场，覆盖千家万户。深入开展“百团进百万企业千万员工”活动，宣讲105场，覆盖企业700余家，员工2万余人。（柳　林）

机关事务服务中心工作

【概况】 2021年，润州区机关事务服务中心在发挥机关事务的职能作用上发力，在高效管理上用力，在高质量服务上出力，推动学习型、服务型、法制型、效能型、绿色型“五型”机关事务创建，奋力推动机关事务工作，取得一定进展。

【后勤队伍建设】 抓党建，奠定学习型机关事务新格局。服务中心紧盯新形势、新任务和新要求，充分发挥“党建+机关事务”功能。围绕“十九届六中全会精神”“中国共产党成立100周年”等4个主题，通过“自主学+集中学”“线上学+线下学”“党课学+沉浸学”等形式组织线下专题学习8次、线上微党课学习12次。组织党员职工深入开展“‘两在两同’建新功”和“我为群众办实事”等主题实践活动6次。心贴心交流，解决“一层纸”问题：结对帮扶有患精神疾病的未成年人或有在读高中生的困难户家庭；送服务上门，解决“一厘米”问题：为“三结三定”社区更换节能路灯、排除水电安全隐患、清除四害、义务维修家电；急群众所急，解决每个“一公斤”问题：开展消费协作帮扶进机关活动，认购湖北秭归、陕西渭南和镇江市经济薄弱村农产品。2021年在江苏省机关事务管理局和镇江市机关事务管理局网络平台发文9篇，在“润州发布”“润州先锋”等区级平台发文6篇。严防守，筑牢法治型机关事务“防火墙”。中心领导班子多次组织召开专题会议，逐个审议各科室规章制度，针对区审计局对法人代表任期内经济责任审计发现的问题，重点细化公务用车等方面的规范管理，修订并完善《润州区机关单位公务用车车辆安全管理办法》《车辆费用管理制度》等12项制度，新制定《润州区机关事务服务中心工程流程规范》等3项制度，根据实际情况废止1项内部修理和配件仓库制度。

【机关事务管理】 有序推进办公用房管理。摸清底数，做好办公用房数据上报登记。全区72家党政机关办公用房数据全部录入信息系统。落实“回头看”，对全区党政机关办公用房进行巡检、抽查。抽取区交通局、区教育局、区民政局和润州区各街道等12家单位的区管干部办公室进行“回头看”实地检查，涉及人员116人，全部符合办公用房使用标准。严格按流程做好办公用房改造出新工程。经过部门申请、领导同意、中心落实，退役军人之家改造出新、区委巡察组办公用房出新、区政府保密室值班室出新等项目交付，完成办公楼落水管维修、外墙修补出新、楼顶防水、卫生间改造等工程。全面强化公务用车管理。落实“管理平台化、平台信息化、车辆标识化”。完善车辆管理系统、汽配财富管家系统；认真执行市规范车辆采购和公务出行车辆租赁制度，淘汰报废1台使用年限到期的车辆，并购置1台新能源汽车。完成镇江市机关事务管理局公务用车管理处布置的“公务用车统计报告数据报送系统”的构建和填报。为企事业单位保留车辆与市电信签订北斗服务协议，保证2022年上平台管理。开展安全驾驶教育14次。在驾驶员严重不足的情况下，想方设法、加班加点保障公务用车，全年调度车辆3500台次，安全行驶30万千米，联合纪委对7个单位开展公务用车专项检查，重点检查对公车私用、油料管理、维修保养管理等情况，未发现违规现象。同时，为进一步规范公务车辆维修和管理，自2022年1月1日起停止车辆管理科的内部修理和配件仓库业务。深化节能管理工作。认真贯彻落实“过紧日子”的要求，着力推进节约型机关建设。发挥好2家省级节能示范单位、13家党政机关公共机构节能示范单位的引领作用，服务中心组织开展节能宣传活动2次，设置临时宣传台2次、摆放展板12块、分发节能手册800份、发放宣传品100套，覆盖1300余人次。区政府食堂设置备菜补充、制度上墙等机制，在中秋、国庆假期前后两次开展润州区街道食堂反对餐饮浪费的专项督查，未发现违规现象。大力推进光伏发电项目。润州区人民政府于10月15日在镇江市低碳会议上和江苏省新能源股份开发有限公司签订战略性协议，完成可行性研究报告编制、审核、批准等前期工作，完成对区政府机关大院的测绘设计工作。

【机关后勤保障】 以“四道防线”守好机关大院疫情防控关口。服务中心配备口罩4000只，免洗酒精消毒液60瓶、碘伏洗手液40瓶、一次性手套400副、消毒液40千克。张贴并分发300余份倡议书、利用电子屏和线上社群做好防疫意识工作；加强公务用车调度和每日消毒、入门测温登记；加强食堂、会务、安保和驾驶人员的健康管理；组织党员志愿者140余人次，参与牌湾社区疫情防控值守工作、和平路街道全民核酸检测志愿者工作、新金江社区核酸检测志愿者工作。保障服务扎实开展。通过日常一周两次、用电高峰期一天两次的实地巡查，发现问题及安全隐患12个。全年组织全体职工参与安全生产培训12次，接听报修和求助电话385起，问题解决满意率达100%，完成310次日常维修，完成网络电话维修81次。在物价居高不下、资金有限的情况下，食堂保质保量供应约75600人次就餐。食堂安装自动化体温测量仪，采购1台食品净化机。同时制作100份征求意见表，于用餐时间向干部职工散发，就餐满意率达85%，搜集到46条补充建议。落实会前需求沟通、细致完成物资准备；会中微笑服务，保持高效机智的应变能力、执行严格的保密制度；会后整理检查，及时维护会议场所设备。2021年完成区委、区政府的会议服务工作1500余项，参会人数约68000人次。抓好机关大院平安创建工作。定人定岗定责，切实做好办公区域的24小时巡查工作，确保消防设施齐全、工作状态正常、安全疏散通道畅通。积极配合信访局工作，接待群众全体上访100余起，其中50人以上的10起，来访人员10000余人次。为了提高安保人员的专业技能，服务中心邀请消防专业人员进行安全生产防火讲座2次，邀请保安公司专业教官进行系统培训2次，组织内部业务培训12次。 （朱　颖）

政协润州区委员会

栏目编校：蒋厚军

政协润州区第七届委员会主席、副主席、秘书长分工

胡如明主席： 主持区政协全面工作，分管办公室。

易丽娟副主席： 分管社事委（教育、卫生、文化、体育、社会保障、港澳台侨、民族宗教、外事、城乡建设、人口资源环境、政法、安全生产、工会、共青团、妇联等）工作和协商议事工作。

匡淑平副主席： 暂未分工，以区财政局工作为主。

徐文军副主席： 分管党建、理论研究会和历史文化研究会工作，分管提案委、学习和文史委，联系各民主党派、工商联和无党派人士。

黄昕副主席： 分管经科委（经济、科技、农业和农村）工作和诗词协会工作。

蒋阿喜秘书长： 负责区政协日常工作的协调安排，协助主席分管办公室。

政协润州区第七届委员会常务委员会名单

主　席：胡如明

副主席：易丽娟　匡淑平　徐文军　黄　昕

秘书长：蒋阿喜

常务委员（按姓氏笔画排序）：

王　慧　王文君　王忠九　邓　燕　朱　莉　华晨明　刘　旭　刘兆梅　江蓓芬
杜本军　李　忠　杨恒网　步建坤　邹　明　邹　波　张　蕾　陈　星　陈晓宏
邵建栋　邵维斌　郭海燕　唐明乐　唐顺明　葛运广　蒋彩英　曾晓亚

综　述

【概况】 2021年，区政协在区委的坚强领导下，在区人大、区政府的支持配合下，以全面加强政协系统党的建设为根本，在建言资政和凝聚共识上双向发力，紧紧围绕实施“双轮驱动”、筑造“四个主城”的宏伟目标，充分发挥专门协商机构作用，在开拓中履职、在履职中创新、在创新中发展，为奋力建设现代化一流主城区贡献政协智慧和力量。

【坚持党建引领】 坚持以政治建设统领政协党的各项建设，严格执行请示报告制度，重大事项及时报告、年度工作向区委常委

区政协专题视察官塘创新社区建设

（区新闻中心 摄）

会专题报告、重要建言专项报告，确保政协始终在党的领导下开展工作。强化理论武装。按照“学懂、弄通、做实”的要求，扎实开展党史学习教育活动，做到学史明理、学史增信、学史崇德、学史力行，以党史筑牢信仰之基。深入学习习近平新时代中国特色社会主义思想，深刻领会习近平总书记视察江苏重要讲话精神，专题学习中共十九大及十九届历次全会精神、习近平总书记在庆祝中国共产党成立100周年大会上的重要讲话精神，不断增强“四个意识”，坚定“四个自信”，捍卫“两个确立”，践行“两个维护”。完善组织体系。全力打造“一专委会一党支部、政协党组成员联系党员委员、党员委员联系非党委员”的组织体系，成立区政协委员联合党总支，在专委会成立4个党支部，在界别活动小组成立8个党小组，在各协商议事室成立“有事好商量行动支部”，实现政协系统党组织建设全覆盖，形成抓党建、强队伍、促履职的良好局面。擦亮党建品牌。深入开展“三走进三服务”系列活动，组织全体政协委员和机关干部走访委员企业19家，搜集7大类43条意见建议，交由相关职能部门协调解决；走访村（社区）16个、走访居民330余户，采集原始信息200余条，整理合并为63条予以交办、落实。积极参加疫情防控工作，下沉社区值班巡夜、全员核酸检测应急演练、“敲门行动”等，并向挂钩社区捐赠防疫物资，齐心协力织牢织密疫情防护网。全面从严治党。牢固树立“抓好党风廉政建设是本职、不抓党风廉政建设是失职、抓不好党风廉政建设是渎职”的理念，“严”字当头，“实”字贯穿。制定履行从严治党主体责任清单，建立任务台账，确保党风廉政建设主体责任落实落细。严格落实党风廉政建设“一岗双责”，要求党组成员及班子成员各负其责，齐抓共管。利用政协常委会、政协主席会、界别委员座谈会、委员视察现场会、专题民主生活会等时机，加强对政协党员干部和广大政协委员的教育提醒。

【围绕中心履职】 把握人民政协作为协商民主重要渠道和专门协商机构的使命要求，做到区委工作部署到哪里，协商工作就跟进到哪里，始终与区委中心工作同频共振、同向发力。建言资政精准务实。聚焦“打造数字经济发展引领区”“推进官塘创新社区建设”“深化行政审批制度改革”“推动高新技术企业发展”等议题，深入开展调研视察、专

区领导督办重点提案 （区新闻中心 摄）

区政协专题视察非物质文化遗产保护和传承工作

（区新闻中心　摄）

题协商，用发展的思维、政协的视角助力城市经济提档、现代产业集群构建和营商环境优化。围绕“宜居宜业宜游的现代化一流主城区”“加强群众体育管理，提升全民健康水平”，就推进健康润州事业发展、标准化居家养老服务中心建设、非物质文化遗产传承等进行调研视察，形成一批契合润州实际、富有操作性的协商成果、调研报告和意见建议。提案办理高质高效。严把提案质量源头关，公开征集提案线索，明确选题重点，强化立案审查。2021年经审查立案、交区政府办理的94件提案全部按期办理完毕，办复率100%、委员满意率100%。所提问题解决的有73件，列入计划逐步解决的有21件。8件重点提案，由区领导牵头领办、区政协班子成员协办，通过“提案督办，协商办理”“提案办理回头看”等形式，得到高质高效办理。协商议事成效显著。全区7个街道建成85家“有事好商量”协商议事室，实现区、街道、村（社区）三级建设运行的全覆盖，并在“委员之家”建设的基础上实现内涵升级，按照“1+2+N”的建设思路，与市政协在西津渡共建全省第一家开放式协商议事联盟，高标准打造宝塔路街道城际商圈协商议事中心、万科社区嵌入式协商议事室，组织开展协商议事活动128场次，有760人次的政协委员、2100人次的议事代表参加，提出意见建议346条，推动企业和群众关心的近40个热点问题得到有效解决。西津渡开放式协商议事联盟被提名为全省政协系统创新案例，建成后接待省内外领导参观、视察近30批次。

【广泛凝聚共识】 把握大团结大联合主题，重视发挥政协联系广泛的优势，将凝聚共识融入履职全过程，寻求最大公约数，画好最美同心圆。抓宣传教育促思想引领。召开党组理论学习中心组扩大会议，学习贯彻习近平总书记在庆祝中国共产党成立100周年大会上的重要讲话精神，特邀市委统战部副部长黄宝红上专题党课。深入开展学党史活动，邀请市委党校副校长孙文平为政协委员作中国共产党党史学习教育专题辅导。邀请市政协学文委主任、作协主席蔡永祥作党史与诗词专题讲座，以诗词的角度讲解党的光辉历史。组织政协委员专题调研韦岗初心主题园，引导各党派团体、各族各界人士深刻把握党的创新理论的时代精神、核心要义，不断提升政治站位和实践本领。抓联络联谊促能力提

润州区“政协书屋”揭牌启用

（区新闻中心　摄）

升。加强与社会各界的联络联系，及时了解统一战线思想动态，通过“七一”宣讲、委员培训、界别活动等准确传达党委政府的政策和声音。强化与党外人士、非公有制经济人士、新的社会阶层人士、民族宗教界人士的交流交往，组织政协委员中的党外人士参加政协的各种视察、调研、协商、评议工作。密切与兄弟市区政协的交流，全年先后接待省内外政协考察组16批次，组织到南通市、嘉兴市等地学习考察4批次。抓阵地建设促舆论引导。加强政协各类活动、会议的组织和管理，加强对政协新闻宣传、文史刊物、社情民意信息的审查把关，完善区政协微信公众号、QQ群、微信群、《润州政协》期刊的管理运用，牢牢把握意识形态的领导权、管理权和话语权。立足文史资料存史、资政、团结、育人作用，组织开展《梦回西津》舞台情景剧群众文艺汇演，组织视察润州非遗文化传承阵地建设情况，积极推进润州非遗传承保护，建设“政协书屋”，深入挖掘与发扬润州文化，编写《委员风采录》，宣传优秀委员履职事迹。

【加强自身建设】 按照“政治过硬、服务过硬、作风过硬、本领过硬”的要求，不断加强政协机关和委员队伍建设。加强委员日常管理。建立健全履职档案，优化完善履职系统，将委员参加调研视察、提交提案、报送社情民意信息等情况，作为评先评优的重要依据。举办委员培训班，邀请省政协领导就如何当好政协委员进行专题辅导，定期邀请区政府有关部门到政协通报工作，邀请分管区长参与各类视察活动以带动委员履职积极性，注重发挥委员主体作用，让委员当好主力、唱好主角。提升专委会工作能力。健全专委会对口联系政府部门和服务各界别委员工作机制，注重沟通交流，增进互信配合，形成工作合力。按照“八个必须坚持”指导原则，推动专委会工作创新发展，通过调研报告、建议案等综合反映调研成果，建言的“靶向性”和资政的“含金量”得到进一步提高。提高机关服务效能。积极完善政协机关内部管理各项制度，规范办文、办会、办事程序。加快智慧政协建设，加强与省、市政协工作对接，全力打造润州政协综合业务平台并投入使用。拓宽宣传渠道，开设宣传专栏，在《镇江日报》、“学习强国”、省市政协微信公众号等市级以上媒体平台刊发新闻报道42篇，提升润州政协的影响力。 （潘圣博）

重要建议

【加强群众体育管理　推动国民体质提升】 发展体育运动，增强人民体质，是我国体育工作的根本方针和任务。为加快建设更高水平全民健身公共服务体系，努力推动群众体育高质量发展，全力打造“全民幸福”新润州，提出6个方面的建议：强化对群众体育工作的领导和服务。加快构建大群体工作格局、打造群众体育团队品牌、强化社会体育指导员队伍的建设和培养、建立完善的群众体育信息管理服务平台。规范对群众体育场地的建设和使用。加大规划引领、切实重视体育设施改造提升、充分发挥公共体育场馆作用、有序推进校园体育场地向社会开放。丰富群众体育活动。打造体育赛事品牌、广泛开展全民健身体育活动、扩大体育消费需求、加强体育安全管理工作。加大对群众体育工作的投入。加大政府投入、积极争取体彩公益金区级分成、吸引社会投入。推动全民健身工作融合发展。体育和文化旅游融合、体育和教育融合、体育和医疗养老融合。培育引导体育健康产业。培育和推动体育龙头企业加快发展、积极落实发展体育产业促进体育消费有关政策、因地制宜发展特色产业项目。

【打造润州“数字经济引领区”】 中共中央、国务院高度重视发展数字经济，将其上升为国家战略，数字经济成为推动高质量发展的新引擎。新发展格局下，润州抢抓数字经济发展战略机遇，通过激活数据新要素、培育发展新动能、推动城市新治理、创新发展新机制等举措，加快推动数字产业化、产业数字化和城市治理数字化，以数字经济创新发展助力城市经济新跨越，努力把润州建设成为全市“数字经济引领区”。提出4点建议：推进数字产业化招引培育，夯实数字经济发展基础。扬优势，做强数字经济核心先导产业；补短板，打造数字经济健康生态体系；抓梯队，加大数字经济产业培育力度。推进产业数字化升级改造，加速传统业态深度融合。赋能生产性服务业、赋能生活性服务业、赋能数字化服务业。推进产业园区数字化集聚，打造官塘板块数字高地。更大力度推进体制机制创新、更快速度推动重大项目落地、更高水平深化区域创新合作、更优举措完善投资发展环境。推进政府治理数字化转型，提升社会民生服务水平。推动政务服务数字化转型、推动公共服务数字化转型、推动社会治理数字化转型。

2021 年区政协常委会议议题一览表

表 9

届次	时间	议题	承办人	
			政协部门	党政部门
六届十七次	3 月	1. 听取区纪委、监委 2020 年工作情况通报 2. 审议通过《润州区政协 2021 年工作要点》及 2021 年重点工作安排	办公室	
六届十八次	6 月	讨论并通过《关于加强群众体育管理，提升全民健康水平的建议案》	社事委	区文体旅局
六届十九次	9 月	讨论并通过《关于打造数字经济发展高地，助推全区高质量发展的建议案》	经科委	区商务局
六届二十次	12 月	研究召开区政协七届一次会议有关事项： 1. 审议区政协常委会工作报告和提案工作情况报告 2. 审议召开会议的其他有关事项	办公室 提案委	

（区政协办）

2021 年区政协主席会议议题一览表

表 10

届次	时间	议题	承办人	
			政协部门	党政部门
六届四十五次	2 月	1. 讨论《润州区政协 2021 年工作要点》及 2021 年重点工作安排 2. 讨论六届五次会议提案立案及确定重点提案工作	办公室 提案委	
六届四十六次	4 月	视察非遗文化传承阵地建设情况	学文委 社事委	区文体旅局
六届四十七次	5 月	视察“有事好商量”协商议事室标准化建设	经科委	各联络委
六届四十八次	6 月	视察标准化居家养老服务中心建设	社事委	区民政局
六届四十九次	7 月	听取区政府上半年经济运行情况通报	经科委	区政府办
六届五十次	8 月	视察推进润州区高新技术企业发展情况	经科委	区科技局
六届五十一次	10 月	听取并评议区政府提案办理情况通报	提案委	区政府办
六届五十二次	10 月	视察推进官塘创新社区建设	经科委	官塘创新社区
六届五十三次	11 月	视察长江堤防防洪能力提升工程	社事委	区水利局
六届五十四次	12 月	讨论召开区政协七届一次会议有关事项	办公室 提案委	

2021年区政协重要活动一览表

表11

时间	活动内容	承办部门	参加对象
1月	召开区政协六届五次会议	大会筹备处	全体政协委员
	《梦回西津》舞台情境剧群众文艺汇演	学文委	主、承办单位领导
2月	做好春节前慰问工作	办公室	区政协领导
3月	召开提案交办工作会议	提案委	提案承办单位
	召开各界别组、基层联络委负责人会议	办公室	界别组组长 街道政协联络委主任
4月	中共十九届五中全会精神辅导	办公室	全体政协委员
	视察智慧电梯监管服务平台运行情况	社事委	区市场监督管理局
5月	开展提案督办活动	提案委	提案承办单位
	到外地学习考察数字经济发展情况	经科委	区商务局等
6月	开展提案督办活动	提案委	提案承办单位
	开展庆祝中国共产党成立100周年系列活动	机关党总支 机关各委办	各界别活动组
7月	提案办理协商现场会	提案委	提案承办单位
	视察基础卫生建设情况	社事委	区卫健委
8月	提案办理协商现场会	提案委	提案承办单位
	开展“提案督办，协商办理”活动		
	视察检察工作	社事委	区检察院
9月	提案办理协商现场会	提案委	提案承办单位
	开展“提案办理回头看”活动		区城管局、区住建局
	到外地学习如何提高提案办理协商工作质量		提案委委员等
10月	组织提案委员开展“民主监督专项评议”活动，评议有关提案，特别是重点提案落实情况	提案委	区教育局
	视察行政审批工作	经科委	区行政审批局
11月	组织提案委员开展“民主监督专项评议”活动，评议有关提案，特别是重点提案落实情况	提案委	区经济发展局
12月	筹备召开区政协七届一次会议	各委办	大会筹备处
全年	推进“有事好商量”协商议事室标准化建设	经科委	各基层联络委等
	推进“书香政协”建设	办公室	

（区政协办）

中共润州区纪律检查委员会
润州区监察委员会

栏目编校：孙　伟

润州区纪委常委、委员名单
润州区监委委员名单

纪委常委：

杨　坚　　陆振兴　　孙建民　　马少俊　　吴　莹（女）

纪委委员：

杨　坚　　陆振兴　　孙建民　　马少俊　　吴　莹（女）　　许传亮

徐文军　　史润忠　　马　力　　杨海峰　　郑永明　　谢竞美（女）

顾　宁

监委委员：

杨　坚　　陆振兴　　孙建民　　马少俊　　许传亮

综　述

【概况】　2021年，润州区纪检监察组织紧紧围绕中心大局，充分发挥监督保障执行、促进完善发展作用，持之以恒正风肃纪反腐，党风廉政建设和反腐败工作持续巩固深化，全区全面从严治党群众满意度得分95.37，保持全市前列。

为民执纪持续深入。坚持以民心所向为工作导向，立足职能职责解决群众“急难愁盼”问题，全年查处群众身边腐败和作风问题9起16人，给予党纪政务处分14人，通报曝光1批2起2人。小切口开展群众反映强烈的突出问题进行专项整治，聚焦公共停车收费管理领域，集中查纠利用公共停车资源谋私贪腐问题，发现并督促整改问题30个；聚焦村（社区）集体资产租赁交易领域，监督和推动属地追回欠缴租金454.3万元；聚焦养老惠民资金领域，发现死亡未及时核减尊老金问题，并及时督促相关单位追回资金17.4万元；聚焦农村土地承包经营权流转领域，监督农村产权交易平台运行情况，发现未规范上传项目交易合同 83 个并及时督促整改。坚持把扫黑除恶同反腐败斗争和基层“拍蝇”相结合，查处涉黑涉恶腐败案件 2 件，有力维护社会公平正义和安全稳定。

作风建设常抓不懈。持之以恒落实中央八项规定及其实施细则精神，紧盯“津补贴”“收节礼”“车轮上的腐败”等典型问题，开展厉行节约，反对餐饮浪费、违规吃喝、公款购买商业预付卡、公车违规使用等问题的专项监督检查，查处违反中央八项规定精神问题 10 起 14 人，给予党纪政务处分 14 人，通报曝光 6 批 8 起 12 人。坚决整治形式主义、官僚主义，深化治理贯彻党中央决策部署只表态不落实、维护群众利益不担当不作为、困扰基层的形式主义等突出问题，查处形式主义、官僚主义问题 2 起 6 人，给予党纪政务处分 6 人，通报曝光 1 批 1 起 4 人。坚持纠“四风”与树新风并举，结合党史学习教育，大力弘扬党的光荣传统和优良作风，以好的作风振奋精神、激励斗志、树立形象。

“三不”一体纵深推进。把稳“严”的主基调，推动惩治震慑、制度约束、提高觉悟一体发力，不断提高腐败治理效能。强化“不敢腐”的震慑。坚持无禁区、全覆盖、零容忍，坚持重遏制、强高压、长震慑，接收群众信访举报 113 件次，处置问题线索 141 件次，立案 83 件（留置 11 人），比上年增长 20.3%，给予党纪政务处分 35 人，移送检察机关 8 人，挽回经济损失 917.31 万元。扎紧“不能腐”的笼子。坚持一案一总结，针对公车管理、办公用房建设、社会组织监管等问题，全年制发纪检监察建议 10 份，推动相关单位完善制度机制 50 多项。涵养“不想腐”的自觉。协助区委召开领导干部警示教育大会，摄制警示教育片《拆迁背后的硕鼠》；举办廉洁文化美术书法作品展，指导街道因地制宜打造廉洁文化阵地 10 余处、开展廉洁文化活动 30 余场，在全区形成崇廉尚廉浓厚氛围。（吴　超）

【政治监督】　2021 年，润州区纪检监察组织自觉承担“两个维护”的特殊使命和重大责任，聚焦“国之大者”强化政治监督，做到思想上、政治上、行动上坚定坚决。聚焦中央和省市区委决策部署强化监督保障，系统推进常态化疫情防控、优化营商环境、长江流域禁捕退捕、农村乱占耕地建房等专项监督 10 项，查处不担当、不作为、不负责问题 2 起 6 人，做到中央有决策、党委有部署、纪委有行动。协助区委制定“两个责任”清单、《润州区 2020 年度政治生态监测评估反馈问题整改方案》，不断夯实管党治党政治责任。坚持严管与厚爱相结合，精准运用“四种形态”处理 128 人次，其中，第一、二种形态占比 85.2%；对 2 名干部实施容错纠错，为 2 名干部、1 个党组织澄清正名。加强换届风气监督，严把选人用人政治关、廉洁关，实施党风廉政意见回复 60 批 1415 人次，对 13 人提出暂缓或不予进一步使用意见。（吴　超）

【党史学习教育】　2021 年，润州区纪委监委坚持将学习党史与推进纪检监察工作紧密结合，从严从实落实党史学习教育各项目标任务。坚持原汁原味学。紧扣《中国共产党简史》等必读书目，开展委领导班子成员专题学习 12 次，组织领导干部专题党课 15 次，党支部设置每周“微专题”学习日，确保教育活动时间、人员、内容、效果“四落实”。坚持结合实际学。依托“润廉讲堂”平台，围绕党史、业务“双提升”，开展专题讲座 6 次，组织参观镇江地方史馆等现场教学 2 次；开展“学党史筑牢初心，学业务勇担使命”专题学习轮训，分 3 批组织 52 名村（社区）纪检干部在委机关、派驻机构、街道纪工委跟班学习，有效提高村（社区）纪检干部业务水平。坚持联系群众学。“润廉清风”志愿服务队深入基层一线，落实“我为群众办实事”活动，乡科级以上领导干部领办解决群众“微心愿”27 个，覆盖住房、出行、教育、环保、文化娱乐等方面，有力提升群众的幸福感、获得感。（吴　超）

巡察工作

【概况】　2021 年，润州区委巡察机构开展对 4 家单位巡察“回头看”和 7 家单位常规巡察，完成八届区委巡察全覆盖收官工作，并启动九届区委第一轮巡察。通过巡察，发现各类问题 161 个，向区委提交专题报告 1 份，移交信访件 1 件，移交问题线索 1 件。对标市委巡察整改专项督查工作标准，对 4 家党组织巡察整改落实情况进行督查，研判评估整改落实情况，并在全区通报。接受市第一巡察指导督导组对润州区巡察工作的指导、调研、督导，收到市委指导督导反馈问题 18 项，制定针对性整改措施 21 条，制定并完善巡察制度 11 项，规范区委巡察工作。

落实主体责任。区委常委会 2 次专题学习习近平总书记和中央、省委、市委关于巡视巡察工作的要求，研究部署巡察工作。

区委书记专题会2次听取巡察工作情况汇报。区委主要领导对巡察工作做出批示5次。

深化上下联动。深入学习贯彻中央和省委、市委关于加强巡视巡察上下联动相关制度要求，结合润州区实际，细化巡视巡察上下联动任务清单。配合落实市委巡察组对七里甸街道提级巡察“回头看”，做好反馈整改工作，会同区监委派出监察员办公室，严格审核把关整改方案，提出审核意见27条。

强化队伍建设。组织开展巡前培训2次、视频学习1次、巡察组组务会经验分享2次，及时把握工作方向和最新要求，切实强化巡察队伍能力建设。充分发挥巡察岗位熔炉作用，与组织部门联动，选派3名新任副科职干部担任兼职副组长，抽调优秀年轻干部、新提拔干部到巡察岗位锻炼，全年有3名年轻干部因巡察工作表现突出被提拔任用。

（王晓彤）

【完善巡察工作机制】 2021年，区委巡察机构结合本区巡察工作实际，起草《区委巡察机构办组联席会议制度》，及时传达学习上级最新部署要求，会商解决巡察期间难点问题，集体讨论研究巡察报告，交流工作经验方法，形成办组力量融合、高质量推进巡察工作开展的良好局面，此项工作经验在省纪委内网工作专刊上刊登推广。联合区委组织部制定《润州区“一把手”履职指南》，明确“一把手”责任清单和8项重要职责，加强对村（社区）“一把手”在内的全区“关键少数”的监督监管。

（王晓彤）

【巡察工作规范化水平提升】 2021年，在市委巡察机构全程指导督导下开展八届区委第十一轮巡察“回头看”，制定并下发《巡察学习资料汇编》《八届润州区委第十一轮巡察“回头看”指导手册》40余册。参与市委巡察办组织的金纪三期巡察单机系统培训1次，并组织全区巡察干部开展巡察单机系统培训2次，提升巡察工作科学化、规范化、信息化水平。（王晓彤）

重要会议

【八届区纪委第六次全会】 2021年2月8日，中共镇江市润州区第八届纪律检查委员会第六次全体会议召开。出席会议的区纪委委员14人，列席会议55人。全会认真学习贯彻习近平总书记在中央纪委五次全会上的重要讲话和中央纪委五次全会、省纪委六次全会、市纪委六次全会精神。市政协副主席、区委书记高国成出席全会并发表讲话，全会审议通过区委常委、区纪委书记、区监委主任杨坚代表区纪委常委会所作《推动新时代纪检监察工作高质量发展，助力润州全面开启社会主义现代化建设新征程》的工作报告和《中国共产党镇江市润州区第八届纪律检查委员会第六次全体会议决议》。（吴　超）

【九届区纪委第一次全会】 2021年7月28日，中共镇江市润州区第九届纪律检查委员会第一次全体会议召开。会议应到区纪委委员13名，实到12名。全会采取无记名投票方式，选举产生新一届区纪委常委和书记、副书记，报区委九届一次全会通过。杨坚当选区纪委书记，并代表新一届区纪委常委会讲话。

（吴　超）

【八届区委第十一轮巡察“回头看”动员部署会】 2021年3月24日，八届润州区委第十一轮巡察“回头看”动员部署会召开。根据区委部署，对区交通局党组、区科技局党组、韦岗街道党工委、韦岗村党委4家党组织开展巡察“回头看”。在市委巡察指导督导下完成的该轮巡察“回头看”，进一步加强全区巡察工作规范化建设，促进巡察工作依规依纪依法开展，推进巡察监督提质增效。（王晓彤）

【九届区委第一轮巡察动员部署会】 2021年10月22日，九届润州区委第一轮巡察动员部署会召开。会议学习贯彻中央和省委、市委关于巡视巡察工作最新精神，部署启动九届润州区委第一轮巡察工作。本轮巡察主要针对区公有资产经营管理有限公司、区国有资产管理中心、区国有平台公司联合委员会、黄山园艺良种场党委、润州茶叶良种场党支部、水产养殖试验场党委、区工贸总公司党委7家单位开展常规巡察。（王晓彤）

民革润州支部

【概况】 中国国民党革命委员会润州区支部委员会（以下简称“民革润州支部”）现有党员35人。其中担任市政协委员1人、区政协委员6人、区人大代表1人。2021年有新党员3人，党员绝大部分有中级以上职称，主要分布在机关、教育等行业部门，退休党员6人，年龄最大的77岁、最小的34岁。民革润州支部全面加强自身建设，切实履行参政党的职能。

【抓学习读党史】 2021年是中国共产党成立100周年，也是辛亥革命110周年。民革润州支部旗帜鲜明讲政治，不断强化学习，提高党员认识。继续巩固“思想政治建设年”和“不忘合作初心，继续携手前进”主题教育活动各项成果，深入总结思想政治建设经验，引导党员坚定中国共产党领导的信念，凝聚政治共识，做到政治认同、思想认同、理论认同、情感认同，巩固多党合作的思想政治基础。积极响应民革镇江市委会开展的“百年中国梦，风雨同舟情”征文活动，王文君撰写的《光辉百年仍照，同心万世长存》获得三等奖。润州支部在疫情期间，通过网络形式持续深入学习贯彻各种文件精神，积极组织党员参加“民革中央庆祝中国共产党成立100周年网络知识竞赛”。通过民主生活会，集中学习中共十九届六中全会及省民革第十一届六次委员（扩大）会议等文件精神，把学习贯彻习近平新时代中国特色社会主义思想引向深入。

【参政议政】 润州支部邱坚撰写《抢抓312国道产业创新走廊战略机遇》《如何解决镇江旅游业问题的建议》《关于加强对进口冷链食品物流运输监管的建议》《关于大力发展镇江市各大风景区民宿旅游业的建议》《对于老旧小区改造的一些建议》。左强2021年润州区政协提案《关于推行智慧居家养老提高精准服务质量的建议》，被列为润州区政协重点提案。詹斌在2021年润州区人民代表大会上提交三个建议：《关于社区居家服务设立居家食堂的建议》《关于改善润州区中小学生午餐质量的建议》《关于合理解决在编不在岗教师，切实关心一线教师的建议》。另外，还有王文君2021年润州区政协提案《关于加强中小学校园传统文化建设的建议》《关于禁止甜饮料特别是碳酸饮料进校园的建议》；鲁忠俊2021年润州区政协提案《关于规范中小学生校外培训的建议》《关于整治医疗美容市场的建议》；经怀兵2021年润州区政协提案《关于加大对各类创业中心宣传，为镇江留住人才》。

【综合活动】 3月与综合支部、新区支部联合参观学习，共赴“爱国主义教育基地”扬中市渡江文化园和陈履生博物馆。5月多次组织排练，6月参加庆祝中国共产党成立100周年的文艺汇演。9月进行集体调研，与环境监测部门合作，获得数据，完成支部调研报告。12月初，与综合支部、丹徒一支联合开展暖心慰问活动，到大客咖啡残疾人创业孵化基地考察，了解关心帮助残疾人。加强与台湾爱国人士的交流。做好社会服务工作。疫情期间，支部走进杨家门社区站岗值班，为行人测温。得知镇江中学有个特殊的贫困学生，王文君、曹琳、鲁仲俊、冀红卫为其爱心捐款 400 元。购买 25 个民革“中山博爱”布包，支持纳雍。12 月在西津渡大客咖啡残疾人创业孵化基地为残疾人捐款 500 元。（张月琴）

民盟润州支部

【概况】 中国民主同盟润州区支部委员会（以下简称“民盟润州支部”）成立于 2007 年 3 月，支部有盟员 40 人，已退休 3 人，主要由润州区所辖地域内的机关、教育卫生系统、市企业等行业人员组成，其中镇江市人大代表 1 人、政协委员 4 人。中级和高级职称共 34 人，其中，正高级职称 1 人；教育工作者 35 名，医务工作者 2 人，其他从业者 3 人。民盟润州支部被民盟镇江市委评为“2017—2021 年度盟务工作先进集体”。

【思想组织建设】 民盟润州支部根据民盟镇江市委精神，始终坚持“一党执政，多党合作”的思想政治根基。结合支部工作实际，组织全体盟员开展“不忘合作初心，继续携手前进”主题教育系列活动，切实增强盟员的爱国爱党情感。民盟润州支部本着“坚持标准，注重活力”的原创，把组织建设和组织发展工作与加强盟的建设结合起来。有 10 位盟员受到盟省委、盟市委表彰，有的被评为“优秀盟务工作者”、有的被评为“优秀盟员”、有的被评为“参政议政先进个人”、有的被评为“社会服务先进个人”。

【参政议政和社会服务】 民盟润州支部紧扣“参政议政、民主监督、政治协商”三大职能，在履职尽责上持续发力，贯彻新观念、探索新模式，参政议政的针对性和实效性不断提升。盟员人大代表、政协委员积极撰写提案、建议，其中《关于加强洗车场管理的建议》《关于对润州区机关幼儿园南侧河道再治理的建议》等提案、建议紧扣发展方向、聚焦社会矛盾，对助力全市发展做出有效的参考和贡献。支部认真做好调研课题的申报和调研报告的撰写工作，年度调研课题是《借力职业教育主推城市经济发展的调查研究》。

组织形式灵活多样的活动，举办计算机音乐作品设计音乐会，让盟员接受艺术熏陶。走进供电公司，感受盟员李方平的风采。支部运用界别专业优势、智力优势，带领大家积极融入社会，走进残障儿童康复中心，运用专业技能剖析孩子的生理和心理特征，为中心的康复训练计划出谋划策，使得中心的康复方案更加聚焦，更具指导性。通过开展活动，增强支部成员的凝聚力。（朱　莉）

民盟润州支部走进供电公司，感受盟员李方平的风采

（民盟润州支部　摄）

民建润州基层委员会

【概况】 2021 年，在民建市委和润州区委统战部的坚强领导下，中国民主建国会润州基层委员会（以下简称“民建润州基层委员会”）始终坚持正确的政治站位，认真贯彻落实上级各项要求，努力加强自身建设，充分调动广大会员的积极性，扎实开展各项工作，取得优异的成绩。

【思想建设新提升】 认真开展会员的思想政治教育等各项工作，充分发挥学习载体——“润州民建会员之家”的作用，组织撰写理论征文以及政协理论研讨文章等，引导会员坚持中国共产党领导的多党合作和政治协商制度，要求每一名会员必须牢固树立政党意识，本着提素质、强实力的思想“同心同向”。思想上，以党为师，进一步以党的路线、方针、政策为指导，用党的理论武装会员；工作上，爱岗敬业，紧跟润州区委确定的各项目标任务，认真履行参政党职能。

【组织建设】 加强基层组织建设，增强支部活力，优化下设各支部领导结构和会员结构，促进各支部工作开展。4月12日，新增成立民建润州区第五支部，并经全委扩大会议通过，对下设各支部主委、副主委及会员设置进行调整。各支部比“学赶超帮”，氛围浓厚，活动形式多样。

【履职能力】 认真遵照习近平总书记“四新”要求，牢固树立“四个意识”，坚定“四个自信”，把履职思路和重点统一到新时代中国特色社会主义战略部署上来，在服务润州发展大局中找准履职尽责的切入点。区“两会”期间，润州民建及民建会员政协委员先后提出发展城市经济和文化旅游、加强城市管理等集体提案和个人提案，得到相关部门认真吸纳、办理和落实，有的被作为政协重点提案交办，有的被评为“优秀提案”。主动围绕区委统战部确定的调研课题开展专题调研等。步建坤的“建议多向发力破解民营科技企业‘野蛮生长’困局”社情民意信息被全国政协采用；其“电梯困人事故亟需加强维保环节监督”社情民意被全国政协《每日社情》采用，被中国民主建国会中央委员会采用。

【组织活动】 全年民建润州基层委员会组织活动3次，各支部自行组织3~4次。5月28日，民建润州五支部联合润州三支部共同走进镇江方志馆，学党史、读方志、看镇兴；二支部联合京口区政协农经组围绕“有事好商量”开展“推动发展镇江文旅经济进言献策”调研座谈；四支部走进万科魅力学校开展活动，结对共建聚合力，优势互补促发展；三支部开展专题学习活动等。（步建坤）

民进润州综合支部

【概况】 中国民主促进会润州综合支部（以下简称“民进润州综合支部”）于2008年9月成立。现有会员20人，其中市政协委员1名、区政协委员5名、区政协常委1名。会员陈星荣获2021年镇江市“十佳招商能手”称号；黄冰荣获国家林业和草原办公室公布的“最美林草科技推广员”称号；胡程荣获2020年度“江苏好青年”称号。支部主委陈星提出的《关于官塘创新社区建设发展的建议》获2021年度镇江市政协优秀提案；会员张振翔获“省民进社情民意信息工作先进个人”。

【思想组织建设】 民进润州综合支部全年围绕学习习近平新时代中国特色社会主义思想，省、市、区领导系列讲话精神，中国共产党党史，《中国共产党统一战线工作条例》等，制定学习计划，明确学习主题，引导党员把握精神实质，加强政治基础建设，提高责任担当。回顾党史，明确道路。为庆祝中国共产党成立100周年，组织会员们学党史、感党恩、悟思想，参加市、区各级多种形式的党史培训和实践活动，在培训、活动实践中升华思想，激发爱国热情。4月，支委参加区委统战部举办的党史学习教育暨“同心向党、礼赞祖国”主题活动启动仪式，并瞻仰韦岗纪念碑和韦岗“初心”主题园；5月节假日期间，支部组织开展走进“中共镇江地方史馆、镇江方志馆”——“学史知今筑梦想”活动。同月组织支部会员参加《悬崖之上》影片观影活动，居安思危，努力奋斗。6月，支部2名市委委员参加由市委会组织的到浙江“学党史、观党史、观乡村振兴”活动，参观长兴新四军纪念馆、南浔古镇、吴文藻冰心纪念馆。

【参政议政和社会服务】 全年围绕“双尽职”做合格会员，发挥会员优势和能力水平，开展调查研究、建言献策、参政议政。民进润州综合支部提交建议提案20件，涉及经济、民生、城管、法制等多方面。会员陈星、张振翔被市政协聘为“反映社情民意信息工作专家库”首批成员。会员们在工作生活中发现问题、总结问题，履行支部政协委员职责，积极参政议政，就镇江经济发展的不足、民生工作发展难点，提出建设性意见。会员陈星在市政协大会期间参加镇江新闻频道《新闻相对论》节目。

知行合一，身体力行。润州综合支部全年围绕将党史教育、承担社会责任与服务发展一体推进，积极服务当地经济、文化和民生领域。（陈　星）

农工党润州支部

【概况】 2021年，中国农工民主党润州支部委员会（以下简称“农工党润州支部”）围绕“不忘合作初心，继续携手前进”主题教育要求，团结带领全体党员提高政治站位，认真履职尽责，抓好思想建设、组织建设、参政议政、社会服务等方面工作，为助力润州经济社会发展积极贡献智慧和力量。

【思想政治建设】 组织党员参加农工党镇江市委会组织的“百年红船歌声扬”音乐党史宣教活动；组织党员到润州区档案馆参观学习，在润州爱国主义教育基地展厅接受红色教育，观摩部分珍贵档案和革命历史遗物，感受当今美好生活的来之不易，增强历史责任感和使命感；组织党员参加农工党市委开展的重阳节敬老活动、三八妇女节美丽乡村调研活动、教师节庆祝活动等，提高党员的凝聚力和向心力，深化政治共识。组织党员到句容芝樱小镇开展乡村振兴调研活动，就特色田园乡村建设、乡村旅游业发展、农村生态环境等方面展开交流，积极建言献策，为助力乡村振兴贡献力量；参加农工党镇江市委会“不忘合作初心，继续携手前进”主题教育系列活动，夯实多党合作的共同思想政治基础。

【组织队伍建设】 完成换届工作。支部于2021年7月7日召开换届大会，选举产生第三届支部委员会。新的班子成员年龄结构更趋合理、界别特色更为优化、知识层次更加提升，为支部更好履行参政党职能提供坚强的组织保障。组织发展充满生机。加强班子建设，定期组织班子成员参加农工党镇江市委、润州区委统战部组织的各类学习教育活动，提升班子成员综合素质，同时对班子成员分工进行优化调整，明晰班子成员工作职责；支部坚持质量优先、标准严格，注重吸收复合型高素质人才入党。支部党员总数17人，均为本科以上学历，中级以上职称14人，以中青年高中级知识分子为主，各位党员在各自的工作岗位上积极履职尽责，发挥模范带头作用，扩大支部的社会影响力。

【参政议政能力提升】 组织新党员参加社情民意及宣传工作培训班，提高新党员参政议政和履职尽责的能力。新党员结合各自工作实际，积极撰写社情民意信息并上报。组成工作专班，深入开展调研，广泛了解情况、搜集数据，认真撰写调研报告并及时上报。积极建言献策，参政议政。密切关注社会热点难点问题，做好社情民意信息工作。

【社会服务不断拓展】 开展捐资助学活动。支委2021年资助镇江中学附属初中及镇江长山学校各1名困难学生。助力疫情防控工作。面对全国各地不时出现的散发病例，支委党员服从单位安排，加班加点与社区、公安等部门密切配合，做好中高风险地区返镇人员摸排、居家隔离人员管理及学校疫情防控等工作，为保护辖区内居民身体健康和生命安全积极贡献力量。教师党员重点做好困难学生的关怀帮扶工作，医护党员积极参与面向群众的健康宣传和义诊活动，其他党员结合各自工作参与形式多样的社会服务活动，社会影响积极良好。 （孙　伟）

致公党润州基层委员会

【概况】 中国致公党润州基层委员会（以下简称“致公党润州基层委”）于2020年3月成立。基层委下辖4个支部，现有党员52人，在职40人，退休12人。其中，市人大代表1名、市政协委员2名、区政协委员5名。润州基层委被致公党镇江市委评为2017—2021年度优秀基层组织。

【思想组织建设】 基层委全年围绕学习习近平新时代中国特色社会主义思想，省、市、区领导系列讲话精神，中国共产党党史，《中国共产党统一战线工作条例》等，制定学习计划，明确学习主题，引导党员把握精神实质，加强政治基础建设，提高责任担当。组织全体党员听取致公党江苏省委“学中共党史、悟党派履职”专题讲座，以理论指导实际，更好地履职尽责。为庆祝中国共产党成立100周年，组织全体党员学习中共党史，参加市委举办的党史比赛，学党史、感党恩、悟思想，激发爱国热情。参加致公党镇江市委举办的“同心向党，侨海圆梦”庆祝中国共产党成立100周年红歌比赛，获得最佳创意奖。

【参政议政和社会服务】 基层委全年围绕“双尽职”做合格党员，发挥党员优势和能力水平，开展调查研究、建言献策、参政议政。在年初两会上，基层委提交建议提案19件，涉及经济、民生、城管、法制等多方面。政协委员们积极参政议政，参加润州区“三走进、三服务”活动，多次参加政协“有事好商量”协商议事活动，为民解难题，帮助解决李家大山停车难、黄山西路社区小区环境整治等问题。积极做好调查研究，撰写调研报告。4个支部齐心合力，完成《刍议农业科技成果转化难题及建议》《加强养老服务综合监管的建议》2篇调研报告。邓燕参加区政协“以数字经济赋能产业强区，助力城市经济高质量发展”调研小组，到杭州拜访企业、园区平台等，了解先进地区的经验做法，结合本区实际形成调研报告并上报区政协。

基层委全年围绕奉献爱心，开展形式多样的社会慈善帮扶公益活动。为帮助丹徒农户，8月发动22名党员参与采购葡萄、鸡蛋等滞销农副产品，价值8475元。润州一支部上门慰问90岁老党员，开展支部新老结对帮扶，送去组织的关心。润州三支部党员自发捐款，连续3年每月上门看望并慰问归侨独居老人。党员个人纷纷出力，参加公益捐赠。（邓　燕）

九三学社润州委员会

【概况】　九三学社润州委员会于2020年3月成立。基层委下辖3个支社，现有社员51人，中高级职称36人，其中，市人大代表1名、市政协委员4名、区政协委员5名。九三学社润州委员会被评为2017—2021年度社省委组织工作先进集体，社员石伟获得社中央年度信息贡献奖。

【思想组织建设】　2021年，九三学社润州委员会组织收看习近平总书记“七一”重要讲话现场直播，召开中共十九届六中全会精神和“七一”重要讲话精神专题学习会。开展“五史”（中共党史、新中国史、改革开放史、社会主义发展史、多党合作史）学习教育，组织“学原著、读原文”活动，领导班子成员带头领学。组织专题研讨和知识竞赛活动。多次组织社员分批次先后到泾县、茅山、盐城等地开展现场学习。组织庆祝中国共产党成立100周年理论研讨座谈。年初召开组织工作座谈会，与支社负责人一起研究确定全年发展计划及工作要求。组织新发展社员参加新社员培训，组织骨干社员到安徽参加学习交流。推进委员会规范化建设，实现社内监督全覆盖。

【参政议政和社会服务】　组织社员集中学习交流，提高社员的参政议政能力，多名区政协委员向区政协提交个人提案。组织社员参加社市委组织的课题招标。组织社员参加植树节活动，组织成员作品参加“风雨同舟·筑梦同心”庆祝中国共产党成立100周年诗书画印联展。组织对老龄社员和困难社员的上门慰问，首次为两户社员申报王选关怀专项基金。委员会副主委刘军筹集抗灾物质支援河南抗洪前线，在“国际科学与和平周”期间组织社内医学专家到世业镇卫星村开展义诊活动。参加社市委组织的推进“同心工程”袁相实验区建设，结对帮扶句容市袁相村两户困难群众，参与袁相村“同心工程”实验区展示馆布置。组织开展“爱在镇江·慈善一日捐”活动。（王　慧）

润州区工商业联合会

【概况】　2021年，润州区工商业联合会坚持以习近平新时代中国特色社会主义思想为指导，全面贯彻落实中共中央关于新时代民营经济统战工作的重要部署，紧紧围绕区委第九次党代会精神，紧扣润州“双轮驱动”“四个主城”决策部署，着力提高“两个健康”水平，充分发挥联系政府与企业的桥梁纽带作用，助力民营企业积极应对后疫情时代的影响，服务民营经济高质量发展，各项工作取得新突破。

【理论武装，提高民营经济人士政治站位】　工商联通过线上线下等多种形式，面向全区民营企业党员职工开展学习贯彻中共十九届六中全会精神、习近平总书记视察江苏重要讲话精神等宣讲活动，引导民营经济人士用习近平新时代中国特色社会主义思想武装头脑、指导实践，始终做政治上的明白人，不断筑牢民营经济人士思想政治工作基础。在韦岗战斗胜利纪念园举办润州区民营经济人士理想信念教育基地揭牌仪式。以庆祝中国共产党成立100周年为契机，强化民营企业家的理想信念教育。

【会员队伍发展】　积极发展小微企业入会，努力发展新兴产业、现代服务业企业入会，积极吸纳成长性好、发展潜力大的小微企业入会，重点发展政治素质高、热爱工商联事业、社会责任心强、在行业内影响力大的民营经济人士入会。经过审核，2021年工商联会员由2020年的152名企业会员和10名个人会员发展到621名企业会员和13名个人会员，并全部录入会员系统。

【做好民营经济代表人士的政治安排】　健全选人机制，认真完成民营经济人士的综合评价工作，不断优化民营经济代表人士队伍结构，培养优秀民营经济代表人士参与到各个政治舞台中。2021年12月16日，区工商联召开第七次会员代表大会，选举产生第七届执委会领导班子，完成大会的各项议程。

【开展暖企行动】　邀请区委、区政府分管领导到会员企业走访调研，实地了解企业现状，协助企业与相关职能部门、金融机构联系对接，帮助企业把握政策、用好政策，提振企业发展信心。

【践行新发展理念，引导民营企业改革创新】 为打造“润州最滋润”营商环境，提升机关部门、街道服务企业的效能，按照区委部署，由区委统战部牵头，区工商联具体负责全区企业信息化服务综合平台暨“润企通”微信小程序的开发运维管理。年内，小程序开发完成，进入运行阶段。服务支持民营企业创新发展，鼓励民营企业投身供给侧结构性改革，实现高质量发展。

【创新企业服务】 充分发挥工商联桥梁与纽带作用，构建“亲”“清”政商关系，落实与区职能部门间的直联制度，先后邀请区财政局（金融办）、市场监督管理局、商务局、E办事服务中心等部门相关负责人到企业考察调研、协助企业家与税务局沟通交流，为企业搭建政企沟通平台。

【延伸对外交流平台，助力民营企业加快发展】 润州区工商联举行“学张謇精神，扛民企担当”主题实践活动，举办“润州区首届民营企业家精神研修周”，组织企业家到南通参观张謇企业家学院（南通市委党校）、张謇故居、南通博物院，邀请南通大学张謇研究中心教授王敦琴讲述张謇的传奇故事，并开展“我到官塘觅商机”活动，组织民营企业走进官塘创新社区，通过看规划、听构想、觅商机，推动创新社区建设。“七一”前夕组织部分民营企业家与结对共建的金山街道杨家门社区联合开展“百企结千户　同走富裕路”实践活动，通过捐助困难家庭学子、解决群众急需的公共设施等民生需求的方式，开展帮扶助困行动，关爱社区困难群体。

（蒋欣翔）

润州区统一战线党史学习教育现场教学活动暨“同心向党·礼赞祖国”主题活动启动仪式

（区委统战部　摄）

润州统一战线各界人士庆祝中国共产党成立100周年座谈会

（区委统战部　摄）

润州区总工会

【概况】 2021年，区总工会深入贯彻中共十九大和十九届五中、六中全会精神，加强政治引领，坚定政治站位，广泛开展群众性经济技术创新和竞赛活动，大力弘扬劳模精神，促进职工素质技能新提升；突出维权保障，加强精准帮扶，普惠服务职工构建新格局；注重依法治会，引导职工依法理性维权；夯实基层基础，加强自身建设，工会工作在服务“现代化一流主城区”建设中实现新提升。

【庆祝建党百年主题活动】 区总工会牢牢把握党的盛典、人民节日的基调定位，开展“永远跟党走 劳动谱赞歌”主题宣传教育活动，激发职工群众爱党爱国爱社会主义的热情；制作系列主题视频，其中，《我们都是劳动者 心中有话对党说》被“学习强国”录用，“职工心向党·讴歌新时代”被省总工会评为三等奖。举办“中国梦·劳动美——喜迎建党一百周年”职工乒乓球、排舞等比赛，参加市总工会“四史”知识竞赛等活动，取得优异成绩，区总工会荣获优秀组织奖。将党史学习教育融入职工培训，组织培训12场次，培训650多人次。

【弘扬劳模精神工作】 2021年，区总工会全面开展“新思想宣讲”和“劳模工匠进校园、思政教师进企业”“双进”活动，组织徐深海等多名劳模到基层讲述广大职工和劳模奋进新历程的精彩人生。组织第二届润州区劳模推荐评选，30名各行业先进荣获“润州区劳动模范”称号；郑德明、栾立敏被评为“江苏省劳动模范”。开展“五一”系列先进推选，东亚碳素余热发电项目部荣获“全国工人先锋号”称号。抓住“五一”劳动节等重大节日契机，推出《致敬奔跑的劳动者》专题宣传活动，在全社会大力弘扬劳模精神，营造“劳动最光荣、劳动最伟大”的浓厚氛围。

【群众性劳动保护】 区总工会紧扣安全生产重点，坚持群防群治，组织全区职工参与“网上安康课堂”知识竞赛，基层工会参与面达92.7%。深入企业安全检查，组织职工开展“安全隐患随手拍”活动，奖励参与职工近百人。高温季节开展“送清凉”慰问活动，为1000余名企业职工送上夏季防护用品。丰富劳动保护内涵，投入资金2.7万元在长航船舶、环卫休息点等处建设“流动安康驿站”，设立休息室，配置职工药箱、劳保用品等，为船员、快递小哥、环卫工人等提供必备的劳动防护，服务职工980余人。

【实施“金钥匙”工程】 区总工会紧紧围绕发展大局，组织实施“金钥匙”工程，激发职工创新动力，切实为企业解难题。建立职工技术带头人制度，评选职工技术带头人，培养金牌职工。开展“六小”及“三绝”征集活动，组织技术攻关，发挥职工聪明才智。开展职工创新成果评选，实施名师“传帮带”和“青蓝工程”，定期组织观摩创新成果，交流创新经验。“金钥匙”工程实施后，全区1337名职工提“金点子”及合理化建议1600余条（项）。组织师徒结对

107 对，攻破技术难题 75 项，为企业创经济效益约 1200 万元。

【工会大食堂】 为提升普惠水平，服务职工群众，区总工会联合农家福餐饮公司共同建立“润州工会大食堂”，让职工就近吃好饭，便宜得实惠。工会大食堂于 2021 年 11 月底揭牌并投入使用，同步制定《润州工会大食堂建设管理办法》，为职工办理系列优惠举措。区总工会加强督促检查，提供便利服务，为 146 名职工办理优惠证（充值卡），投入经费（含升级改造、充值优惠）9 万余元，有效解决商圈、楼宇及社区附近流动职工“吃饭难”问题，受到企业和职工的欢迎。（区总工会）

共青团润州区委员会

【概况】 2021 年，共青团润州区委员会坚持以习近平新时代中国特色社会主义思想为引领，围绕中心工作，锐意进取、担当实干，团的凝聚力和基层组织建设不断加强，完成 2021 年度各项工作目标和任务。

【青年思想引领】 深入推进“青年大学习”专项工作。全区团员扎实开展线上学习，每期参学率均在 100%以上，取得显著成效。全力建设“青年学习社”及精品线路。积极打造“红色印记——韦岗战斗胜利纪念碑”润州共青团青年学习社线路和“城际商圈”青年学习社，在省级迎检中，均获得团省委高度评价。其中，“城际商圈”青年学习社相关工作在 11 月 4 日《新华日报》、12 月 30 日的江苏卫视《江苏新时空》栏目等媒体上宣传。提升“青银行动”服务成效。4 月 23 日，由区委组织部、区委老干部局、区委离退休干部工委、团区委共同举办的“青银行动”启动，通过“传帮带”，结合实地参观、座谈交流等形式，助力青年团干成长。开展“润语读书社”系列活动。联合区妇联、爱语公益社会组织共同开展系列主题讲座，帮助辖区“80 后”“90 后”家长及青年成长。深化“机关青年说”品牌。联合区级机关工委开展“机关青年说”活动，为机关青年搭建成长和分享平台。

【服务高质量发展】 擦亮“青年突击队”服务品牌。坚持围绕中心、服务大局的工作主线，立足润州区疫情防控工作实际，2021 年暑假发起全市首个青年志愿者“号召令”，志愿者就近编入当地青年突击队，迅速开展工作，有效缓解一线人手紧缺的局面。推动青安岗创建工作。6 月 30 日，承办市级青年安全生产示范岗“千岗走千企”工作推进会暨市级青年安全生产示范岗争创集体负责人培训班，积极引导广大青年职工切实增强安全意识，提高安全生产技能。2021 年，创建市级青年安全生产示范岗 2 个。实施“梦想改造 + 关爱”计划。为以事实孤儿为主体的困境青少年打造 10 间梦想小屋，实施“1+3”结对关爱机制，全年迎接省、市各类参观、慰问 6 次，团干部定期开展常态走访和长效关爱；创新拍摄《“梦想小屋”工作日记》，提升宣传效果；12 月 6 日，在全市率先成立以“梦想小屋”关爱为主题的“关爱联盟”，获江苏省希望工程办公室好评。升级“团团邀你看润州”品牌。11 月 24 日，与江苏大学京江学院合作，培养一批专业的青年主播，开展润州人文风景、红色旅游等直播推介，助力提升营商环境。创新打造“润团团城市书房”。通过线上线下相结合的形式，开展全市首家直播间线上阅读活动，助力“书香镇江”，营造青年阅读氛围，其中，城际商圈“红心加油站”被团省委授予 2021 年度“江苏省青年书香号”称号。积极申报升级 10100 项目。2021 年，团区委实现省级 10100 项目“零”的突破，在全市仅有的 4 个项目中，润州入选 2 个项目。

【青年成长服务】 开展大学生暑假实习工作。整合全区企事业单位实习岗位资源，为镇江籍、在镇江读书的大学生提供 60 个暑假实习岗位，通过走进企业实习见习、参观红色基地，让更多大学生了解润州企业发展，招引更多大学毕业生返镇就业。在 2021 年“七夕”之际，团区委举办线上青年相亲交友活动，承办市级线下相亲交友 1 场。8 月 31 日，举办大学生聚镇“青训汇”直播。面向全区大学生青年人才，采取宣讲、培训、研修、研学相结合的方式，鼓励大学生青年人才“学党史 感党恩 开新局”，构建大学生青年人才培训体系。团区委响应团省委号召，开展助农销售直播活动。依托城际商圈“团团直播间”，定期开展农产品直播带货活动。8 月,在“抗疫一线有我‘新农菁英’助农行动”中，参加暑期社会实践的大学生走进直播间，参与全省滞销农产品的直播带货活动。发挥青年文明号示范引领作用。和京口区、高新区团委联动，开展青年文明号优质服务大比武互学互访活动，通过以创促学、以创促改共同成长，提升青年文明号团队服务力。9 月 5 日，开展

"圆梦助学"行动。针对润州籍家庭困难、品学兼优的全日制普通高等院校大学本科新生发放圆梦助学金，资助10名学生。进行集中关爱行动，开展困境儿童关爱工作。2021年12月至2022年1月，团区委开展"暖冬行动""联青服务站"集中走访等慰问关爱活动20余场，向困境儿童发放羽绒服、防疫物品、牛奶、零食礼包、文具礼包等物资。

【基层基础建设】 乡镇、村(社区)团组织集中换届。全区各村(社区)团组织完成集中换届，推动村(社区)两委班子成员兼任团支部书记，配齐配强基层团工作力量。社会领域团组织覆盖密度持续增长。在非公有制企业、行业协会、社会组织等社会领域新建团组织，实现社会领域团组织密度增长10%，扩大团组织覆盖面和影响力。严格基层团干部教育管理。加强全区各级团干部培训工作，组织覆盖全区各级团组织的专题培训，加强各级团干部政治素养和业务实操能力。

【少先队工作】 党建带团建，团建带队建，引领青少年成长，11月3日，召开中国少年先锋队镇江市润州区第四次代表大会。开展"学党史、强信念、跟党走"润州共青团"五四"主题团日活动，承办市级"请党放心，强国有我——我为队旗添光彩"建队日主题活动和"党团队手拉手 共上一堂党史课"活动，该活动在5月4日中央广播电视总台的《晚间新闻》栏目播出。同时，团区委围绕习近平总书记给江苏省淮安市新安小学少先队员的回信、习近平总书记"七一"重要讲话、中共十九届六中全会、省十四次党代会等精神，引导全区各级团组织、少先队开展学习，通过形式丰富的活动，迅速掀起学习贯彻热潮。

（陈 芸）

润州区妇女联合会

【概况】 2021年，区妇联紧紧围绕市妇联工作目标和要求，紧扣中心任务，坚持以习近平新时代中国特色社会主义思想为指导，强化责任担当，主动积极作为，顺应全区妇女儿童工作的新形势、新要求，创新工作方法，团结带领全区妇女向新目标奋进，在思想政治引领、服务发展大局、家庭文明建设、维护妇儿权益和自身建设等方面贡献巾帼力量。

【宣传教育工作】 狠抓党史学习教育。始终将党史学习教育工作作为全年的工作重点，主席亲自抓、重点抓，积极开展形式多样的学习活动，坚定理想信念、提高政治站位。2021年，通过组织妇女代表参观镇江方志馆、嵇植故居、烈士陵园，到韦岗战斗纪念碑开展"革命热土、巾帼护绿"植树，重温入党誓词，参加党史知识竞赛等活动，不断推动党史学习教育深入基层、深入广大妇女心中。紧贴全区妇女儿童的需求，主动为民办实事2件，彰显党员本色。深化巾帼宣讲活动。依托全区基层52个村(社区)妇女儿童之家和44个妇女微家，积极打造"润州星火"巾帼微讲堂品牌，在全区各级妇联开展"传唱100首红色歌曲""宣讲100个红色故事""观看100部红色视频"3个"100"活动，以小见大，增强广大妇女群众对党的基本理论、基本路线、基本方略的政治认同和情感认同。弘扬巾帼正能量。"三八"妇女节期间，精心组织拍摄"巾帼心向党 奋斗新征程"主题宣传片，从女性视角出发，讲述优秀润州女性如何在本职岗位上坚守"为民服务初心、尽心履职尽责"的故事，以点带面，传播好巾帼好声音。

【巾帼建功工作】 助力女性创业就业。以"迎三八·助就业"为主题，与镇江市润州区慧点创美职业培训学校合作开展"青春逐梦 创业领航"培训活动，通过邀请创业培训讲师在线上围绕"如何撰写创业计划""如何评估市场"等内容开展培训，充分调动女性创业积极性，提高创业创新能力。同时，依托网络平台积极开展线上招聘，为554人提供免费服务，成功为132名女性推荐就业。依托橙悦女子学堂，围绕家庭整理收纳、茶艺插花、制作口红等主题，深入机关、深入社区，开展系列女性家政技能培训9场，不断提升机关女职工和妇女群众的生活技能。助力女企业家共谋发展。以全区女企业家联谊会为抓手，全面摸排全区女企业家的情况，有针对性地将政治素质好、企业发展好、热心妇女儿童事业发展的女企业家纳入其中，共谋发展、共同进步。好中选优，推荐一些影响力较大的女企业家进入省、市两级女企业家协会，为女企业家提供更加宽广的发展舞台。助力巾帼彰显风采。联合团区委、西津古渡社区、爱心家园公益服务社共同举办"关爱残疾孩子"志愿服务，为孩子们送去温暖。联合区法院、区教育局、朱方路小学以及满天星公益服务社，共同举办"爱心育苗工程——大手牵小手 温暖你我他"帮扶外来务工人员子女活动。联合区法院、南京银行镇江分行营业部等巾帼文明岗开展咨询服务日、岗村结对等活动，通过走进社区、走进群众，开展贫困帮扶、法律咨询、预防金融诈骗等活动，充分发挥巾帼文明岗的示范带头作用，为女性建功营造良好的社会环境。

【家风建设】 持续开展“最美家庭”评比。继续在全区范围内开展“最美家庭”寻访活动，深入挖掘基层最美家庭典型。2021年，评出润州区最美家庭20户，成功申报省级最美家庭1户、市级最美家庭20户、市书香家庭4户。不断放大“爱”字号效应。积极参与“99”公益日活动，扎实开展“冬日暖阳”慰问、“情牵一线冬日织爱”、社会妈妈帮困助学、“织爱行动益童飞翔”“六一微心愿”等爱心帮扶活动，募集善款10余万元，帮扶困境儿童超200人，为困境妇女和儿童营造良好的发展氛围。试点开展家庭教育指导示范社区建设。2021年，以“三全”家庭教育新模式为载体，在全区范围内选取5家社区作为试点，通过制作宣传栏、张贴宣传海报、悬挂横幅、安插地牌等方式，营造推门可见的家庭教育氛围；为374户家庭建立档案，并对家庭档案进行科学分析和研判，绘制家庭地图；组建5支社区家庭教育志愿者队伍，紧扣党史学习教育、良好亲子关系、科学隔代教育等主题，组织家庭开展系列童心向党、亲子读书会、亲子运动会、亲子手工制作以及家庭教育知识课堂等活动30余次，扎实提升家长开展家庭教育的能力。

【妇儿权益维护】 源头参与，制度保障更有力度。完善信访街道制度，强化区、街道、社区三级妇联的良性联动，不断提升处理信访案件的质效。2021年，解决上级交办案件、自接案件等各类维权信访案件20余件，切实维护妇女群众的合法权益。强化与法院的联动，拓展延伸妇女儿童维权触角，区妇联联合法院共同印发《关于开展婚姻家庭案件诉调对接工作的意见》，推动建立健全家事矛盾纠纷化解机制，多措并举防范和处理婚姻家庭矛盾。重心下移，实施维权更有温度。坚持“工作重心下移、强化基层基础”的思路，依托妇女儿童之家、妇女微家等平台，结合“三八维权周”、宪法宣传周等契机，先后在迎江路中心社区、金湖社区开展“民法典进社区”公益讲座、法律咨询，为妇女儿童提供多元化、精准化的维权服务。联合满天星公益服务社开展“预防性侵校园行”活动，为未成年人的健康成长保驾护航。此外，借助落地润州的省级妇儿社工项目，在五里社区开展困境妇女儿童心理健康援助服务；檀山社区探索建立儿童友好社区，拓展延伸妇女儿童维权的维度。创新模式，普法宣传更有广度。积极采用线上与线下相结合的方式，用好橙悦女子学堂、妇女儿童之家、妇女微家、润州女性公众号等宣传阵地，突出宣传重点，丰富宣传形式，全年开展各类普法宣传活动10余次，切实提升妇女儿童的维权意识。“11·25”国际反家暴日，在市妇联的指导下，走进长江服务区、航运船只开展“送法长江行，家暴零容忍”普法直播活动，共同宣传《中华人民共和国反家庭暴力法》，普及反家暴知识。

【自身建设】 有序推进基层换届。区妇联高度重视基层妇联组织换届工作，坚持谋划在先的工作导向，第一时间召开换届工作专题部署会，健全换届组织架构、规范换届工作流程、选优配强妇联干部，完成全区所有街道、村（社区）的妇联换届工作，实现街道妇联主席全部由街道副科级领导担任，村（社区）妇联主席100%进入村（社区）“两委”班子，夯实妇联组织基础。拓展延伸工作触角。巩固妇女儿童之家和妇女微家规范化治理成果，健全体制机制，以开展家庭文化活动、创业就业援助、困难儿童帮扶等活动为抓手，推动妇女儿童阵地的实体化运作。2021年，结合党史学习教育，在金山街道迎山门社区新建的“老妈妈”党建妇女微家获评镇江市“巾帼共创文明城”示范妇女微家。全力做好“联”字文章。区妇联多层面开展调研，广渠道听取意见，充分发挥妇儿工委成员单位作用，围绕让性别平等落到实处，推动妇女走在时代前列，实施新一轮妇女儿童发展“8+2”件实事。强化与团委、侨联、残联等群众组织的联动，开展形式多样的关爱帮扶、读书会等活动，增强妇联工作的实效性和影响力。 （区妇联）

润州区科学技术协会

【概况】 2021年,区科协围绕全区工作大局，改进工作作风，推动创新发展，突出政治引领，坚持问题导向，密切联系群众，以助推科技创新、服务科技人才为着力点，求真务实、开拓创新、积极发力，为建成“强富美高”新润州贡献智慧和力量，较好地完成各项工作目标任务。2021年，创建全国科普日活动优秀组织单位1个、全国科技活动周优秀集体1个、镇江市科普惠农兴村先进单位1家、镇江市“优秀农村专业技术协会”1个、“农村科普示范基地”1个。区科协的“以‘科技服务站’为载体，发挥学会资源优势，扩展站点工作广度与宽度”获得省科协2021年度县级科协“四服务一加强”单项工作创新案例。

【《全民科学素质行动计划纲要》实施推进工作】 2021年，润州科普讲堂推进“四走进”专题：联合区卫健委，新增防疫相关内容；联合区应急管理局，开展“惠安行动”；联合区教育局，在润州区南徐小学、中华路小学及宝塔路小学等，举办科技航模比赛及无人机团队专练，保证孩子们的科技知识及实践积累。利用“润州发布”微信公众号，开设科普专栏，自2020年7月11日起，推送37条公众号文章。配合市老科协、市非物质文化遗产保护中心开展“从小爱场馆非遗伴我成长”活动，组织穆源小学和金山小学学生走进非遗场馆参观，让孩子们了解家乡的宝贵文化遗产，树立热爱家乡的良好意识，参观人数达300人次。

【社区特色微型科普馆建设】 2021年，建成社区专题科普场馆2个，场馆数量全市领先，全区场馆总数为3个，建筑总面积达1000平方米，分别为官塘桥街道宝平社区科普体验馆（镇江市首家社区科普馆）、和平路街道新金江社区渔文化科普馆及和平路街道金泉社区冷泉科普馆。3家场馆各有特色，自开馆以来接待青少年及居民达16000人次，相关新闻报道刊登于人民网、光明网、《镇江日报》等新闻媒体，深受居民和青少年的喜爱。通过社区科普馆建设，新增一批科普志愿者。

【服务创新创业工作】 持续提升七里甸社区卫生服务中心“科技服务站”站点建设，结合中心实际，致力打造中心肾病血液透析专科亮点。同时，依托预防医学会智力资源，开展多种形式的学术交流活动，服务培养创新性人才，团结广大科技工作者，壮大学会组织实力。充分发挥“企业工作站”载体作用，服务官塘创新社区建设，为润州发展积蓄智力支持。 （区科协）

润州区文学艺术界联合会

【概况】 2021年，区文联以“城市经济、和润之州”为创作聚焦点,深入学习贯彻习近平总书记关于文艺工作的重要论述，围绕中心工作，从“让文艺工作亮起来、让文艺创作动起来、让文艺活动强起来、把文艺人才聚起来”4个方面着手，做好文艺工作品牌化、特色化。

2021年，曾竹花的组诗《我活在他们的时代》，田冰的摄影作品《勇往直前》，许乃廷的油画《久远的音符》获镇江市第十届文学艺术奖提名奖；李守农、孙炜、陈立军合作创作的美术作品《战淮河》入展省委宣传部、省文旅厅举办的“百年征程——江苏省庆祝中国共产党成立100周年美术书法精品展”；陈立军创作的国画《烟山舍影雨后来》入展第三届“神圣长白”全国中国画作品展；朱倩倩创作的1件书法作品荣获江苏省第三届妇女书画篆刻展优秀作品奖，1件书法作品入展江苏省首届篆隶书法展。

【“学百年党史，庆百年华诞”书画篆刻作品进社区巡展】 为配合党史学习教育，区文联举办“学百年党史，庆百年华诞”书画篆刻作品走进社区巡展活动，深入万科、二道巷、宝平、新金江等社区，用文艺讲座、主题展览的形式，让党史学习教育走入“寻常百姓家”。

【“文艺进基层”主旋律活动】

区文联通过文艺家协会进驻社区工作，找准自身定位和特色亮点回馈社会、服务基层群众，举办“我们的中国梦”文化进万家活动，组织书画家协会走进万科、杨家门等5家社区开展“送福送春联”活动。区书画家协会创作培训基地在新金江社区挂牌成立，并将10幅书画作品捐赠“网后渔生”博爱公益金。区摄影家协会联合区残联完成家庭相册的出版。

【联合区属部门举办文艺活动】 区文联与区住建局联合举办“学党史，颂党恩”主题文艺创作活动；与区侨联联合举办“学党史，颂党恩”端午传承非遗主题活动；为区纪委、区委老干部局、区退役军人事务局征集创作庆祝中国共产党成立100周年题材文艺作品；与区民宗局举办“笔歌墨舞庆华诞，爱国爱教颂党恩”书画创作活动。

【“戎耀今生”书画进军营活动】 为深入开展“我为群众办实事”实践活动，持续打造“戎耀今生”退役军人工作品牌，密切军政军民关系，12月10日，区委宣传部、区退役军人事务局、区文联联合举办润州区“戎耀今生”书画进军营活动。10余位书画家走进驻镇32521部队现场挥毫泼墨，创作100余幅立意高远、意境优美的书画作品，“戎耀今生”“军魂”“鱼水情深”等书画作品传递军民鱼水情，表达对人民子弟兵的爱戴和崇高的敬意。

【大众篆刻进社区、进校园活动】 为庆祝中国共产党成立100周年，结合学党史教育活动，区文联举办篆刻进社区巡展活动。6—8月，在新金江等5个社区举行巡展，并举办大众篆刻普及讲座，向社区居民赠送“学党史”主题篆刻扇面，活动信息在《书法导报》刊载。在万科社区老干部活动室营造大众篆刻氛围，向社区老干部普及大众篆刻知识。在润州实验小学成立篆刻社团，开展少儿篆刻培训活动。润州区金山小学金石轩社团获评镇江市2021年度“广篆社团”，篆刻辅导教师蒋骏获评镇江市2021年度“广篆达人”。

【承办“水韵润州”书画篆刻摄影展】 为庆祝中国共产党成立100周年，10月22日，由区水利局、区教育局、区文联主办，区书画家协会、区摄影家协会、区篆刻艺术推广协会承办的“水韵润州”书画篆刻摄影展在西津画院隆重开幕。参展作品紧紧围绕“水韵润州”鲜明主题，全面展示润州区水风光、水生态、水景观、水文化。

【举办《陈海宁花鸟画展》】 区文联认真做好文艺人才、文艺新秀、基层文艺团队、新文艺群体优秀文艺骨干的培养和辅导工作。举办读书班、专业培训、文艺采风、成果展览等活动，提升文艺人才的创作能力。在市美术馆成功举办中青年画家《陈海宁花鸟画展》。（区文联）

【创作编印《吟咏碧血丹心》英烈诗词集】 区诗词楹联协会组织50余名骨干会员，到嘉兴南湖采风，缅怀革命先烈，传承“红船精神”，开展“百首诗词诵党恩”系列活动。区诗词楹联协会研究员王荣华、郭明辉、姚茂海创作编印《吟咏碧血丹心》英烈诗词集。

【润州区诗词作品在全国诗词刊物发表】 区诗词楹联协会组织创作诗词作品1200余首，在国家级和省、市诗刊发布379首。其中，《中华诗词》11首，《诗词之友》7首，《诗词百家》8首，《诗词世界》9首，《诗词月刊》105首，《多景诗词》239首（含楹联）。（区诗协）

【水利工程文化采风活动】 11月19日，区作家协会组织会员到水利工程开展文化采风活动，作家采风团一行先后参观润州区节水教育基地和引航道水利枢纽，实地考察长江堤防防洪能力提升工程的建设现场，详细了解工程建设基本情况，并乘船在江中领略润州风光，近距离感受水利事业发展取得的巨大成就。

【区作家协会举办文学讲座】 11月19日，区作家协会在伴秋书局举办作家文学讲座，市作协会员、中国民建会员、文史研究者范勇受邀作《天上阿里 云端古格——古格王朝的历史和艺术》的讲座，范勇详细讲述古格王朝的起源、兴盛和消逝，并根据自己实地探寻遗址考察的所见所感，用镜头和文字展示古格王朝的人文地理和昔日盛景，区作协会员和部分文史爱好者约20人参加讲座，镇江文化名人、市作协名誉主席王川莅临讲座现场点评。（区作协）

润州区残疾人联合会

【概况】 2021年，区残联围绕中心工作，以中国共产党成立100周年为契机，立足全区残疾人工作实际，使残疾人事业稳步发展。

【残疾预防和残疾人康复信息共享平台研发】 润州区作为全省4家开展残疾预防和残疾人信息共享试点地区之一，按照《省政府残工委办公室关于开展残疾预防和残疾人康复信息共享试点工作的通知》的要求，5月19日，区残联通过与区卫健委、区教育局、区民政局等部门开展协调会，于每月底上报残疾人数据进行共享，同时研发润州区残疾预防和残疾人康复信息共享平台；11月19日，召开专题推进会，各部门为平台的开发与设计提出各自的意见。

【“残疾人综合服务中心”筹建】 该项目建设为6层框架结构，地下1层、地上5层，总建筑面积约2851平方米，总建设费用为1200万元，正式开工。建成后，润州区残联形成以“残疾人之家”为载体，以残疾儿童康复为纽带，是集残疾人托养、盲人按摩、辅具适配、就业培训、文化体育、维权等各项服务为一体的综合化服务中心。（区残联）

润州区红十字会

【概况】 2021年，区红十字会履行各项职责，红十字事业有较大的发展，为构建和谐社会做出积极贡献。

【机构改革工作】 按照《中共中央关于加强和改进党的群团工作的意见》和省委、市委关于群团改革的要求，根据《镇江市红十字会改革实施方案》，结合润州实际，制定《润州区红十字会改革实施方案》，成立改革工作领导小组，组织实施改革方案。11月2日，召开润州区第一届红十字会员代表大会，依法选举理事会、监事会，推选产生理事、监事，依法履行相关职责。修订完善《润州区红十字会资金管理办法》，制定《润州区红十字博爱家园公益项目管理办法》，规范款物管理、使用和公示。依法取得公开募捐资格证书，成为全省具有公益性捐赠税前扣除资格的群众团体。依法按章建会，红十字会基层组织和红十字学校作用进一步发挥。全区建有红十字基层组织12个（包含7个街道、5个社区），红十字工作站8个，红十字学校4所；成立6支志愿者服务队，新注册志愿者达90人。

【应急救援救护工作】 区红十字会修订完善《润州区红十字应急管理预案》，与区应急管理局签订《防灾减灾救灾联动工作合作协议》，设立红十字救灾物资储备库并建立完善的管理制度。强化应急救援志愿者队伍，建立1支20人由退役军人组成的红十字飞鹰救援队，并录入中国红十字会志愿服务信息管理平台进行规范管理。积极开展救护演练工作，在西津渡、迎江、新金江社区开展火灾知识宣教、灭火技术演练，在学校组织开展地震应急疏散演练；积极参与疫情防控，救援队员刘伟作为红十字会志愿者代表积极投身南京、扬州疫情防控一线。精心组织，规范实施，高质量、高标准开展救护培训工作，成功建立区级救护培训基地，新增师资5名。开展“五进”（进农村、进社区、进学校、进企业、进机关）活动40场次，对公职人员、企业人员、居民群众、在校学生、志愿服务团队等不同群体进行应急救护培训。全年组织“红十字救在身边”应急救护普及培训4927余人，获红十字救护员证450人。申报生命健康安全教育项目。贯彻落实《“健康江苏2030”规划纲要》精神，深入实施健康润州战略和“救在身边·校园守护”行动。中华教育集团成功申报江苏省红十字会生命健康安全体验教室项目，拟筹集25万元开展集心肺复苏、地震避难、火灾消防教育于一体的金山湖小学生命健康安全体验教室建设，为学校开展生命安全教育、提高师生健康素养提供良好环境。

【救助工作】 持续开展青少年关爱项目。在全区中小学开展“手拉手爱心一元捐”活动，每年稳定募集善款4万元左右，全部用于资助困难学生。协助市红十字会，在全区教育系统开展“博爱助学、为中考学子垫块砖”活动，积极对接教育部门和属地街道，在社区低保、低收入家庭中梳理有无符合条件的中考学生。经调查摸底，全区有3名学生符合申报条件。与团区委结成关爱联盟开展“暖冬行动”，为困境儿童送上社会帮扶与爱心。开展多形式、多方位、多层次的帮贫扶困工作。以“红十字博爱送万家”活动为载体，给基层困难群众送温暖、献爱心、送去人道关怀，全年发放米、油、棉被等各类救助款物18.5万元，惠及困难群众523人次。“七一”慰问辖区困难党员，为困难党员送上大豆油、大米和慰问金。在新金江社区博爱家园设立博爱公益金，链接社会资源，助力上岸渔民“网”后“渔”生新生活，线上线下共筹集社会资金17.5万元（其中，线上筹集1万元），用于资助上岸困难“老渔民”，成为全市“为民办实事”重点推荐项目。开展“学党史力行、博爱送健康”行动。联合区卫健委、辖区专业医疗机构深入社区、居家养老服务中心等地开展义诊和健康讲座服务12场次，服务群众356人次。为轻度智障青少年提供就业技能培训，开展“点亮微心愿”“关爱生命·绽放精彩”系列活动。深入开展社区红十字公益服务。全区5个“博爱家园”全面开展博爱品牌特色系列活动。新金江博爱家园重点打造“网后余生”人道服务品牌；同德里社区结合辖区老人、困难人群多的特点，重点打造“助困助老”服务品牌；韦岗村结合居家养老服务点和韦岗胜利纪念碑红色教育基地，重点打造“助老和救援救护服务”品牌；西津渡博爱家园结合风景区特点，与党建工作深度融合，重点打造“红色驿站救护”品牌。2021年，全区博爱家园开展“博爱送健康”、“关爱生命‘救’在身边”、“三救三献”知识宣传、“博爱春风行动——红会助你就业”培训、助老助困行动服务、“儿童关爱计划”、疫情防控入户调查及核酸检测等各类志愿服务活动30余场，服务450人次。在推动红十字服务社区治理方面发挥重要作用。

【宣传工作】 区红十字会通过多种形式大力宣传“人道、博爱、奉献”的红十字精神，在省、市、区各类媒体平台宣传报道157条，其中，省红十字会网站20条、市红十字会网站9条，镇江市级报刊3条，镇江市电视台3条，区广播电台10条，市微信公众号12条，润州发布4篇，区微信公众号100条，形成全社会积极参与红十字事业的浓烈氛围。结合重要节日组织宣传。在“5·8”世界红十字日、世界急救日等重要节点开展大型宣传活动30场。5月8日，与市红十字会、团区委联合在万达广场开展“点燃生命的希望·爱心相髓”造血干细胞血样采集活动；5月9日，与市红十字会联合在新金江社区广场开展“博爱送健康”启动仪式。围绕红十字会的宗旨和任务，传播国际人道主义，宣讲红十字精神。组织专项业务宣传。组织红十字志愿者走上街头开展艾滋病预防、防火溺水、应急救援救护等专项知识宣讲。进入社区开展中医义诊、健康咨询、造血干细胞捐献、无偿献血等知识宣传。分级分类开展宣传。联合有关部门、街道和社区，利用展牌、宣传栏、微信公众号宣传《中华人民共和国红十字会法》《江苏省红十字会条例》，宣讲世界红十字日的由来、红十字会的基本原则等相关知识。全年组织各级各类宣传活动100余次，发放宣传资料600余份，充分扩大红十字会的影响力。　（区红十字会）

润州区归国华侨联合会

【概况】　2021年，润州区归国华侨联合会围绕党委、政府中心工作，凝侨心、汇侨智，担负起团结服务归侨侨眷和海外华人华侨社团联络联谊的工作职责，发挥党和政府的桥梁和纽带作用，努力为发展大局服务。

【主题活动】　2021年，区侨联组织和发动侨界群众积极参与上级侨联组织的庆祝中国共产党成立100周年活动，组织侨界代表、新侨、海归青年参加市委统战部、市侨联开展的讲座和培训，组织侨联青年参加市侨联青年委员会的“侨心向党——志青春”活动，厚植爱党爱国爱社会主义的真挚情怀，弘扬爱国主义精神，传递侨界正能量。开展“中华文化·馨润侨心”主题活动。1—2月，开展弘扬优秀传统文化公益活动：经典诗歌诵读、书法，中华餐饮文化传承，茶文化研修；联合市侨文化交流基地发起“侨联五洲——全球华人同心抗疫”点茶活动；为侨界群众、留学生家长搭建平台，以丰富多彩的形式，让大家更好地领略、体验中国传统文化之美。开展“侨心向党·奋斗新征程”主题活动。3月，为丰富群众精神文化生活，弘扬雷锋精神，唱响志愿服务正能量，积极营造爱侨护侨的良好氛围，共度一个有意义的节日，发动侨联盟和志愿者，结合喜迎中国共产党成立100周年党史学习教育，精心策划开展一系列丰富多彩的主题活动。开展“润侨有爱　联谊联情”春季公益茶会。联合宝塔路街道车站社区组织一场春天里的爱心志愿服务，以茶为媒，让侨眷与社区联谊联情更连心，增强归属感，凝聚侨心、赢得认可；联合侨联盟单位举办申时茶会，读国学经典。开展庆祝三八妇女节侨界联谊观影活动。组织社区干部、侨之家负责人、留学生家长、志愿者观看影片《你好，李焕英》，向每一个默默奉献的她致敬。联合区文联、区广播电视台举办“遇见更好的你”优雅礼仪、美学礼仪文化公益讲堂，通过礼仪塑造课程，展示新时代女性优雅的风采和魅力，并邀请辖区侨眷、留学生家长以及涉侨企管和机关部门女性代表参加。开展“我为群众办实事”实践活动，举办急救知识与技能培训讲座。4月，联合区红十字会在全国优秀侨胞之家——七里甸街道万科社区，从群众重点关注关心的问题着手，普及现场急救及心肺复苏术基本常识与技能，提高群众应对生活突发紧急情况的能力，弘扬积极向善、救人助人的社会风尚。归侨侨眷、留学生家长及侨联盟成员单位人员，志愿者及社区居民等70余人积极参加本次培训。举办“学党史崇德立行——读红色经典、品传统文化”主题活动。5月，为迎接中国共产党成立100周年庆典，引导侨界人士赓续红色血脉、担当时代责任，区侨联盟单位、侨之家负责人、留学生家长代表一起读党史、微朗诵寄深情，抒发侨界人士的爱党爱国热情，体会美好生活的来之不易，共同传承和弘扬中华民族精神。开展“侨心向党·同心逐梦”送服务、送文艺、送医疗、送法律活动。5月，承办市侨联学党史、办实事、走基层活动，送文艺进润州区万科社区。演出之前，江大附院、北京盈科（镇江）律师事务所、侨企镇江沐家护理院为老党员、归侨侨眷、居民开展义诊、法律咨询、居家护理知识等公益服务。开展端午爱心敬老、“学党史　颂党恩　端午传非遗”主题活动。6月，区侨联携手区委宣传部党支部、区文联、区广播电台等联盟单位和侨界人士，共庆中国共产党成立100周年，同唱一首歌、手工做香囊、涂鸦绘龙舟，传承端午非遗文化，弘扬中华传统文化和敬老美德。联合党建联盟单位风车山社区举办“绘百米画卷 庆百年华诞”活动。开展“学党史 献礼‘七一’政治生日 重温入党誓词忆初心”活动。7月，与党建联盟单位金山街道风车山社区，组织集中学习习近平总书记庆祝中国共产党成立100周年“七一”讲话，组织留学生家长代表及华商会企业代表参加，特邀老党员、江苏慈善大使唐贞与社区老党员一起，集中收看庆祝中国共产党成立100周年大会直播；组织侨界人士学习习近平总书记在庆祝中国共产党成立100周年大会上的讲话精神，并分享收看庆祝大会的体会。举办“侨心向党·侨青启航”主题活动。组织侨界青少年形体礼仪夏令营和消防急救夏令营，壮大“侨+文化+”新业态，提升侨务惠民服务的辐射力，凝心聚力努力画好最大同心圆，服务社会发展大局，联合区妇联、团区委等群团组织，按照“资源共享、阵地共建、合力服务”的模式，开展夏令营、非遗文化传承等系列公益活动，引导侨界人士服务公益事业，落实“两在两同”建新功行动，在为群众办实事上积极贡献侨界力量。举办“礼赞祖国 国庆侨界”快闪活动。国庆佳节期间，侨海文化交流基地——静怡雅学馆在西津渡开展旗袍秀、中国舞演出专场，礼赞祖国、致敬国庆，丰富西津渡景区游客和居民精神文化需求，促进文化交流传承。举办“学党史 颂党恩”重阳节敬老联谊主题活动。为传承中华民族尊老、敬老、爱老的传统美德，区侨联组织联盟单位、侨之家、志愿者走进侨之家沐家护理院，为老人表演文艺节目，共贺重阳、共同祝寿。联合区妇联开展“织爱行动·益童成长”关爱困境儿童主题活动，以走访慰问的方式帮扶5户困境儿童。组织市华商会企业家积极投身公益事业，坚持每年慰问社区困难群众、为困难儿童捐款等，奉献爱心。

【培育亮点】 建成“1+2+3+N”党建+侨务工作阵地矩阵，2021年，在原有的3家国家级示范单位、2家省级示范单位的基础上，创成1家全国优秀侨胞之家、1家江苏省华侨文化交流基地、3家镇江市级微侨家，拓展多家侨联盟单位，初步实现共享共建模式。动员侨界力量开展公益活动，开展“关爱送健康”“送法送政策”“送文化”等活动，把热心侨务的社会组织、志愿者人才用起来，把活动组织起来，把工作干起来，激发群众参与发展的积极性，创新工作模式，深化服务和联谊，从侨务渠道展示润州形象。

【侨法宣传】 指导基层开展法律宣传活动，宣传《中华人民共和国归侨侨眷权益保护法》和《中华人民共和国民法典》，在全国侨务明星社区——万科社区举办送法律服务活动，组织专职律师为群众答疑解惑，受到一致好评。组织“送法进企业”活动，指导基层开展法律宣传，通过多种形式推动，加大侨界的普法力度，增强侨界群众学法、知法、守法观念，取得良好的社会效应。营造知侨、爱侨、护侨的社会氛围，促进侨界和谐。

【联络联谊】 为提高侨眷精神生活质量，助力“润州最滋润”，通过购买服务为侨界群众和海归人员子女开展中华礼仪文化、形体矫正课、非遗手工制作等艺术讲座，把联谊活动与新时代文明实践相结合，让侨界群众和青少年内化于心、外化于行，潜移默化受到中华优秀传统文化洗礼；支持开展群众性文化传承交流活动，润州侨界越剧戏迷经常参加文化交流活动；组织归侨侨眷和留学生亲友参加上级侨联举办的书法、摄影故事大赛等活动，通过文化的力量，拓展“朋友圈”，当好“连心桥”，积极发挥成风化人、凝心聚力的作用。以侨为“桥”，借助海内外侨胞力量，向世界展示润州形象，传播中华文化。

【润侨惠企】 深入学习贯彻习近平总书记关于统筹疫情防控和经济社会发展的系列重要指示精神，持续助力企业复工复产。开展“润侨惠企·助力发展”系列活动，走访企业，根据企业特点送法送政策，助企解困，有温度、有精度推动企业复工复产，帮助企业提高运营与发展活力。

【海归人才服务】 积极发挥侨界人才荟萃、智力密集的作用，当好“蓄水池”，为海归人才服务，发挥易创空间“江苏省新侨创新创业基地”作用，助推“人才+基地”海外引才工作模式，涵养海外人才特别是新生代力量，营造良好的创新创业生态，助推人才集聚发展，多角度助力服务海归人才创新创业。

【侨界扶贫救助】 深入推进“侨界关爱工程”，组织走访侨界重点人士和企业以及海归创业人才。对老弱家庭开展走访，在节日时慰问、在生病时探望、在侨胞回乡时拜访。组织开展老归侨及其家庭的问卷调查及整理、汇总、上报工作，做好困难归侨和老归侨慰问工作，为困难归侨发放定补工作。对移居海外的重点人士，在传统节日对其国内亲友走访慰问。疫情防控期间，通过微信群做好稳定工作。

【群团共建探索】　深入贯彻落实习近平总书记关于群团工作的重要论述，开拓思路，探索“侨+群团”合力合作，同时也为解决侨联人手紧张问题邀请群团共建，联合文联、工青妇组织举办“亲情中华——端午敬老、喜迎中秋国庆、重阳节送健康”系列主题活动，如读红色经典、读党史、言传身教礼仪艺术、开展心理学讲座、“99公益日”捐赠爱心温暖困境儿童、送文化送医疗服务进社区等活动，群策群力，凝聚群团力量，以翻篇归零从头起的心态、无须扬鞭自奋蹄的姿态，为奋力推进润州现代化一流主城区建设发挥更大作用。

（区侨联）

润州区关心下一代工作委员会

【概况】　2021年，全区各级关工委围绕中心、服务大局，进一步完善和落实“党建带关建”工作机制，坚持“服务青少年”正确方向，紧扣立德树人根本任务，加强思想政治引领，培育青少年爱党爱国情怀，努力使广大青少年成为德、智、体、美、劳全面发展的社会主义事业建设者和接班人。

【学习贯彻落实习近平系列重要讲话精神】　3月12日，区关工委组织基层关工委主任集中学习习近平党史教育的讲话，传达省、市关工委关于开展党史学习教育的通知要求。结合主题教育活动做出具体布置，把各项任务落到实处。认真学习习近平总书记在庆祝中国共产党成立100周年大会上的重要讲话，深刻领会习近平总书记在“七一”讲话中对新时代中国青年的殷切希望。结合习近平总书记对关心下一代工作的系列指示精神，始终不忘立德树人初心，牢记“为党育人、为国育才”使命，以“争当表率、争做示范、走在前列”的责任担当，为培养社会主义事业建设者和接班人再发余热。

【“颂建党百年、做时代新人”主题教育活动】　开展“童心永向党　筑梦新辉煌”创作演讲比赛。区关工委召开专题会议拟定实施方案，邀请指导教师、志愿者对各级辅导站进行活动指导和创作题材辅导。各级关工委、各辅导站积极组织辖区青少年在“五老”和辅导教师指导下开展“三走进、三寻访”活动，围绕学党史、颂党恩、听党话、跟党走等题材进行演讲稿创作。全区街道、村（社区）辅导站开展创作演讲活动面达80%以上，参与活动的学生占经常来站人数的70%以上。区关工委组织的老少同台朗诵《永远的九岁》，在镇江市“颂建党百年、做时代新人”文艺展演活动中荣获二等奖。区关工委、和平路街道关工委、金山湖小学联合举办“童心永向党　筑梦新辉煌”庆祝中国共产党成立100周年创作演讲比赛。街道、村（社区）关工委组织开展主题教育活动精彩纷呈。七里甸街道万科社区关工委联合镇江实验学校魅力分校组织学生参加万科社区党委举行的“永远跟党走、奋进新征程”主题活动；官塘桥街道关工委联合官塘桥中心小学组织学生在远洋社区新时代文明实践站开展“童心永向党、筑梦新辉煌”庆祝中国共产党成立100周年创作演讲比赛；南山街道鹤林社区关工委组织开展“童心共绘中国梦、喜迎建党100周年”主题绘画活动，社区退休党员姜青莹为少年儿童讲述党徽知识和《鸡毛信》《闪闪的红星》《小兵张嘎》的故事，引导青少年从小树立远大的理想，热爱红色江山，争做新时代好少年；宝塔路街道庄泉社区开展“童心向党，筑梦成长”红色宣讲活动，邀请社区关工委副主任、老党员何永富为青少年分享其父亲参加抗美援朝的战斗故事及其一家三代参军的事迹，鼓励孩子们从小坚定理想信念；金山街道西津古渡社区关工委联合金山小学开展“听老战士讲那过去的故事”主题教育活动，邀请参加过解放战争和抗美援朝战争的87岁老战士刘文为小学生讲述党史故事和他的革命经历，传承红色基因；韦岗街道关工委利用红色教育基地韦岗战斗胜利纪念碑和韦岗战斗纪念馆进行青少年红色爱国教育。教育关工委组织开展“党史报告团进校园”活动，以思想道德教育老专家为骨干，组织区、校两级“五老”党史宣讲团进入校园开展党史教育，覆盖全区各学校，参与的老同志有近100人；引进多名退二线或退休的省德育先进工作者、市思品学科带头人加入宣讲团，让老党员、老英雄、老模范、老教师走进校园，参加学生党史主题教育活动。

【校外教育资源整合拓展】　拓展校外教育资源，校社联动共建共育助力青少年快乐健康成长。区教育局关工委牵头在金山街道建立学校并与社区共建。金山街道各社区分别与地处社区的镇江崇实女中、穆源民族学校、中华路小学、宝塔路小学、外国语学校西津渡校区和金山小学签订

《学校和社区共建协议书》。学校组织有专长的在职和退休教师到社区为居民和孩子义务进行辅导，开展“帮扶、帮困、帮教、助学”活动。社区为学校学生活动提供场所和条件，配合学校开展校园周边环境治理，优化青少年成长环境。“走百年老巷，寻百年党史”中小学生红色研学打卡活动和校社共建红色阵地、“红色影院”成为学生社会活动基地。街道社区校站共建活动丰富多彩，彰显个性特色和活力。七里甸街道金星社区校外辅导站联合孔家巷小学党支部开展“向心目中的英雄致敬”主题教育活动，党员志愿者和小学生们用画笔寄哀思，共同描绘出“心目中的英雄”，表达对英雄的感恩和敬仰之情；官塘桥街道平山村和宝平社区联合江苏大学志愿者，在宝平社区校外教育辅导站开展“制作创意节能灯，低碳环保伴我行”主题教育活动，志愿者指导孩子们“变废为宝”，制作各种类型的创意环保节能灯，锻炼孩子们动手实践能力，增强其环保和节约意识；官塘桥村辅导站组织志愿者带着孩子们开展“墙绘美丽乡村”主题教育活动，在墙上描绘“美丽乡村”主题画，美化村庄环境，传递正能量；南山街道鹤林社区校外辅导站在端午节举办“浓情粽意，幸福端午”活动；回龙社区校外辅导站在世界粮食日组织开展“爱惜粮食　从小做起”主题教育活动，指导小朋友认识五谷杂粮，了解农作物的生产过程和用途，引导孩子们从小养成爱惜粮食、节约粮食的习惯；和平路街道三茅二社区辅导站在社区廉政长廊举办“童心向党，学党史，画党史”活动，党员志愿者向小朋友们讲述党史红色故事，让红色精神薪火相传；金山社区辅导站联合金山小学和“雯心草”公益服务中心，开展“学习做月饼　喜话中秋节”活动，志愿者带着小学生一起制作月饼，喜话中秋习俗，感受中国传统文化；中国航海日，宝塔路街道庄泉社区校外辅导站开展“图流航海，言‘船’身教”七彩夏日主题实践活动。

【预防未成年人犯罪工作】“‘法润’妈妈宣讲团”进校园、进社区，“行走课程”助成长。由18位政法系统退休女精英组成的“‘法润’妈妈宣讲团”，通过“行走课程”开展法治宣传和体验式教育活动，打造“参与式法治教育”，护航青少年健康成长。通过《中华人民共和国民法典》进校园、进社区宣讲普法，抓好《中华人民共和国未成年人保护法》《中华人民共和国预防未成年人犯罪法》《江苏省预防未成年人犯罪条例》的宣讲。“七一”前夕，区政法关工委4名老党员走进辖区宝塔路小学、朱方路小学等4所小学，为500多名孩子进行内容丰富的暑期安全教育。10月，宣讲团走进镇江市润商小学，举办“童心向党　伴我成长——保护未成年人　预防校园欺凌”主题宣讲进校园活动，给队员们上了一堂别开生面的法治安全教育课。七里甸街道关工委联合区司法局、七里甸街道司法所开展“送法进校园　法润伴成长”主题教育系列活动，司法所工作人员和律师通过法治漫画案例解读、法治展板等，走进长山校区向小学生宣讲《中华人民共和国民法典》及相关的法律知识，增强孩子们的法治意识。11—12月，七里甸街道关工委联合市检察院、区法院、司法所、派出所共同举办“法润相伴助成长”活动周，工作人员先后到润州区南徐小学、镇江市南徐中学和体育运动学校，向学生宣讲《中华人民共和国民法典》《中华人民共和国宪法》和网络安全等法律法规知识，增强学生的法治意识。“五老”志愿者积极参与并助力社区帮教工作。“五老”志愿者协助社区矫正中心实施“一对一”的特定帮扶，运用法律、心理学知识，解决民众法律、心理、就业、做人、就学等实际困难。区关工委吸纳10位“五老”志愿者为全区网吧做不定期巡访，防止未成年人进入网吧，着力维护良好的青少年成长环境。

【弱势群体关爱帮扶】　各街道、社区关工委积极为弱势群体青少年办实事、做好事、解难事。和平路街道征润州社区关工委联合党建联盟共建单位，与爱心企业开展“凝聚爱心　携手同行”第十九届爱心助学活动，向6名新考取的大一新生和8名困难家庭学生捐赠助学金1.9万元，区关工委再次结对捐赠助学。官塘桥街道平山村和宝平社区关工委组织走访慰问辖区4名困难儿童家庭，赠送“开学大礼包”。区关工委、教育局关工委联合关心下一代周报社资助贫困的优秀学生7名，发放“冰凌花”奖学金3500元，联合省、市关心下一代基金会，支持全区大、中、小学贫困学生12名，资助金额18000元。

【关工委组织建设和自身建设】
区关工委认真学习贯彻《江苏省关心下一代工作委员会工作规则》和《中共江苏省委组织部、中共江苏省委老干部局、江苏省关心下一代工作委员会关于完善和落实“党建带关建”工作机制的意见》，依靠“党建带关建”，培育一支“五老”志愿者队伍。区委、区政府对区关工委工作经费予以保证，基层党组织对关工委开展活动确保经费落实。区委组织部牵头召开街道分管领导会议，逐个解决街道及社区基层关工委组织建设问题。2021年，和平路街道征润州社区关工委被表彰为“全省关心下一代工作优秀集体”，银山门社区张桂保、官塘桥街道关工委朱祥明、教育局关工委潘建元被表彰为“全省关心下一代工作优秀个人”。

（区关工委）

润州区关工委举办科普暑假主题活动　（区新闻中心　摄）

法治·军事

栏目编校：孙　伟

政　法

【概况】　2021年，区委政法委坚持以习近平新时代中国特色社会主义思想为指导，统筹协调全区政法力量，有效履职尽责，在防范重大风险隐患、维护安全稳定、服务发展大局、加强自身建设等方面发挥积极作用，全力完成突发疫情防控、中国共产党成立100周年安保维稳、政法队伍教育整顿等重大任务，为实现润州区现代化一流主城区宏伟目标提供政法保障。

【维护社会稳定】　坚定不移把维护国家政治安全放在首要位置，建立健全政治安全工作实施意见及协调机制，落实政治安全重要信息月报送制度。密切关注网络舆情动态，牢牢把握政法领域意识形态主导权。牵头推进中国共产党成立100周年安保维稳工作，强化情报预警，建立上下贯通、整体联动的安保维稳组织指挥体系。聚焦严打整治，开展“云剑”“蓝剑”专项行动，严打黄赌毒、盗抢骗、食药环等违法犯罪，治安乱象整治成效明显。开展防范电信网络诈骗系列宣传活动十余场，电信网络诈骗发案率降幅明显。推进重大决策社会稳定风险评估工作，全区3家公司入选镇江市拟登记备案第三方社会稳定风险评估机构名单，全年对4个重点项目进行社会稳定风险评估。

【常态化扫黑除恶斗争】　巩固扫黑除恶三年专项斗争成果，印发《关于常态化开展扫黑除恶斗争巩固专项斗争成果的实施意见》，建立扫黑除恶斗争领导小组和办公室，组建工作专班，制定常态化工作制度，确保线索有效办理、工作常态推进。全面加强信息网络、自然资源、交通运输、工程建设四大行业领域专项整治，制定“治乱出清”专项整治方案，加大行业领域监管力度，堵塞监管漏洞，有效打击防范四大行业领域突出违法犯罪。全年润州区扫黑除恶满意率位居全市第二。

【社会治理现代化】　全面加强网格服务管理阵地建设，推动建成各街道网格化服务管理中心，试点建设社区网格中心，将做好社会治安、打击非法集资、维护政治安全、反诈宣传等工作纳入网格化管理。承办全市网格规范化、标准化建设现场观摩推进会，介绍润州区基层社会治理先进经验。深化拓展“大数据＋网格化＋铁脚板”治理机制，大力推进“三官一律”进网格活动，全区有504名“三官一律”人员进驻293个网格，开展党史宣讲31场次，走访关爱对象173人次，发放民情联系卡1561张，征集问题线索1105条，化解矛盾纠纷203件。着力提高网格员队伍综合素质，联合区委党校成立润州网格学院，制定《润州区网格员培训计划与方案》，打造集理论研究、队伍培训、实践创新等功能为一体的社会治理教育基地。宣传榜样力量，开设“网格员风采”专栏，宣传优秀网格员事迹，评选30名年度“最美网格员”，营造全区网格员比学赶超、争当标兵的浓厚氛围。

【政法队伍教育整顿】　坚持全面从严管党治警，坚持问题导向，以“刀刃向内、刮骨疗毒”

全区政法暨信访工作会议　　（区新闻中心　摄）

举办“践行‘三强三比’争当政法先锋——政法干部永远忠于党”演讲比赛
（区新闻中心　摄）

的决心勇气，扎实推进政法队伍教育整顿工作。成立由区委书记任组长的全区政法队伍教育整顿工作领导小组，召开区委常委会研究教育整顿工作3次。聚焦学习教育，开展“一把手”带头上党课11场次，政法系统政治轮训27期，观看警示教育片39场次，推出报道15名政法干警先进事迹。推进查纠整改，在规定时限内办结中央督导组、省指导组及举报平台交办转办的信访件194件，针对自身存在的顽瘴痼疾，制定长效机制110个，确保“当下治”和“长久立”双促进。突出成果转化，制定《全区政法系统助力打造“润州最滋润”服务品牌优化法治化营商环境的十二条意见》，组织政法单位发布惠民安民便民项目24条，开展广场普法宣传、法治讲座、《中华人民共和国民法典》宣讲咨询、矛盾纠纷调解、防范网络诈骗等活动100余场次。（洪　昀）

【全区政法暨信访工作会议】　2月23日上午，润州区召开全区政法暨信访工作会议，深入贯彻落实中央、省、市政法和信访工作会议精神，全面部署2021年全区政法和信访工作。市政协副主席、区委书记高国成作出批示。区委常委、政法委书记张庆松出席会议并讲话，区人大常委会副主任刘凯成，副区长、区委政法委副书记、公安分局局长景建国，区政协副主席、区文体旅局局长刘向华，区法院院长张传军出席会议。区检察院检察长张东生主持会议。

【举办“践行‘三强三比’争当政法先锋——政法干部永远忠于党”演讲比赛】　12月9日，举办“践行‘三强三比’争当政法先锋——政法干部永远忠于党”演讲比赛。展现政法干部立足本职、勇于担当的时代风貌和积极向上、奋发有为的精神状态，唱响“忠诚于党、服务为民、公正廉洁、甘于奉献”的时代强音。

公　安

【概况】　2021年，镇江市公安局润州分局坚持以高质量提升行动为主线，围绕人民满意这个标准，坚持问题导向，突出务实创新，完成战疫情、护安全、保稳定、促发展等各项工作任务，公安综合绩效跃升全市第二，政法安全感考核位于全市前列。

【防风险保安全，百年大庆安保凸显新担当】　有力处置某小区突发疫情，完成南京扬州风险人员隔离任务，全区集中隔离、居家隔离人员“零外溢零风险”，践行润州公安“担当奉献、为民守护、慎终如始、冲锋在前”的抗疫精神，分局被评为镇江市抗击新冠肺炎疫情先进集体。扎实开展危化品企业、群租房、三级消防单位等安全领域风险隐患排查整治，做到兜底翻、动态管、常态查、及时改，公安监管领域安全事故全年零发生。

【扛主业守平安，公安主业绩效实现新突破】 聚焦突出犯罪，深化严打整治攻势。侦破公安部督办“2·19”特大假冒注册名表案、部督“5·07”特大电信网络诈骗案，快侦快破“4·29”抢劫致人死亡案、红星紫园故意杀人案等一批大案要案，“微创手术”（将有限的警力借助科技数据力量发挥更大效能）提速线下传统案件侦破工作，街面侵财案件破获和追赃挽损实现“双提升”，公安中心工作实现跨越进步。强化整体防控，提升城市平安品质。试点启动“巡处一体化”警务机制实战改革，实现线下案件大幅下降，接警速度、见警率实现双提高，社会面巡防质态明显提升；应用“风铃夜泊”未成年人团伙流窜犯罪预警模型，全区未成年人流窜作案犯罪降幅达39%；实体化运作反诈中心，精准劝阻2.6万次、成功止付近百起。坚持固本强基，深化基层基础攻坚。和平路派出所、网安电子取证室和社区警务站先后投入使用。规划启动融合实战中心建设项目，首届派出所长“蓝山论剑”比武竞赛获团体第三，为润州公安工作高质量发展不断注入新动能。

【优服务创品牌，警务改革创新取得新成果】 服务营商环境不断优化。率先启动“易民办·一警通”服务品牌，发布助企惠民“润七条”服务举措，年内走访辖区企业330余家，助力纾困解难1500余件，受到中央、省、市多家媒体高频报道。首批派出所“综窗”投入使用。以七里甸派出所为试点，梳理下放车驾管、出入境、户籍等26个高频服务事项，实现“综窗”一门通办、一窗通办，获评2021年度全市公安派出所“综窗”示范窗口。十佳品牌创建亮点纷呈。6个项目获评“十佳”，其中，“微创手术”（将有限的警力借助科技数据力量发挥更大效能）提速线下传统案件侦破被评为“十佳改革创新项目”，部督“2·19”特大假冒注册商标名表案、部督“5·07”特大电信诈骗案、“11·19”系列非法获取计算机信息系统数据案被评为“十佳精品案件”，和平路派出所被评为“十佳派出所”，助企惠民“润七条”被评为“十佳服务效能品牌”。

【重规范提效能，锻造过硬队伍展现新气象】 思想教育促落地，不断提升工作向心力。以党史教育为龙头，深化“一人一重点、领办解难题”党员先锋行动，先后举办“公安大讲堂”、政治轮训、红色教育、先进典型事迹和巾帼宣讲党史报告会54场次，队伍精神面貌焕然一新。问题查纠促落实，不断提升工作执行力。把队伍教育整顿贯穿工作始终，发现整改突出问题62项，追责问责32人，整肃纪律，转变作风，改善风气。激发效能促活力，不断提升工作凝聚力。充分发挥综合绩效考核、全员考核、高质量发展考核指挥棒作用，营造比学赶超的“赛马”精神。坚持严治警厚爱警、树典型激活力、强实训提能力，支部堡垒进一步建强，组织生活进一步抓实，全警素质能力、执法水平进一步提升。 （樊东晓）

润州公安分局机关及所辖派出所一览表

表12

名称	地址	负责人
纪委	南徐大道126号	吴　寅 （党委委员、纪委书记）
政治处	南徐大道126号	张冬妮 （党委委员、政治处主任）
情报指挥中心	南徐大道126号	樊东晓
督察大队	南徐大道126号	刘方国
治安大队	南徐大道126号	眭　晔
刑警大队	南徐大道126号	傅明成

续表 12

名称	地址	负责人
政保大队	南徐大道 126 号	步雪泉
内保大队	南徐大道 126 号	吴晋亮
经侦大队	南徐大道 126 号	顾新峰
禁毒大队	南徐大道 126 号	荀旭东
法制大队	南徐大道 126 号	王才宝
网安大队	南徐大道 126 号	刘　翔
出入境管理大队	南徐大道 126 号	朱　涛
巡特警大队	中山西路 73 号	丰伟华
宝塔路派出所	宝塔路 66 号	乔　路
金山派出所	中华路 189 号	王　飞
和平路派出所	朱方路 74 号	韦晓军
七里甸派出所	七里甸街道	陈晶玮
鹤林派出所	天桥路 16 号	魏　森
官塘派出所	官塘桥路	曲　波
竹林路派出所	菊花山路 9 号	笪成芳
韦岗派出所	韦岗街道	石　晨

检　察

【概况】 2021 年，区检察院认真贯彻落实“讲政治、顾大局、谋发展、重自强”的总体要求，围绕区委、区政府决策部署，狠抓落实，主动作为，检察工作呈现“跑起来”的态势，获得集体荣誉 11 项，个人表彰 14 次，其中国家级荣誉 1 项，省级荣誉 5 项，市级荣誉 7 项。2021 年，全院以“南山蓝”品牌建设为抓手，紧扣“民有所呼、检有所为”，履职尽责，2 件案例相继入选最高检和省检察院典型案例，1 项工作被评为全市 2021 年“十佳法治惠民实事”，办案质效和检察贡献度均取得新突破。

【投身“三大攻坚战”】 深入践行习近平总书记的“两山理论”，立足润州区森林覆盖率高、长江与京杭大运河在此交汇和名胜古迹众多的特点，树立系统保护理念。2021 年，在全省率先试行林业、公安、检察三部门联动机制，构建监管严格、协调有序、监督有力的保护格局。严格落实长江“十年禁渔”铁令，起诉该类犯罪 18 人，追索修复费 54 万元，增殖放流鱼苗 3 万余尾。依法严惩非法吸收公众存款、集资诈骗等破坏金融秩序犯罪，批准逮捕 57 件 78 人，起诉 70 件 220 人。办理公安部挂牌督办的涉案金额达 14 亿余元的“双子新约”网络传销案，切实守护群众的钱袋子。坚持“扶危济困、能救尽救”，为 31 个因案致贫家庭发放司法救助金 34.6 万元。

【优化法治营商环境】 主动融入“润州最滋润”营商品牌建设，制定《服务保障民营经济发展工作暂行规定》，让民营企业家放心创业、安心经营。组建“南山蓝”护航民企工作专班，把打击侵害民企合法权益的犯罪作为惩治重点。办理的瑞祥商城被盗刷案，从快批捕 8 名犯罪嫌疑人，为企业挽回经济损失 20 余万元。秉持少捕慎诉的司法理念，办案环节充分评估涉案企业运行状况，审慎做出检察决定。依法对11名认罪认罚的民营企业家做不起诉处理，建议变更强制措施5人，保障民企平稳发展。对办案发现的企业经营管理漏洞深入分析，制发风险提示函13份，助力企业合规经营。院领导带队开展精准普法活动20次，解决法律问题80余个。

【疫情防控】 面对新冠肺炎疫情，坚决贯彻落实区委决策部署，组织干警近千人次协助开展防控工作。2021年“7·20”南京禄口机场新冠疫情事件暴发后，疫情在周边快速蔓延，引发中央和社会各界高度关注。根据省检察院指定管辖，迅速成立办案组，提前介入引导侦查，提出补充侦查意见49条，依法批捕犯罪嫌疑人5人，有力震慑犯罪。疫情防控期间，通过“掌上检察院”和12309检察服务热线，受理群众诉求210余人次。应用远程加密传递卷宗等举措，帮助福建、广东9名律师异地阅卷，查阅卷宗60册，保障律师执业权利。

【依法打击各类刑事犯罪】 始终把维护社会稳定作为首要任务，保障人民群众安居乐业。严惩抢劫、故意伤害、强奸、聚众斗殴等危害群众人身安全的严重暴力犯罪，起诉97件160人。持续落实全国“断卡”行动要求，深入田间地头开展普法宣讲30余场，服务群众1万余人。办理帮助网络信息犯罪等案件21件44人，努力遏制电信网络诈骗高发态势。按照依法办理、舆情引导和社会面管控“三同步”要求，妥善应对陈某某等42人医保诈骗案、郑某拒不支付劳动报酬案等敏感案件，做到公布案情适时、释法说理到位，钝化社会矛盾，维护辖区稳定。

【决战决胜扫黑除恶专项斗争】 坚决贯彻中央、省、市、区委和上级检察机关决策部署，始终把扫黑除恶作为重大政治任务牢牢抓在手上，落实“是黑恶犯罪一个不放过、不是黑恶犯罪一个不凑数”的工作要求，办理黑社会组织性质案件2件13人，恶势力犯罪案件6件88人，扫黑除恶办案组获市检察院表彰。围绕“破网打伞”“打财断血”部署，排查涉黑涉恶线索17条，移送“保护伞”线索2条。2021年，顺利完成省公安厅挂牌督办的兴化涉黑案件的扫尾工作，追捕2名在逃涉黑人员并提起公诉，对黑恶财产刑未执行完毕案件逐一过堂，追缴违法所得30万元。

【刑事诉讼监督精准有力】 充分履行检察职能，既做犯罪的追诉者，又做无辜的保护者。监督侦查机关立案5件，撤案20件，追捕25人，追诉6人，纠正各类违法情形38件。对刑事裁判提出再审检察建议、抗诉10件。针对脱漏管等情形发出纠正违法通知书12份。开展服刑人员违规领取养老金等专项监督3次。创新刑事执行监督工作机制，探索RNR智能互联检矫一体化履职模式，推动社区矫正检察做到“实时监督”“前置监督”，被列为全市2022年度政法重点创新项目。

【民事行政监督扎实有效】 在区人民法院的支持配合下，实现检察机关对民事、行政、执行案件卷宗的正副卷一并调阅，为推进“全面审查、深层监督”奠定基础。在区委政法委指导下，与区法院、区公安分局联合制定《关于建立健全严厉打击“套路贷”虚假诉讼违法犯罪沟通协调机制的意见》，以民间借贷领域案件为突破口，强化对虚假诉讼的法律监督，摸排虚假诉讼线索30余条，发出再审检察建议7条，法院再审改判。开展“促进行政争议实质性化解”专项活动，通过领导包案、公开听证等方式，强化释法说理，做好当事人服判息诉工作。

【公益诉讼检察创新有为】 组建“南山蓝”公益诉讼红色办案团队，在全市首家引进无人机助力调查取证，对辖区山体、长江、古运河开展常态化巡航监测。2021年，移送线索17条，办理相关案件21件62人。依托“我为群众办实事”等机制，稳妥有序拓宽公益诉讼范畴，聘请4名行政机关执法人员担任检察官助理，在线索发现、监督办案等方面借智聚力。依法查明“五卅”演讲厅等文物墙体受损、存在消防隐患等问题，发出诉前检察建议，督促有关部门履行文物保护职责。

【创新未成年人司法保护】 在办理未成年人犯罪案件的同时，加强在未成年人犯罪预防、权益保护等方面的探索。以贯彻落实“一号检察建议”、构建社会化支持体系为抓手，与有关部门深化合作，形成校内和校外同步、家庭与社会并重的工作闭环，办理全市首例支持性侵案件被害人向校外培训机构起诉案，受害人获赔2.5万元。开展“南山蓝”未成年人零犯罪社区创建，围绕未成年人不良行为预防、矫正和社会关系修复等问题，编写《未成年人不良行为自我预防》，获评镇江市2021年十佳法治惠民实事项目。开展困境未成年人关爱计划，为4名未成年人落实每月1000余元的生活补助，向2名未成年人发放司法救助金 2 万元。

【守护群众舌尖上的安全】 努力找准检察机关守护“食品药品安全”的切入点，积极开展“保障千家万户舌尖上的安全”公益诉讼专项监督活动。办理公安部“净网 2018”行动挂牌督办的“2·24”特大生产、销售假药案，追捕 4 名法定刑为 10 年以上有期徒刑的犯罪嫌疑人。有针对性地开展外卖平台食品安全问题排查，立案 16 件，督促相关部门依法取缔 40 余户超出经营许可范围、未公示食品经营许可证的商户。联合区卫健委开展学校周边食品安全专项行动，发出检察建议 3 份，督促有关部门履职尽责。

【完善司法责任制配套改革建设】 深入推进检察人员分类管理，完善员额检察官办案责任制，坚持放权与追责统一。严格落实入额院领导带头办案，发挥示范引领作用。修改完善《润州区检察院检察官业绩考评补充办法》，把检察贡献度纳入考核评价体系，引导检察官更新司法理念，勇于担当作为，获省检察院大会表扬。始终把案件评查作为提升司法质效的重要抓手，坚持质量评查和司法瑕疵认定相结合，评查各类案件 490 件，强化结果运用，提升司法质效。

【积极支持配合国家监察体制改革】 依法侦查办理镇江市水政监察支队原支队长韩某某滥用职权和受贿案、镇江市交通产业集团原副总经理杜某某受贿案等一批职务犯罪案件，完成国家监察体制改革前的“收官战”。不断完善与监察机关提前介入、线索移送等协作机制，细化证据标准，实现监察调查和司法程序有效衔接。办理镇江市城市干道工程建设办公室原副主任郁某受贿案、区土地房屋开发总公司原总经理吴某受贿案、镇江海事局大港海事处王某受贿案等一批大案要案，取得良好的社会效果。

【积极推动认罪认罚工作落地见效】 牢固树立协作意识、规范意识和人权保障意识，优化司法资源配置，积极推进认罪认罚从宽制度落实，促成犯罪嫌疑人、被告人主动认罪认罚，释放检察善意，厚植党的执政根基，为全区经济社会发展创造良好的法治环境。办理的涉案金额达 2 亿余元的德成财富投资管理有限公司虚开增值税专用发票案，通过深化检律协作，促成各被告人自愿签署具结书，实现案结事了人和。

【抓实检务公开】 牢固树立监督者主动接受监督的意识，主动向区人大常委会报告经济犯罪检察、民事行政检察等专项工作，认真执行区人大及其常委会的决议，改进检察工作。注重开展听庭评议、“检察开放日”、专题视察等“定制联络”活动，联络 632 人次代表委员互动交流，增强对检察工作的亲历性和认同感。积极传播“润检好声音”，2021 年发布检察资讯 109 期，获最高检、省委政法委、省检察院采用 63 期，“润州检察在线”获评镇江市检察系统唯一的“优秀政务媒体”。

（润检办）

法　院

【概况】 2021 年，区法院坚持以习近平新时代中国特色社会主义思想为指导，紧紧围绕“努力让人民群众在每一个司法案件中都感受到公平正义”的工作目标，积极践行司法为民、公正司法主线，牢牢把握政法队伍教育整顿契机，不断加强审判执行工作和自身建设，努力打造一支忠诚、干净、担当的法院队伍，各项工作取得新进展。全年受理案件 11128 件，审执结 10441 件。区法院被评为全省优秀法院，金山湖人民法庭被评为全省法院党建工作先进集体。

【依法维护社会和谐】 依法打击各类犯罪，受理刑事案件 364 件，审结 338 件 540 人。严厉打击危害社会经济秩序、群众人身财产安全等违法犯罪活动。不断深化民事审判职能，受理民事案件 5610 件，结案 4636 件。妥善审理各类涉民生案件 1598 件。组织法官进社区、学校，开展法律宣讲 20 余次。全面加强行政审判工作，审结行政诉讼案件 639 件。加大行政行为合法性审查力度，依法判决撤销、变更、确认违法和责令履行法定职责 22 件，占 3.9%，促进行政机关依法行政。加大行政诉讼协调和解力度，经法院协调后，原告主动撤诉 162 件，占 28.8%。加大执行力度，保障当事人的权利。受理执行案件 3926 件，执结 3677 件。在执行“3+1”核心指标中，有财产可供执行案件法定审限内执结率超全省平均水平，其余指标全市领先。

【服务优化营商环境】 制定 18 条优化法治化营商环境举措，得到区委主要领导批示肯定。妥善审理重点项目、重大工程和先进制造业案件，全力支持官塘新区建设等区政府重大工程实施项目。维护公平诚信市场秩序，审结买卖、承揽等商事案件 861

件，依法维护合同效力，市总商会调解工作站被评为“江苏省优秀商会调解组织”。支持民营经济发展，审结合同诈骗、侵占、挪用资金等侵害民营企业犯罪案件4件，妥善化解股东出资、股权转让等投资纠纷20件，切实保护中小投资者权益。全力服务“六稳”“六保”，助力产业结构转型升级，综合运用清算、和解、重整、“执转破”等方式，推动16家企业有序退出市场，清理债务9194余万元，通过“府院联动”机制为“东方伟业”烂尾楼100多名业主办理房产证，促进破产案件顺利进行。防范化解风险隐患，深入基层开展诉源治理，主动融入“无讼村居（社区）创建”，就地化解矛盾。坚决维护金融秩序和金融安全，审结金融纠纷案件904件，执结涉银行债权案件985件6456余万元。强化风险排查研判，妥善化解涉诉涉访案件3件。

【提升群众司法获得感】 着力推进一站式多元解纷体系建设。制定《诉讼服务一窗通办工作规范（试行）》等10项规章制度，实现“一窗受理、一站服务”。细化工作举措，提供精准服务，开辟残疾人、老年人诉讼绿色通道，为残疾人、老年人上门立案13次，开展“指尖”立案和“云端”审判，网上立案1686件，云上开庭175次。强化执行救助工作，发放司法救助金20余万元。不断扩展“9+2”诉前调解模式内涵。大力推进“一站式”多元化纠纷解决机制建设，完善“9+2”诉前调解工作体系，扩展内涵，诉前调解案件2945件，调解成功率70.1%。完善物业纠纷调处规则，推动物业纠纷“速评、联调、快结”，物业纠纷诉前调解成功率达58%。加大家事纠纷调解力度，家事纠纷案件调撤率达63%。“一站式”多元解纷工作经验被全国政法队伍教育整顿中央第六督导组评价为“践行习近平法治思想的生动实践”并被“学习强国”推介。联调联动推进“诉源治理”。联合区委政法委、妇联等部门共同制定文件，深度衔接司法服务与基层治理工作，形成有效化解矛盾纠纷合力。

【审判监督管理】 开展审判质效提升专项活动，成立工作领导小组，颁发《关于开展审判质效提升专项活动的通知》，详细制定提升方案，确定每月员额法官结案如期完成质效指标提升任务。实行平时和星期六加班，要求全院员额法官和法官助理星期六加班，平时自主加班，并要求院庭长做好陪同指导工作。加大质效数据通报力度。每10天通报一次全院员额法官结案任务完成情况，每月第一周通报全院及各部门、员额法官审判质效情况，对质效差距较大的部门及法官，要求其说明原因及下一步改进措施。2021年，除行政案件外，有5项指标高于全省平均值，其中法定正常审限内结案率、案件平均审理天数两项指标位列全市基层法院第一。

【深化司法改革】 不断深化行政诉讼集中管辖制度，建立与行政案件属地法院、属地政府协调配合化解行政争议工作机制，获最高人民法院肯定，被省高院推广。推动行政机关负责人出庭应诉工作，行政机关负责人出庭应诉率100%。加强司法与行政良性互动，开展执法会商研讨、现场观摩庭审等活动10次，协助培训执法人员2000余人次，1条行政司法建议被评为全省法院优秀司法建议。试点人民陪审员制度改革，依据新人民陪审员法选任157名人民陪审员，颁发《参与司法监督管理办法》《双向互评办法》等5项制度，推动人民陪审员实质性参审，人民陪审员参审案件1229件。实施法官助理分阶培养改革，为全院20名在编法官助理建立“择优进阶”培养制度，3名优秀法官助理被遴选为员额法官。推进驻庭书记员改革，打破法官、书记员“一对一”配置模式，实现审判资源的集约整合。

【打造过硬法院队伍】 常态化开展党史学习教育，组织全院干警每周固定两次集中学习、交流研讨，在内网和公众号开设党史专栏，鼓励干警利用碎片化时间自学。全年，开展党史专题演讲、征文、讲座等活动8次，组织干警到市廉政警示教育基地、亚夫纪念馆等场所开展廉政和红色教育现场教学5次。深入开展党建工作，坚持以党建带队建促审判，金山湖人民法庭被评为全省法院党建工作先进集体。纵深推进政法队伍教育整顿，坚持将教育整顿作为重要政治任务，紧紧围绕目标任务和上级部署要求，扎实开展“四项教育”，持续深入做好查纠整改各项工作，注重总结提升，巩固深化教育整顿成果，全院队伍教育整顿工作得到全国政法队伍教育整顿中央第六督导组的充分肯定。严肃查处违纪违规，开展违反干预司法“三个规定”问题摸底排查，组织全院干警如实填报723份情况申报表并逐一核查。常态化开展审务督察15次，开展谈心谈话299人次，对11名干警运用“四种形态”第一种形态进行问责，进一步规范纪律作风。认真开展教育整顿“回头看”，结合

"我为群众办实事"、"两在两同"建新功等活动，制定《干警个人重要事项报告制度》等24项规范干警个人行为和审判工作相关的规章制度，提升群众满意度。

司法行政

【概况】 2021年是"十四五"规划的开局之年，也是"八五"普法的启动之年，润州区司法局扎实履行行政立法、行政执法、刑事执行、公共法律服务四大职能，全力开展好各项司法行政工作。金山司法所获"江苏省后续照管工作先进集体"称号，七里甸司法所所长蒋佃能获全省"司法为民好榜样"称号，公共法律服务管理科工作人员袁奇获"全省法律援助先进个人"称号。

【推进法治建设】 依法行政水平提升。加强决策主体法治意识，落实区政府常务会议学法制度，常态化开展会前学法、专题讲座等。落实行政决策合法性审查制度，承办政府协议审查事项45件，办理区政府涉法事务10余件。推进行政复议规范化建设，确保行政复议办案质量。年内新收行政复议申请22件，审结20件，其中包括上年度结转案件4件。行政复议案件直接纠错数4件，直接纠错率27%。所有案件均做到案结事了，未产生后续矛盾。编写案例材料，入选全省行政复议应诉典型案例研讨会案例。法治宣传深入人心。积极部署开展村（社区）网格"法律明白人"培训活动，分批次对全区323名网格员进行培训，确保法律明白人持证上岗；重点突出《中华人民共和国民法典》的宣传，开展活动24场次，受教育群众5000多人次，发放各类宣传资料1.2万余份。

【深化社会治理】 充分发挥人民调解维稳第一道防线作用。统筹打造区级"双十"工程，继续强化行业性、专业性调解组织建设。不断完善人民调解、行政调解、司法调解"三调"联动体系，调解成功案例3200件并及时录入小助手平台；司法行政非诉管理平台录入案件541件，其中法院引调8件，微解纷申请9件，苏解纷申请49件，机构登记475件，都得到及时分流与处理。强化法律援助实现便民化。降低法律援助门槛，做到应援尽援，切实维护弱势群体合法权益。全年受理法律援助案件299件，提供法律帮助151件，解答群众法律咨询462人次，帮助群众挽回经济损失300余万元。聚焦实效监管强化精准矫正。深入贯彻执行《中华人民共和国社区矫正法》《社区矫正实施办法》，全面提升社区矫正执法管理标准化、规范化。组织召开公检法司联席会议，商议开展联合执法专项督查，并专题研究《进一步加强全区社区矫正执法规范管理工作意见》。完成"必接必送"重点帮教对象47人，衔接率和列管率均达100%。

【优化营商环境】 多措并举服务经济社会发展。制定《2021年营商环境优化行动实施方案》，为打造"润州最滋润"品牌营造良好法治环境。成立16人的润州区科技企业法律服务团，为企业在申报高企、科技研发、知识产权保护、成立工作站、劳动用工等方面提供支持。公共法律服务提升群众法治获得感。法律顾问线上线下相结合，深入村（社区）开展《中华人民共和国民法典》宣讲40余场次。同时，积极参与网格治理工作，取得较好的社会效果。积极推进证明事项承诺制工作。深入推进"减证便民"，坚持以"效率换时间"，对拟实行告知承诺制证明事项进行梳理，向有关部门广泛征求全面推行证明事项告知承诺制工作方案意见，进一步优化营商环境。

【开展队伍教育整顿】 队伍教育整顿开展后，局党组高度重视、迅速部署。充分运用"6个1"工作法，组织集中学习10余次，参观教育基地2次，重点发言72人次，撰写心得体会60多篇，选树英模1人；《政法干警自查事项报告表》填报完成率100%，案件线索结案率100%；召开征求意见座谈会3次，征求意见建议12条，公布便民举措17条，建章立制7条。

（许文珺）

军事

【概况】 2021年是中国共产党成立100周年，也是国防和军队建设"十四五"规划起步之年。人武部坚持以习近平新时代中国特色社会主义思想为指导，深入贯彻习近平强军思想，全面贯彻落实上级部署要求，紧紧围绕庆祝中国共产党成立100周年，突出举旗铸魂强引领，瞄准备战打仗强能力，从严正风肃纪强保证，统筹推进疫情防控和年度工作，全面建设稳中有升，发展态势良好。区征兵工作被省军区表彰为"征兵工作先进单位"，部长张成在省军区组织的军事训练考核中获得军分区指挥军官个人成绩第二名。

【党管武装工作】 以迎接中国共产党成立100周年为契机，以弘扬伟大建党精神为动力，全面贯彻思想建党、政治建军要求，确保人武部建设坚定正确的政治方向。把抓好党史学习教育作为贯彻全年的重大政治任务，集中组织观看七一庆祝大会，深入学习十九届六中全会精神，组织开展“学党史、颂党恩、跟党走”主题征文活动，利用党小组会等形式，开展学习习近平“七一”讲话精神交流活动，并组织到镇江方志馆进行重温入党誓词活动。利用民兵轮训备勤时机，邀请院校教授进行党史学习教育辅导授课，并集中组织观看电影《守岛人》。组织周末讲堂，邀请国防大学政治学院教授，为地方领导干部开展国防法规专题授课。9月3日，召开区委常委议军会，研究解决民兵整组、基层规范化建设、征兵等相关工作，协调区委组织部制定《关于加强街道专武干事管理使用的实施意见》。12月21日，组织区领导和街道领导到73056部队开展军事日活动，党员领导干部履行国防职责意识进一步提升。

【兵役征集工作】 采取线下与线上、普遍宣传与精准发动相结合的方式，利用大数据，进行一对一、点对点的征兵宣传。整合自有宣传资源，协调万达广场等辖区商场组建“润州区国防教育公益联播平台”，持续进行征兵宣传。军分区司令员、政治委员先后到辖区惠龙易通宣讲带编入伍政策、召开座谈会，该企业2名员工参军入伍。压实街道征兵责任，围绕征兵工作新形势新要求，在江苏大学京江学院举行征兵宣传晚会，现场解答征兵政策，制定征兵奖励措施。全区大学毕业生占征集总数的69.2%，其中包括5名女兵，完成年度征兵任务。

【练兵备战工作】 深入学习贯彻习近平主席在中央军委军事训练会议和开训动员会上的重要讲话精神，加强党委对练兵备战的统一领导，定期议战议训，督促训练落实。狠抓后备力量建设，积极拓展民兵编兵渠道，协调中国联通、捷诚电子等国有企业编建民兵分队。坚持按纲施训，组织开展抗洪抢险、森林灭火、交通抢险等应急应战行动训练，完成全年民兵和所属人员训练任务。组织民兵“四会教练员”强化训练，并在军分区组织的“四会教练员”比武中取得第二名。狠抓基层规范化建设，先后组织街道专武干部到高邮、丹阳参观学习基层规范建设成果，按照动员部署、检查督导、逐家验收的方法，推动街道武装部规范化建设，所属8个街道均完成达标建设。

【风气建设】 严格遵守廉洁征兵“十个不准”，始终坚守底线、红线，全区没有发生一起关于廉洁征兵的投诉，廉洁征兵监督员证书颁发现场照片被《中国国防报》电子版头条和封面采用。注重人员培养，开展文职人员军事技能培训，鼓励社招文职立足岗位建功立业，并作为国防动员系统案例被《解放军报》报道；狠抓职工队伍素质建设，采取强化训练、岗位练兵、奖惩考评的方法，促进职工群体能力提升；建强专武干部队伍，继续优化完善专武干部选人用人流程机制，加大培养力度，激发工作动力，新任职专武干部均顺利通过上级认证考核。 （李 云）

经济管理

栏目编校：田 崇

经济发展与计划管理

【概况】 2021年，面对周边零星散发的新冠肺炎疫情和复杂多变的宏观经济环境，坚决贯彻区委、区政府的各项决策部署，紧扣“实施‘双轮驱动’、筑造‘四个主城’”的奋斗目标，锁定重点、强化举措，统筹推进疫情防控和经济社会发展，全区经济运行总体稳定，国民经济继续保持恢复态势，社会民生事业协调发展，实现“十四五”规划的良好开局。

2021年，实现地区生产总值273.69亿元，比上年增长9.5%；一般公共预算收入14.66亿元，增长5.15%；完成固定资产投资56.57亿元；完成服务业应税营业收入141.17亿元，增长10.5%；社会消费品零售总额134.6亿元，增长17.4%；城镇常住居民人均可支配收入58145元，增长8.2%。

【经济产业转型升级】 围绕润州区“十四五”规划产业布局，积极培育以生产性服务业和数字经济为主的城市经济产业，汇聚实施“双轮驱动”的发展动力。生产性服务业发展成效明显。在省服务业综合改革试点成效基础上，围绕金融、信息、科技、商务等重点领域，不断增强生产性服务业优质高效供给，区商务金融服务集聚区（省生产性服务业集聚示范区）全年实现营业收入50亿元，集聚企业409家，实现就业12000人。润州区作为“生产性服务业发展成效明显的地方”获省政府办公厅督查激励。数字经济发展加快推进。围绕新一代信息技术产业链为数字经济发展谋篇布局。2021年，润州区注重相关领域优质成长型企业的培育，召开数字经济座谈会，明确官塘创新社区“数字经济引领区”的建设任务。阿里和润数字产业园、易华录数据湖等重点产业项目在受规划和能耗“双控”的制约下克难求进，积极寻求大项目龙头带动的新路径；江苏冬云云计算股份有限公司入选省规划布局内重点软件企业；江苏鼎峰信息技术有限公司、镇江市新创计算机系统集成有限公司入选省“专精特新”软件企业；镇江广善德大药房有限公司、镇江市佳艺制帽有限公司获得省星级上云三星级认定。消费市场活力不断释放。由于周边新冠肺炎疫情的反复，全区消费市场短期有所波动但整体向好。2021年，润州区成功入选首批省级文化和旅游消费试点单位名单，通过省级全域旅游示范区创建会议评审，全面启动全域旅游示范区创建工作。同时，“润州请您来赏秋”提振文旅消费，发放“品秋”餐饮消费券、“秋实”购房优惠券、“赏秋”景区消费券。此外，在产业培育的过程中，严格落实能耗“双控”目标，对2家重点耗能企业加强指导和服务，采取有效管控措施，将能耗数据接入省能源监管平台，确保能耗总量和强度完成年度计划。

【项目建设】 坚持创新驱动,聚焦重要载体和关键环节，强化补短板、强弱项力度，不断催生经济发展的新动能。聚力招商引资。对照“四群八链”产业地图，多次到北京、上海、深圳等地开展专题招商，举办“和润之州 镇等你来”深圳招商推介会，引进一批与城市经济具有较高适配度的优质项目落户，签约1亿元以上项目16个，落地项目12个，营造浓厚的项目招引氛围。攻坚重大项目。建立区重点产业项目挂钩联系制度，对进度缓慢的项目倒排问题解决时限，农商行改造、阿里和润数字产业园等实现开工建设，成功举办镇江数据湖项目发布会，东南大学校友经济产业园先导区（镇江）开园运营，贯彻落实区党代会“双轮驱动”战略。重视招才引智。到西安开展招才引智“镇江日”润州专场活动，制定《关于实施“润州英才”计划（2021—2025）的意见》，省“双创计划”任务完成率达300%，为历史最佳。连续4年实施“润州英才”计划，前3届33个入选人才项目全部完成落户经营，21个项目获得市“金山英才”计划支持。推进重点片区打造新经济增长点。官塘创新社区作为全市九大重点片区之首，2021年，制定《官塘创新社区高质量发展行动计划》，投资运营公司注册成立，核心区城市设计及产业规划获批发布，西理镇江智造园、南航国家技术转移中心镇江分中心等一批高质量项目顺利签约，实现良好开局。

【营商环境建设】 围绕“润州最滋润”营商服务品牌建设，不断加强与辖区各类企业的常态化联系，让润州服务更有速度，也更有温度。为健全工作体系，润州区建立常态化服务推进机制，成立区优化营商环境“润州最滋润”品牌建设工作领导小组，制定《润州区打造“润州最滋润”服务品牌优化营商环境十条规定》，积极为落户润州投资兴业的企业创造最优的环境。同时，深入推进“放管服”改革，建立“不见面审批”清单动态调整机制，安排专项资金为新设企业准备创业礼包，并率先在全市实施“退役军人一件事”改革试点，全区“不见面”率保持100%。此外，开展两轮集中性企业走访活动，成功举办城市经济发展大会，兑现29条产业政策资金2595万元。2021年修订的城市经济奖，更是充分吸纳企业的建议，将实体企业与金融、类金融机构作合理区分，将企业投票首次纳入促进奖评选环节，在提高评优工作质量的同时，提升企业的参与度。

【生态环境建设】 深入打好污染防治攻坚战，守牢生态安全底线，聚焦生态环境建设，不断改善城区的环境质量，着力打造绿色宜居城市。高标准编制《润州区“十四五”生态环境保护规划》，在全省率先成立润州区河湖管护党建联盟，“党建+河长制”管水新模式被省河长办肯定。地表水断面水质优Ⅲ比例稳定保持100%，团山尾矿库已按要求完成全部整改工作，金山湖幸福河湖样板初步建成，回龙山水库溢洪道下游下段整治和官塘桥街道东风河D段整治顺利完工。在强有力的生态环境整治行动下，全区空气、水、土壤环境质量均得到显著提升。同时，在城市管理和建设方面同样显有成效，海绵城市建设达标率100%，全区206个小区完成垃圾分类基础设施设置，建设垃圾分类省级达标小区30个，区十八进美丽宜居住区建设入选2021年省级美丽宜居城市试点项目。高效推进桃园小区二期、金山西路3号院等4个片区老旧小区改造工作，面积10.22万平方米，惠及居民1522户。（区经发局）

国有资产管理

【概况】 2021年，区国资办积极稳妥、有序推进，抓好国企市场化改革。制定《润州区国企改革三年行动实施方案（2020—2022年）》，细化改革任务9大项53条，当年完成改革任务80%以上，指导全区13家企业在全市率先完成全民所有制改革。先后制定《区属国有企业工资总额管理暂行办法》等12个文件。依法合规做好国有产（股）权转让和国有资产投资。建立国有资产动态监管平台，实现对全区国有独资及下属全资、控股、参股企业产权登记的全覆盖。设定区属平台公司资产负债率预警线，制定区属国有企业融资管理制度，规范企业融资行为。（区国资办）

自然资源和规划管理

【概况】 2021年，市自然资源和规划局润州分局始终坚定把握新发展阶段，贯彻新发展理念，构建新发展格局，全力精准保障，全面从严管理，主动适应疫情防控下经济社会发展方向，及时调整自然资源和规划工作着力点，努力实现润州区自然资源和规划工作的新发展。

【资源保护】 完善耕地保护责任目标考核办法，坚持耕地保护全覆盖，严守耕地数量和质量红线，加大日常巡查和违法查处力度。耕地保有量达1260公顷，远超上级部署要求的400公顷的任务。官塘桥街道秀山村整治项目新增耕地面积 1.42 公顷。采取调查摸底、主动对接、及时监测、工程实施、全民参与等多种方式，超额完成成片造林 20 公顷（其中，净增造林 6.67 公顷，退化林修复 13.33 公顷），森林抚育 26.67 公顷，“四旁”植树 4.16 万株；完成凤凰山宕口 2 个图斑治理工程，通过上级验收，南山风景区 3 个废弃宕口自然复绿，生态环境日益改善。坚持“保护资源与保障发展并重，把节约集约放在首位”，采取“布局集中、产业聚集、用地集约”的发展战略，扎实开展低效闲置土地专项清理活动，低效用地盘活 10.67 公顷，清理处置批而未供地块面积 28.77 公顷。

【服务保障】　以现行国土空间规划为基础，紧密衔接正在编制的国土空间总体规划及“十四五”规划，编制完成过渡期使用的国土空间规划近期实施方案，以近期拟实施项目为基础、产业项目为重点，衔接成片开发，保障未来两年要进行成片开发征地的区域留出项目发展空间，为“十四五”规划项目落地提供空间保障。积极参与官塘创新社区核心区城市设计，认真做好辖区企业帮扶工作，深化“放管服”改革，优化营商环境。2021 年，润州区 7 个成片开发区获省政府批准，拟征收集体土地 183.6 公顷，完成 1 个用地批次（项目），用地面积 9.93 公顷；2 个用地批次的 31 个地块征地报批工作提交市自然资源和规划局审核，上报使用林地项目 2 个批次，用林面积 0.62 公顷；保障高新区高端产业园、312/346 国道改扩建工程等重大项目用地、用林需求；配合市不动产登记中心开展不动产权籍调查 80 余宗；办理建设用地规划许可证 17 本，办理建设工程规划许可证 5 本，审批临时用地 3 宗，办理临时建设工程规划许可证 3 件。做到重大基础设施、重大产业项目和重大民生工程应保尽保，实现行政许可事项进中心 100%、规划公示率 100%、网上公开透明运行 100%。梳理 498 个新增建设用地图斑报批情况，协助作业队伍完成 1623 个图斑调查举证工作，总面积 524.54 公顷，调查成果通过省规划院核查，提交自然资源部。

【惠民举措】　扎实做好征地农民社会保障工作，征地补偿安置费用和社会保障费用及时足额到位。建立森林防火和地质灾害综合值班制度，确保全天候、全气候轮岗值班，履行防火防灾职能，消除安全隐患。有序推进不动产权发证工作。组织工作人员长期驻点，采取上门服务、宣讲政策、提供咨询、现场收件、即刻办理的方式，完成第一批韦岗街道农房确权登记公告公示。2 月 26 日，颁发第一批农村不动产权证书 11 本，走在全市前列。在地质灾害防御方面，拉网式排查出全区范围内地质灾害隐患点 45 处，巡查 125 次，发放防灾工作卡 90 份、避险明白卡 196 份。及时修编完善防御和调度预案方案，牢牢把握防汛主动权，打赢台风“烟花”硬仗，没有发生一起人员伤亡事故。在推进平安林区方面，严格落实防火责任制，积极开展森林防火宣传教育，清理林下可燃物，购置防火物资，从源头上消除森林火灾隐患，从设备上提升防灭火能力，全区没有发生一起森林火灾。此外，多措并举推动信访工作，畅通信访信息网络，围绕信访工作职责，强化信访工作措施，做到事事有着落、件件有回音。全年受理各类信访事项 104 件，均在规定时间内办结。

【从严执法】　坚持预防为主、全程监督、惩防并举的巡查思路，突出巡查重点，更新巡查方式，加大巡查力度，扩大巡查广度，升级巡查技术，构建“互联网 +”大数据时代下协同监管新格局。积极推进农村乱占耕地建房问题专项整治工作，落实“大棚房”、违建别墅清查等专项行动后续任务，纵深推进自然资源和规划领域扫黑除恶等专项行动，扎实推进违法用地综合整治三年行动，开展动态巡查 812 次，处理土地违法案件 15 宗，面积 27.63 公顷，全部整改到位。准确核查部、省下发的卫片图斑 23 个，面积 25.75 公顷，未发现违法用地。

【党风廉政】　自觉接受党中央的集中统一领导，在思想上、行动上同以习近平总书记为核心的党中央保持高度一致。深入开展党史学习教育系列活动，利用中心组学习、“三会一课”、主题党日等载体广泛开展党史诵读、专题研讨、专题宣讲、红色教育。坚持领导示范领学、原原本本自学、专家学者讲学、实地参观践学、精准融合促学，确保党史学习教育入脑入心、见行见效。以党史学习教育、“我为群众办实事”、“两在两同”建新功等活动为抓手，先后组织党员干部到新四军四县抗敌总会纪念馆、沙家浜革命教育基地、苏州革命博物馆、镇江市博物馆开展实践教学，参观中国共产党在江苏历史展，不断增强党员干部、公职人员廉洁自律意识和拒腐防变能力。通过把党风廉政建设、日常综合管理、业务工作开展等相关制度一体化执行，重点突出考勤管理、作风纪律、服务效率等方面刚性制度的落实，进一步杜绝“慵懒散、不作为、慢作为”的现象和问题。创建全市系统首家党员教育实境课堂、入选省自然资源和规划厅党建与业务深度融合优秀案例。

（市自然资源和规划局润州分局）

交通管理

【概况】 2021年，区交通运输局围绕年度重点工作，凝心聚力，主动作为，真抓实干，确保各项目标任务落实到位。

【农路管养】 落实辖区内农村公路管理养护责任，对全区31千米农村公路进行养护安全生产大检查，发现隐患立即整改，确保公路安全畅通。2021年，区交通运输局农路管养部门投入养护资金70余万元，修复各类道路病害150多处2200平方米，安装各类农路标识标志74块，设置护栏380米，更新标线800平方米。处理各类涉农村公路投诉和建议30余件，办结率100%，满意率100%。位于韦岗街道的石韦路（212县道）是韦岗的一条主要干道，关系到当地群众交通出行的安全，为加强县道安全隐患治理，通过实地调研，区交通运输局把“石韦路高堤路段安装防护栏”作为“为群众办实事”的重点项目，投入资金40余万元，实施石韦线公路安全生命防护工程。对照2020年农村公路安全生命隐患排查数据，邀请专业设计单位设计整改方案，完成项目招标和现场施工，县道桥梁黄丽桥出新美化顺利完成，安装临水路段防护栏65米、高路堤路段防护栏325米、警示桩12根、各类标识标志29块。同时，对石韦线（公交站至243国道）部分破损严重的路面实施维修，修复病害路面1400平方米，更新路面标线800平方米，设置减速标线3处。严格按照交通运输部《公路桥涵养护技术规范》《公路桥梁技术状况评定标准》等规范要求，自3月起，对全区24座农村公路桥梁开展拉网式安全隐患排查,重点排查桥梁限载、限宽、限高设置及管养、监管主体职责履行情况，针对排查出的问题下发安全隐患整改通知，督促各桥梁管养单位落实整改。完成整改23座，全部设置桥梁公示牌和限载标志牌，完成率96%，设置农村公路桥梁公示牌30块、限载标志牌46块，桥梁限载标识设置率100%。根据省、市要求，按照“责任明确、管养有效、奖惩有力”的原则，结合润州区农村公路实际，制定《润州区农村公路路长责任制实施方案》，成立区农村公路路长办公室，办公室设在区交通运输局，具体承担路长制工作日常事务，协调各部门处理农村公路路产路权保护、路域环境整治、应急处置等重大问题，组织对路长制执行工作实施检查、考核、评价。各涉农村公路街道按照方案要求成立街道路长办公室，明确街道路长、村级路长和专管员。全区完成区、镇（街道）、村（社区）三级路长组织体系建设。

【行业监管】 为治理道路货运装载源头超限超载行为，维护道路货物运输市场秩序，保障人民群众生命财产安全，区交通运输局对辖区内重点货运企业进行排查并在区政府网站上向社会公示，每月对江苏船山矿业股份有限公司、镇江东亚碳素焦化有限公司和镇江四建混凝土有限公司3家重点货运源头单位巡查4次以上。全年对3家企业巡查40余次，派出工作人员100余人次。每次巡查做到“有影、有声、有痕”，巡查记录等及时整理汇总，健全档案，对巡查和监督管理中发现的问题及时处理。同时，会同区应急管理局、生态环境局、交警大队等多家单位，对辖区内重点货运源头单位进行联合检查，针对企业存在的问题，对企业进行通报并提出整改要求，督促企业切实履行安全生产主体责任。5月，联合市交通运输综合行政执法支队，对辖区内镇江市东方进口汽车维修中心、镇江北汽鹏龙服务有限公司、镇江京润车辆服务有限公司等5家机动车维修企业开展机动车维修行业危险废物专项治理，对各企业管理制度执行情况、设施设备管理情况、危险化学品使用管理情况进行现场检查，指出其存在的问题与不足，提出整改期限，将《使用危险化学品全流程管理隐患排查表》交由企业留档保存，切实提高企业危险废物管理意识、安全生产意识。

【铁路隐患整治】 作为区铁路沿线环境整治工作的牵头单位，区交通运输局结合全区整治工作实际，将环境整治与安全隐患排查结合起来，严格按照双段长工作要求，联合属地街道、社区开展京沪高铁、沪宁城铁等铁路沿线巡查，对影响道路安全的隐患进行排查和整改，针对各隐患点的不同权属制定相关工作方案，多次召集各街道、社区分管领导和有关工作人员认真贯彻各级会议精神，讲清安全隐患整治的意义和要求，明确时限。整治工作受到市交通运输局的高度赞扬和省整治办验收工作组的充分肯定。区内沪宁城际铁路既有线光华社区段绿化整治及京沪高铁四建公司绿化整治数次作为市级整治亮点迎接省工作组检查，并在相关媒体报道。经过不懈努力，辖区内30余千米的铁路沿线环境大为改观，打造出“畅、安、舒、美、绿”的沿线环境。对七里甸消防中队后侧两铁路之间约1.2万平方米的三角地带进行整治，区交通运输局多次组织企业、街道、铁路各方召开现场协调会，重点对该区域内的废旧物资回收站及汽修厂进行整治，面对面沟通解决。不符合安全规定的企业转移完毕。对五凤口交投地块约1.3万平方米的建材堆场的扬尘及软硬飘物进行整治。通过协调市交通产业集团及有关部门现场研究问题，制定整改措施，明确整改时限，该地块于2021年6月关停，场地也全部清理完毕。做好连镇铁路润州AT（自动）分区所上电前外围准备工作，协调属地街道派出安保人员数十人次，清理村民农作物0.16万平方米，短时间内整治润州AT（自动）分区所的附近环境，确保上电工作顺利开展。做好极端天气下铁路沿线隐患排查整治。防台防汛期间，有针对性地清理铁路沿线隐患点12处，面积200余平方米，清运相关软、硬飘物垃圾3车20余立方米。在强对流天气及台风过境期间，没有任何软飘物被卷入铁路，辖区内铁路运行良好。

【服务大局，助力城市经济】 助攻疫情防控。2021年疫情期间，按照区政府部署，区交通运输局负责疫情防控专项运输车辆调度协调工作，区交通运输局结合自身工作实际，制定人员专项运输值班表，明确值班时间和注意事项，主要领导冲锋在前，其他人员各司其职。自1月下旬起，投入管控力量70余人次，在将近1个月的时间里，按流程转运移交650余人。加强农村公路管控，联合润州交巡警大队和韦岗街道对辖区内农村公路入境道口进行有力、有序、有效的管控，设置管控卡口，实行人车全面排查，严格离宁车辆驾乘人员的核酸检测阴性证明及健康码查验，做到逢车必查、逢人必验，登记人员5903人次，车辆2597台次，劝返车辆168台次，无发热人员。管控期间，农村公路各检疫点规范有序，道路交通没有中断，未出现人员拥堵、车辆滞留情况，有效阻截了疫情的输入和扩散。坚决守牢农村公路防线，为疫情防控做出积极贡献。助推官塘创新社区建设。官塘新城拆迁扫尾是历史遗留问题的难点和重点，区交通运输局立足有关政策规定和现实条件，通过多次召开会议，集思广益，充分发扬集体智慧，对部分住户的拆迁程序、方式、条件等问题取得共识，有效推动扫尾工作的进行。拆迁扫尾完成签约2户，打赢征地拆迁“疲劳战”“攻坚战”“持久战”，高质量完成拆迁任务，助推官塘创新社区建设。

【党建工作】 区交通运输局围绕交通重大工程、重大专项行动及党建工作难题，积极推动开展党建活动，以有力举措有序推进全局党建工作走深走实。实施红色传承工程。紧扣党史学习教育要求，为全体党员干部订购《论中国共产党历史》《中国共产党简史》《中共党史知识问答》等重点学习书刊，组织全体党员干部共同聚焦回顾党的发展历程中的重要事件，进一步坚定理想信念。开展“四个一”专题培训活动，即邀请全省党史学习教育宣传辅导团成员、市史志办党组成员、副主任杨兵作题为《关于新民主主义革命时期镇江地方党史概况、特点和启示》的专题辅导；组织党员干部到茅山新四军纪念馆开展“追寻红色足迹，致敬党史岁月”现场教学，就近就地参观见学；安排全体党员到驻镇江某部开展党史教育，参观某连连史馆、战士宿舍、食堂等场所。开展“献礼百年华诞　聚焦映像交通——润州区交通运输局摄影征文大赛”，征集反映润州城市道路美景、让市民真切感受交通变化给大家带来生活变化的相关作品。同时，认真贯彻落实“我为群众办实事”工作要求，积极开展“为民办实事”主题志愿服务活动，抓好铁路沿线安全隐患排查整治、重点货运源头单位治超治限、农村公路及桥梁管理养护等工作，组织党员积极践行“奉献、友爱、互助、进步”的志愿服务理念，领导干部带头深入一线，查改突出问题，列出“走流程”清单，纳入整改台账，挂牌督办，限时整改，把学习成效转化为为群众办实事、做好事、解难事的志愿服务行动。实施红色传播工程。围绕推动交通高质量发展，深化服务品牌建设，引领服务质量提升，区交通运输局将交通文化宣传与主流意识形态相结合，拓展宣传渠道。在西津画院开展“百年荣光、续梦前行”交通史料图片摄影展，从“行”的幸福、“润”的色彩、奔跑润州等多个主题和不同角度展现润州交通的发展给社会和群众生活带来的喜人变化。活动得到广大市民的关注，收到摄影作品600余幅、征文106篇。实施红色传达工程。区交通运输局结合自身工作实际，为运河社区、润州花园社区、新金江社区、桃二社区等结对社区解决工作中遇到的难点，落实在职党员到社区报到、共同开展主题党日活动，以及经费支持、志愿服务等共建任务，定期与社区交流共建，帮助社区开展各项工作，促进双方实现资源共享、优势互补，真正让党员得到锻炼、受到熏陶，推进党建与业务发展深度融合。联合宝塔路街道运河社区，携手天益爱心公益开展“母爱花开　与你同行”关爱“失独家庭”出游活动，及时了解“失独家庭”所需、所想，给予“失独家庭”精神抚慰和生活照顾；深入苗家巷居民楼，对长期占据该片区公共空间的破旧废弃汽车、电动车和自行车进行清理，有效解决僵尸车占据公共空间、影响人居环境的问题；针对韦岗街道货运装载企业多，道路破损严重，群众诉求强烈的问题，与区交警大队形成联动机制，加强监管，每月开展两次以上超限超载源头巡查，深入重点货物源头企业开展治超限载执法宣讲，从源头遏制超载超限。在筹集资金抓好韦岗街道石韦路破损路面整修的同时，安装好路段标志、标线、护栏和视线诱导等交通安全设施，消除安全隐患，确保农村公路运行畅通、安全，切实为群众解难题、办实事，保障群众出行安全。（区交通运输局）

人力资源管理

【概况】 2021 年，润州区人力资源和社会保障工作积极响应“跑起来”号召，围绕城市经济发展主线，着力抓重点、强弱项、防风险、稳预期，全面高效扎实推进就业创业、社会保障、人事人才、劳动权益等各项重点工作，全区人力资源和社会保障事业取得新的进展。区人社局先后获得江苏省文明单位、镇江市文明单位、镇江市证照联动监管工作先进单位、镇江市金牌劳动人事争议调解组织等多项省、市级荣誉。

2021 年，实现城镇居民人均可支配收入 58145 元，城镇居民可支配收入增幅达 8.2%；城镇新增就业数 6411 人，超出年计划 10.5%；城乡居民基本养老保险保障水平每人每月 249 元，城乡社会保险覆盖率稳定在 98% 以上；每万人劳动力高技能人才 333 人。

【就业创业】 积极应对宏观经济形势，把“稳就业、保用工”作为重大政治责任和首要任务，为经济复苏、高质量发展贡献人社力量。援企稳岗增动能。组建就业帮扶“人社巾帼先锋服务队”，深入开展“444 红色快递员”行动，通过送政策解疑、送用工解困、送培训解难、送服务解忧，主动为企业在岗位信息发布、岗位推荐、劳务引进、校企对接等方面提供支持。全年，通过 13 场线上线下就业服务专项行动发布岗位信息 4000 余个，帮助 1.45 万就业困难人员、失业人员实现再就业，新增城镇就业 6411 人。创新举措优服务。推动全区劳动技能等级企业备案和新型学徒制技能培训改革，按照政府引导、企业为主、院校参与的原则，在企业全面推行以“招工即招生、入企即入校、企校双师联合培养”的企业新型学徒制。制定《润州区创业培训机构备案管理办法》，通过市场化、规范化引入优质培训资源服务辖区内创业培训工作。全年，开展定点技能培训班培训职工 8933 人，支付职业技能提升行动培训补贴 563 万元。创业富民强引领。以扶持重点群体创业、强化创业孵化载体建设、搭建创业培训平台、创优服务模式为重点，进一步优化“双创”环境。面向高校毕业生、就业困难人员等重点群体提供“131”专项服务（提供至少 1 次职业指导、3 个针对性岗位、1 个培训项目），完成扶持创业 2420 人、创业带动就业 9811 人，发放以工代训、灵活就业社保补贴等稳岗就业资金 799.18 万元。

【人才队伍建设】 围绕“产业强市”这一重点，坚持引培并举，扎实推进人才“镇兴”，打造“技能强区”。激励企业引才用才。强化人才队伍建设，组织招聘活动 7 场，新增就业岗位 1000 余个，达成就业意向 250 余人。对引进人才的企业，鼓励并协助申报各类优惠政策，积极做好与市人社局的对接，确保政策福利能够落到实处。全年，发放“人才五项”补贴 337 万元，引进本科以上毕业生 1672 人，新增市级大学生就业见习基地 10 家，新开发就业见习岗位 350 个。提升人才招引力度。举办“中国·镇江国际菁英创业大赛”，在西安理工大学设立高校人才工作站，紧贴产业链，吸引更多海内外优秀青年来润州创新创业。高度重视乡土人才培养工作，广泛联系辖区街道对有“一技之长”的乡土人才进行摸排，采取点对点对接模式，宣传乡土人才相关政策，开展乡土人才培养对象的遴选工作。新增镇江市企业人才工作站 4 家、省级乡土人才大师工作室 1 家，1 人获高级乡土人才专业技术资格。创新人才引育模式。积极搭建校地、校企供需对接合作桥梁，与四川威远职校、辽宁朝阳职校及四川中江市人社局达成校地、校企劳务输入合作协议。与阿里巴巴（中国）教育科技有限公司、一键未来（镇江）信息科技有限公司签订战略合作协议，引入阿里巴巴优质技术能力和教育资源，以“培训 + 认证 + 就业”为核心功能，打造“阿里巴巴认证（镇江）人才孵化基地”，积极助力镇江新职业新技能人才队伍建设。

【劳动权益维护】 深化“双调解、双联动”模式，创新“三快”“三分”工作机制，共同促进全区劳动关系和谐稳定。加强宣传勤普法。开展“三进、三送”活动，多次组织业务骨干联合工会、司法局等其他相关部门在广场进行普法宣传。采取“点、线、面”相结合的方式，开展《保障农民工工资支付条例》现场宣传5场次，向群众免费发放《劳动法律法规选编》《职工维权一本通》，接待用工单位和群众咨询300人次，发放宣传品1000份，提高用人单位与劳动者的法律意识和社会责任意识。积极检查严执法。落实“谁执法谁普法”责任制的要求，部署开展清理整顿人力资源市场秩序、“护薪2021”冬季攻坚等专项行动，积极开展“双随机”、书面审查、劳动合同等专项执法检查，切实维护劳动者的合法权益。2021年，对28家人力资源公司进行检查，涉及职工4505人；“双随机”抽查单位82家，涉及劳动者2360余人。优化服务提质效。树立品牌效应，将“能说惠道”调解工作室打造成市级金牌调解组织，建立“工作室 + 调解员”新格局，使劳动关系调解模式网格化、精细化，将矛盾化解在萌芽状态。创新特色办案模式，难易案件“分类处理”，弱势群体案件“分级处理”，让案件办理有速度、有温度、有力度。全年，办结全国根治欠薪线索反映平台案件151起，办结率100%；受理劳动监察案件162件、仲裁案件304件，多途径追发劳动者工资等待遇431万余元，挽回经济损失463万元。

【人事管理】 严格按照相关政策要求，坚持激励约束保障并举，不断提升人事管理服务水平。创新公开招聘模式。实施公开招聘“阳光、聚才、和谐”三大工程，创新高级职称专业技术人才招聘新模式，公开招聘村（社区）党务工作者和社区工作者31名、事业编17名（其中教育系统14名），通过直接面试等方式为卫生健康系统引入3名副高职称优秀人才。岗位人事管理有效缓解。全年，分7批做好305名事业单位人员岗位晋升、转岗等工作，有效缓解岗位聘用问题；配合卫健系统，重新设置区疾控中心岗位，新增专技岗位11个，其中，高级岗4个、中级岗5个，积极解决有证无岗、比例受限等问题。编外用工规范管理。建立健全润州区编外用工管理机制，牵头开发机关事业单位编外用工实名制管理系统，通过系统管理做到实时动态掌握编外人员信息，使编外人员队伍实现总量控制、动态管理。督促指导全区39家机关事业单位使用实名制管理系统，清理超限额编外用工233名。（区人社局）

市场监督管理

【概况】 2021年，区市场监管局以政治建设为统领，聚焦高质量发展，踔厉奋发，笃行不怠，加速提升润州经济社会发展服务质效。

【市场环境整治】 铁拳出击护民生，铁腕治乱促发展。持续发力打击违法经营行为，非法添加罂粟、制售“假牛肉”等食品安全案件查处成效明显；查办镇江首例“人脸识别”案件，大数据“杀熟”等新型案件取得突破，案件查办数量、质量均有提升。全年，立案178件，办结120件，罚没款入库189万余元。狠抓消费权益保护，按时办结消费投诉举报4171件，为消费者挽回经济损失227万余元。

【现代产业建设】 推动30家企业进行质量提升，组织1家单位申报市长质量奖，推荐培育2家企业认证“江苏精品”，质量提升活动深入推进。加快重点产业链标准体系建设，引导企事业单位参与制修订国家标准1项、地方标准1项，组织2家单位申报省级服务业标准化试点，帮助85家小微企业实现质量管理体系认证提升，全区新增认证证书54份，质量基础不断加强。加快知识产权发展，全区万人发明专利拥有量达5.09件，帮助21家单位、2名个人申领专利资助17.21万余元，帮助4家企业完成专利质押融资2350万元。

【市场安全监管】 以省级食品安全示范区创建为牵引，全力守护百姓“舌尖上的安全”。严格进口冷链食品监管“四证”溯源、“三专”管理和从业人员2天1次核酸检测督促管理。处置疑似阳性样品40批次，后处置率100%。提档升级农贸市场食品快检室，初步建成快检中心、快检室、快检车“三位一体”的食品安全快检体系，完成食品抽检达千人12.17批次。创建升级省级“餐饮安全示范一条街”2条，建成“放心食品超市”4家，做大做强“食安润州”品牌，食品安全形势平稳向好。严格分级分类监管，检查药械化妆品经营企业528家次，出动检查人员1056人次，药品安全监管持续强化。巩固“一年小灶”成果，深化“三年大灶”行动开展，检查各类特种设备生产使用单位199家次，处理各类隐患90项，立案查处9起，特种设备安全水平稳步提升。组织质量监督抽查和风险监测，重点工业产品获证企业检查全覆盖，整改合格率100%，工业产品质量安全基础不断夯实。

【监管基础能力建设】 牵头26家成员单位依托江苏省市场监管信息平台开展“双随机、一公开”联合检查61次，任务完成率100%，新型监管机制逐步完善。开发建设全市首家“润州智慧电梯监管服务平台”，全区3000余台垂直客梯和相应的维保单位全部纳入监管平台，提交日常维保信息16万余条，更新年检信息7000余台次，上传监管执法人员现场检查记录210条，电梯智慧监管全市领先。

【党建工作】 采取党委书记讲党课、权威专家专题辅导等方式，开展党史学习教育。统筹“我为群众办实事”和“两在两同”建新功行动，10个实事项目全面完成，党史学习教育入脑入心。组织中国共产党成立100周年主题宣传、“永远跟党走”系列活动，意识形态工作有声有色。推动非公有制企业党建，建成三星级非公有制党支部2家，发展非公有制党员18名，“书记项目”走深走实。组织各类培训班10期，参训人员1000余人次。举办中青年干部论坛，形成调研文章11篇，完成14名干部选拔任用和职级晋升工作，严格提醒、函询、诫勉个人有关事项报告，以及干部兼职审批备案等制度，队伍建设有力有为。

（区市场监督管理局）

统计管理

【概况】 2021年，区统计局围绕全区“十四五”规划重点，通过党史学习教育凝心聚力，以服务发展为核心，切实履行统计职能，统筹推进依法统计、人口普查、各项调查、基础建设、作风效能，进一步深化统计改革、完善统计机制，不断提高统计能力、数据质量和服务水平，扎实推进年度统计目标任务完成。

【服务大局】 紧扣重点，全力保障高质量发展考核。针对2021年度考核任务，邀请市级专家开展润州区高质量发展统计监测指标体系业务培训，做好考核指标解读工作；围绕统计月报、季报等关键节点时期，联合各责任单位，通过“月度讲评”“高质量发展绩效评价指标讲评”和相关专业会议通报等形式，切实做好省、市对润州区高质量发展考核共性指标监测评价、研判和预警。精准调查，全力服务全区发展大局。在高标准完成全国人口普查任务的基础上，及时做好普查数据公开和先进集体、先进个人的评比表彰等后续工作；高质量推进2021年度千分之一人口抽样调查工作，严格流程管理和核查把关，确保在非普查年份准确反映人口变化趋势；依托月度劳动力调查和入户调查，重点关注居民就业、收入等民生指标变化，完成“江苏居民长距离出行情况”调查、“红色旅游开发情况”调查等专项调查工作，强化对全区经济社会发展动态监测。

【统计数据质量核查】 2021年，全面开展自查自纠和数据核查工作，各专业对企业的上报数据及时进行全面梳理核查，抓牢统计数据质量；独立开展统计“双随机”执法检查，加强与市场监督管理局和人社局等职能部门联合开展执法检查，通过严肃反馈问题、压实整改责任，有力提升企业源头数据质量；通过对全区重点能耗企业能源统计工作指导和数据质量核查，准确反映企业用能情况，为区委、区政府抓好能耗“双控”工作提供有力的统计数据支撑。

【统计普法】 把统计法作为党委、政府学法内容，常态化进党校主体班次；通过周末讲堂的形式邀请市级专家授课；在“9·20”统计开放日，通过线上线下结合的方式加大普法宣传力度，积极组织统计系统人员参与统计法知识竞赛，制作统计法法治宣传片，参与市统计局评比，提升法治意识；协助区委、区政府制定《润州区党政领导干部防范和惩治统计造假、弄虚作假责任制实施办法》，营造不敢、不能、不想统计造假的法治氛围。

【基层基础规范化建设】 以规上企业新增入库工作为抓手，推进各街道加强对辖区企业摸排走访，强化对培育库企业动态管理，不断发掘新的经济增长点；认真做好基本单位名录库维护管理，通过对在库经营异常企业梳理退库，实现调风险、稳增长的目的；“从严从实”抓好住户调查样本轮换工作，层层落实调查责任，有序推进摸底调查、落实开户、试记账、电子记账、数据公开和后续进展等各项工作，确保准确反映居民收入、消费情况；全面推进依法统计、诚信统计，推进构建统计守信激励和统计失信惩戒机制，建立统计从业人员信用档案，实施统计从业人员信用承诺制，实现统计信用信息覆盖所有统计调查对象。

【党史学习教育活动】 围绕中国共产党成立100周年系列庆祝活动，区统计局积极参加区级和上级机关组织的各类庆祝活动，展示统计干部风采。成立区统计局“学亚夫、做亚夫”先锋团队，持续开展“三走进、一贴近”（走进街道、走进社区、走进企业，贴近机关部门）统计业务和法规宣讲活动。组织支部党员到街道、社区开展志愿服务活动，在三茅二社区打造统计法治文化长廊，将党史学习教育与“为民办实事”相融合，将统计法治宣传和统计服务向基层延伸。 （区统计局）

行政审批

【概况】 2021年，区行政审批局紧扣“镇合意”“润州最滋润”品牌建设，结合党史学习教育“我为群众办实事”活动，优化群众和企业办事流程，切实增强在润企业群众的获得感、幸福感。

【政务效能建设】 急事特办，绿色通道尽心。深入优化服务理念，针对重大项目、紧急项目，积极建立注册登记绿色通道服务机制，以“资料齐备马上办、资料不齐指导办、紧急项目加班办、特殊项目跟踪办”为标准，尽快核发营业执照。2021年，为重大项目登记、审批提供“预约+延时”服务50余次。难事代办，红色专窗暖心。成立“红色专窗”党员志愿者服务队伍，为企业群众提供企业和个体设立、变更、注销、备案、迁移等“一对一”贴心帮办代办服务，着力解决群众“不会办”“办不好”的难题。专窗受理企业群众各类办件900余件，接受企业群众咨询600余人次，帮办代办500余次，切实把服务做到百姓心坎上，不断提升服务品质和效能。一事联办，优化流程贴心。区行政审批局精准锚定退役军人回乡退伍就业办事盲点，率先在全市实施“退役军人一件事”改革试点，牵头制定《润州区“退役军人一件事”改革工作方案》，协调区退役军人事务局、区人社局、区公安分局，将3个部门的3大事项（退役报到、恢复户口登记办理、基本养老保险关系接续）整合为“一件事”，线上线下开辟专栏专窗，力求在5个工作日办结，共为32名军人办理退伍回乡“一件事”。烦事快办，简易注销省心。进一步拓展简易注销适用范围，压缩公告时间，简化注销材料，建立容错机制，将简易注销登记公告时间由45天压缩为20天。引导企业通过国家企业信用信息公示系统或者省政务网企业全链通服务专题注销专区免费发布公告，降低企业公告成本，压缩企业注销时间，有效解决“注册容易注销难”问题。2021年，全区注销各类企业1326户，其中，简易注销企业862户，约占注销企业总量的65.01%。

【企业开办程序优化】 省力减环节，优化审批“一窗办”。推广应用企业开办“全链通”平台，开展实时在线一体化办理，对企业开办涉及的4个环节同步进行，保证具备当天办结企业开办全流程的服务能力。通过“企业开办专窗”完成“一窗收件、一窗出件、一趟办结”，彻底消除企业在不同部门间来回跑的症结。全年，新增各类市场主体8631户，其中，新设各类企业3103户，新设个体工商户5526户。省时减时间，力求最快“半天办”。为开办企业提供套餐式服务，通过优化重组，将原先各部门串联式审批环节改造成并联式业务闭环，实现营业执照即到即办、公章刻制1小时内送达、发票申领和银行开户并联办理。企业开办被全面压缩至0.53天。全年，开办法人企业2899户，其中，1天办结的1943户，占比67.02%；0.5天办结的1872户，占比64.57%。省钱减成本，发放惠企“大礼包”。尽最大努力降低企业开办成本。区政府安排50万元专项资金，为开办企业刻制公章买单，为新设企业精心准备创业礼包，内含企业公章、营业执照、优惠政策、部门街道服务企业联系卡，鼓励支持大众创业。全年，发放政务服务大礼包1650个，为企业节省成本33万元。

【工作模式创新】 容缺受理一次办。建立“容缺材料”清单，明确容缺事项，对登记过程中出现的材料瑕疵，采用承诺制，允许先受理核准、发放营业执照，申请人领取营业执照后在承诺期限内补齐所缺材料。创新探索使用视频进行承诺的模式，针对部分人群无法现场核实的情况，利用拍摄视频的方式完成登记注册身份验证，减少跑腿次数，避免出现申请人“往返跑”现象。2021年，通过容缺受理机制办理事项70余件。全部事项网上办。通过“政务服务一张网”，努力实现“一网通办”目标，安排专人全程指导各部门认领政务服务事项，确保服务事项在各部门权责范围内应领尽领，持续推动服务事项上线江苏政务服务网，不断巩固“不见面审批”事项比例，建立“不见面审批”清单动态调整机制，不见面事项1963项，不见面率100%。延伸服务就近办。充分发挥街道、村（社区）为民（便民）服务中心职能，将服务不断向基层延伸，7个街道、52个村（社区）全面建成为民（便民）服务大厅，各类政务服务事项在街道、村（社区）大厅“应进必进”。政务服务事项100%上线江苏政务服务网，95%以上事项进驻为民（便民）服务中心，100%实现“全科受理”一站式服务。按照一体化服务功能需求，升级街道自助服务终端一体机，拓展服务功能，实现自助服务“一端通办”。

【事中事后监管】 区行政审批局进一步健全事中事后监管制度体系。完善工作机制。对“互联网+监管”工作明确区各部门分管领导和具体负责人，快速认领本部门的监管事项。强化督查通报。建立全区“双随机、一公开”监管工作报送机制，对“互联网+监管”数据的报送进行适时通报，用系统和制度限制监管部门的自由裁量权，有效避免“任性”监管。2021年，各单位上报监管总行为计划743项，覆盖数据743项，数据覆盖率100%。

【信访工作】 围绕“马上就办、办就办好”，努力将12345政务服务便民热线打造为方便的、管用的市民热线。固化流程，形成制度保障。先后制定《12345在线服务平台工单办理工作制度》等规范，明确热线受理、分半、督办、答复、回访等环节的工作流程和要求，详细规定平台运行、督查督办的具体实施办法。加强督办，传导考核压力。建立润州区12345热线“一号答、一口办、一单清”工作机制，针对职责不清、权限不明等疑难复杂问题，及时与成员单位研判确定处理部门，做到“一口办理”；对热点、重点、难点、复杂事项，通过联席会议商议解决。分类施策，注重问题解决。针对省平台工单、企业诉求工单、重复交办工单提前沟通、明晰诉求，在办结后主动回访、了解办理情况，力求每一个诉求真正得到妥善解决，坚持做人民呼声“倾听者”、政务服务“提供者”、群众诉求“督办者”。2021年，12345政务服务热线办理工单22576件，综合满意率95.82%。润州区政府12345政务服务热线工作年度综合考核位列辖市区第一，在全市62家成员单位中排名第四，被镇江12345政务服务便民热线联席会议评为优秀单位，1人被评为优秀承办人。

【作风建设】 市政务中心润州窗口是全区优化营商环境的前哨站，代表润州区委、区政府的整体形象。区行政审批局制定实施《润州区驻市政务中心窗口工作人员考核细则》，对政务服务人员考勤情况、办件情况、行为规范、廉政建设等进行考核。充分运用政务服务“好差评”，将企业群众的评价转化为政务服务人员持续改进工作的动力，形成政务服务评价、反馈、整改、监督的良性循环管理，推动政务服务水平持续提升。2021年，润州窗口被评为服务优胜窗口4次，1人被评为党员示范岗，4人被评为服务明星，4人被评为先进个人。 （区行政审批局）

农 业

【概况】 2021年，润州区有6个涉农街道、4个行政村、13个涉农社区。全区农业经营面积233.33公顷；拥有省级以上农产品著名商标5个，其中，国家驰名商标1个；有市级以上农业龙头企业7家，其中，省级以上2家；有家庭农场13家、农民专业合作社6家、农村股份经济合作社17家。2021年，开展乡村公共空间问题的治理47个，减支增收9.36万元，打造特色亮点6个。

【乡村振兴】 充分发挥区委农村工作领导小组办公室作用，全面落实乡村振兴战略工作要求，牵头组织召开乡村振兴重点工作部署、推进会议。2021年6月，挂牌成立润州区乡村振兴局，将巩固拓展脱贫攻坚成果同乡村振兴有效衔接，落实扶贫政策稳定机制。实施农村人居环境长效管理并强化结果运用，完成农村改厕有关问题排查整改。将乡村振兴实绩水平列入高质量发展考核。2021年，24个区、街、村（涉农社区）“书记领航”项目全部完成，助推乡村振兴开新局。大力实施“产业升级、乡村建设、富民强村、改革攻坚”四大行动，加快推进农业农村现代化，促进乡村全面振兴。

【种植业】 全区种植面积110公顷，粮食总产量1023.61吨，比上年增产68.6吨。其中，水稻种植面积94公顷，比上年增加4公顷，产量859.24吨，比上年增加38.2吨。完成蔬菜播种面积457.53公顷，总产量1.08万吨,蔬菜产地检验合格率达到100%。发放农业支持保护补贴面积194.62公顷次，发放补贴总金额20.75万元，惠及农户1488户次。茶叶种植面积100公顷，干毛茶总产量9.2吨，比上年增加0.2吨。其中，绿茶产量8.7吨，红茶产量0.5吨，干毛茶总产值2049万元，比上年增加279万元，“金山翠芽”获评2021全国茶叶品质评价排行榜第一名。

【农机装备】 截至2021年年底，全区农业机械总动力16861千瓦，各类拖拉机18台，其中，小型拖拉机9台、大中型拖拉机9台，上道路行驶拖拉机3台，大型粮食烘干机1套3台。2021年，主要粮食作物耕种收机械化水平99%，全区农业机械化水平超过88%，特色农业机械化率达63.52%。开展农业机械安全生产专项整治，涉农（农机）街道配齐农机安全生产监管网格员5人，所有涉农（农机）村（社区）配齐农机安全生产协管员10人。全年，消除农机安全生产隐患2起，全面实现闭环，无道路外农机安全生产责任事故。

【乡村产业发展】 2021年，实现省级农业龙头企业销售（交易）收入总额212.15亿元，比上年增长11.2%；创建区级示范家庭农场3家，示范率23.08%；清理农民合作社“空壳社”7家；创建区级农民示范合作社1家，示范率16.7%；镇研种业有限公司入选江苏省特色优势种苗中心；镇江三六五电子商务有限公司被认定为江苏省数字农业农村基地（新型农业经营主体）。全区有各类涉农网上营销主体29家，全区农业电商交易额达14.9亿元，比上年增长10%。在2021年“带货助农跑起来·镇江乡村邀您来”镇江农产品电商直播技能大赛中，区农业农村局被评为“最佳组织奖”，选送选手获得第一名。

【农村集体“三资”管理】 2021年，村均集体经营性收入338.93万元。开展农村集体资产租赁交易专项整治行动，农村集体产权交易“应进必进”。全年，成交农村产权交易项目676个，比上年增长17.8%；交易金额达4705.47万元，比上年增长13.8%；全区5个农村集体股份经济合作社实现分红总额377.79万元，比上年增长13.7%；分红股数10281.8股，比上年增长14.91%；分红的股份经济合作社数量占比29.41%。

【绿色生态农业发展】 2021年，化肥使用量为395吨，比上年下降1.5%；农药使用量为6.8吨，比上年下降2.86%；农膜回收率90.2%。畜禽禁养长效监管。全年，秸秆资源量1385.73吨，可收集利用资源量1113.51吨，突出做好秸秆机械化还田和基料化利用工作，秸秆综合利用量1071.73吨，利用率96.25%。

【长江禁捕退捕】 2021年，将长江禁捕退捕工作确定为区委“书记领航”项目；组建区农业综合行政执法大队，全市第一家实施“护渔员”公益性岗位规范招录；组织全区18家沿江单位成立润州区“十年禁渔”党建联盟，进一步凝聚禁捕合力；清除残网3000余件、桩头近8万根，清除江滩桩头残网总量全市第一；建立禁捕监管、督查、考核等长效管理机制，设立沿江禁渔监控探头，全市第一家接入市级监控平台，“15秒接听举报电话，20分钟到达举报现场，24小时沿江值守巡护”监管模式初见成效。 （区农业农村局）

水 利

【概况】 2021年，区水利局坚持以习近平新时代中国特色社会主义思想为指导，围绕“实施‘双轮驱动’、筑造‘四个主城’，向着现代化一流主城区的宏伟目标砥砺奋进”的要求，脚踏实地、真抓实干、积极履职，各项工作取得良好成效。

【区重点水利工程建设与管理】 建设润州区长江堤防防洪能力提升工程。该工程西起镇扬汽渡渡口，东至镇江市引航道闸站，全长3.944千米。工程批复投资概算2997.66万元，对沿线堤防进行加厚培高，在迎水坡铺设混凝土护坡，新建沥青堤顶道路，配套路灯、限高门等管理设施，节点建设江滩公园等生态文化景观。该工程将润州区长江堤防防洪能力提升至百年一遇标准，有力保障镇江主城区防洪安全。完成润州区回龙山水库溢洪道下游下段维修工程。对河底、河坡进行清淤修坡清杂、新建预制块护坡和草皮护坡、新建一座人行便桥等，项目总投资67.9万元。燕子窝水库成功创建省规范化小水库。按照《江苏省水利工程管理考核办法》进行精细管理且自检合格，于2021年11月25日通过省规范化小水库考核验收。完成河湖、水库保护规划编制工作。委托镇江市工程勘测设计研究院有限公司进行《回龙山水库保护规划》《燕子窝水库保护规划》《塔影湖保护规划》《西荷花塘保护规划》的编制。2021年11月，经市水利部门审核修改后，由区水利部门提交区政府常务会商议通过。

【农田水利基础建设】 加大农村水环境治理力度。紧紧围绕县乡河道疏浚、村庄河塘整治等重点，依据区委、区政府关于乡村振兴战略和农村水环境整治的要求，完成官塘桥街道东风河D段整治，通过河道清淤、清障清杂、铺设草皮、种植苗木等工程措施，使河道周边的村庄生态环境、农业灌排得到有效的改善。完成全区农村生态河道建设考核工作。依据农村生态河道建设标准和考核要求，组织完成银山河生态河道创建县级自评考核工作，该项目整治河道长670米，主要包括河道土方开挖、新建河道断面、河坡及河岸绿化等内容。

【防汛防旱】 2021年6月13日进入梅雨期，入梅偏早，7月11日出梅。梅雨量明显偏少，雨量分布不均，降水呈过程性、间歇性特征，局地多强对流天气。7月23—27日，受台风“烟花”影响，出现短时强降雨的过程，陆上最大风力可达7~8级。润州区坚持关口前移、多措并举，最终实现全区安全防台防汛。健全组织网络，落实防汛防旱责任。认真落实以行政首长负责制为核心的防汛防旱责任制，层层压实责任，把责任细化实化到防抗救全过程，衔接好各责任链条。通过查点防汛物资、开展防汛演练、修订完善润州区防汛防旱各项预案等方式，切实有效增强防洪能力。注重汛前检查，抓好风险隐患整改。组织全区防汛大检查，并向市防汛防旱指挥部作专题汇报。针对检查中发现的问题，迅速落实资金和整改方案，组织专业力量对姚大圩长江堤防进行防渗处理，进一步提升堤防防洪能力。加速工程建设，夯实度汛防旱基础。汛期分别对各在建水利工程进行安全、质量、进度等方面的实地考核。针对江堤工程，委托第三方专业机构每季度进行质量评估，确保工程安全可控、质量合规、进度有保证。及时开展汛后大检查。11 月底，完成全区汛后大检查，根据汛后暴露出的各类问题隐患，继续加大水利基础设施建设力度，积极组织水毁工程的修复，为防汛工作夯实基础。

【水法规宣传】 2021 年，坚持新时期治水方针，发扬水利人“全心全意”的服务理念，深化“滴水润州”品牌创建。区政府第 48 次常务会议专题学习《中华人民共和国长江保护法》，利用“水利大讲堂”开展《中华人民共和国行政处罚法》专题辅导。以“世界水日”“中国水周”为契机,积极开展形式多样的宣传活动，举办第一届“最美不过家乡水”书画篆刻大赛、第一届“碧水绕润州”微视频大赛、第六届“水韵润州”摄影大赛，在西津画院成功举办“水韵润州”书画篆刻摄影展；联合镇江日报社、区作家协会开展“童眼看水”系列宣传活动，在《镇江日报》开设“润州基层河湖卫士微档案”，宣传优秀基层河长事迹。

【水土保持】 2021 年，严格落实《中华人民共和国水土保持法》，受理生产建设项目水土保持方案 4 个，经过专家评审后准予行政许可 4 个；涉及防治责任范围 43.36 公顷；投资 4516.47 万元，对往年项目开展监督检查验收 11 次；下达整改意见，完成水土保持遥感扰动图斑复核工作，依法查处违规项目 5 个。

【弘扬水文化】 率先在全市推出“孙爷爷的水故事”水文化品牌，先后走进金山湖小学、穆源民族学校、银山门社区开展节水宣讲活动，获得良好反响；在金山湖小学、古运河京口闸段打造水文化长廊，弘扬水文化。2021 年，创成省级节水型学校 1 所、市级节水型学校 2 所、省级节水型社区 1 个，润州区水科普馆成功创成省级节水教育基地。

【水行政执法】 部门联动打击“三无”采砂船。联合市区有关执法部门，利用无人机、无人船等设备对长江润州段、港汊进行立体式巡查，构建天地一体、人机结合的高效非法采砂巡查监管体系。常态化开展河道、水库巡查。2021 年，巡查 230 余次，开展河岸违规种植专项整治及河道清障专项整治 17 次。配合做好长江流域禁捕工作。与市文旅集团、区农业农村局、和平路街道密切配合，开展打击非法捕捞专项行动 3 次，共同做好长江流域禁捕工作。

【河湖长制】 区河长办牵头成立润州区河湖管护党建联盟，与市文旅集团、和平路街道等 16 家单位共同开启“党建 + 河长制”的管水新模式。制定《关于进一步加强河湖长效管护的意见》，进一步明确河湖管护责任、考核机制，推进河湖管护市场化和专业化。组织开展金山湖禁渔禁钓工作，形成“八位一体”治理经验，助力金山湖禁渔禁钓出实效。高质量建设四明河、长江和八公洞水库 3 个河长制主题公园。 （彭 焘）

“童眼看水”童谣诵读活动 （区水利局 摄）

工业·服务业

栏目编校：田　宗

工　业

【概况】　2021年,全区11家定报工业企业实现工业总产值31.25亿元，比上年增长为13%；工业利税7.37亿元，比上年增长为38.5%；定报工业增加值11.32亿元，比上年增长为2.1%。全区工业经济实现平稳增长。

【服务企业发展】　积极扶持公共平台和小微企业发展。组织6家企业申报镇江市公共服务示范平台，全部通过认证，分别是镇江易创投资发展有限公司、江苏瑞祥科技集团有限公司、江苏创达会计有限责任公司、江苏路韬律师事务所、镇江市长江金融产业园管理有限公司、中汇江苏镇江税务师事务所有限公司。其中，镇江易创投资发展有限公司入选江苏省公共服务示范平台。积极指导企业转型升级。2021年，加快省级工程研究中心建设，江苏镇江建筑科学研究院集团股份有限公司的江苏省低碳建筑技术工程研究中心入选2021年江苏省工程研究中心。向下不断深入企业解决难题。根据区委、区政府要求，深入开展“百企大走访”“企业家早餐会”等活动，走访企业40余家，牵头解决企业实际问题9项。

【节能管理】　强化节能措施，强化重点企业节能管理。落实镇江东亚碳素焦化有限公司、江苏船山矿业股份有限公司2家企业“双控”目标。设立能源管理岗位。认真落实碳统计直报制度和系统工作，监督指导镇江东亚碳素焦化有限公司、江苏船山矿业股份有限公司2家重点耗能企业在碳排放直报系统平台上完成企业排放报告、监测计划上报工作。完成市对区下达的减煤任务，全区规上工业企业实现“零耗煤”。加快推进绿色发展，积极推进5个市重点绿色制造项目，完成市下达的2个项目竣工的目标。新能源汽车推广。全年，推广新能源汽车33辆，其中，新能源客车5辆、充电桩35座、总功率2220千瓦，超额完成市下达的推广任务。争取新能源汽车推广补贴87.2万元。

【安全生产专项整治行动】　区经发局牵头负责油气管道安全专项整治工作，与镇江市石油天然气管道保护工作领导小组办公室和三家油气管道公司分别签订责任书，联合公安部门、管道公司和街道不断加强对涉及油气管道的地面开挖、危及油气管道的地面开挖、地下施工的管理和监督，保证每月到现场，每周一上报。同时，协办民爆物品专项整治工作，每月到2家民爆企业进行检查，发现各类隐患、风险点30余处，整改到位。

（区经发局）

服务业

【概况】　2021年，全区实现社会消费品零售总额134.6亿元，比上年增长17.4%；服务业增加值228.22亿元，服务业增加值占GDP比重为83.4%；8个市级重点服务业产业项目完成年度投资4.07亿元。生产性服务业发展成效获省政府办公厅督查激励。

【运行情况】 高端商贸业持续做精做优。万达广场、常发广场等商业综合体加快线上线下融合发展进程，提供线上购物、智慧停车、餐饮外卖等服务，积极拓展人工智能、虚拟现实等新兴信息技术，招引快时尚品牌、网红新零售形成品牌组合，为消费者提供更快捷、人性化、年轻态的“沉浸式”体验。各大综合体稳步推进夜经济，纷纷延长节假日营业时间，开设深夜营业专区、24小时便利店等，丰富夜间消费场景。金融业产业集聚态势明显。全区注册登记金融和类金融企业263家，比上年增加105家。其中，银行业73家，保险业40家，证券业10家，涉金融129家，小额贷款公司3家，融资担保公司3家，融资租赁公司1家，典当行3家，农贷担保公司1家，涉金融企业数增幅为230.77%。2021年，金融业税收净增长2.8亿元，成为全区税收贡献最大行业。文化旅游业发展质效并举。润州区成功入选首批省级文化和旅游消费试点单位名单，全年接待游客总人次666万人，实现旅游总收入77.2亿元，比上年增长58.2%。西津渡中央休闲区入选第一批省级夜间文化和旅游消费集聚区，金山湖“大江见证·红色传承”路线入选“江苏文旅消费新场景”前十名。在兼顾地域特色与质优物美的基础上，形成以“见山楼”“印巷镇江”“慢点”为代表的文创基地，以老炮锔瓷、太平泥叫叫、非遗面塑为代表的非遗产品，以“镇江三怪”“鼎大祥汉服”等为代表的老字号文创产品。

【营商环境建设】 以打造“润州最滋润”营商发展环境品牌为抓手，通过召开企业家早餐会、座谈会，开展区领导走访联系企业等方式，不断加强与辖区各类企业的常态化联系，围绕企业反馈的共性问题，聚焦“更快速、更便捷、更公平”的目标，通过优化服务流程、完善工作机制、健全工作体系，加快提升政务服务效能，制定《润州区打造“润州最滋润”服务品牌优化营商环境十条规定》。对产业政策不断进行升级完善，在城市经济发展大会上，为127家企业和个人兑付产业扶持资金2730.1万元。积极对上争取并用好用足各项扶持资金。2021年，争取各级服务业、工信专项191万元，惠及6家企业。充分运用省服务业综改试点500万元切块资金，将其投入载体建设、公共服务平台搭建、重点项目补助、创业投资中，主要对恒润商业广场等重点服务业产业项目给予支持，鼓励星云科技、江苏易创投资咨询有限公司、江苏路韬律师事务所等企业搭建公共服务平台等。聚焦产业集群，大力推进集聚区建设，鼓励“润州区商务服务金融集聚区”开展双招双引、培育企业等工作，招引企业30家，带动就业12000余人，集聚区营业收入达50亿元，引进1亿元以上项目3个，新增“省双创”人才1名，市“金山英才”3名（市重点资助1名），“润州英才”3名（创业团队1个）。江苏鼎峰信息技术有限公司、镇江市新创计算机系统集成有限公司跻身省“专精特新”软件企业名单。

（区经发局）

工贸总公司

【概况】 2021年，区工贸总公司学习贯彻中共十九大及十九届历次全会精神，坚决贯彻省、市、区委指示精神，履行全面从严治党主体责任，扎实开展党史学习教育活动，落实国务院关于国企改革三年行动方案的要求，坚持“稳中求进”工作总基调，统筹谋划，不断增强守土有责意识，各项工作有了全面提升。

2021年10月28日至12月31日，九届区委第二巡察组对区工贸总公司党委进行巡察，领导班子成员主动接受“政治体检”。

【党史学习教育】 自党史学习教育活动开展以来，区工贸总公司按照上级要求，制定党史学习教育实施方案，多种形式分层分类学习，到教育基地开展党性锤炼等活动，深化对党的初心和使命的认识，增强守初心、担使命的思想和行动自觉。积极落实“两在两同”建新功行动，在“我为群众办实事”实践活动中，多方筹措，为下属破产企业职工解决养老保险和协保生活费，走访慰问6名退休和生活困难职工。

【国企改革行动方案全面落实】 区工贸总公司坚决贯彻国务院战略部署，按照《镇江市润州区国企改革三年行动实施方案（2020—2022年）》精神，按时按质完成江苏宏润网络技术服务有限公司的股份制改造和无偿划转工作，该公司成为全区第一家完成无偿划转的国有企业。全面完成镇江市润州区物产总公司、镇江市润州区冶金物资总公司2家全民企业的破产注销工作。同时，自加压力，主动完成镇江市第二毛纺织厂、镇江市润州活化剂厂、镇江市冷轧带钢厂等6家集体企业的注销工作，确保企业后续无矛盾、无纠纷。

【黄山水泥厂破产工作完成】 区工贸总公司积极与镇江市黄山水泥厂破产管理人沟通，推进破产扫尾工作。2021 年 8 月，在市场监督管理局进行注销，长达 10 年的破产工作顺利完成。

（张 萍）

供销合作总社

【概况】 2021 年，区供销合作总社认真贯彻学习中共十九届六中全会精神，以习近平新时代中国特色社会主义思想为指导，紧紧围绕乡村振兴战略，以服务“三农”为宗旨，深入推进综合改革，着力推动高质量发展，各项工作开展呈现加速奔跑、全面进步的良好态势。

全年，实现销售总额 1871 万元，利润总额 104 万元，电商销售完成 510 万元，农副产品收购 1058 万元。

【项目建设】 七里供销社投资 205 万元在御桥嘉园一号楼“邻里中心”一楼建设镇江市农副产品展示展销中心，建筑面积 1500 平方米。该项目于 2021 年 2 月 18 日营业，成为集镇江市优质农产品与现代化农业成果、衔接城乡农业流通体系、促进旅游购物消费多功能为一体的综合平台。

【社有企业】 镇江金莲食品有限公司克服原材料价格持续上行等不利因素，积极开发线上、线下等新的销售渠道。2021 年，公司完成销售 811 万元。公司被江苏名牌事业促进会评为江苏省绿色环保科技创新型企业，金莲小磨麻油的“非遗庆百年”荣获省委组织部“百年风华”全媒体作品创作大赛三等奖。

【社有资产】 区供销合作总社制定完善《润州区供销系统社有资产管理办法》等资产管理制度，设立固定资产明细账，做到账实相符，确保资产的真实性。黄山商场为提高生资楼一楼（原二糖超市）的资产利用率，改造升级为 5 间门面房后重新对外招租，全年租金达 12.5 万元，实现大幅度增长；蒋乔供销社妥善处理凤凰家园丹凤苑两套房屋产权纠纷的历史遗留问题，强化社有资产管理工作，及时规避法律风险与信访矛盾。

【为农服务】 2021 年，区供销合作总社积极参加市供销社“消费扶贫助力脱贫攻坚”和“两在两同”助农销农产品集市活动，采购贫困地区农副产品 2.4 万元，为助力消费扶贫贡献供销力量；主动对上衔接，全面推介社有企业的特色优质农产品参加各种展示展销活动，扩大系统产品知名度和影响力，带动全区农副产品销售。蒋乔供销社为强化其为农服务能力，对原有资产进行统计和优化配置，相继设立“庄稼医院”、农器具维修、农产品加工经营等服务网点，有力提升为农服务能力。

【党史学习教育】 区供销合作总社第一时间召开全系统党史学习教育动员大会，高标准制定党史学习教育实施方案，成立党史学习教育领导小组，确保“规定动作”做到位、“自选动作”有亮点。组织全系统党员观看红色电影，厚植爱党情怀，汲取奋进力量；与市委组织部机关党委第二党支部、区委组织部党支部把党史学习教育搬进车间，联合开展党旗“镇”红印初心、党员干部“加‘油’跑”主题党日活动；举办党史学习教育专家宣讲会，邀请中共镇江市委党校教授张玉枚作“党史开讲啦”系列学习教育第一讲——《中国共产党的奋斗历程》；组织党员参观周恩来故居、周恩来纪念馆、茅山新四军纪念馆等，深入学习老一辈革命家的先进事迹和精神内涵。

（区供销合作总社）

城市建设

【概况】 2021年，润州住建工作克服疫情影响，紧扣产业强市“一号战略”，对照“三高一争”奋斗目标，以提升城市形象、切实改善民生为重点，实施一大批政府投资项目和民生实事工程，城市功能提升。

2021年，润州区实施政府投资类城建项目5个，完成投资1.3亿元，竣工项目4个，其中，沟西路主体施工完成，长江江堤防洪能力提升工程竣工。

【老旧小区改造】 按照2021年“市统筹、区实施”的新改造模式，区住建局实施桃园小区二期、金山西路3号、解放路10号、万家庄200号等4个片区老旧小区改造工作，57栋住宅楼，面积10.22万平方米，惠及1522户居民。同步推进润州区绿色社区和省级宜居示范居住区创建工作，十八进片区荣获“省级美丽宜居示范居住区”称号。

【危房解危】 按照产权责任原则，区住建局明确解危主体，扎实推进1万平方米危房解危任务。全区186户D级危房居住人员全部撤离，其中，朱方路92号2、3、4幢和朱方路211号，以及朝阳楼幼儿园老园教学楼等房屋解危结束。

【城镇污水处理】 2021年，区住建局初步摸清5个达标区内小区的排水现状，全区有住宅小区108个，2010年前建成的老旧小区中，分流制小区26个、合流制小区22个，并组织对完成老旧小区改造、海绵改造小区内管网雨污合流、混接错接状况进行全面复查整改。完成“小散乱”排查整治工作。排查“小散乱”经营户985户（达标区内520户），存在问题的有913户，督促经营户按照规范的排水要求采取加装隔油池等措施完成整改。完成工业企业排水排查整治工作。排查工业企业2家（即金山包装厂和飞亚轴承厂），其中，金山包装厂搬迁，飞亚轴承厂实现雨污分流并申领排水许可证。完成企事业单位排水排查整治工作。全区87家企事业单位（达标区内40家），存在问题的有81家，26家通过排水验收，6家申领排水许可证，对未完成企业继续做好服务跟进。

【房屋征收拆迁与安置】 2021年，区住建局推进346国道润州段、新马路道路改造工程等新实施项目4个，签约86户，面积1.02万平方米。顺利完成恒顺北、太古山一期和二期、太平圩国有等往年结转扫尾项目，扎实推进岗子下片区旧城改造、山巷路东西两侧棚户区改造等剩余项目，签约14户，面积0.72万平方米。采用集中、零星、现房调剂安置等方法对9个项目进行安置，完成安置38户，房屋39套，面积0.37万平方米。

【燃气安全生产整治】 区住建局联合各街道对江苏华达燃气有限公司、镇江中燃百江能源有限公司、镇江东森燃气有限公司等供气点进行安全专项检查，确保全区瓶装液化石油气市场管理规范、经营有序、安全可控。打击取缔“黑气点”5个，排查供气点安全隐患12条，联合商务、应急等部门排查餐饮场所1000余家，发现安全问题50余条，均整改完成。

【城区防汛防涝】　完善细化城区防汛应急预案，委托第三方做好抽水泵、挡水板等应急物资储备和应急抢险人员设备支持。建立城区防汛联络工作组，充分发挥网络办公优势，通过微信群、QQ群及时转发大风、大雨预警16次，实时提醒相关单位提前做好防范工作，各级组员直接传递现场汛情照片，方便技术单位进行排涝抢险。汛前做好易涝易淹区域检查和各成员单位编织袋、手电筒、木桩等防汛物资储备检查，确保汛期能及时采取有效应对措施。2021年7月28日，台风“烟花”过境，区住建局联合相关街道，对辖区内危房、疑似危房及崩塌隐患点危险区域做好巡查监测工作，积极对接市排水管理处，对严重积水地带和内涝地区做好排水等应急处置工作，未发生人员伤亡和财产损失情况。

【新冠肺炎疫情防控】　2021年，区住建局出动志愿者100余人次到工地、小区开展疫情防控指导检查，40余人参与和平路街道全员核酸检测演练。在建筑企业上报复工的第一时间安排专人对接，全力推动疫后恢复工作。为支持物业服务企业共度难关，协同区经发局发放补贴20万元。向工地和物业小区赠送防疫物资及口罩3000余个。积极响应为企业减免租金倡议，减免租金20万元。（区住建局）

住房管理

【概况】　区住建局以打造红色物业示范点为着力点，用党建引领物业行业发展。完善物业纠纷调解工作机制，及时化解物业矛盾。加快推进既有建筑加装电梯，不断提升城市居住品质。继续加强住房保障工作，实施廉租住房的“动态管理”，应保尽保，应退则退，有效解决城市中低收入家庭的住房困难。开展既有建筑安全隐患专项整治和农村房屋安全隐患排查整治行动，筑牢坚实的安全防线。

【住宅小区物业管理】　区住建局以党建引领红色物业创建，“6+1”物业项目创建省、市级红色物业示范点。加强双随机检查和问题整改，规范物业行业行为，化解各类物业矛盾纠纷1400余件。利用区物业矛盾纠纷调处中心，在诉前协调各类物业矛盾，成功调解撤诉336件。新加装春色江南香柳苑、润州花园一期和二期、德润华庭6部电梯。

【住房保障】　区住建局严格执行住房保障政策，实施动态管理，全区有在保3778户（新增120户，取消99户不符合住房保障标准的租赁补贴），其中，享受住房租赁补贴1928户，享受实物配租1850户，发放租赁补贴647.57万元。同时，做好住房保障新老政策的转换学习，开展新的住房保障政策宣传解释工作。

【既有建筑安全隐患排查整治】区住建局成立专项工作领导小组，印发《润州区既有建筑安全隐患排查整治专项行动方案》，有针对性地布置排查任务、排查内容、工作步骤和时限要求，联合各街道组建包含排查员、技术员、管理员92人的“三员”排查队伍，并聘请有资质的第三方专业机构进行共同排查和鉴定。排查9399栋建筑，面积900余万平方米，按时间节点在全市范围内率先完成。

【农村房屋安全隐患排查整治】2021年，区住建局完成韦岗街道735户农村房屋安全隐患全面排查任务，并对经营性及三层以上自建房48户进行复查，对其他房屋按5%比例34户进行实地抽查，通过排查隐患同步加强房屋安全使用知识宣传。排查1户用于经营的自建房安全隐患，通过恢复翻建消除危险。

（区住建局）

建筑业管理

【概况】　2021年，在润州区备案新增建筑施工企业数量18家，总数达87家，完成建筑业总产值91.9亿元，比上年增长5.6%；缴纳税金5746.88万元，房屋建筑施工面积207万平方米。

【工地安全管理】　区住建局在建筑（拆迁）工地开展送安全知识进工地、消防应急演练等宣传活动，提高项目人员安全意识，促进施工现场作业安全。全面开展春节、复工、“五一”、“安全生产月”等安全大检查和其他专项检查80余次，排查出一般性安全生产隐患30余条，隐患整改率100%。

【工地扬尘管控】 区住建局严格执行施工工地“五达标、一公示”标准，做到“6个100%”。先后对景天花园五期、中南银城樾府、樾林苑、美堤苑、恒大华府等17个工地开展扬尘检查292次，发出整改通知书26份，均整改到位，各工地现场扬尘防治举措普遍提升。

【农民工工资支付】 区住建局严格落实农民工工资保证金制度和施工企业诚信记录审查制度，认真开展相关法律政策宣传，在元旦、春节期间，及时调查协调问题，未发生农民工工资拖欠和群发性上访及恶意讨薪事件。

（区住建局）

区属房地产开发

【概况】 润州区国有平台公司（以下简称“平台公司”）位于镇江市金润大道1018号，有区新农村发展实业有限公司、区土地房屋开发有限公司、区城市建设投资有限公司、区新城镇发展有限公司4个主体公司，全资、控股和参股公司27个，主要涉及土地一级开发整理、征地拆迁、房地产开发建设、工程建设和配套施工、物业管理、建材贸易、酒店经营、金融资产管理、小额贷款经营等业务。截至2021年年底，平台公司所属员工233人。

2021年，平台公司实现全年营收17亿元，上缴税收2182万元。润恒贸易公司年度完成销售额2.66亿元，含税利润约267万元；润泓贸易公司年度完成销售额约6亿元，实现股份分红收益约157万元。

【项目建设】 龚家湾棚户区改造项目位于蒋乔街道嶂山村，总征地面积57.45公顷（含原安置房用地7.33公顷）。2021年12月，原安置房用地7.33公顷上市交易，并由区土地房屋开发有限公司摘牌。

张家湾棚户区改造项目位于南山风景区，总规划面积139.4公顷，其中，可建设用地面积61.93公顷。2021年，完成7.13公顷农用地调规工作。

下黄山棚户区改造项目位于南山南侧，规划总用地28公顷，可建设用地面积15.77公顷，可上市面积东侧12.4公顷、西侧3.33公顷。征地工作完成15.13公顷。

沟西路工程。金润大道—鸿润家园段，全长396米，路宽45米，总投资约1173万元，2021年9月竣工。

代建、自建项目。2021年，美的城公寓楼装修工程、和平路派出所业务用房改扩建工程竣工；区残联、疾控中心、七里社区卫生服务中心、官塘社区卫生服务中心等多个代建项目。

老旧小区改造工程。根据区政府的部署，完成桃园小区二期、金山西路3号、解放路10号、万家庄200号4个小区10.22万平方米的旧城改造任务。

【基金投资】 和润创投公司完成产业引导投资2000万元。引入毫米波雷达、遥感水检测无人船等4家科技企业；投资镇江合达人工智能产业基金、江苏省大运河（镇江）文化旅游发展基金2家基金。结合区政府产业招引，区新农村公司投资北京航天创新专利投资中心2000万元，占比1.44%；投资镇江润合产业投资基金，认缴49750万元，占比99.5%。2021年，出资2000万元。

【官塘创新社区投资运营公司成立】 2021年6月29日，平台公司与市交通产业集团组建官塘创新社区投资运营公司，参与官塘创新社区各项目运作及产业招引。配合官塘创新社区，推进和润数字产业园、润易云通数据湖产业园等数字产业化项目的建设。东南大学校友经济产业园、西理（镇江）智造园、南航国家技术转移镇江分中心暨人才培养基地逐步签约落户。

【国改三年行动】 2021年，按照省、市、区国有企业改革三年行动方案的总体部署，平台公司成立改革工作专班，制定三年改革行动方案及任务分解表，明确具体任务，分解落实到人。拟定公司整合总体方案，变更股权结构、组织架构；建立健全企业文化体系；推进内部竞聘工作，完成中层正职岗位的竞聘工作；推进第一批试点企业粤海酒店内部管理的相关工作；资产管理部对平台公司所有资产进行盘点，清理低效无效资产，整合润州房地产物业有限公司和润州物业管理有限公司两家物业公司。

【党建引领】 平台公司开展党史学习教育、党史知识竞赛、“五四”青年节座谈会、庆祝中国共产党成立100周年等系列活动；依托“党建+社区”的模式，建立“火线”型党员志愿服务队，接受社区统一调派，参与疫情常态防控、认领爱心小饭桌、安全帽行动、创文明城市、叩开天使心门等系列党建活动；健全工作机制，开展巡察整改工作，配合区委巡察组做好九届区委第一轮巡察工作。

（区国有平台公司）

城乡卫生管理

【概况】 2021年，润州城管工作紧紧围绕区委、区政府总体目标，在市容秩序、环卫保洁、品质提升、文明创建等多个方面真抓实干、攻坚克难，提高管理水平，提升城市品质。

【精细管理水平提升】 积极完善管理体系。健全区域明确、责任到人，协调联动、处置及时的网格化管理责任制。加强“网格化”日常考核，月度评定网格等级，有效提升网格容貌。对数字城管系统进行提档升级，采用新一代云架构智慧城管云平台，满足城管业务的便捷上报、准确派遣、高效处置、完整结案的需求。强化环卫保洁。科学配置道路清扫保洁人机比例，不断提高城区道路机械化清扫率。对中华支路中转站改造出新，定期对各垃圾转运站进行大扫除，清理卫生死角，保持作业场地干净整洁。联合韦岗街道、南山街道改造出新原有老旧固定式垃圾房20座，不断改善农村环境。严格落实疫情防控要求。每天出动1200余名环卫工人，加强道路清扫保洁，生活垃圾日产日清，特别是隔离点的垃圾，专人收集、专车清运。在全区设立废弃口罩专用回收桶219个，做到定点投放、专车运输、集中处理。对2400多个垃圾房（桶）、6个垃圾中转站、109辆运输车辆及114座公共厕所等进行全面消杀，确保干净整洁。

【市容环境整治】 开展户外广告专项整治。拆除15处户外广告牌，面积5012平方米。依法清理破旧、影响市容市貌的竖牌、戗牌102块，割除条幅261条。定期对辖区内户外广告进行安全检查，发现安全隐患10处，督促整改到位。推进太平路无户外商业广告示范街创建，通过市级验收。清理乱贴乱画5万余处，各属地设置便民信息栏153块。开展渣土领域执法查处。加强源头防控，对全区所有建筑工地进行24小时不间断监控。加大巡查力度，严厉查处抛洒滴漏、车轮带泥上路现象。以百日整治行动为抓手，全年检查渣土运输车辆1100余辆，发放整改通知书12份，办理案件7起。开展违法建设专项整治。加强全区巡防员管理考核，纳入大城管平台，通过手机“小步外勤”系统，进行智能监管，不断完善违法建设防控网络。在落实日常工作的同时，定期梳理相关情况，强化沟通协调对接，督促属地强化源头防控，全力推进违法建设专项整治。全年受理违法建设案件2752起，其中，巡查47起、举报1331起、交办1374起；拆除违法建设1015起3万平方米。开展“小散乱”排水整治工作。成立“小散乱”排水整治工作专班，邀请市给排水管理处及水业公司专家，联合街道、社区相关人员，逐一到辖区内6个街道，对农贸市场、便民疏导点、小餐饮店等8类小散经营户进行现场检查指导，对发现的问题逐一答疑。对市区6个街道内985户小散经营户进行排查，其中，存在问题的913户全部完成整改。

【民生服务能力增强】 扎实推进“厕所革命”。对城区人民广场、朱方路菜场入口处、山巷底等9座城区公厕及韦岗街道1座农村公厕进行升级改造，完善公厕指示标识的设置，安装除臭设备51台。加强日常清扫管护及设施维修，真正做到公厕“建好、管好、用好”。全力推行垃圾分类。全区206个小区完成垃圾分类基础设施设置，建设省级垃圾分类达标小区30个。联合街道在润康城小区、迎江路社区、官塘绿苑小区等开展垃圾分类宣传引导活动，不断提升垃圾分类的知晓率和参与率。逐步缓解“停车难”问题。对照停车收费八大问题，联合相关部门开展停车收费专项检查70余次，排查22个问题，全部整改完成。同时，结合老旧小区改造和新建小区配套要求，牵头协调市停车办在有条件的路段新增车辆临停泊位，全年协调新增临时停车泊位505个。

【作风效能建设】 深化全面从严治党。印发《2021年度落实全面从严治党党委主体责任清单》，构筑廉政责任体系；通过走访、调研等形式，倾听基层心声，帮助解决问题。坚持在重要节假日开展集中廉政谈话，确保切实履职、廉洁过节。扎实开展严肃政治纪律、政治规矩和落实中央八项规定精神情况监督检查，驰而不息纠“四风”、树正气。夯实党建基础。扎实推进党史学习教育，为每名党员发放指定教材及涵盖大量党史知识的学习笔记本，班子成员带头学，支部党员联动学。开展“五个红色”活动，组织党委书记、党支部书记、退休党员干部讲专题党课，邀请专家宣讲，激励党员干部砥砺初心使命、奋力担当作为。按照“成熟一个发展一个”的原则，全年发展2名预备党员，做好1名预备党员预备期考察工作。推进“‘红色’‘橙色’相融，扮靓城市风景”书记项目，以环卫事业的进步助力城市管理高质量发展。聚焦群众需求。深入开展“我为群众办实事”活动，党员干部领办环卫工人爱心驿站、无偿疏导化粪池等实事，并按时完成。始终把做好建议提案工作作为一项重要职责，全年办理建议提案19件，按时办复率、同步沟通率和代表委员满意率均达100%。12345政务服务热线城市管理平台承办区行政审批局热线转办工单3845件，全部按时办结，切实解决群众诉求。（区城管局）

【润州区环卫所】 围绕年初提出的工作目标，积极提升公共卫生设施建设水平，深入开展“厕所革命”，不断健全和完善环境卫生管理长效机制，立足本职，扎实工作，较好地完成各项任务。全年清运垃圾95159吨，保洁养护公厕95座，清理化粪池粪便9561吨。

强化作业质量，提升监管水平。日常保洁循环有序，重点突出，日常巡查有力，督促及时，内部设施维护较好，保障居民的基本需求。抓好居民生活垃圾一、二级清运，坚持定时、定人、定点、日产日清作业制度，落实标准，做到车走地净无滞留，行驶覆盖无抛洒。加强收集车辆容貌管理，保洁外观整治。做好公厕日常环境卫生打扫，确保公厕各项基础设施完好，能正常为市民使用。对各保洁公司加大路面保洁质量考核，敦促公司加强路面保洁和积尘冲洗力度，规范作业，控制路面扬尘。

加大维护力度，优化基础设施。全年，例行中转站出新1次，对一级清运车喷漆出新，对压缩设施例行保养，维持好除臭设施运行。对中华路中转站改造出新，更新老旧箱体2个，提升作业质量。市区道路更换垃圾桶572只，更新果壳箱500余只。在公厕内加装除臭设备51台。改造人民广场、朱方路菜场等9座在用公厕，投入175万元。山巷底、航运新村、丹阳码头公厕新增第三卫生间。将人民广场公厕打造为一类公厕，该公厕专人全天保洁，24小时开放使用。厕所外的休息大厅还配备电视、无线Wi-Fi、景观石等设施，满足市民如厕以外的休闲、娱乐多方面需求，给市民提供不一样的如厕体验。

促进社会互动，保障职工权益。加大环卫宣传工作力度，全年在市级以上广播、电视、报纸等媒体用稿近40篇。社会各界对环卫工人关爱有加，爱心女老板连续7年邀请环卫工人过母亲节；《京江晚报》“书香镇江”活动为区环卫所困难职工子女送学习用品；在市体育彩票管理中心、一分钟公益等组织联合举行的“圆梦行动”中，部分困难家庭职工子女获助学金资助。此外，为更好地关心好职工，进一步完善各类保障措施，单位组织职工参加体检，切实关心职工的身体状况。单位工会积极开展工会活动，履职尽责，组织工会会员开展周边乡村游，放松身心，缓解工作压力。

落实安全生产，杜绝事故发生。加强安全生产管理，加大安全生产宣传教育监管力度，做到安全生产零事故，切实保障广大环卫职工的人身安全。牢固树立“安全生产警钟长鸣”的理念，确保一线工人的人身安全。开展自查自纠工作，加强检查督促通报力度，促进活动成效。根据市安全委员会办公室《关于开展全区既有建筑安全隐患排查整治工作的通知》，积极制定排查预案，成立排查小组，开展摸排工作。通过摸排发现，三茅宫中转站附近由外来务工人员自行搭建的住房存在有安全隐患，立即着手为这几间房屋更换屋顶、加固开裂墙体、铺设地坪，确保职工住房安全。

加强党建引领，切实为民服务。继续坚持对思想政治教育工作常抓不懈。在党史学习教育活动中，支部领导干部带头学懂弄通，为支部党员上专题党课，还多次参加区城管局党委组织的专题党课。同时，多渠道深入推进党史学习教育；为3名荣获“光荣在党50年”纪念章的老党员举行颁奖仪式；组织党员集中观看中国共产党成立100周年纪念大会实况转播，听取习近平总书记“七一”重要讲话，参观“中国共产党在江苏”历史展。积极落实“三会一课”制度，在日常的工作中发挥先锋骨干作用。在“两在两同”建新功行动中组织力量对金山街道西津渡社区一失管小区进行环境整治；清粪队义务为航运新村疏通化粪池和下水管道。在榜样模范的引领之下，疫情防控期间多名青年党员冲锋在前，主动参与志愿防疫工作，义务值守小区出入口，下沉社区参与“敲门行动”，展示青年党员的责任担当。

配合疫情防控，开展消杀工作。从新冠病毒疫情防控工作的需要，以及企业服务对象的需求出发，配合做好疫情常态化防护工作。全年，采购面罩和防护镜150副、防护服500件、口罩30000只、手套5000副、酒精300斤。落实疫情常态化防控措施，每月组织全员进行核酸检测，做到应检尽检。单位人员有出行计划均需及时上报，根据防疫政策规定做好返镇的检测及隔离工作。（区环卫所）

城管执法

【概况】 2021年，润州城管行政执法大队（以下简称“执法大队”）贯彻落实中共十九届三中、四中、五中、六中全会精神，落实区第九次党代会部署，紧扣“三高一争”奋斗指向，不断提升城管执法服务水平，奋力开创润州“强富美高”新局面。先后开展渣土百日整治、公共停车场专项整治，积极推动“基层三整合”改革，协助基层做好疫情防控，辖区环境得到进一步提升。

【党史学习教育活动扎实开展】 执法大队把党史学习教育作为全年的重大政治任务抓好抓实，上下联动一盘棋，推动党史学习教育入脑入心。根据局党委《党史学习教育实施方案》要求制定详细的学习计划，做出具体部署。认真抓实政治理论学习。全年，组织学习习近平《论中国共产党历史》《毛泽东、邓小平、江泽民、胡锦涛关于中国共产党历史论述摘编》《中国共产党简史》《习近平新时代中国特色社会主义思想学习问答》等指定学习材料和习近平总书记考察各地的讲话精神。为保证学习效果，支部要求党员干部将集中学习和自学相结合，认真做好学习笔记，撰写心得体会，确保学深悟透。有序推进“领导干部上党课”活动。以《党的改革开放史》《弘扬长征精神》为题向全体党员干部讲述党的光辉奋斗史，回顾党团结带领人民在艰难困苦中奋起、在艰辛探索中前进，为改变中国的面貌和中华民族的命运而斗争的伟大历程，全体党员在学习党史中进一步感悟思想伟力，树牢宗旨意识，切实增强责任感、使命感、紧迫感。深入开展“五个红色”活动。开展“追忆峥嵘岁月·探寻红色印记”“深情礼赞建党百年 红色诵读坚守初心”等主题党日活动，组织全体党员通过重走红色阵地、诵读红色家书、讲述红色故事，进一步铭记党内奋斗史，坚定理想信念，践行初心使命。进一步做好庆祝中国共产党成立100周年相关工作。全体党员集中收看庆祝中国共产党成立100周年大会，聆听习近平总书记在大会上的重要讲话，观看结束后，党员干部纷纷撰写专题心得体会，深入领会讲话精神，牢记习近平总书记嘱托，弘扬伟大建党精神、锤炼鲜明政治品格，在自身岗位上履职尽责，担当作为，以实际行动为建设“强富美高”新润州做出应有贡献。切实开展“我为群众办实事”活动。执法大队将学习教育和服务工作相结合，做到两手抓、两手都要硬，对群众反映的黄山南路中段两侧非机动车道减震带占道产生安全隐患问题开展整治，联合市停车办对该路段的196个停车位的减速带分批分段进行清除，减少道路安全事故的发生。积极参加“党员先锋队”，到金山街道迎江社区和七里街道开展“学典型 争先锋 办实事 践初心”“‘学亚夫、做亚夫’我为群众办实事”实践活动，向社区群众宣传法律法规和垃圾分类常识，开展有奖问答活动，拉近党群关系。在“慈善一日捐”帮扶活动中，支部广泛发动、积极组织，14名党员群众慷慨解囊，捐款2900元，用实际行动表达对社会弱势群体的关爱之情。

【公共停车收费管理专项整治】 根据省、市专项整治要求和区城管局统一部署，执法大队围绕“集中整治、统一规范、整体提升”的总体目标，对照清单开展整治，逐一解决问题。联合相关部门开展停车收费专项检查70余次，出动执法人员200余人次，对照停车收费八大问题，对辖区内道路停车泊位、公共停车场开展集中整治行动。根据自查及市推进办专项整治排查中发现的问题，第一时间现场查看，联合相关部门积极落实整改。同时，结合老旧小区改造和新建小区配套要求，牵头协调市停车办在有条件的路段新增车辆临停泊位505个。

【渣土领域执法查处】 参加市渣土管理所百日整治行动，加强辖区范围内渣土运输路线及施工工地巡查，重点关注南徐新城樾府、九华山路恒大、金山湖美堤苑、和平路红豆等建设中地块。同时，加大处罚力度，积极推进林青月雅苑工地超核准范围处置建筑垃圾、岗子下矿机路车辆运输建筑垃圾、朱岗路个体施工车辆运输、远洋三期四标段工地偷倒渣土等案件，全年发放整改通知书12份，办理案件7起，处罚金额10.5万元。

【污染防治综合监管平台运行】 为贯彻落实区纪委、区污染防治攻坚战指挥部有关污染防治综合监管平台运行管理的工作要求，执法大队高度重视平台运用，安排专人负责平台接单派单工作，将其作为常态化工作管理，确保对职权查处范围内的污染问题线索履职到位、办理规范，处理平台线索54条，其中，渣土扬尘类14条、环境卫生类40条，全部办结。

【协同推进基层综合执法】 为更好地指导和了解近基层综合执

法的具体运作情况，执法大队到各街道开展调研工作，深入了解基层综合行政执法工作开展情况及所遇困境，并将其汇总形成调研报告，为一线执法实现更综合、更集约、更高效的改革目标提出合理化建议。同时，积极组织城管法律知识培训指导，结合新修订的《中华人民共和国行政处罚法》组织街道综合执法人员培训2次。

【建议答复】 2021年，执法大队办理建议8件，其中，主办建议3件、协办建议3件、合办建议2件。办理人员根据建议内容，落实整改，并做好上门沟通答复工作，确保满意率达100%。

（区城管行政执法大队）

环境保护

【概况】 2021年，润州生态环境局坚持以区域环境质量持续改善为核心目标，聚焦“减污降碳”总要求，坚持“生态优先，特色发展”战略路径，持续发力污染防治攻坚战，顺利完成各项环保年度目标任务。

全年，润州区空气质量优良天数比率为76%，$PM_{2.5}$浓度为36微克/立方米，比上年下降5.3%。2021年，润州区新河桥国考断面及京口闸省考断面水质均达Ⅱ类，超过Ⅲ类省考核目标。全区集中式饮用水水质达标率100%。

【整改突出问题】 润州生态环境局主动牵头做好相关工作，完成共性突出环境问题的整治任务。积极应对市生态环境系统大气强化攻坚行动督查整改，制定《润州区主要环境问题清单》，督促相关街道、部门做好整改落实。做好省、市电视台污染防治攻坚问题曝光整改工作。积极落实中央及省生态环保督察反馈问题，以及市专项督查下发重点生态环境问题整改销号。

【推进蓝天保卫战】 强化协同管控。紧扣$PM_{2.5}$和臭氧浓度“双控双减”，深入实施润州区大气污染防治“春夏攻坚”专项行动。强化精准施策。编制区《大气污染物溯源报告》，实施精准管控。制定实施辖区内重点企业错峰生产计划，对辖区内重点企业、区管在建工地及渣土车运输等实施重污染天气停限产管控，管控35天。强化联防联控。联合交警大队在重点路段开展重型柴油货车尾气排放专项执法。2021年，开展路查路检20次，检查车辆299辆，尾气超标处罚13起。入户检查8次，检查车辆86辆。非道路工程机械检查53辆。与街道、村（社区）协调联动，开展夏秋季秸秆禁烧工作。运用蓝天卫士，实现24小时全天候巡查。2021年，未发现焚烧秸秆现象。强化面源管理。对辖区内734家餐饮油烟单位进行情况排查，积极推进重点餐饮单位在线监控设备安装工作。

【推进碧水保卫战】 积极做好隐患排查。对运粮河润州段沿线排涝泵站进行全面梳理，详细掌握排涝泵站具体情况。加强国、省考断面周边河道日常巡查力度，及时发现并消除水环境风险隐患，实时监控水质在线监测数据，对发现的异常数据及时加密手工监测并做好污染溯源排查和整治工作。全面落实风险应对。编制完成《新河桥断面水质达标限期整治方案》，积极做好新河桥断面汛期水质滑坡风险应对工作。协同推进提质增效。按照区2021年城镇污水处理提质增效精准攻坚“333”行动方案部署要求，狠抓责任落实，全面完成年度整治计划内工业企业雨污分流改造工作。序时开展排污口排查整治。按照省、市统一部署，推进入河（湖）排污口排查、监测、溯源及整治工作。

【开展净土保卫战】 润州生态环境局组织开展生态红线区域核查和建设用地场地土壤污染状况调查，对发现的违规建设，第一时间拆除。对团山尾矿库和毛竹湾尾矿库污染物因子进行监督性监测并组织专家评审，督促各责任主体落实相关要求，排查环境隐患问题，限期整改。积极落实市土壤污染防治专项审计发现问题整改工作。高效推进韦岗地区农村生活污水治理工作，推进进度全市第一。全力做好地下水污染防治工作，协调推进全区地下水分区工作稳步实施。

【环保布局】 智慧管控体系优化。扎实推进韦岗街道（韦岗小学站点）、和平路街道（永辉超市站点）及南山街道（回龙水库站点）3个省控空气自动站建设工作，均验收通过并实现联网。环境规划体系完善。高标准编制《润州区“十四五”生态环境保护规划》及《润州区水生态环境保护“十四五”规划》，扎实推进城镇区域水污染物平衡核算工作。工程建设体系提升。积极谋划环保项目建设，争取各类专项资金。2021年，完成水治理项目1个，生态补偿项目2个，大气类项目1个，争取资金700多万元。序时推进年度水污染防治基础工程建设，征润州污水处理厂尾水湿地泵站管道工程大口径 CSO 管网联通，自动监控设备及视频监控安装联网工作完成。

【危废固废管理】 润州生态环境局完成危险废物新旧名录衔接备案工作，“危险废物全生命周期系统”稳步推进。开展危险废物环境安全和规范化管理工作专项检查，加强对危险废物转移监管，执行网上转移联单备案制度，督查产废单位产生、运输、接收流程严格落实安全管理规定。2021 年，清运 151 批次，总量达 364.98 吨。帮助白蚁防治所、润州市场监管局做好废化学试剂、废乳化液、废墨盒及废油漆行政代处置工作，从根本上消除环境隐患。

【环境执法监管】 结合疫情防控，润州生态环境局加强对医疗废物处置情况和废水处理设施运行的监管。组织开展化工（危险化学品）安全生产大检查、打击废水偷排直排环境违法行为、机动车维修行业危险废物专项整治等各类专项及交叉互查行动。督促江苏船山矿业股份有限公司开展尾矿库安全、环境事故应急救援演练。推进深化安全生产三年专项整治隐患的整改，133 条隐患 100%整改到位。推动 11 家企业接入“环保脸谱”系统。开展“一企一信”上门帮扶，组织线上直播培训，点对点为企业开展政策指导。坚持依法依规监管，有力有效服务。2021 年，出动执法人员 1800 余人次，检查点位 776 个，开展双随机检查 18 次，上传执法记录 287 条，快捷留痕 489 条，发现环境问题 222 个，下发整改通知书 13 个，下发行政处罚决定书 4 件，处罚金额 4.78 万元，受理处理各类环境信访问题 1121 件。

（区生态环境局）

商 业 经 济

栏目编校：孙 伟

综 述

【概况】 2021年，润州区完成社会消费品零售总额134.6亿元，比上年增长17.4%。全区新注册中国香港、台湾商投资企业项目7个，比上年增长40%，完成协议注册资金2786万美元，实际到位资金1977万美元。全区完成外贸进出口总额18.4亿元，比上年下降3.9%。全区服务外包执行额完成9910.1万美元，其中离岸外包执行额1102.4万美元。

2021年润州区新注册中国港澳台资明细表

表13

单位：万美元

序号	企业名称	项目内容	地区	企业类型	总投资	注册资本	协议外资	所属街道
1	江苏创亚经贸发展有限公司	餐饮服务（不产生油烟、异味、废气）；货物进出口；技术进出口等	中国台湾	独资	200	200	200	七里甸街道
2	江苏环亚旅游文化发展有限公司	旅行社服务网点旅游招徕、咨询服务；园区管理服务；组织文化艺术交流活动等	中国香港	合资	300	300	300	七里甸街道
3	镇江市鹿谷红玉餐饮管理有限公司	厨具卫具及日用杂品批发；包装材料及制品销售；电子产品销售；日用品销售等	中国台湾	合资	30.44	30.44	30.44	和平路街道
4	包公道（镇江）咨询管理有限公司	企业管理咨询；法律咨询；人力资源服务等	中国香港	合资	15.46	15.46	15.46	和平路街道
5	诚信昌（江苏）机械有限公司	货物进出口；技术进出口；进出口代理等	中国香港	独资	1000	1000	1000	南山街道
6	镇江文心阁拍卖有限公司	拍卖业务；出版物零售等	中国台湾	合资	314.06	314.06	314.06	南山街道
7	镇江三沐商贸有限公司	工程和技术研究和试验发展；生物化工产品技术研发；日用化学产品销售等	中国香港	独资	50	50	50	宝塔路街道

招商引资

【概况】 2021年，润州区坚持线上“云”招商与线下组团招商、小分队招商相结合，积极探索金融招商、平台招商等新模式、新路径。全年签约项目143个，招引易华录数据湖产业园、贤俊龙包装科技、博泰数码科技等1亿元以上项目16个，总投资超171亿元。

年初，总投资10亿元的绿色建筑产业园项目参加2021年镇江市重点产业项目集中“云签约”活动。疫情缓解后，区领导多次带队到北京、上海、深圳、无锡等地开展招商活动。3月底，到上海参加镇江市“沪镇融合 通江达海”产业项目及人才招引推介会，会上成功引进并签约北京航天专利基金；10月18日，在深圳举办“和润之州 镇等你来”招商推介会，润州区政府与广东省（深圳）江苏商会、深圳南通商会、深圳镇江商会签订委托招商协议和招才协议，并考察星河集团、达实智能、合创资本等公司，推进合壹新能、华迈医疗、飞宝智能等项目。全年引进农商行总部项目、陕西延长石油物资集团江苏有限公司、江苏梦之队健康管理有限公司、江苏名安控股有限公司4家总部经济企业，引进易华录数据湖产业园、博泰数码科技、京创数字时代科技、联东U谷4家数字产业项目。

商贸流通

【概况】 2021年，润州区商务局精心指导商贸流通企业，参与“留润过年消费补贴”“润州请您来赏秋”“金山消费节”等促消费活动，激发市场消费潜力，提振消费需求，提升消费品质。会同街道加强与中国石油天然气股份有限公司、中国海洋石油集团有限公司、大润发流通事业股份有限公司等重点零售企业的沟通服务，帮助企业扩大销售，筑牢社零“压舱石”。推进社区商业线上发展，推广城乡“互联网+社区便利网点”的倍全商业发展模式，支持商贸企业进行数字化改造，支持线上企业在线下布点发展。全年重点对金星菜市场、三茅宫菜市场、新城花园菜市场和运河路菜市场开展升级改造工程，全部完成标准化建设，其中金星菜市场打造成为全市最大的室内现代化农贸市场。对全区16家加油站按照“省厅加油站安全检查指引100条”开展隐患自查自改，并及时督促企业落实整改形成闭环。全年在餐饮企业危化品使用专项治理信息系统录入餐饮企业1052家，录入率达100%，安装燃气报警器1052家，完成率达100%。落实区安委办关于《江苏省“百团进百万企业”安全生产学习宣讲活动镇江方案》的要求，做好宣讲活动，促进基层企业对安全生产工作形成共识。

对外贸易

【概况】 2021年，疫情持续影响，海运和原材料价格涨幅较大，润州区积极调研走访重点外贸企业，了解企业发展形势及面临的困难，送政策上门，组织企业申报省、市级商务发展专项资金。动员组织企业参加广交会、进博会以及各类线上展会。进博会期间，润州区重点外贸企业现场签订600万美元订单。

2021年润州区进出口前15强企业一览表

表14

序号	企业名称	性质	主要进出口产品
1	镇江东亚碳素焦化有限公司	民企	碳素制品
2	镇江市汉华进出口有限公司	民企	五金交电、机械设备、卫生洁具、电子产品、日用百货、纺织品、服装
3	镇江市汉丰国际贸易有限公司	民企	纺织服装、日用品、五金工具、化工产品（危险品除外）、建筑材料
4	江苏英汇能源科技有限公司	民企	甘油、燃料油、植物沥青、化工原料
5	镇江嘉信国际贸易有限公司	民企	日用品、农副用品
6	江苏金与信国际贸易有限公司	民企	金属制品、金属材料、设备、日用品

续表 14

序号	企业名称	性质	主要进出口产品
7	正茂集团有限责任公司	民企	锚、船用锚链、工业链、系泊链及其附件、制链设备
8	镇江国际经济技术合作有限公司	民企	承包境外工程和境内国际招投工程
9	镇江捷斯达进出口有限公司	民企	五金工具、机械设备、建筑材料、化工产品（危险品除外）、日用百货、化妆品、眼镜、工艺品、服装及辅料、汽车配件
10	镇江艾美格商贸有限公司	民企	机械产品、化工医药品、灯饰灯具、箱包钓具
11	镇江家建涂装工具有限公司	民企	油漆刷、油漆滚筒、五金工具、建筑材料
12	镇江至诚物资有限公司	民企	机械产品、化工医药品、灯饰灯具、箱包、钓具
13	镇江苏源时装有限公司	民企	服装、针纺织品、鞋帽、箱包、工艺品
14	镇江和美瑞进出口贸易有限公司	民企	五金、日用品
15	镇江市欣贸跨境电商服务有限公司	民企	卫生洁具、日用百货、针纺织品

对外经济技术合作

【概况】 润州区现有外经企业4家。对外承包工程企业镇江国际经济技术合作有限公司在越南、老挝、柬埔寨等国家有在建项目，对外劳务派遣企业五洲对外劳务合作有限公司稳定向日本输出劳工。全年组织企业申报国家、省、市级商务专项发展资金108.3万元。

财 政

【概况】 2021年是“十四五”规划的开局之年，也是“两个一百年”奋斗目标交汇与转换之年，面对严峻复杂的经济形势和艰巨繁重的改革发展稳定任务，全区财税部门坚持以习近平新时代中国特色社会主义思想为指导，迎难而上、担当作为，积极贯彻新发展理念，充分发挥财政职能作用，保障全区各项经济社会事业平稳有序健康发展。

【收入目标化管理】 充分发挥收入组织牵头职能，将保持收入平稳增长、提升收入质量作为头等大事。围绕预期增长目标，做好收入形势常态化分析监测，关注税收增减变量，把稳收入“大盘”。发挥协同治税机制，深入细致做好财税共治、精细管理的增收本职，实现财政收入平稳增长。全年完成一般公共预算收入146623万元，完成年度预算的102.11%。其中税收收入127613万元，占87.03%。

【支出进度化管控】 以“保平衡”为首要目标、“防风险”为主要导向，从严从紧把牢支出关口，坚决压缩过时、低效、冗余的财政支出，坚决控制一般性支出，不折不扣落实政府长期过紧日子要求，保持“三公”经费、会议费、培训费“只减不增”。坚持将“三保”放在财政支出的第一顺序，全面压减非紧急、非必需资金，强化资金统筹和调控，增强对刚性支出和重大战略部署的保障能力。全年完成一般公共预算支出227157万元（包括上年结转和上级专项补助40171万元），完成年度调整预算208000万元的109.21%。

【落实重大部署】 坚持产业强区“一号战略”，充分发挥财政政策的引导激励作用，主动落实各类财税惠企政策，坚定不移支持科技创新、“双招双引”、重大项目建设、产业扶持等，推动产业布局调整优化。坚持基础研究、原始创新的财政资金投入导向，支持建立以企业为主、以市场为导向、政产学研深度融合的技术创新体系，鼓励技术研发机构和孵化器（加速器）等科技载体建设。坚持人才发现、培养、激励的财政资金投入导向，充分保障“润州英才”等计划的实施，支持构建灵活开放的人才引育机制。坚持综合构建现代产业体系的政策导向，支持重大产业投资和特色产业发展，鼓励总部经济，盘活楼宇经济，加快发展现代金融业、生产性和生活性服务业。

【民生保障底线筑牢】 围绕基本民生保障需求，坚持尽力而为、量力而行，持续做好普惠性、基础性民生建设，统筹考虑预算安排和资金使用，支持公共卫生服务均等化、教育均衡发展、困难群体托底保障、生态环境建设等。继续提升医疗保障水平。常态化做好疫情防控工作，落实好核酸检测、疫苗采购、防控设备物资采购等经费保障；完善医保基金统筹制度，落实城乡居民医疗保险基金统收统支工作。严格确保教育经费两个“只增不减”。完善教育经费保障及扶困助学机制，统筹保障各阶段生均公用经费、家庭困难补助等。坚持困难群体托底保障。落实好城乡低保、社会救助、就业帮扶、优抚安置等制度，做好特殊群体、困难人员救急解困、兜底保障工作。大力推进生态环境建设。支持做好长江经济带生态修复、生物多样性保护、海绵城市建设、低碳城市建设、城镇污水处理、水环境综合整治、绿色建筑推广等工作。全年区本级民生支出142598万元，比上年增长17.17%，占年度区本级预算支出的76.26%。（区财政局）

【金融管理】 坚持平稳有序、健康发展，抓好金融网格化监测。着眼于建设良好金融生态环境，对全区48个地方金融网点实行网格化监测预警，完成4家私募基金管理人和40家私募基金机构的风险排查工作。常态化开展非法集资风险排查，适时对地方金融机构开展会商、动态评级、专项排查等，强化地方金融监管。持续优化金融营商环境，加大整顿和规范金融市场秩序，保持良好的社会信用环境。建立双向信息共享机制，完成金融平台注册企业3013家，满足融资需求792笔29.51亿元。

（区金融办）

税 务

【概况】 2021年，润州区税务局以习近平新时代中国特色社会主义思想为指导，深化党史学习教育和“两在两同”建新功行动，以“带好队伍”大力推动“干好税务”，紧紧围绕润州城市经济工作部署，努力在服务地方发展中跑在前列，在税收营商环境建设中争创一流。

【主责主业】 依法依规组织收入。严守组织收入原则，积极向区委、区政府汇报，合理确定收入预期。完善税费优惠政策落实工作机制。推进减税降费各项延续政策和新增政策落实落细，探索精准推送模式，确保税惠直达快享。贯彻落实国家税务总局、财政部关于制造业中小微企业2021年第四季度部分税费可缓缴的决策部署，经测算，本次缓缴政策将惠及润州区120余户制造业中小微企业，预计可缓缴税费780万元，减少一般公共预算收入360万元。充分发挥以税资政作用。办好《润州税务专报》，做好每季度税收、税收预测，专题做好税收营商环境、房地产税收情况等的专题分析报告，贡献税收话语，积极策应全区创新驱动核心战略，获得区委、区政府主要领导肯定批示。

【征管改革】 落实“1+5”征管体系要求，做好委托代征规范清理工作，建立健全相关工作机制，提升涉税事项流转效率。强化税费管理。稳步推进经营所得个人所得税年度汇缴工作，2021年度汇缴率达98.57%；稳步推进企业所得税汇缴工作，汇缴面达99.29%；成立3个清算审核组，承接好土地增值税清算工作，提升润州区房地产税收管理水平；积极开展城镇垃圾处理费划转情况调研，稳妥有序做好城镇垃圾处理费划转工作；完善城乡居民两险“网格化”协同共治体系，社保非税收入管理水平持续提升。

【优化营商环境】 扎实开展“我为纳税人缴费人办实事暨便民办税春风行动”，区局全面梳理省、市政府营商环境考核指标，聚焦短板、精准施策，挂图作战、扎实推进，营商环境考核从第一季度的全市落后提升到第二、三季度连续排名全市第二水平。突出办好实事解民忧。精准落实“我为纳税人缴费人办实事暨便民办税春风行动”9大类27项75条便民利民惠民措施，全面深化“放管服”改革，着力解决纳税人、缴费人“急难愁盼”问题；持续细化和充实完善“春风行动”，落实“惠苗政策进万家”“助苗服务优体验”“护苗成长促发展”等3大类主题活动12项行动措施。优化线下办税便民办。升级“硬实力”：重构办税服务厅职能，创成全市办税服务厅“样板间”，有力提升全市办税服务标准化、规范化水平。提升“软实力”：办税流程更加优化，单个业务平均办理时长1.5分钟，办税平均等候时长压缩在2分钟以内，新办套餐审批由原来的3个工作日压缩到平均办理时长15分钟。拓展智慧办税惠民生。积极推进智能导税，实现315个事项全程线上办理，依托“江苏税务”App模块自动推送最佳办理业务入口，积极引导纳税人、缴费人通过“网上办、自助办、邮寄送、线上答”等方式办理税费业务，线上办税比例达到93.2%。

（区税务局）

审 计

【概况】 2021年，润州区审计工作以习近平总书记系列重要讲话精神为统领，聚焦主责主业，抓好党史学习教育，强化审计业务管理，依法履行审计监督和服务职责，坚持创新审计理念和服务方式，努力拓展审计职能的宽度和深度，将“治已病”“防未病”贯穿审计各项任务和各个环节，更好地为全区经济社会发展保驾护航。

2021年，区审计局完成计划项目19个，统筹开展交办领导干部离任审计7项，审计发现问题59个，涉及管理不规范金额6.81亿元，提出审计建议31条，促进完善规范制度16件；完成政府投资审计项目28个，送审工程造价7.65亿元，审定核减率达23.53%，为政府节约财政资金1.8亿元。

【党史学习教育】 加强组织领导。局党组第一时间成立党史学习教育领导小组，建立“领导干部带头学、中心组系统学、对标看齐跟进学、网络平台辅导学、感悟心得交流学”的学习机制。巧用红色资源。党组成员、党支部支委成员到南通参加全市审计系统党建工作培训，全局党员参观中国工农红军第十四军纪念馆以及苏中七战七捷纪念馆，身临其境实地学。学史促行。从人民群众最关心、最直接、最迫切的角度入手，为同德里社区困难家庭儿童捐赠图书、为西柴院小区居民安装便民椅等，把党史学习教育成果转化为“我为群众办实事”的实际行动。

【审计行政指导】 2021年，在发挥审计监督职能上，区审计局创新审计理念，充分发挥审计专业优势，加强在审计过程、问题整改中对被审计单位的行政指导，注重与被审计单位的交流，有针对性地提出审计建议，持续把开展行政指导工作作为“防未病”的重要举措。

【提升综合能力】 深入贯彻“争当表率、争做示范、走在前列”新使命、新要求，区审计局抓好项目质量的同时提升综合管理能力。2021年实施的某街道审计项目获全市优秀项目评比第二名；在市审计局组织的全市审计系统年度综合考核中荣获第一等次。 （曹 莹）

润州区审计系统干部职工参观“廉洁文化”美术书法作品展

（区审计局 摄）

教 育

栏目编校：蒋厚军 孙 伟

综 述

【概况】 2021年是润州教育“十四五”规划的开局之年，以更高水平、更高质量教育现代化建设为抓手，全力推进教育改革与发展，各项教育事业取得新进展。各级各类教育均衡推进，顺利完成教育现代化和义务教育均衡监测工作。

【学前教育】 制定《2021年度润州区幼儿园招生工作意见》，对公、民办幼儿园招生服务区进行微调。万科沁园幼儿园、润州花园幼儿园、红星桃花源幼儿园对外招生。完成市优质幼儿园创建任务。成功申报市级制定《3~6岁儿童学习与发展指南》实验区域推进项目，朴园伟才幼儿园承办市级开放活动。润州制作的学前教育宣传月展板，在全省学前教育启动仪式上展出。

【义务教育】 义务教育继续优质发展，积极推进“双减”政策落实，课后服务工作全面推进，2021年秋季学期全区学生参与率占86.8%，比2021年春季学期提高30个百分点。官塘小学和官塘中学以镇江实验学校官塘分校招生，鸿润家园纳入蒋乔小学和魅力之城长山分校的双学区，成功化解远洋社区和鸿润家园小区业主子女的入学矛盾。以“润童学党史，向阳奋力跑”为主题的“个十百千万”工程推进青少年党史学习教育见成效，开展大中小学生“手拉手学党史”活动82场，参与人数25787人次；组织开展“百师讲党课”党史宣讲活动159场，参与人数27418人次；组织红色研学寻访活动208次，参与人数46866人次。加强学校传染病防控工作，与区卫健委和疾控中心联合做好教职员工和12~18周岁学生新冠疫苗接种及每周常态化核酸检测工作。成功举办区中小学生文艺会演，全区500余名学生参演。由50名教师组成的合唱团荣获区“红心向党，犇腾润州”百首红色歌曲颂党恩合唱大赛一等奖第一名，并在区庆祝中国共产党成立100周年文艺会演中进行展演。学生体质健康平均合格率在95%以上、优秀率在10%以上。

【职业教育】 职业教育继续高质量实施，在2021年省普通高校对口单招高考中，81名学生参考，本科达线人数32人，达线率39.5%，创历史最高。其中，艺术设计专业本科达线人数7人、电子电工专业本科达线人数11人、市场营销专业本科达线人数14人。

【社会教育】 社会教育继续惠民健康，创成省社区教育品牌项目1个、省名师工作室2个。3项教育成果获市级奖项。区老年大学报名数近1800人次，再创新高，社会效益日益凸显；承办市老年大学系统舞蹈类教研活动获好评。全年“智慧助老”技术培训达1000人次。校外培训机构整治有力，由原来的46家压减到21家，压减率为54.3%。校外教育继续保持公益特色，调整、优化活动点布局，设立润扬、南山等9处活动点，不断扩大公益覆盖面，普惠青少年。开展“公益普惠进校园，助力润扬青少年”爱心捐赠活动，先后为蒋乔小学和润扬幼儿园学员送去书包、书籍、OID编程启蒙机器人、小鲸造智能积木基础套装等。搭建免费公益平台，举办以“童心向党”为主题的“阳光娃”幼儿故事、书画大赛，惠及少年儿童6683名。

【教育核心竞争力】 组织领导有力。以“5+X”提升“红烛先锋”示范性本级“书记项目”，每名党员教师结合自身实际办成一件微实事，校长、书记领办25件服务项目，乡科级干部主动排查认领12个问题，切实推动问题解决。全景式开展“六专题一实践”主题活动。打造“个十百千万”工程，推行“走百年老巷，寻百年党史”打卡研学线路，开展十大主题活动，制作百个党史微视频，组织千个寻访活动，推进万名队员歌唱红色歌曲献给党活动。深入开展“一校一品”党建文化创建活动，评选9个区级品牌，评选省级成果奖1个、市级成果奖2个。队伍建设聚力。33名教师被评为市“169工程”第六期学术技术带头人，拥有在岗特级教师、正高级教师各3名。面向社会公开招聘14名教师。1人被评为2020年度“江苏最美教师”。师德师风及法律法规知识网络竞赛我区参赛率居全大市第一。从严治党强力。严格落实中央八项规定精神，组织润州区教育系统内部控制制度的专题学习培训，加强对中小学及幼儿园的日常财务监管、节假日关键节点的廉政提醒。召开全系统领导干部警示教育大会，集中观看区纪委监委拍摄的警示教育片《贪欲之殇》。完善局机关科室、直属单位各项管理制度，严格用制度管人、管事、管物。召开巡查整改专题会议，制订巡察“回头看”整改方案，局党委书记切实履行整改“第一责任人”职责，实行逐个问题“销号”、逐项内容“销号”。

【教育科研】 “五点一线”研训模式深入实施，73项课题参加省市级各类课题申报，17项省市级课题开展中期汇报，13项省市级课题举行课题结题鉴定。3个内涵建设项目成功申报为2021年镇江市基础教育内涵建设项目，2项成果分获市首届教学成果奖及“省教育研究成果奖”三等奖。全区“中小学（园）优秀教科研成果推广与应用”共同体开展活动近20次。加强民办园教科研工作指导，组织苏外附属幼儿园成功申报2021年度镇江市教育教学研究课题、6所民办园开展区级课题申报和开题论证活动。近500篇论文参加各级各类教科研论文比赛。

【教育保障】 工程建设扎实推进，总投资1000万元的市、区民生工程项目区实验幼儿园中海分园装饰装修工程完成。完成市润商小学（原李家大山小学）第一期、镇江实验学校远洋分校自来水管网、金山实验学校中学部外墙改造等项目，完成红星桃花源幼儿园户外景观和消防改造工程以及官塘小学迁址办学和长山学校扩班改造。协调相关开发商对滴翠园和美的城幼儿园部分户外工程进行调整，完成鸿润家园和万科蓝山幼儿园户外设计方案论证。信息化建设成果丰硕，市信息化教学能手大赛有1人获特等奖并被评为“市技术能手”、“五一”巾帼标兵；市多媒体教育软件评比有66人获奖，占大市获奖人数的18%。中小学电脑制作竞赛有2人获省一等奖、151人获市级奖，占大市获奖人数的25%；市英语口语竞赛有2人获市特等奖、1人入围省级赛。区教师信息素养鸿合一体机线上培训教师821人，有优质课件近110份，全员通过考核。平安校园全力打造，年初逐级签订安全生产目标责任书，把安全稳定落实到最基层。制定《润州区教育系统安全专项三年整治方案》。全年组织72个安全生产检查组出动检查人数334人，被检查单位554个，对全区校园全覆盖开展不同内容的安全检查，排查安全隐患109处，均整改到位。实现校园保安持证上岗率100%。全区中小学、幼儿园安全稳定，全年未发生一起安全重大责任事故。督学工作有效推进，先后组织“五项管理”、“双减”（减轻学生作业负担和校外培训负担）、心理健康教育、教师批改作业等专项督查。完善视导工作机制，建立优化学校自我督导体系，加强内部自我督查，构建家委会人员驻校办公、学校视导员制度与责任区挂牌督导相融合的教育督导网络。强化督促整改机制，在发放“责任督学挂牌督导整改通知书”的基础上，增设“督学提醒函”，全年发放督学提醒函10余份，推进学校（幼儿园）管理工作的全面提升。

（王云苏）

幼儿教育

【概况】 2021年，润州区不断扩大多元选择资源供给，新增普惠性幼儿园，不断提升幼儿教育普及普惠率，健全长效治理监管体系，实施科学健康的保育教育，落实规范有序的行业管理，使学前教育发展水平得到新提升。

实施科学健康的保育教育。成功承办2021年镇江市幼儿园内涵提升项目总结会暨第四期幼儿园课程改革区域推进项目现场研讨活动，7所幼儿园向大市开放，全面展示润州区课程改革成效。践行《3~6岁儿童学习与发展指南》，区域推进课程游戏化建设。成功申报市级制定《3~6岁儿童学习与发展指南》实验区域推进项目，制定《润州区区域推进课程游戏化建设项目实施方案》。朴园伟才幼儿园被评为市第四批《3~6岁儿童学习与发展指南》实验建设项目先进集体。承办市级开放活动，共享民办幼儿园课改新经验。组织开展“党旗下的润州学前教育改革发展——2021年润州学前教育宣传月‘六大行动’”。润州区制作的“优资源　提内涵　共发展——润州学前教育在行动”展板，实验幼儿园制作的“润州区幼儿园布局规划”沙盘，机关幼儿园、凤凰家园幼儿园、实验幼儿园的10年改革发展成果，在全省学前教育启动仪式上展出。组织全区各幼儿园开展庆“六一”迎“七一”、“童心向党，红色启蒙”主题活动。机关幼儿园、实验幼儿园、金山水城幼儿园、中山西路幼儿园代表全区参加市“童心向党”幼儿创意绘画现场展示。全面推进幼儿园与小学科学衔接工作。朝阳楼幼儿园与穆源民族学校、润扬幼儿园与蒋乔小学成功入选江苏省首批幼小衔接试点校。

落实规范有序的行业管理。发布《关于开展2021年度润州区幼儿园年检工作的通知》，根据上一年度幼儿园考核结果及整改情况、提供的材料及现场，对幼儿园进行年检。对公、民办幼儿园招生服务区进行微调，发布《2021年度润州区幼儿园招生工作意见》，规范招生工作，协调化解招生矛盾。健全长效治理的监管体系，采用“四不两直”方式，对全区民办幼儿园进行规范办园行为检查，检查结果与年终考核挂钩。修订民办幼儿园年度考核方案，加强考核工作的过程性管理。

不断提升幼儿教育普及普惠率。万科沁园幼儿园、润州花园幼儿园、红星桃花源幼儿园3所幼儿园按省优质幼儿园标准完成室内外装饰装修，并对外招生；公办中海润泽园幼儿园开园。高质量完成创建工作，11月，苏外附属幼儿园完成市优质园创建任务。另外，做好新冠肺炎疫情防控工作，准确上报师生信息，加强人员管控；指导各幼儿园持续做好疫情防控工作和传染病防控工作。组织幼儿园教职工做好新冠病毒核酸检测采样；发动宣传并组织0~3岁幼儿参加新冠疫苗接种。　　（杨立群）

2021年润州区幼儿园基本情况表

表15

项目	数量
一、幼儿园数（所）	40（含1所残疾儿童幼儿园）
其中：教育部门办	12
乡镇办	1
企业办	2
集体办	1
民办	24
二、幼儿园班数（个）	292
其中：教育部门办	105
乡镇办	3
企业办	10
集体办	7
民办	167

续表 15

项目	数量
三、在园幼儿数（人）	7659
其中：教育部门办	3273
乡镇办	79
企业办	211
集体办	65
民办	4031
四、教师数（人）	693
其中：教育部门办	282
乡镇办	7
企业办	22
集体办	14
民办	368

中小学教育

【概况】 2021年，全区有义务教育阶段中小学18所，其中小学13所、九年一贯制学校4所（含1所民办学校）、初中1所。因镇江市韦岗小学生源数量减少，于2021年9月停办。

义务教育优质均衡发展。高标准普及九年义务教育，实现教育机会均等、助学体系完善，适龄健康儿童按时入学率、残疾儿童少年义务教育入学率、外来务工人员随迁子女入学率、小学及初中巩固率均达100%。义务教育布局合理，官塘小学和官塘中学迁入镇江实验学校远洋分校，更名为镇江实验学校官塘分校；因城市规划，原李家大山小学搬迁至镇江中学附属初中原址，更名为镇江市润商小学；改善学校办学条件，保证适龄儿童入学需求。教职员工配齐配足，校长及教师按要求交流；教师培训体系健全，建立教师研修“层级体系”，健全教师研修“专业模块”；积极实施教师队伍“培新·达优”工程，发挥骨干教师“传帮带”作用，实现教师业务能力均衡发展，促进区域教育优质均衡发展。

2021年，全区义务教育学校积极落实“双减”政策，全面减轻学生作业负担，课后服务实现“义务教育学校全覆盖，学生愿留尽留全覆盖”，覆盖率达100%，学生参与率达85.82%，教师参与率达90%以上，区域教育生态得到优化。融合教育有了新发展，成功申报省特教发展工程项目，通过随班就读、送教上门等方式将全区特需学生安置在各学段，特需学生入学率达100%；提高融合教育教师专业能力，委托南京特殊教育师范学院对全区18名志愿教师进行上岗培训与认证。义务教育综合办学水平全面提升，省义务教育学校标准化建设监测基本达标率达100%。通过项目建设提升学校内涵发展，全区中小学现有省基础教育内涵建设项目6个、省特殊教育工程项目2个。镇江实验学校省级品格提升工程项目“学生自主品格成长：‘阳光父母学堂’课程体系”的构建与实施在省级评估中获精品项目；金山实验学校省级课程基地项目“四自”综合实践活动课程建设在省级调研视导中获优秀等第。

全区中小学教学质量继续在全市领先。在全国、省义务教育质量监测和全市小学教育教学质量综合监测与评价学业水平测试中，润州区各项指标在所监测的地区中均名列前茅。 （杨惠俊）

2021年润州区学校(职业学校)基本情况表

表16

序号	学校名称	占地面积(平方米)	建筑面积(平方米)	班级数(个)	在校学生人数(人)	在职教师人数(人)	校长(负责人)	特色
1	江苏省润州中等专业学校	108054.78	31433.15	19	679	94	臧　翔	智力拥军
2	镇江实验学校	82912	39621	130	5884	336	夏建平	全人教育
3	镇江实验学校魅力之城分校	53033	18009	59	2353	163	田　静	绿色教育
4	镇江市金山实验学校	26451	11609	31	1140	90	蒋建国	生本教育
5	镇江实验学校官塘分校中学部	27049	7369	10	426	38	周冬林	自觉教育
6	镇江市宝塔路小学	20430	11038	24	874	64	许　强	民乐、阅读
7	镇江市中华路小学	11363	8192	15	529	42	田　玉	诗意教育
8	镇江市孔家巷小学	19400	5894	12	383	30	施玉霞	国学经典 节气课程
9	镇江市润商小学	12420	4929	8	269	27	余云峰	润泽·自然教育
10	镇江市润州区实验小学	35600	24931	36	1264	85	靳钟琦	志愿者服务
11	镇江市穆源民族学校	16951	11869	11	327	43	严海燕	民族教育
12	镇江市金山湖小学	26667	13809	21	792	53	王　勤	京剧教育
13	镇江市金山小学	15778	7957	9	306	29	贺旭东	智趣教育
14	镇江市南徐小学	32000	16022	36	1383	86	孙文生	物候探秘
15	镇江市朱方路小学	18830	11476	22	805	52	卢海程	行走课程 体验教育
16	镇江市蒋乔小学	11698	3548	6	181	24	张　伟	科技教育
17	镇江实验学校官塘分校小学部	24545	11847	20	820	44	笪　炜	校园足球
18	镇江苏州外国语学校	10456	8944	17	356	97	董宏伟	中国特色国际教育
19	合计	553637.78	248497.15	486	18771	1397		

(杨惠俊)

职业教育

【概况】 2021年，润州区职业教育恢复招生，教育教学工作有序开展，在2021年江苏省中职学业水平测试中，公共基础课合格率达95%，14门专业理论课合格率达96%，技能考试合格率达100%。在江苏省对口单招高考中，学校本科达线人数32人、本科达线率39.5%，专科录取率100%。荣获省级先进班集体1个、市级先进班集体3个，学生体质健康抽测名列全市职业学校第三。学校有3名教师被认定为镇江市“169工程”学术技术骨干、2名教师被认定为镇江市“169工程”学术技术新秀。 (丁明云)

社会教育

【概况】 2021年是“十四五”教育发展规划的开局之年，润州区社会教育迈上新的征程。

扎根社区稳步开展社区教育培训工作。在严格按照政府防疫抗疫要求的前提下，7个街道社区教育中心、52个社区居民学校结合实际情况稳步开展丰富多彩的社区教育培训活动，在2021年镇江市社会教育工作绩效考核中成绩优秀。在镇江市“美丽宜居城市”建设试点工作中，大力发展城乡社区教育、老年教育，区老年大学办学点有3个，实现50%以上行政村（社区）建有社区教育中心老年学习活动室，老年教育活动比例达到25%的目标。在省、市开展的“智慧助老”行动中，积极开展“智能手机使用技能培训”活动，举办培训活动10余期，达1000人次。润州区社区培训学院被江苏省社会教育服务指导中心评为“智慧助老，赋能银龄”社区教育专项行动先进集体。社区教育工作呈现“政府统筹领导、教育部门主管、有关部门配合、社会积极支持、社区自主活动、群众广泛参与”的良好态势。

积极推进社区教育创优评先工作。2021年润州区和平路街道金山水城省级“养教联动”基地通过省社会教育服务指导中心验收，“幸福小院”品牌项目被省教育厅、省成协评为“省级社区教育特色品牌项目”。“茶艺茶文化名师工作室”和“静老师名师心理工作室”通过省级验收，同时，另有2个工作室被评为第三批社区教育省级“名师工作室”。1人被评为江苏省“社会教育先进个人”，3人分别荣获江苏省“百姓学习之星”“社区教育先进工作者”和“社区教育优秀志愿者”称号。润州区社区教育影响力得到提升。

社区教育成果硕果累累。“万科学习苑”参加江苏省开放大学“学习苑”主题风采案例征集评选获三等奖。省社会教育规划课题“社区老年健康教育的实践研究”顺利结题。1人获2021年江苏省社区书画大赛二等奖、2人获优秀奖。6人在镇江市2021年社区教育系列大赛中获奖。2人入围江苏省第一届“老年达人运用智能技术大赛”。辖区社教单位在第二届“镇江市社会教育（教学）成果奖”评选活动中荣获二等奖1个、优秀奖3个。 （丁卫东 边 颖）

师资队伍

【概况】 2021年，润州区在岗特级教师4名，省“333高层次人才培养工程”培养对象4名，市“169工程”学术技术带头人3名、科技骨干21名；市有突出贡献的中青年专家1名；拥有正高级教师5名，市学科带头人19名，市第八批骨干教师110名，市教坛新秀19名。

【实施学历提升工程】 公办幼儿教师专科率达100%；小学教师本、专科学历分别达89.6%和100%；初中教师研究生和本科学历分别达19.4%和100%；中等职业学校“双师型”教师达75.86%，研究生学历达21%。

【实施名师培养工程】 镇江实验学校魅力之城分校特级教师钱欣被评为镇江市第三批“中小学名教师工作室”主持人；镇江实验学校特级教师周书梅被评为镇江市第四批“乡村骨干教师培育站”主持人；润州区机关幼儿园特级教师朱莉被评为江苏省“名园长工作室”主持人。提高拔尖人才津贴，开展表彰激励，在镇江市“十佳教师”、润州区“劳动模范”及“优秀教育工作者”评选中，同等条件下，向一线骨干教师、名师培养后备人才倾斜。

【实施全员培训工程】 继续教育有效落实，每位中小学教师在继续教育周期内积极参加区级及以上教师培训基地的集中培训和人事部门组织的暑期全员网络培训及公需科目培训，达到每人每年90学时目标。积极组织教师参加江苏省信息技术网络竞赛、师德师风及法律法规知识网络竞赛、开学第一课、管理员信息技术2.0网络培训活动，并在江苏省师德师风及法律法规知识网络竞赛中获得省优秀组织奖。举办科室长、校长、书记、骨干教师、农村学校教师专题培训。新增省级教师发展示范基地校1所、市级教师发展示范基地校2所、区级教师发展示范基地校4所。青蓝工程扎实推进，开展新教师入职培训、新教师一个月“岗前培训”和一年“在岗实训”系列培训。颁发《润州区中小学新教师在岗实训手册》，严格落实“拜师结对”制度和青年教师个性化成长方案。

（徐 进 刘建平 周镇梅）

科技·卫生·广电·文体旅

栏目编校：蒋厚军

科学技术

【概况】 2021年，润州区科技局科技工作坚持以习近平新时代中国特色社会主义思想为指导，以法定职责为依托，不断强化科技工作者服务意识和服务能力，为推动区高质量发展提供有效的科技支撑。

【党建工作】 深入贯彻“学党史、悟思想、办实事、开新局”党史学习教育工作要求，积极探索创新方式方法，将线上与线下结合起来，统筹推进党史学习教育。线上通过党史知识竞赛、“学习强国”App、观看红色电影等方式拓宽知识面。线下通过开展专题学习、交流座谈会、实地参观红色阵地等方式，全面了解中国共产党的发展历史，从历史中寻求经验，谋求发展。通过基层走访调研企业，宣传科技创新政策，指导企业用政策破解发展难点；结合本职工作，积极向属地科技型企业宣传科技金融政策，组织属地企业参与“科技领跑者计划”，提升企业管理者或业务骨干的综合能力，帮助解决部分中小科技企业融资难的问题；成立润州区科技局“学亚夫、做亚夫”助企服务队，为辖区科技企业提供项目申报指导、高企培训、产学研对接、科技金融等科技服务。深度融合党史学习教育与科技创新实践，将学习成果转化为惠企利民的实效经验；在“百名干部办百件实事”项目中，领办和平路金山社区生活垃圾科学分类的难题。坚持群众路线，在服务群众时充分发挥党员先锋模范作用，把学习党史与改进作风、提升形象结合起来。

【创新环境优化】 立足构建服务型机关理念，坚持以问题和需求为导向，提供高质高效服务，为科技创新营造优良环境。全面加强政策宣传。利用线上咨询、走访座谈、集中交流等形式，做好答疑解惑、出谋献策工作，做实做细“手把手”“心贴心”指导工作，针对性输送优惠政策。开展“科技领跑者计划”宣讲会，集中讲授科技型中小企业相关政策和申报实务，提供科技金融政策支持。精心组织人才培训。组织“双百菁英”科技企业家特训营，第三期特训营培训49名科技型企业负责人，涵盖制造业、信息技术、新零售、生物医药等领域，培育和造就一批优秀企业家及企业家后备人才队伍。及时纾解企业融资难题。有效利用“苏科贷”等系列科技金融贷款产品，帮助不同发展阶段的科技型企业实现科技成果转化“输血”。为科捷电器等区内科技企业成功申请“苏科贷”500万元，有效缓解中小微科技企业融资压力。

【指标任务推进】 积极动员企业申报高新技术企业认定，举办高新技术企业培训会，邀请省级专家评审材料，高新技术企业申报数达15家，完成率达125%；动员企业申报科技型中小企业入库，科技型中小企业入库指标20家，完成入库企业55家，完成率达275%。积极组织平台申报市级孵化载体，申报获批科技企业孵化器1家和众创空间2家，获得40万元奖励资金。

【"双创"实力提升】 积极动员各级项目申报。积极宣传、动员辖区企业申报省、市级科技计划项目，根据项目指南，深入企业组织课题，精心组织、严格筛选，成功推荐上报省级项目4个、市级项目10个，其中6个获批，向上争取市级资金127万元。鼓励建设更高层次研发机构。逐步提高高新技术企业研发机构建有率，新认定市工程技术研究中心1家，建成省级工程技术中心1家、市级8家，推动企业增加研发投入，加强研发机构技术输出。加快推进产学研合作。参与南京都市圈创新合作大会暨高校院所走进镇江产学研对接活动，组织区内8家企业参会，镇研种业等企业现场签订技术合作合同。协助东大校友经济镇江产业园运营公司落户，东南大学技转中心挂牌运营并参与部分校友产业项目对接。组织承办润州区与南京航空航天大学的校地合作签约活动，与南京航空航天大学共建国家技术转移镇江分中心和经济管理学院人才培养基地。

（王丽锦）

卫生健康

【概况】 2021年，润州区卫健委坚持以人民为中心的发展理念，始终围绕"健康润州"建设，聚焦疫情防控、疫苗接种、健康保障、民生实事等重要方面，毫不松懈筑牢健康防护屏障，坚定不移提升健康服务能力，初心不改解决群众心中"急难愁盼"问题。全区卫健系统下设公共卫生单位3家，分别为区疾病预防控制中心、区卫生监督所、区妇幼保健计划生育服务中心。社区卫生服务中心7家，分别为七里甸、黎明、宝塔路、工业园区、金山、蒋乔、官塘桥社区卫生服务中心。

【疫情防控】 始终绷紧疫情防控这根弦，坚持"外防输入、内防反弹"总策略和"动态清零"总方针，坚决克服麻痹思想、厌战情绪、侥幸心理、松懈心态，全面做好疫情防控各项工作。2021年，快速规范处置一起突发新冠肺炎疫情，调查本区1名境外输入确诊病例，流调溯源、排查追踪1名关联无症状感染者、23名密切接触者、208名次密接者。面对零星散发病例和局部暴发疫情的风险，广大医护人员在一线、战前沿，有效防控周边城市疫情扩散，15名党员"逆行"出征，紧急驰援南京、扬州、西安和内蒙古满洲里市；联合公安、教育部门以及街道组建润州区突发小规模聚集性疫情应急处置队伍，建立快速反应机制；组织全区大规模核酸采样检测和突发疫情应急演练，仅用1天时间完成90260人（含高新区）的核酸采样检测任务；严格落实"五包一"责任制，按重点人群范围和检测频次要求，做好"应检尽检"工作，全年检测重点人群155974人次；动态化排查管控风险人员情况，每日统计"涉疫地所在设区市抵达本市人员汇总表""核酸检测工作开展情况统计表"等；按规范设立江海、维也纳等6个备用集中隔离酒店，集中隔离医学观察1978人，核酸采样检测150681人。

【新冠疫苗接种】 为预防和控制疾病传播，构建人群免疫屏障，区卫健委坚持疫苗接种专班早会商、晚调度，针对各接种点每天接种情况进行通报，倒排任务序时，每天跟踪推进，确保目标任务完成；为方便居民接种新冠疫苗，结合地理位置、道路交通、人口分布优化点位布局，在原有6家新冠疫苗接种门诊的基础上，投入150多万元新建体育会展中心等4个临时接种点；为克服基层单位医护人员紧张的困难，暂停部分病房和业务，抽调73名医护人员充实到临时接种点开展接种工作，全区10个接种点加班加点，放弃节假日休息，开设夜间和周末接种门诊以及学生和儿童接种专场，全方位满足居民接种需求，通过全系统上下共同努力，润州区新冠疫苗接种工作在全市一路领跑，常住人口40%首针接种率、12~17岁人群首针接种率和全程接种率、18岁以上人群首针接种率均在全市率先完成。2021年，全区完成新冠疫苗接种294084人次，602140剂次。

【健康服务保障】 开展优质服务基层行活动，黎明、七里甸、工业园区中心达到服务能力推荐标准，宝塔路、蒋乔中心达到服务能力基本标准。开展"百名党员送健康、百名天使展风采、百场科普进基层、百名党员述忠诚""四个百"活动，成立11支"学亚夫、做亚夫"先锋团队，深入村（社区）、学校、企业开展健康宣教、疫情防控、慢性病防治等志愿服务，推进党建工作与"健康润州"建设深度融合发展。举办送健康服务65场次，科普进基层宣传100余场次。新增七里甸中心呼吸科、金山中心中医内科2个市级基层特色科室，全区建设特色科室的基层医疗卫生机构占比达到71.42%。开设18个全—专联合门诊，黎明中心与镇江市第一人民医院合作开设的专家工作室获评市级优秀工作室。新建5个家庭医生工作室，七里甸中心新城社区家医工作室、工业园区中心金山水城社区家医工作室获评镇江市“星级家庭医生工作室”。金山、官塘中心“中医馆建设项目”通过省级2020年度中医药专项资金绩效评价考核，七里甸中心中医馆获评镇江市“四级中医馆”。大力加强卫生镇、村创建和健康社区建设，新增1个省级卫生村、1个省级健康社区，复审通过2个省级卫生村。全面完成江苏省慢性病自我管理项目，完成血吸虫病国家监测点任务，精准实施血防春季查灭螺工作，查出有螺面积95万平方米，药物灭螺面积502万平方米，顺利通过省、市考核验收。加强传染病的排查与防治，报告甲乙类传染病434例，发病率为144.69/10万，比上年同期上升39.57%；报告丙类传染病454例，发病率为151.36/10万，比上年同期上升90.76%。

【重点人群管理】 做好老年人、孕产妇、儿童等重点人群以及计划生育特殊家庭签约服务工作，全区常住人口签约率35.97%，重点人群签约率70.84%。全区新生儿活产数1569人，孕产妇总数1544人，早孕建册人数1248人，早孕建册率为80.8%。孕早期产前检查1510人，早检率97.8%；新生儿疾病筛查人数1568人，筛查率99.9%，出生缺陷16例。完成儿童入园检查2570人，工作人员健康检查1392人，在园儿童视力筛查7209人。开展“老年友善医疗机构”创建工作，完成全区50%社区卫生服务中心“老年友善医疗机构”的区级评定工作；基层医疗机构积极开展辖区内65岁以上老年人免费体检工作，完成体检27447人，完成率为101.65%。

【民生实事】 区卫健委紧紧围绕区卫生应急指挥中心建设、区疾控中心实验室标准化改造、七里甸社区卫生服务中心血透中心升级改造、官塘桥及金山社区卫生服务中心迁建等民生实事项目，落实落细各项目标任务，精准补齐补强卫生应急短板，全面提升应急保障能力，有效解决大西路老城区和官塘新城拆迁片区居民看病难问题，坚持把民生实事办快、办实、办好。区卫生应急指挥中心大楼于2021年12月30日完成主体封顶；区疾控中心实验室标准化改造项目于2021年1月完成标准化改造及设备购置并顺利通过省疾控中心验收，日新冠病毒核酸检测量可达2000人份；七里甸社区卫生服务中心血透中心升级改造项目全面完成；官塘桥、金山社区卫生服务中心房屋配备到位，进行装修施工。“润州区中医药服务能力提升工程”获评第九届中国民生发展论坛“我为群众办实事”2021民生示范工程。

（刘　斌）

2021年润州区各社区卫生服务中心情况表

表17

单位	面积（平方米）	辖区户数（户）	医护人员数（人）	地址	联系电话
七里甸社区卫生服务中心	21000	16237	235	润州区朱方路245号	85619446
黎明社区卫生服务中心	7121	9895	101	镇江市黄鹤山路77号	84435299
宝塔路社区卫生服务中心	4100	18127	37	镇江市鸿鹤桥路1号	85573006
工业园区社区卫生服务中心	4500	13941	41	富润路1号	87055121
金山社区卫生服务中心	960	16254	44	润州区大西路魏同兴巷47号	80861667
官塘桥社区卫生服务中心	2929	3834	29	官塘桥街道官驸路2号	84510210
蒋乔社区卫生服务中心	3800	13958	24	檀山路10号	80852906

广播电视

【概况】 2021年是中国共产党成立100周年，润州区新闻中心以习近平新时代中国特色社会主义思想为指导，紧紧围绕全区城市经济高质量发展大局，严把舆论导向，不断提升“润州发布”官微质量和《镇江日报》润州专版“润州天地”用稿质量，创新宣传手段，内宣、外宣呈现勃勃生机，为润州经济和各项社会事业发展营造良好的舆论环境，完成各项新闻宣传任务。

【媒体转型建设】 2021年，区新闻中心针对广电业务消失并结合自身实际业务开展情况，于11月向区编办申请将“润州区广播电视台”更名为“润州区新闻中心”，以贴合工作实际，审批后积极按照批复要求进行一系列的变更手续。从广电业务转型为融媒体业务之后，积极开展官方微信公众号的版面设计、标题制作、写作风格等多方面的转型研究，同时采用视频号的形式积极发布全区重大活动，丰富融媒元素。

【内宣工作】 2021年年初，润州突发境外输入新冠疫情，区广大新闻工作者“逆行”出征，深入防控一线，用镜头记录一线医务工作者和防控人员辛勤付出的奉献精神，鼓舞全区上下与疫情斗争的士气。“润州发布”官方微信充分发挥宣传主阵地作用，主动服务区委、区政府各项中心工作，聚焦全区重点工作开展集中宣传，全年推送各类新闻、通告等信息1500余条，推出一批有影响力的报道，取得良好的宣传效果。在疫情常态化防控背景下，“润州发布”运营工作者按要求编辑制作各类重要防疫公告、通知、提醒，以及防疫知识等，助力润州疫情防控；集中精力重点做好润州本地的重要政务活动、人事调整、教育医疗民生服务等热点信息的编辑推送，为广大用户提供丰富、快捷的信息资讯，赢得用户点赞。“润州发布”在全市政务类微信公众号的热度排名中始终稳居前列，得到大家的一致认可。

【外宣工作】 以外宣凝聚发展力量，突出工作主线和重点，不断提高新闻内容生产、传播、服务能力。深入宣传全区经济社会发展所取得的新进展和新成就，2021年，在省级以上媒体刊发稿件近800篇，在市级媒体刊登稿件近1000篇。《镇江日报》专版“润州天地”刊发50期25万字600余篇新闻稿件。积极与《新华日报》对接，以《润州：建设宜居宜业宜游现代化一流主城区》整版的篇幅报道润州，提升润州在全省的影响力；《镇江日报》以《润州：打造近者悦远者来的幸福高地》整版报道润州；11月26日，《新华日报》再次以《实施“双轮驱动” 筑造 “四个主城”润州：向着现代化一流主城区激情奔跑》为题围绕产业强区、党史学习教育、官塘创新社区建设等多维度全面报道润州。

【媒体走基层】 在全市创新性开展“e起见证·打卡润州——媒体走基层活动”，组织国家、省、市级媒体走进街道和部门，以“新闻发布会”“现场看亮点”“选题共策划”的形式开展活动，挖掘基层工作的亮点，宣传特色工作的创新点，解决基层宣传工作的盲点，助推基层宣传工作的全方位发展。 （郁 南）

文化体育和旅游

【概况】 2021年，润州文化和旅游系统以加快文体旅融合发展为目标，以“三高一争”为引领，积极巩固国家公共文化服务体系示范区创建成果，加快推动省级全域旅游示范区创建步伐，积极打造宜居、宜业、宜游现代化主城区，满足人民群众更高品质的生活需求。

【庆祝中国共产党成立100周年系列活动】 开展庆祝中国共产党成立100周年党史展览、润州区美术书法优秀作品展、“忆辉煌史诗·颂党恩不渝”红色诗词朗诵、镇江市“百年风华·镇出发”群歌歌咏大会（润州站）、润州区“红色传家·我爱唱红色歌曲”合唱大赛等大型红色文化活动，用润州的声音和行动共庆中国共产党百年华诞。组织各街道开展“我爱唱红色歌曲”猜歌名、革命故事宣讲会、党史分享诵读会等活动。开展“盛世华诞情满润州”庆国庆广场文化演出、送戏曲下乡文化惠民展演和综合性文艺演出等活动20余场。

【公共文化服务】 深化国家公共文化服务体系示范区创建成果，制作宣传展板、横幅，利用电子屏、公众号等宣传手段，提高群众知晓率、参与率、满意率。继续实施公共文化服务设施免费开放，推行节假日、晚间错时延时开放，围绕全民艺术普及、中国共产党成立100周年等主题，在公共场馆内设置专题展览。增强场馆数字服务水平，完成区文化馆和7个街道文化站客流分析系统设备安装，与省公共文化云平台实现有效对接。

【全民艺术普及活动】 深化打造“润心系列”全民艺术普及活动，开展“润心书场”演出扬州评话37场，开设“润心课堂”春季班12个、秋季班8个，开展课程280余次。开展全民艺术普及进机关活动，开设10个班级，为辖区内20余家机关事业单位的工作人员提供免费文艺培训。面向中小学生开设非遗工作坊、艺术普及进校园等学习体验课程，开展进校园培训120余次、展览210场，涉及全区中小学18所，辐射学生2万余人。策划组织开展第二届润州区少儿故事创作演讲比赛，公开征集非遗、红色故事稿30余篇，选送选手参加镇江市第三十三届少儿故事创作演讲比赛。持续开展“文艺播种计划”，组织市、区两级文艺志愿者20人，深入村（社区）开展文艺辅导，涉及32家基层文艺团队，开展志愿辅导178次，举办区级展演、服务2000余人次；选派优秀作品参加市级展演，获“金种子”奖1个、表演奖2个、优秀作品奖1个，区文体旅局被评为优秀组织奖。举办润州区第七届美术书法摄影大赛，优秀获奖作品在镇江市美术馆展出。

【非遗传承和文物保护】 注重对辖区内非物质文化遗产的保护和传承，充分挖掘区域内非物质文化遗产资源，鼓励相关单位和个人申报非物质文化遗产项目，夯实传承人保护队伍。新增区级非遗项目16项。积极组织非遗表演团队参加市金山文化旅游节，开展非遗进校园活动100余场次。文化馆非遗艺人工作坊开展面塑、剪纸课程培训720余人次。组织开展“逛西津，品非遗”润州区非遗研学活动。注重文保单位消防安全管理，每月安排专门人员开展文保单位消防安全工作巡查，完善督查机制，与各文保单位签订保护责任书，确保辖区内文物安全无事故。推进文物建筑智慧消防建设，完成6家省市级文保单位先期建设。做好业余文保员的管理工作，积极组织其参加省、市级文物保护专项培训，并调整2名业余文保员。全年联合应急部门及第三方机构多次开展文物建筑消防安全巡查，辖区内各级各类文物安全无事故。

【体育活动】 认真做好公共体育服务体系提升工程。更新21套和新建6套全民健身路径，涉及5个街道，惠及18个社区居民。新建室外乒乓球桌18张，室外篮球架4副，拆装泳池1个。做好新冠肺炎疫情防控常态背景下的全民健身运动开展工作，先后举办健身气功八段锦线上赛、润州区社区乒乓球邀请赛、润州区高骊山红色登山节、“永远跟党走 幸福舞起来”广场舞润州区初赛、润州区职工乒乓球赛暨城市乒乓球邀请赛等群众体育赛事，参赛人数逾千人。组队参加省、市级群众体育赛事，选送优秀队伍参加2021年江苏省健身气功八段锦网络赛、2021年镇江市健身气功交流展示活动、2021年“世界健身气功日”主会场活动、“颂歌献给党，永远跟党走，幸福舞起来”百万人大联展、镇江市广场舞比赛等，并取得优异成绩。派出779名选手参加市第十六届运动会，其中369名选手参加学生部14个项目，407名选手参加群体部18项赛事；承办市运会学生部排球比赛和群体部科技模型比赛2场赛事，获得金牌38.5枚，团体总分1168分，荣获群体部体育道德风尚奖、学生部体育道德风尚奖、周期输送三等奖、团体总分第四、金牌总数第五等奖项。积极开展国民体质监测，完成全区960人次体质监测。开设润州区三级社会体育指导员培训，通过培训发展91名三级社会体育指导员。

【全域旅游】 2021年润州区成功入选“省级文化和旅游消费试点单位”名单；编制《润州区全域旅游发展规划（含高新区）》，并组织6次不同层面的意见征求；参加省文旅厅组织的创建工作评审并通过答辩；召开区政府常务会，审议通过《润州区全域旅游发展规划》；召开润州区（含高新区）全域旅游示范区创建工作动员部署会，全面启动全域旅游示范区创建工作。先后举办“南山杜鹃花节”“西津大市”“西津湾车展”等旅游节事活动；持续深化红色游线打造，推出南山“重走长征路”、金山湖“大江见证红色传承”、博物馆“近代史馆”等红色线路。开展“新时代手艺人”专题宣传营销，推进“酒店+门票”“酒店+文创”深度融合，擦亮润州休闲城市品牌。

【景区民生工作】 6月26日，博物馆新馆顺利开馆，有效形成伯先公园、博物馆、方志馆等红色线路的串联，进一步优化西津渡历史街区文博线路。西津音乐厅等演出场所推出“免费开放排练日活动”，搭建消费便利化供需平台。区文化部门与江苏启信网络科技有限公司（惠镇江平台）签署合作协议，为润州区在册文化、旅游企业提供免费入驻；借助冬云网络文化平台，举办文创产品直播带货活动。7月，帮扶文旅企业10家，线上推广文旅消费产品20余类，其中惠民旅游“金山湖夕阳游”活动上线4天售票400张；8月，全区景区推出惠民促销产品上线“惠镇江”活动，促进文旅消费。同时通过拍摄文创宣传片，启动本土“网红”孵化计划。组织导游拍摄抖音视频，宣传推介西津渡和南山景区。文创宣传片播放量达10万余次，重点培育“网红”导游“一号营地”和“江南小卫”，拍摄旅游宣传视频30余部，播放量达300万余次。推进“科技＋旅游”项目，依托江苏鼎峰信息技术有限公司开发“AI技术在文旅领域应用的人群防疫管理系统”，并在赛珍珠纪念馆进行二期调试。开展“润州请您来赏秋”活动，全力做好“金山文化艺术·国际旅游节”配合活动。联合“南京头条”发布节前营销推文，阅读量达7.6万次；向游客市民发放1万张景区“赏秋券”，推进旅游惠民；指导西津渡等景区丰富节日活动，做好旅游配套项目。

【安全生产】 突出抓好文化、旅游行业系统安全生产专项整治。开展“百团进百万企业”安全宣讲，确保行业领域安全无事故。常态化做好文旅行业疫情防控工作，积极发动行业领域人员接种疫苗。全力做好庆祝中国共产党成立100周年安全生产和社会稳定工作。召开党组会议，研究制订方案，结合“安全生产月”活动，组织“庆祝中国共产党成立100周年专项检查排查”，确保行业领域安全稳定。先后开展“增强党性修养·争做合格党员”、“巾帼墨韵展风采、百年党庆贺华诞”、“守初心同过政治生日·践使命共迎建党百年”、“学亚夫、做亚夫”先锋行动、“重温百年党史·传承红色基因”现场党史学习教育等主题党日活动，全年支部举办各类专题学习、专题党课、专家宣讲26次，开展“五个红色”活动（看红色基地、读红色家书、讲红色故事、诵红色诗词、唱红色歌曲）19场次，覆盖人数16000余人。

（李　莹　韦文胜　孟庆媛　李　前）

【区文化馆】 2021年，润州区文化馆积极发挥公共文化设施作用，开展包括“润心”系列、“红色传家”系列在内的多项全民艺术普及活动。开展包括送戏曲下乡文化惠民展演在内的广场演出10余场。“润心书场”邀请扬州优秀曲艺演员表演扬州评话《红墙六七》、扬州弹词《双珠凤》、《牡丹缘》37场。区文化馆承办润州区全民艺术普及进机关、进校园、进社区系列活动，开设二胡、宋代点茶、中国舞、书法等多个课程，巡回展出约20个主题的展览，开展文艺类讲座和技能培训18场。

2021年，润州区文化馆成功复评国家一级馆，并成功入选江苏省“最美公共文化空间”打造对象名单。在镇江市第三十三届少儿故事创作演讲比赛中，区文化馆选送的故事获创作类、表演类三等奖，区文化馆获优秀组织奖。由区文体旅局主办、区文化馆承办的润州区美术书法摄影大赛入选2021年度镇江市全民艺术普及优秀项目。　（朱晶晶）

【区图书馆】 2021年，润州区图书馆进一步推进政府主导下的公共图书馆服务体系建设，购买客流统计系统和大数据揭示分析平台，实现各项服务数据与省图书馆平台对接。

以“润心”读书节系列活动为抓手，坚持文化惠民，举办各类阅读推广活动100余场，服务80多万人次。红领巾读书征文演讲比赛、亲子共读、外来务工人员子女图书漂流跳蚤市场、“阳光父母”学堂助力家庭教育、挖掘老年读者阅读需求组织智能手机培训等活动精彩纷呈，让广大市民充分享受文化阅读带来的多元乐趣，感受公共文化惠民服务带来的幸福感，进一步提升公共服务水平。区图书馆被评为镇江市全民阅读工作先进集体，获镇江市红领巾读书征文优秀组织奖。

（陈　洁）

2021 年润州区获市级以上各类艺术比赛奖一览表

表 18

活动主题	主办单位	奖次	内容	获奖单位
2021 年全民艺术普及“乡村（社区）文艺播种计划”优秀成果展演展览活动评选	镇江市文化广电和旅游局	“金种子”奖	舞蹈	同德里社区常青藤艺术团
		表演奖	越歌	西津古渡社区凤凰越剧社
		表演奖	舞蹈	万科“近邻”艺术团
		优秀组织奖	组织参赛	镇江市润州区文化体育和旅游局
镇江市第三十三届少儿故事创作演讲比赛	中共镇江市委宣传部、镇江市文化广电和旅游局、镇江市教育局	优秀组织奖	故事	润州区文化馆
2021 年镇江市红领巾读书征文演讲比赛评选活动	镇江市文化广电和旅游局、镇江市教育局	征文比赛优秀组织奖	组织参赛	润州区图书馆
		演讲比赛优秀组织奖	组织参赛	润州区图书馆

2021 年润州区个人获市级以上各类艺术比赛奖一览表

表 19

时间	活动主题	主办单位	奖次	作品名称	作者（表演者）	所在单位
6 月	镇江市第三十三届少儿故事创作演讲比赛	中共镇江市委宣传部、镇江市文化广电和旅游局、镇江市教育局	创作三等奖	《板桥“诗退”小毛贼》	赵思妍	区文化馆
			表演三等奖	《花椒的传说》	章子豪	润州区实验小学
			创作优秀奖	《“喜水村”的传说》	刘泽睿	区文化馆
12 月	江苏省红领巾读书征文活动	江苏省文旅厅、江苏省文明办、江苏省少工委	征文一等奖	《小萝卜头，我要替你完成心愿》	丁驿涵	镇江市金山小学
			征文三等奖	《地下工作的生命——读〈红岩〉有感》	魏可人	镇江实验学校官塘分校
12 月	2021 年镇江市红领巾读书征文演讲比赛评选活动	镇江市文化广电和旅游局、镇江市教育局	征文一等奖	《小萝卜头，我要替你完成心愿》	丁驿涵	镇江市金山小学
			征文二等奖	《地下工作的生命——读〈红岩〉有感》	魏可人	镇江实验学校官塘分校
			征文三等奖	《牢记历史　振兴中华》	张朱笑宇	镇江市孔家巷小学
				《灯火里的中国——读〈红岩〉有感》	张玮一	镇江实验学校

续表 19

时间	活动主题	主办单位	奖次	作品名称	作者（表演者）	所在单位
12 月	2021 年镇江市红领巾读书征文演讲比赛评选活动	镇江市文化广电和旅游局、镇江市教育局	征文三等奖	《血肉之躯，砌以红岩》	王浩然	镇江实验学校
				《天将破晓——读〈红岩〉有感》	董　瑶	镇江实验学校
			演讲一等奖	《小与大——我所理解的红船精神》	严语彤	镇江实验学校
			演讲二等奖	《童年偶像——小兵张嘎》	孔尚语	镇江实验学校
			演讲优秀奖	《地下工作的生命》	魏可人	镇江实验学校官塘分校
				《一颗红心　一生向党》	佟姝菀	镇江市宝塔路小学
			征文比赛优秀指导教师	《小萝卜头，我要替你完成心愿》	苏　丹	镇江市金山小学
12 月	2021 年全民艺术普及“乡村（社区）文艺播种计划”优秀成果展演展览活动评选	镇江市文化广电和旅游局	优秀作品奖	书法《浣溪沙·和柳亚子先生》	卢国平	润州区文化馆
			优秀志愿辅导奖	舞蹈《归乡》	姜　岚	润州区文化馆
			优秀志愿辅导奖	书法《浣溪沙·和柳亚子先生》	潘立军	润州区文化馆

（区文体旅局）

2021 年润州区获市级以上各类体育竞赛奖一览表

表 20

时间	活动主题	主办单位	获奖项目（组别）	名次	获奖单位
8 月	2017—2020 年度全国群众体育先进单位和先进个人表彰	国家体育总局群体司	2017—2020年度全国群众体育先进集体		润州区文化体育和旅游局
11 月	镇江市第十六届运动会	镇江市第十六届运动会组委会	群体部	道德风尚奖	润州区
			学生部	道德风尚奖	
			团体总分	第 4 名	
			金牌总数	第 5 名	
			周期输送	三等奖	

续表 20

时间	活动主题	主办单位	获奖项目（组别）	名次	获奖单位
11 月	镇江夜经济八大主题评选	市委宣传部、市委网络安全和信息化委员会办公室、镇江市文化广电和旅游局、市商务局、市市场监督管理局、市体育局	2021 年度人气健身广场		南山北广场健身站
12 月	“永远跟党走　幸福舞起来”镇江市广场舞	市文明办、市体育局	优秀表演奖	三等奖	润馨舞蹈队
				三等奖	润州区教育局代表队
			优秀组织奖		润州区教育局
			优秀组织奖		润州区文化体育和旅游局

（区文体旅局）

社 会 事 业

栏目编校：田　崇

民　政

【概况】　2021年，区民政局围绕民政主责主业，切实履行基本民生保障、基层社会治理、基本社会服务等职责，全力推进民政事业高质量发展。

【特困群体救助】　截至2021年年底，全区有特困供养人员57人，其中，城市特困人员49人，发放生活补助经费93.75万元，农村特困人员8人，发放生活补助经费10.8万元。

【养老服务】　不断优化养老服务供给。2021年，4家标准化居家养老服务中心提档升级，新建1家标准化居家养老服务中心。全年发放养老机构运行补贴8557人次，合计金额123.95万元。落实各项惠老政策。为全区10413名高龄老人发放尊老金合计金额689.98万元；为51户60周岁以上失能、半失能困难老年人家庭进行适老化改造工程；为9423名60周岁以上困难老人和80周岁以上老年人家庭提供居家养老上门服务。

【社会事务】　儿童福利工作。实施市区散居孤儿、事实无人抚养儿童“2+2”结对帮扶工作，关注儿童的监护、生活、学习、心理、行为等需求，整合资源力量，引入专业社会组织和高校志愿者团队。全区困境儿童80人，均建立档案台账，明确责任人。加强基层关爱服务体系建设，开展儿童督导员和儿童主任培训，提升业务能力和对儿童的关爱水平，保障农村留守儿童、困境儿童的基本生活。积极开展关爱活动，疫情期间为困境儿童发放“儿童大礼包”。婚姻登记工作。规范婚姻服务行为，提高婚姻管理质量。2021年，办理结婚1383对、离婚467对，补办结婚手续308对、离婚手续72对，登记合格率100%。殡葬改革工作。贯彻落实“属地管理、包干负责”的原则，根据“两沿”范围内散坟分布情况，制订整治工作具体方案，牵头推进违建墓地专项整治成果巩固提升行动。

【换届选举】　润州区村（社区）民委员会换届选举涉及52个村（社区），其中包含4个村、48个社区。区民政局以和平路街道一泉社区、宝塔路街道运河社区、金山街道西津古渡社区为试点，周密部署、压茬推进，3个试点社区于2020年12月25日顺利完成，参选率97.08%，一次性选举成功率100%，高标准打造示范样板。其余49个村（社区）于2021年2月3日全部完成村（社区）民委员会换届。本次换届选举，登记选民15924人，参加选举选民15625人，占比达98.12%，一次性选举成功率100%。在选举方式上，采取一人一票直接选举方式的有4个村和2个社区；采取户代表方式进行选举的有4个社区；采取居民代表方式进行选举的有42个社区。选举产生村（社区）委会成员274人，分别为主任52人、副主任104人、委员118人；连选连任的有76人，占比为

27.74%；妇女干部当选率54.74%。通过换届选举，进一步加强以村（社区）党支部为核心的基层组织建设，提高基层干部和广大群众的民主法治意识，促进基层民主政治建设。

【村（社区）工作者职业体系建设】　按照村（社区）工作者职业体系“1+5”相关文件要求，提高全区村（社区）工作者的岗位业务技能，全面提升村（社区）工作者队伍的整体素质和服务水平。区民政局对全区村（社区）工作者进行培训2次，组织59名村（社区）工作者参加“双全（全科+全能）”社工考试。全区有社区工作者412人，有“双全”社工证书持证人员389人，“双全”社工比例达到94%。

【韦岗红色地名创建活动】　为庆祝中国共产党成立100周年，大力弘扬和传承优秀红色地名文化，根据省民政厅《关于征集宣传100个红色地名的通知》要求，区民政局积极开展红色地名创建活动，润州区“韦岗”成功入选江苏省首批100个红色地名。启动红色地名故事征集活动，通过红色地名故事展示地名的来历、含义、沿革和其发生的红色地名故事，弘扬红色精神。通过拍摄照片、短视频《胜利的先声——走进韦岗伏击战遗址》等方式展示重大党史事件、重要党史人物、精彩党史故事。充分发挥红色地名印证历史、激励后人、砥砺精神的良好作用。

【社会组织】　2021年，润州区社会组织数量稳步增长，成立社会组织7家，清理146家“僵尸型”社会组织，登记社会组织252家。城市社区社会组织229家（登记27家、备案202家），平均拥有6.9个社区社会组织；农村社区社会组织69家（登记31家、备案38家），平均拥有4.6个社区社会组织。继续开展行业协会商会脱钩专项清理工作，规范行业协会商会行为，5家纳入脱钩范围的行业协会商会均做到脱钩分离。联合区市场监督管理局开展“双随机，一公开”的行业协会商会抽查审计工作。

（区民政局）

民族·宗教

【概况】　2021年，润州民宗工作坚持以习近平新时代中国特色社会主义思想为指导，以学习宣传贯彻习近平总书记关于加强和改进统一战线工作的重要思想为主线，以学习宣传贯彻《中国共产党统一战线工作条例》为重点，以进一步发挥新时代统一战线法宝作用为目标，深刻学习领会习近平总书记关于民族宗教工作的重要论述，全面贯彻落实党的民族政策、宗教工作基本方针和中央、省委、市委、区委有关民族宗教工作的决策部署，紧扣民族团结、宗教和睦两大主题，不断增强做好新时期民族宗教工作的使命担当，为全区经济社会高质量发展营造良好的社会环境。

【民族工作】　区民宗局紧扣“中华民族一家亲，同心共筑中国梦”的总目标，以“共同团结奋斗、共同繁荣发展”为主题，牢牢抓住“铸牢中华民族共同体意识”主线，创新“小提升，大改进，创特色，拓平台”民族工作思路，扎实推进民族团结进步工作走实走深，实现少数民族同胞与社会发展深度融合，呈现各民族手足相亲、守望相助、和睦相处、和衷共济、和谐发展的良好局面。思想引领，树牢民族团结意识。充分发挥党建引领作用，突出“党建+”的工作模式，将党的政治优势和组织优势转化为基层治理优势。在民族团结进步创建工作中，通过积极推行“党组织主导、居民自治、多元参与、共享服务”的治理模式，不断提升社区民族工作水平。组织街道、社区党员干部深入学习中共中央有关民族工作的重要文件和习近平总书记关于民族工作的重要讲话，深入领会新时期做好民族工作的重要性，提高做好民族工作的能动性。组织广大党员、少数民族群众学习中共十九届五中、六中全会精神、习近平新时代中国特色社会主义思想，组织“学党史　忆初心　知使命”系列实践活动，将学党史作为坚持和发展中国特色社会主义的必修课，作为引领新时代民族事业前进的理论灯塔和行动指南。宣传引导，营造民族团结氛围。发挥老城区阵地宣传作用，利用楼道、街巷打造“家在身边”统战工作宣传阵地。以党建微家为载体推进阵地文化宣传，以打造文明楼道为契机推进楼道文化宣传。充分发挥电视、报刊等传统媒体和微信、微博、微视频等网络新媒体的作用，广泛宣传民族团结工作。持续开展“民族宗教政策法规宣传月”、“民族团结进步月”、“民族宗教法律法规知识宣传”知识竞赛等系列活动。结合“省级少数民族示范社区”的特色，集中宣传民族团结工作，选择街巷主要进出口以手绘形式将开展的民族团结活动上墙，说好街巷民族团结故事。通过宣传，进一步强化各族群众法治观念，树牢法治意识，增进各族群众的思想认同、情感融合，真正使民族团结成为各族群众的共识。活动引路，促进民族团结发展。开展特色节庆文化活动。围绕民族传统节日、非遗文化，开展“看服饰猜民族，话习俗一家亲”“民族团结一家亲，共学党史颂党恩”“非遗在身边——感受传统文化魅力”“民族联手做香囊，共庆端午话团结”“永远跟党走，庆祝中国共产党成立100周年文艺演出”等一系列主题活动。以文化艺术为纽带，将各族群众紧密团结在一起；借助文化的强大融合力、创新力，不仅赢得群众的欢迎，更是用优秀传统文化涵养家国情怀。开展“送政策、送温暖、送法律”“学亚夫、做亚夫，志愿服务进社区”活动，加强民族团结互助，增进民族友谊；开展“少数民族困难群体慰问”活动，体现党和政府对少数民族居民的关心关爱；开展“送‘法’进社区”主题活动，强化各族群众法治观念，树牢法治意识。品牌引向，深化民族团结进步。以打造“家在身边”民族团结工作品牌为目标，精心整合各方资源，搭建多元平台，创建民族“交流”“融合”“共享”模式，精心指导基层社区“红石榴家园”创建，金山街道杨家门社区、宝塔路街道同德里社区被省民宗委评为全省第二批“红石榴家园”。以“家在身边”党建微家为载体，打造家门口的统战工作议事厅，定期召开“民情恳谈会”。依托社区网格化管理平台，打造“少数民族网格议事”角，搭建交流解困平台，破解基层管理难题。联合社会组织，开展“少数民族学党史办实事”活动，在辖区老小区的三楼安装“爱心敬老椅”，方便老年居民上下楼梯时休息使用，将助老关怀落到细微处。组建少数民族志愿服务队，参与疫情防控、治安巡逻、护河保绿、纠纷调解、文化宣教、文明倡导、助残扶弱等事项。

【宗教工作】 深入学习贯彻习近平总书记关于宗教工作的重要论述精神，全面贯彻中国共产党的宗教工作基本方针，依法依规管理宗教事务，建立严厉打击非法宗教活动常态化工作机制，构建务实有效的宗教治理体系，积极引导宗教与社会主义社会相适应，全区宗教工作制度化、法治化、规范化水平有效提升。压实责任，把牢宗教工作主动权。坚持把宗教工作纳入党委、政府重要议事日程，建立健全宗教工作领导体制，推动各项决策部署落到实处。加强区、街道、村（社区）“三级网络、两级责任”监管机制建设，将管理目标完成情况纳入各街道统战工作考核内容，有力推进宗教事务管理工作提质增效。区委加强对全区宗教工作的领导，由区委分管常委任民族宗教管理工作领导小组组长，召开领导小组专题会议部署推进非法宗教点整治工作，明确街道属地责任、成员单位协同责任，强化街道部门协调联动，确保责任清、任务明，各履其职、各尽其责。召开全区民宗工作会议，与区属宗教团体、各宗教活动场所签订年度工作目标责任书，进一步建立健全宗教工作组织网络，逐级落实责任、传导压力，形成一级抓一级、层层抓落实的工作氛围。强化引导，坚持宗教中国化方向。坚持宗教中国化方向，在“导”字上下功夫，用社会主义核心价值观引领、用中华优秀文化浸润，引导宗教界在政治上自觉认同、在社会上自觉适应、在文化上自觉融合。加强宗教界人士和信教群众的爱国主义教育，引导他们热爱祖国、拥护社会主义制度、拥护中国共产党的领导，遵守国家法律法规和方针政策。组织宗教界人士参加“同心向党 · 礼赞祖国”系列活动，参加全区统一战线庆祝中国共产党成立100周年座谈会；大力开展“爱党爱国爱社会主义”主题教育活动，组织场所学习新思想、新政策、新宗教事务条例；利用讲经释义、交流讲座、橱窗展示等形式在教职人员与信众中开展爱党、爱国、爱社会主义教育；倡议场所开展慈善活动，力所能及地帮扶困难群众，体现宗教行善本源，为和谐社会建设贡献力量。依法管理，推动宗教工作法治化。认真抓好新修订的《宗教事务条例》的学习宣传，按照新颁布的《宗教团体管理办法》加强宗教活动场所、宗教教职人员、宗教活动等的规范管理。依法管理宗教事务，促进加强自身建设，扎实开展全区宗教活动场所、宗教团体、宗教教职人员信息摸底入库工作，着力提升宗教治理效能。健全完善宗教工作制度体系，强化三级网络和两级责任制，探索宗教工作联合执法，开展非法宗教活动和民间信仰点治理，着力破解宗教领域重点难点问题，促进宗教和睦、社会和谐。联合公安、宣传、文体旅、属地协同治理，不断净化宗教领域文化环境、治安环境和意识形态环境。狠抓安全，保障宗教界和谐稳定。围绕安全生产治理，组织场所认真学习习近平总书记关于安全生产的重要论述和指示、批示精神，践行“人民至上、生命至上”原则，以最高标准、最严要求、最实措施抓好安全工作，做到思想统一、责任明确、人员到位、措施落实，确保中国共产党成立100周年场所安全稳定，坚决防范和遏制较大及以上事故和对社会有影响的事故发生。认真组织学习省、市关于安全生产专项整治方案等文件精神，结合安全生产宣传“五进”行动，开展“安全生产五个一”活动，组织观看系列电视专题片。区委统战部、区民宗局领导深入基层宣讲安全知识和制度要求，指导基层单位落实好安全工作，开展“6·16安全宣传咨询日”，安全宣传进场所、进社区、进学校、进家庭，安全隐患大家查等活动，促进宗教场所自觉落实安全主体责任、岗位责任，做到心中有目标、行动有方向。2021年，区民宗局与区佛教协会向各宗教活动场所赠送安全宣传资料10种100余份，统一制作展牌5块，发放宣传书籍100余册。自安全专项整治工作开展以来，排查用电、用气和消防、建筑等方面安全隐患75处，全部督促整改到位。（余文谦）

润州区慈善总会

【概况】 2021年，区慈善总会紧紧围绕党委政府扶贫帮困、改善民生、促进社会发展的中心任务，联合社会各界力量主动作为、开拓奋进，慈善事业取得健康发展，在募集资金和积极打造助学、助医、助困、助残等多领域慈善项目中做出积极的贡献，创出润州品牌，赢得社会各界的广泛好评。2021年，募集资金650.56万元，全区实施救助支出417.17万元，救助5090人次。

【慈善募捐】 区慈善总会难中求进，主动创新募捐机制，补齐短板，大力聚合社会资源，保持了募集收入的基本稳定。在2021年6月全区慈善“一日捐”动员会上，市政协副主席、区委书记、区慈善总会名誉会长高国成亲自动员、提出要求，为推动全区慈善工作奠定有力基础。截至年底，“一日捐”捐款235.51万元、企业认捐105万元、其他捐款310.05万元，总募集收入650.56万元。“90后”青年成为捐款的重要力量，镇江市穆源民族学校2006届毕业生李浩宇通过总会向学校一次性捐款10万元，用于帮助困难学生，成为全区一次性捐款达10万元的最年轻的爱心人士。捐款形式更具多元化。谋划实施“企业专项捐”，有2家金融企业加入企业专项捐，江苏梦之队健康管理有限公司协议认捐100万元，其中50万元定项捐助给区环卫工人。广泛开展“社会爱心捐”。在全区大型综合商业体的个体工商户中开展“爱在身边、爱心募捐”募捐箱捐活动，通过古善新风街打卡点、宣传品二维码扫码捐等形式，倡导市民积极参与爱心募捐行动。“99公益日”网上募捐取得新突破。2021年，“99公益日”网上募捐活动中，市慈善总会下达润州区的募捐数为20万元，为确保完成这项募捐任务，区慈善总会深入调研、广泛动员、加强指导、全力推进。全区有7个公益组织和区慈善总会一同参加网上募捐。9月8日，区领导在区政府一楼会议室开展网上募集活动，募集21800元。全区上下同心协力，3天募捐资金316223.77元，腾讯配捐22391.38元，总募集金额为338615.15元，有2121人次参加募捐活动，超计划169.3%。

【慈善帮扶】 2021年，区慈善总会实施救助项目26个，主要包括慈善助医、慈善助学“圆梦行动”、慈善敬老“夕阳红行动”、慈善助孤“蓝天行动”、慈善助困“温暖行动”、专项救助、基层临救、企业临救和市区临救等项目，各项救助支出达472万元。重点区域精准帮扶。为全区较贫困的和平路琴园巷社区（现有居民1775户，其中低保户108户、残疾人154人、失独家庭11户）引进紫石榴公益团队。该团队先后开展走访慰问特困家庭“圆梦微心愿”、助疾“星星点灯”、助残文艺表演等活动，受到群众的好评。继续推动慈善驿站建设全覆盖，2021年，新建和平路街道慈善驿站（桃园社区）、宝塔路街道慈善驿站（黎明社区）。全面发挥驿站作用，设在迎江路中心社区的金山街道慈善驿站的慈善便民工作室和快乐小作坊，服务项目达12个，救助困难群众达2000多人次。拓展慈善救助辐射范围。七里甸街道慈善驿站建成后，将慈善与为人民服务紧密结合，运营管理规范，受到特困群体的欢迎。全心聚焦特殊群体。推进“温暖行动”项目，整个温暖行动救助160人次，救助金额20.6万元。向润州区七里甸社区卫生服务中心捐赠3台血透机和1台移动式彩超，有效缓解医院血透压力，提高对患者病情诊断的速度。在疫情期间，区慈善总会对全区所有隔离点的医生、护士进行集中慰问，发起“同心抗疫、温暖如春”送“爱心大礼包”慰问抗疫卫士倡议，得到社会各界的广泛响应。全市10家爱心企业和众多爱心人士参与此项活动。全面实施“幸福家园”工程。制定全区“幸福家园”村社互助工程实施方案，成立润州区“幸福家园”村社互助工程指导组，负责全区“幸福家园”村社互助工程的建设规划、组织实施、建设标准的制定和检查评估。召开试点街道工作座谈会、“幸福家园”村社互助工程项目人员培训会、重点示范社区现场交流会。走访全区所有街道以及多次到重点示范社区了解项目推进情况并进行现场指导。多次与各街道主要领导、分管领导沟通、协调，区慈善总会全体成员均分工联系一个街道，负责指导具体业务。此项工作在全区各街道全面开展，全区所有（7个）街道均有项目上线，有4个街道、5个社区完成项目资金筹集目标，特别是其中2个试点社区在注册人数、项目资金方面全部到位，另有2个社区项目资金筹集目标完成。同时各街道社区结合本区特点，在项目的设计上更接地气，韦岗街道在燕子窝组建一处集非遗展示、村民休闲学习议事功能为一体的非遗文化传承馆，金山街道京畿路社区用“爱筑家·益‘童’成长”项目，结合自身实际打造特色。

【慈善宣传】 2021年，区慈善总会在强化慈善宣传引导的同时，突出“中华慈善日”系列宣传。充分发挥主流媒体的主渠道作用，依靠公益组织把慈善宣传引进千家万户，注重发挥慈善典型的引导作用，全年在各类媒体发稿87篇；全区各级慈善总会发稿239篇。制作润州区慈善工作成果展（包括“一日捐”、救济金额和人员）在区政府、各街道巡回展出；制作橱窗贴画在全区各街道社区张贴；在各主要街道、社区、广场悬挂横幅；在社区显示屏滚动播放宣传字幕；印制《中华人民共和国慈善法》宣传单，组织志愿者深入社区等群众活动场所现场发放；在区电台、“润州发布”、区慈善总会自建宣传平台进行《中华人民共和国慈善法》公益宣传，推送相关信息，传播慈善知识；赠送《善满润州读本》，传播润州区慈善典型事迹，组织群众学习慈善文化，形成全民关注慈善、支持慈善、参与慈善的良好社会氛围；与“夏日送清凉”活动相结合，区慈善总会先后到“三无老人”、“五保老人”、重病困难居民、百岁老人、困境儿童以及孤儿家中慰问；在全区开展“爱在身边，我不孤单”活动，为5名孤儿发放养育费、读书卡、生日蛋糕券；与金山街道迎江路中心社区共同开展“汇聚点滴爱、圆梦微心愿”活动，在开学季到来之际，为辖区10名特殊儿童购置文具、图书，圆梦孩子们的微心愿；与区民政局携手，为325位75周岁以上的特困、低保老人送上意外伤害保险。

【品牌创新】 2021年，区慈善总会在镇江市穆源民族学校校园慈善文化建设取得初步成效后，适时在金山街道银山门社区推进街区慈善文化建设项目。为深入挖掘街巷慈善文化历史、展现街区现代慈善人物事迹，区慈善总会与金山街道、银山门社区在项目建设前期多次研讨、反复论证，拿出可行性方案，与设计施工单位先后对项目方案进行8次修改，并多次邀请市慈善总会以及区相关部门领导现场指导，提出意见。在市、区、街道、社区各级领导的关心支持下，该项目于5月顺利完工。古善新风街项目建成后赢得社会广泛的赞誉。6月21日，市委书记马明龙在金山街道调研时还专程参观古善新风街，在现场给予充分的肯定。官塘中学“慈善文化进校园”项目在全力推进之中，设计方案已召开3次论证会。

【主题教育】 为庆祝中国共产党成立100周年，做好新时代慈善工作，区慈善总会在“七一”前后开展“践行初心使命、坚守爱党忠诚”主题系列活动。开展学习教育活动。组织全体党员干部开展学党史活动，阅读一本好书、撰写一篇体会、举办一次交流、组织一次培训、观看一部红色电影，大力营造“人人读好书、人人爱学习”的良好氛围。开展重温入党誓词活动。在“七一”前夕，区慈善总会所有党员参加联合党支部在句容新四军纪念馆组织开展的重温入党誓词活动。积极推荐优秀青年向党组织靠拢，在区慈善总会的积极推荐下，确定1名政治表现好、工作业务强的工作人员作为党员发展对象。开展走访慰问活动。与区内公益组织联手走访慰问区内老党员、困难党员和优秀党员，体现对老党员、困难党员和优秀党员的关心、爱护，送去党的关怀和温暖。开展发展成果观摩活动。3月中下旬，组织全区慈善工作先进个人观光连镇扬高速铁路，以体验改革发展成果，进一步激励并带动全区慈善工作飞速发展。开展穆源娃娃感党恩活动。充分发挥“镇江市校园慈善文化教育基地”的辐射带动作用，与镇江市穆源民族学校共同开展“慈善助学暖心田，穆源娃娃感党恩”——我心向党，献礼百年庆祝中国共产党成立100周年系列活动。

【队伍建设】 开展学习教育活动。制定全年学习教育活动方案，把学习政治理论放在首位，在此基础上，深入学习业务知识，全面了解慈善建设方面的重要法规性文件、规章制度、管理理论、基础知识等，不断提高研究新情况、解决新问题的能力和水平。进一步强化实践锻炼，切实加强慈善为民的实践体验，组织全会人员前往丹阳如意慈善以及当地护理院参观学习与交流。开展“远学英雄、近学榜样”活动。9月中旬，区慈善总会根据上级要求，组织全区各街道民政办主任、公益组织负责人、爱心人士到深圳第八届慈展会现场学习观摩。培养尽职守职能力。从加强本会自身建设、培养工作人员尽职守职能力入手，对内设机构进行必要的调整，对现有慈善制度进行完善和汇编，健全用制度管人、按规矩办事的工作机制，修订和完善各部门工作职责、内部管理规定，修订信访接待规则，在此基础上对每个工作人员定岗定责，明确职权。同时，严实工作作风，完善月度工作计划，落实跟踪督查机制。树牢慈善为民理念。2021年，区慈善总会加大力度支持区内多个慈善志愿服务队伍建设，积极指导区内公益组织开展形式多样的慈善活动。为保证这些活动的顺利开展，区慈善总会精心策划、强化指导、做好保障，全方位给予支持。9月，在市文明办、市民政局和市慈善总会联合举办的江苏省镇江市纪念第五个“中华慈善日”暨“镇江慈善文化园”开园的活动中，区慈善总会获评“最佳慈善志愿者服务组织支持单位”。（区慈善总会）

润州区见义勇为基金会

【概况】 2021年，润州区见义勇为基金会（以下简称“区基金会”）以习近平新时代中国特色社会主义思想为指导，认真贯彻落实党的路线、方针、政策，狠抓《江苏省奖励和保护见义勇为人员条例》的落实。紧紧围绕区委、区政府和市基金会的中心工作，结合本基金会的年度工作计划，主动作为、开拓奋进、克服困难，做好见义勇为的各项工作。

【主题公园建设】 2021年，区委政法委书记张庆松，副区长、区公安分局局长景建国等区领导多次对见义勇为工作作出指示，关心和支持见义勇为工作。区分局政治处主任张冬妮到区见义勇为基金会进行工作调研。在区见义勇为主题公园建设上，张庆松及时召集相关部门领导开会，专题研究主题公园位置、设置等详细内容，推进主题公园的建设。景建国联系区委区政府办公室、城管局、住建局，协调区见义勇为主题公园建设的各项工作，加快主题公园的建设。

【学习宣传工作】 润州区充分发挥主流媒体和新媒体的阵地作用，加大对见义勇为人员先进事迹的宣传力度。2021年，全区在省、市见义勇为基金会刊物上刊登信息11条，在市媒体刊登信息10余篇，投入近6万元印制扑克、抽纸、手袋、围裙等宣传品，发放给群众，深受群众欢迎。全区各街道见义勇为工作站持续开展形式多样的《江苏省奖励和保护见义勇为人员条例》学习宣传活动。宣传工作进社区。宝塔路街道工作站和宝塔路派出所在大润发广场联合开展奖励和保护见义勇为人员条例的宣传；官塘桥街道工作站和官塘桥派出所联合在秀山社区宣传见义勇为工作；和平路街道工作站和和平路派出所在东方伟业广场发放见义勇为宣传品500余份，深受群众的喜爱。宣传工作进校园。七里甸街道工作站在南徐小学开展见义勇为宣传活动，让学生从小尊重见义勇为人员、崇尚见义勇为行为。宣传工作进企业。金山街道工作站和蒋乔街道工作站分别会同辖区金山派出所和蒋乔派出所一起深入柳工集团等单位宣传见义勇为，让工人知道见义勇为工作，让见义勇为工作深入人心。见义勇为主题公园初步建成，一期工程于2021年11月建成开园。全区见义勇为主题公园依托中山广场的自然资源和自然风光，以及和古老的中山元素有机结合，实现见义勇为文化和广场景色相得益彰，成为镇江文明城市建设的地标，受到各级领导和群众的好评，成为宣传《江苏省奖励和保护见义勇为人员条例》和见义勇为人员先进事迹的主阵地。

【表彰奖励】 及时做好表彰奖励工作是弘扬和激励见义勇为的重要举措。按照全区见义勇为表彰奖励机制，对涌现出来的见义勇为人员及时发现、及时奖励。区基金会对公安机关确认的见义勇为人员，做到第一时间表彰奖励。2021年，奖励10名见义勇为人员。对事迹突出、有教育意义的见义勇为典型积极宣传，扩大其影响。通过召开专场会，对15名见义勇为人员进行奖励。特别是3名获得政府授予“见义勇为先进分子”的人员，他们自觉维护“见义勇为”的称号，在关键时刻，再次挺身而出，获得社会赞誉。对辅警“一案一奖”。全年奖励辅警60多人次，发放奖金3万余元，调动基层辅警参与社会治安综合治理的积极性。在做好表彰奖励的同时，做好见义勇为先进分子的合法权益保护工作。2021年的夏季慰问，由于受疫情影响，区基金会以个别看望和定点发放的形式进行。平时，充分发挥街道工作站的作用，有针对性地开展活动，充分发挥见义勇为的正能量。

【组织建设】 2021年，区基金会始终把加强队伍、制度、形象建设放在重要位置，严格管理，推动见义勇为工作的发展。坚持党建引领见义勇为工作。在中国共产党成立100周年之际，邀请区老干部上党课，见义勇为人员和志愿者深受教育；另外，开展形式多样的学党史活动，不断增强“四个意识”，坚定“四个自信”，做到“两个维护”。严格管理各工作站人员和志愿者队伍。组织见义勇为人员保险公益发放活动。以会代培，规范确认工作。重视见义勇为人员的发现，重视材料的收集、证据的搜集，确保见义勇为人员先进事迹的质量。 （区见义勇为基金会）

社会保障

【概况】 2021年，润州区社会保障工作站稳人民立场，切实解决人民群众面临的“急难愁盼”问题。面对严峻的就业形势，更大力度地稳定就业，开展援企稳岗行动，开发“护渔员”等公益性岗位29个，开展校园招聘会7场，新增就业岗位1000余个，达成初步就业意向250余人，引进专科及以上高校毕业生3000余人。筑牢疫情防控“防火墙”，对南京、扬州等毗邻城市的疫情扩散进行全面防控；全区新冠疫苗常住人口40%首针接种率、12~17岁人群首针接种率和全程接种率、18岁以上人群首针接种率均在全市率先完成。为了加快补齐民生短板，推进全民健身，新建健身路径6套，更新健身路径21套；举办社区乒乓球赛、高骊山红色登山节等精彩活动。4家居家养老服务中心由AA级提档升级为AAA级，光华朱方路社区瑞和居家智慧养老服务中心开业，覆盖全区6.8万人老年群体的“15分钟居家养老服务圈”。完善官塘小学和官塘中学以镇江实验学校官塘分校招生制度，万科沁园幼儿园、润州花园幼儿园、红星桃花源幼儿园对外招生。 （区经发局）

【居民生活与社会保障】 以持续增强群众获得感、幸福感为目标，织密扎牢民生保障网。退捕转产赋动能。联合街道社区加强走访调研，对辖区内重点群体就业创业状况按照稳定、相对稳定、较不稳定进行蓝、黄、红三色标注，对就业能力较弱、生活困难的未就业人员予以重点关注。高度重视“失水渔民”安置工作，定期走访、定期推送就业信息，发起成立“网后渔生”关爱基金，在全市率先开发“护渔员”、残疾人管理员公益性岗位29个。精准施策暖民心。完成2015—2020年机关事业单位退休“中人”待遇核定565人，2021年退休“中人”复审76人，复审通过率100%；完成全区2021年机关事业单位退休人员调资工作，涉及2250人，合计补发304.72万元，无一错发漏发，保障广大退休职工的切身利益。以“三个必查”（高风险业务必查、高风险环节必查、高风险岗位必查）为原则，聚焦企业职工、机关事业单位人员、城乡居民三大保险制度，时刻保持风控警醒，筑牢社会保险基金监督的防线。便民服务谱新篇。依托省人社一体化信息平台，实施综合柜员制业务经办模式改革，按照“前台受理、后台办理、统一出件”的经办模式，严格落实从咨询引导到出件送件的业务办理全流程服务，逐步实现人社服务事项一窗口办理、一站式服务、一平台共享，提高办事效率和为民服务水平。润州综合窗口的人均等候时间为5~8分钟，业务经办实现提速50%目标。2021年，接待群众2万人次，免费邮寄退休证940份，为企业群众帮办注册1100余次。 （区人社局）

【城乡低保工作】 落实低保动态管理。2021年，润州区新增城乡低保69户82人，停发城乡低保182户351人。截至12月底，全区有城市低保2493户3892人、农村低保217户342人。做好低保提标和保障金发放工作。2021年7月，按照镇江市《关于做好城乡低保提标工作的通知》要求，城乡低保月保障标准由790元/人提高至820元/人，全年发放城乡低保金3372.58万元。开展城乡低保节日慰问。在2021年春节前，对2823户4566名城乡低保对象按照一人户400元、二人户600元、三人及以上户800元的标准，分别发放春节普惠制慰问金和市区特殊困难群众春节专项补助金，共计291.72万元。

（区民政局）

退役军人事务

【概况】 2021年，区退役军人事务局坚持以习近平新时代中国特色社会主义思想为指导，深入学习习近平总书记关于退役军人工作的重要论述，贯彻落实中央、省、市、区系列会议和文件精神，用心用情用力，争先率先领先，持续推动退役军人事务工作高质量发展。

【服务保障体系建设】 区退役军人事务局以构建高标准退役军

人服务保障体系为目标，采用“服务同标准，一站一特色”的建设思路，着力解决办公用房不足的突出问题。“5站1中心”创建成为全国示范型服务中心(站)；建成区“退役军人之家”；韦岗街道退役军人服务站入选全省“百家红色精品退役军人服务站”；迎江路中心社区“老班长”退役军人志愿服务队获评全省“百支优秀退役军人志愿服务队”。

【安置工作】 2021年，区退役军人事务局推进军人退役“一件事”改革，实现退役军人返乡报到信息采集、户籍登记、组织关系转接等11项服务内容“一站式”通办，合力构建“一次申请、一窗受理、联动办理、限时办结”的服务新模式。

【就业工作】 2021年，区退役军人事务局举办退役军人专场招聘会，常态化联系50余家企业(退役军人创办的企业占50%)，提供岗位1000余个，21人实现稳定就业。创新开发退役军人专项岗位，在2021年镇江市润州区村(社区)党务工作者、社区工作者公开招聘中，在全市率先尝试设置4个面向全区退役军人定向招录的岗位。

【信访矛盾化解工作】 区退役军人事务局通过制定“一人一案”工作方案，专门设立矛盾化解专项经费，认真落实领导“三包联”制度；引导信访人个性化诉求表达，打造老兵调解员队伍，全区设立“老兵调解室”15个，以老兵情结化解矛盾。部分重点信访人员的矛盾得到有效化解，全区退役军人信访人员总体平稳。

【拥褒优工作】 开展“祭扫革命先烈、传承红色基因”主题活动；邀请参战老兵到学校开展党史教育宣讲；邀请退役军人参与“少年军校”举办的开班仪式活动；组织编印爱国主义教育读本——《吟咏碧血丹心》；开展“慰英烈、访老兵”实践活动，重点对2名烈士遗属和3名革命老军人进行寻访，帮助其实现小心愿，该做法被镇江文广集团“民生频道”、《心连心》杂志系列报道，获评区“学亚夫、做亚夫”优秀服务项目，取得良好反响。紧密军地协作，为19名军人子女协调解决入学入园问题，对9名立功军人家属进行慰问。常态化对下岗失业、鳏寡孤独、生活困难、二等功臣的退役军人以及烈军属等优抚对象进行走访慰问。广泛开展爱国主义教育活动，将南徐小学、润州实小和润商小学打造成“少年军校”，创建全区“双拥”特色品牌。

(区退役军人事务局)

七里甸街道

【概况】 七里甸街道地处镇江市核心主城区，是市、区两级行政中心所在地，坐拥南徐新城“首善资源”，政务、商务、文化活动云集，资源、资金、人才等要素汇聚，城际铁路、南徐大道等交通要道穿境而过，区位优势独特，资源优势凸显。辖区面积14.2平方千米，下辖10个社区，总人口约8.4万人。

2021年，深入贯彻中共十九大和十九届历次全会精神，认真学习贯彻习近平新时代中国特色社会主义思想，贯彻落实省第十四次党代会、市第八次党代会和区第九次党代会精神，大力弘扬伟大建党精神，坚持稳中求进工作总基调，科学统筹高质量发展，“十四五”规划开局平稳有序。

【经济发展】 核心指标领跑全区。实现一般公共预算收入、单位建设用地税收收入在全市排名双提升。全年完成一般公共预算税收收入3.816亿元，完成年度任务的104.7%，比上年增加1.093亿元。高效完成“四上单位”入库工作，新增“四上单位”21家，含文化企业2家，超额完成年度目标任务。招商引资硕果累累。全年开展外出招商7次，招引企业30家，引进亿元项目3个。为适应疫情防控常态化，开发招商小程序，将“面对面”交流升级为“屏对屏”沟通。成功引进数字融合创新中心，盘活四圩社区3000余平方米闲置资产；引进国信光伏项目，对屋顶车棚全面普查，发展壮大绿色能源低碳经济；引进东海证券，丰富金融产业园业态，凸显生产性服务集聚区的磁吸效应。科技人才捷报频传。全年完成技术交易额1.8亿元，接近全区的一半，高新技术企业净增1家，入选省专精特新软件企业2家（全市新增7家），新增孵化器平台3家，对全区贡献率达100%。人才招引新增“省双创”1名、“金山英才”3名（市重点资助1名），“润州英才”3名（创业团队1个），人才数量、质量均列全区第一。

【便民惠民服务】 惠民政策落地有声。全年投入资金600余万元，保障低保、残疾人、廉租房、尊老金、优抚等重点民生资金发放，聚焦特殊群体、聚焦群众关切，让群众真正感受到党和政府的温暖。低保入户调查开展有序，新办低保7户9人，清退5户11人。就业创业力度加码。加大就业援助政策落实力度，完成街道城镇失业人员再就业人数760人，困难人员实现再就业210人，带动就业579人；对符合条件的个体工商户、小微企业等发放创业初始补贴6万元，办理创业担保贷款16笔、贷款金额478万元，让群众真正享受到国家的政策福利。集体经济持续壮大。以党建引领乡村振兴为抓手，不断发展壮大集体经济，打通惠民服务的“最后一公里”。投入近450万元，建设占地900平方米的全市唯一AAA+级光华朱方路社区居家养老服务中心，实施城中村改造2.0计划，对牌湾街、安泉村公共区域进行规划再利用，让居民共享集体经济发展红利。疫情防控有力有序。全区首家对居家隔离人员实施门磁报警和实时监控“双系统”管理，全年安装门磁报警系统700余次。积极推进新冠疫苗接种工作。开通微信小程序“疫苗预约”端口，配合短信群发服务，接收预约申请3218件，大力构建全民免疫屏障。

【基层社会治理】 基层法治建设成绩显著。完善法治建设工作领导小组，统筹推进依法治理工作，被市委、市政府评为“法治镇江先进集体”。发挥“党建+法治”优势，把党小组建到网格上，将“法律明白人”配到网格上，不断提升街道法治化水平。广泛开展普法惠民“七进”活动，用好跑马山、万科、五里3个法治文化阵地，推进宪法学习宣传教育，系统开展《中华人民共和国民法典》等普法宣传，推进“八五”普法走进社区、家庭，相关宣传图片被《人民日报》《求是》刊载。网格化治理推进有力。承办全市网格规范化、标准化现场会，金星社区网格治理“133”工作模式获市委政法委领导充分肯定。在全区率先成立网格巡查队伍，为网格员配置网格电动车，建设“红色网格工作站”等，积极开展平安建设、扫黑除恶宣传，以及问卷调查、意见征集等活动，全街道涌现一批网格化治理特色亮点。社会安全稳定得到保证。深入化解信访积案，阳光信访平台受理信访件182件，按期办结率达100%。扎实推进扫黑除恶、禁毒、防电信诈骗等事关社会安全稳定和群众利益的专项行动。常态化开展安全生产三年专项整治行动，顺利完成红星玫瑰苑安置小区消防系统改造工程。人民武装工作不断加强。全力做好征兵工作，兵役登记率超过100%；抓好民兵整组和训练，组织民兵预备役人员参加应急维稳、抗击风雪、森林灭火等急难险重任务40余人次；配齐警棍、盾牌、头盔、雨衣等战备器材和消防物资，有力提高基层武装机构战备设施水平。

【民主政治建设】 扎实做好人大换届选举工作。街道划分19个选区，设立选民登记站115个，张贴选民登记公告500余张；各选区在做好户籍底册等数据比对的基础上，采取多种方式落实选民登记，确保不遗漏、不重复；各选区酝酿推荐初步候选人56名，确定正式候选人54名；选民在选举日通过19个主投票站、186个分投票站，投票选举出35名正式代表。街道人大工委严格工作程序，把握关键环节，依法保障每一名公民的选举权和被选举权，严格把好人大代表的政治关、素质关、结构关，确保选出人民群众广泛拥护的人大代表。打造政协协商议事新亮点。街道政协联络委积极构建“有事好商量”协商议事室，打造“万众一心 科学协商”精品议事室，推动街道协商议事平台全覆盖，开展协商议事活动12场，组织界别委员25人次、议事代表121人次参加活动，提出意见建议63条，小区物业、人居环境、道路交通等一批群众关心的热点难点问题得到解决，相关案例被学习强国、镇江新闻频道等宣传报道，实现以政协专门协商功能激活基层社会治理效能的目标。统一战线构筑更大“同心圆”。发挥网格统战的联络优势、社会组织的资源优势和平台基地的服务优势，润州区新联会——“e和同心汇”全年开展活动20余场，参与筹备润州区欧美同学会，指导万科社区充分发挥“侨之家”基地“联侨心、安侨心、暖侨心、舒侨心、聚侨心”的“五心”联侨作用，不断提升为侨服务水平。

【党的建设】 强化思想理论武装。聚焦学懂弄通做实习近平新时代中国特色社会主义思想，开展中心组集体学习15次；深入学习宣传“七一”重要讲话精神和中共十九届六中全会精神，举办专题宣讲23场；积极组织开展“永远跟党走”群众性主题宣传教育活动，16场庆祝中国共产党成立100周年文艺活动不断掀起热潮。充分发挥新时代文明实践所、实践站及万科首善街区等载体作用，实施文艺“轻骑兵”计划，讲好理论宣讲“地方话”。围绕中心勇当发展先锋。对标“产业强市”一号战略，实施“以红色动能激发招商效能”书记项目，深化“全域党建”资源，组建“招商先锋群英荟”，综合运用产业链、资本链、创新链开展靶向招商。做好“两委”换届后半篇文章，实施“书记在一线”“党员冲在前”“支部再提星”“党建亮品牌”四大工程，新增1个四星党支部，培育飞亚轴承“红动‘轴’心”党建品牌。全面加强党风廉政建设。召开党工委会议研究部署党风廉政建设工作，制定年度“两个责任”清单，明确党工委24项责任、纪工委11项责任，形成逐级压实责任的工作格局。全年对“两会”期间信访维稳、“三大攻坚战”、安全生产、河长制等街道重点工作开展督查30余次，根据苗头性、倾向性问题提醒谈话10人次，形成督查报告2份、督查日志20余篇。用好“第一种形态”，对2人诫勉谈话、8人批评教育、1人谈话提醒。有序推进巡察整改落实。完成市委巡察组对街道开展提级巡察“回头看”，根据巡察反馈意见，街道党工委第一时间召开专题会议，班子成员根据职责分工、结合分管领域，以身作则、各负其责，逐条逐项攻坚整改，做到一项不漏、一条不落，针对巡察反馈的16个大问题，制定50条整改措施。至2021年年底，整改落实到位11条，29条取得明显成效，10条取得初步成效，做到紧盯问题不放手、整改到位见成效。

【党史学习教育】 围绕“追寻”“初心”“传承”“奋进”四篇章，持续推进“我为群众办实事”实践活动，深入开展“两在两同”建新功行动，积极组织“永远跟党走”群众性主题宣传教育活动，16场庆祝中国共产党成立100周年文艺活动不断掀起热潮，为辖区179名老党员颁发“光荣在党50年”纪念章，在全市首推“星期六社区”，并获得市委书记专题批示肯定。中心组学在前、做表率，举办党史学习教育集体学习会8场，开展专题读书研学班和辅导讲座2次；全街道聚合力、办实事，成立12支“学亚夫、做亚夫”先锋团队，办结实事项目39件，南徐曙光社区红星玫瑰园小区消防升级项目获评区级“学亚夫、做亚夫”优秀服务项目；基层党组织强实践、善创新，万科社区党史长廊、红色加油站受到省委第三巡回指导组观摩肯定，光华社区党史村史馆在全市现场会上接受检验，七里学教工作在实践创新中走深走实、亮点纷呈。

【民生工程】 金星社区投资600余万元升级打造智慧化金星市场，引入智慧管理平台，增加广播系统、自动测温系统，完善消防联动系统、标准化市场检测室等，让居民买放心菜、逛舒心市场。四圩社区与专业公司合作，对三茅宫菜场进行升级改造，投入280万元，把市场打造成生鲜超市，增加垃圾分类、排污隔味等设施，不仅供应性价比高的产品，还打造精致、舒适的购物环境，老旧市场焕然一新。建成并运营全市唯一一个AAA+级居家养老服务中心——光华朱方路社区瑞和居家智慧养老服务中心，积极探索医养结合、“智慧”养老、专业机构助老的新型居家养老服务模式，积极打造以社区为依托、以智慧养老服务平台为支撑、以智能终端和热线为纽带的综合型养老服务中心。

【城市管理】 为解决“执法人员下班，流动摊贩上班”这一城市管理难题，街道综合行政执法局联系实际情况，走访各个社区，详细调查摸底后，于2021年年初开始全面实行“7312错时执法”工作制度，即强化每周7天执法管理、每天早中晚3个时段管理、每天执法管理12个小时（早8点至晚8点），实现日常错峰、双休日、节假日错时执法，缩短执法“空窗期”，有效缓解高峰时段占道经营对校园周边路段造成的交通拥堵，提升城市管理质量和水平。

【“零距离”走好网上群众路线】 为解决居民群众和企业职工反映的“上班时间没空办事，休息时间没处办事”“周末活动场所太少”等突出问题，街道在全市首推“星期六社区”工作制度，配套开发“首善七里”微信小程序，提升“一趟头”办事成功率。同时，实行“全科社工”轮值，打破“各管一摊”的分工状态，在“星期六社区”服务时率先实现“一岗多责、一人多岗”。截至2021年12月，“星期六社区”办事10658件。积极承办区网络安全宣传周暨“两用一心”网络安全志愿服务活动，打造全区首家网络安全特色示范社区，“网安+网格”两网融合模式受到“光明网”关注报道；2021年，在学习强国刊登稿件15篇，国家级媒体5篇，省级以上媒体用稿76篇；“社区服务上云”项目作为“走好网上群众路线”优秀案例被市委网信办向上推荐。

（党政办）

2021年七里甸街道各社区基本情况一览表

表21

社区名称	面积（平方千米）	总户数（户）	总人口（人）	党组织书记	社区主任	办公电话
光华朱方路社区	2.2	3582	6725	唐家义	戴德荣	80982660
金星社区	1.2	950	2376	杨永全	夏光明	84422381
四圩社区	2.1	1651	4127	张国平	张国平	85597377

续表 21

社区名称	面积（平方千米）	总户数（户）	总人口（人）	党组织书记	社区主任	办公电话
五里社区	1	610	2200	沈　杰	沈　杰	80861076
南徐曙光社区	2.1	3645	6886	季秀平	张晓斌	85625019
二道巷社区	0.4	1714	3917	王　婧	王　婧	85607517
七里甸社区	0.4	1894	5292	严　皓	严　皓	85607881
天和星城社区	1.6	2398	5944	殷　骥	殷　骥	85231902
万科社区	1.5	5420	13550	曾泰然	曾泰然	85625608
新城社区	0.7	6901	11323	陈　靖	陈　靖	80983696

官塘桥街道

【概况】 官塘桥街道位于镇江市南郊，于 2011 年 7 月 20 日由原蒋乔镇撤镇设街，是官塘新城开发建设的主阵地，街道办事处驻官驸路 6 号。2020 年，街道行政区域面积 12.26 平方千米，总户数 4304 户，总户籍人口 1 万余人，下辖官塘桥、平山、秀山 3 个村和宝平、远洋 2 个社区。东邻镇江丁卯经济开发区，南接丹徒新区，西北紧依南山风景区，辖区有 338 省道、京沪高速铁路和沪宁城际铁路等交通干线。辖区内有九年制义务教育学校 2 所、幼儿园 2 所、社区卫生服务中心 1 所。

【从严治党】 全面压实“两个责任”。坚持定期召开党工委会议专题研究全面从严治党工作，制定下发“两个责任”清单，不断推动全面从严治党责任向下延伸、压紧压实。精准实施政治监督，对疫情防控、安全生产、污染防治攻坚、养老惠民资金发放等重要工作部署落实情况开展专项督查。对拟提拔重用人选、党员发展对象等严格执行资格审查。锲而不舍优化作风。紧密围绕官塘创新社区发展大局开展监督，紧扣重要节点、关键环节，对营商环境、村集体“三资”、中央八项规定精神落实、节假日作风建设等情况实施专项督查，追责 19 人次。以强烈为民情怀纠治群众身边的腐败和不正之风，协助区纪委党纪处分 10 人次。严肃整治形式主义、官僚主义等作风问题，查处 5 人次。精准运用“四种形态”。始终保持严的主基调，一体推进不敢腐、不能腐、不想腐。全年党纪立案 4 件，协助区纪委立案查处 28 人次，其中第一种形态占 60.7%。分层分级开展谈话提醒，紧盯“极少数”、管住“大多数”成为常态。坚持惩前毖后、治病救人，定期开展党风廉政宣传教育，对受到处分和问责的党员做好跟踪回访。

【经济发展】 努力克服指标任务重、企业数量少、发展断层等不利因素，财税、外资、科技、GDP 核算支撑指标均超前完成或基本完成序时进度。签约 1 亿元以上项目 5 个，分别是数据湖产业园、区域现金中心、东大校友产业园、京创科技、联东 U 谷项目，意向总投资 135.6 亿元，签约数量和投资体量均名列全区前茅。指标完成有后劲。薄弱指标有所突破，实际利用外资预计全年完成 670 万美元，超出年计划 68%。全年招引项目 30 个，超出年计划 11%，位于全区前列。规模以上企业完成 6 家，比上年增长 20%。招才引智显实绩。1 人成功获评“省双创”人才（占全区三分之一），2 人获评“金山英才”，3 人获评“润州英才”；建成 1200 平方米的远洋创新创业产业园党群服务中心，更好凝聚人才力量。企业服务出实招。与市行政服务中心联合，在全区首创重点项目审批服务“绿色通道”，建立首问负责制、并联办理、限时办结等制度，打通审批各环节，推动项目落地建设“加速跑”。

【民生保障】 将党建工作与业务工作深度融合，以高质量党建引领高质量发展。不断夯实党建“书记项目”。围绕“书记项目”，深化村社联动，优化党员“双轨制”管理，提升党员教育管理质效；打造“平平联动”“驿路先锋”便民服务点，设置党员先锋服务岗，激活红色源动力，提升社区自治力；用好远洋双创产业园党群服务中心，搭好荟人才、慧服务、惠民生、汇友朋平台，构筑“官塘最舒心”营商环境。持续推进党史学习教育。坚持把“我为群众办实事”实践活动贯穿党史学习教育全过程，精准聚焦企业及群众所需，助力高质量发展。组建“创新官塘”产城融合行动支部，设置企业“家门口”的一站式帮办代办窗口，设立“红色帮办”党员示范岗。结合“我为群众办实事·百名党员当先锋”活动，常态化开展企业大走访。搜集困难需求、意见建议30余条，协调解决融资渠道等实际困难20余个。扎实开展为民办实事活动。按照“党建+为民服务”的思路，街道党政领导、村（社区）书记领办实事项目15个，基层党组织、党员干部开展各类实践活动35次，完成为民办实事66件，解决秀山美苑围墙积水、车库复建、文化广场缺失等一批群众反映强烈的难题。

【生态环境】 坚持以人民为中心的发展理念，积极回应群众对美好生活的需求，不断增强人民群众的幸福感。筑牢生态堤坝。以“我为群众办实事”为契机，全面完成四明河、东风河的清淤、打捞浮萍等整治工作；大力推进建筑工地和道路扬尘污染防治，投入约110万元完成空气质量监测点建设并投入使用，配合秸秆禁烧巡查等常态措施，空气质量显著改善。守护民生港湾。大力推进低保及低保边缘户救助帮扶工作，深入排查各类困难群众，重点围绕因病、因残、因意外导致生活陷入困境的家庭和人员，针对性制定帮扶计划，形成精准扶贫长效机制，全年发放各类民生保障资金380余万元。始终关注就业困难群体，举办多场大型招聘会，大力宣传创业政策，为创业者提供良好创业环境与服务，带动更多群众高质量就业。拓宽惠民路径。推进居家和社区养老服务改革，为224名老年人每月开展上门服务，对5户困难家庭实施适老化改造；出资近8万元为辖区30名困难人员提供为期1年的温馨午餐。举办“百年风华耀初心·砥砺奋进新官塘”文艺演出，献礼中国共产党成立100周年，营造爱党爱国爱家乡的浓厚氛围。

【疫情防控与安全生产】 发挥各级党组织轴心作用，通过“六联”行动（组织联盟、村社联动、干群联手、重点联防、服务联做、物资联保），汇聚“红色联盟力量”。组建8个防控小组、2支先锋队，机关人员“5+2”驻守一线。通过发送短信10万余条、老邻居劝导、小喇叭喊话等多种形式，营造全民抗疫的良好态势。针对农批市场特点，安排两名街道领导日常驻点，集合三方主体力量，确保24小时管控。抓稳控化解。健全矛盾隐患排查和信访预警机制，加强访情监测和舆情研判，加大初信初访办理力度，严格执行领导接访、重点约访、带案下访和包案解决等制度。抓安全生产。针对农批市场地质隐患问题实施整改，开挖排水渠600余米，新建石坝墙、填埋洼地。对辖区内企业开展燃气安全等各类专项排查40余次，排除隐患50条。开展安全宣讲4场，与62家单位签订消防安全承诺书，发放公开信1000余封，让“共建共治共享”理念入脑入心，共同守护安全生产。

【学法守法用法】 街道党政领导班子从自身出发，积极做到主动学法、守法、用法，多次召开党工委中心组学习会，专题学习《中华人民共和国民典法》《中华人民共和国宪法》等，当好示范，做好表率。深入开展法律“七进”活动，利用法治书屋、法治讲堂、法治广场等载体，开展《中华人民共和国民法典》《中华人民共和国网络安全法》等法律宣传活动，送法进校园，增强学生和群众法律意识。利用“法润民生群”平台，创新微视频形式，开设“鹏言鹏语”节目，组织法律顾问开展以《中华人民共和国民法典》为主要内容的普法宣传活动。推进法治乡村建设，全面开展“省级民主法治示范村（社区）”提档升级工作，充分发挥“五民主三公开”“四议两公开”“小微权力清单”“援法议事平台”功能效用，推动群众自我管理、自我服务、自我教育、自我监督落到实处，推动自治、法治、德治融合发展，让群众在创建活动中有更多的获得感、幸福感、安全感。充分发挥街道公共法律服务中心和村（社区）司法惠民服务站的作用，通过在服务窗口设置法律援助、法律咨询、公证、普法宣传等岗位，积极为群众提供“一站式”综合法律服务，为基层群众提供优质、快捷、高效的法律服务。

【城市经济高质量发展工作】 聚焦推进项目建设。全力推动区域现金中心、镇江数据湖产业园和阿里和润数字产业园等项目开工建设。加快推进科技孵化园、智能制造园、产业研究院等一批重点项目落户。积极探索秀山产业大厦、公交停保场、远洋29号楼建立楼宇社区的试点工作，实现政府服务从“走访型”到“驻地型”转变。聚焦优化营商环境。完善服务机制，积极做好项目建设前、中、后期全方位、“一站式”服务，精准定位企业需求，送政策上门。加快完善“1+N”网格组团服务模式，把企业和项目纳入网格化服务管理。推行网格员联系企业、项目和重点楼宇“三联”工作法，形成“一楼一册、一企一档”，实行“一企一策、一事一议”，全程跟踪、精准服务。聚焦办好民生实事。加强与浙大网新合作，全力构建智慧社区服务平台，为社区居民提供便利。深化综合治理，综合整治水面漂浮物、河道淤污、道路和工地扬尘、垃圾和渣土偷倒等问题。配合官塘创新社区管委会与市交产集团完善官塘路网建设，纵向加快建设宜城大道、马湾路、高家楼路，横向加快谷阳路等城市交通主干道建设，形成全新路网体系。

【创新社区建设】 抓强组织，提升堡垒凝聚力。从街道机关、村（社区）、“两新”组织、党建联盟单位、专业团队中选拔40余名党员骨干组建行动支部，设立项目建设、惠企服务、社会治理、民生服务四个党小组，搭建“街道党工委—行动支部—党小组”三级组织架构。抓实目标，提升攻坚战斗力。推出“五个一”重点任务清单，由党工委班子成员结合分工挂钩领办，打造1400平方米的远洋创新创业产业园党群服务中心，将党务、政务、商务等全方位服务“一站式”送到企业、人才身边。抓好机制，提升服务保障力。建立全域“行动”机制，紧扣企业和人才需求，推出驿路助老、驿路无忧、驿路远航、驿路精彩四大类服务清单，解决企业和人才住房、停车等难题。

【开通扶贫“直通车”】 秀山村党委和农批市场党支部带领镇江365电子商务平台实地考察全市153个经济薄弱村，与63个专业合作社签订产销对接协议，并分别与丹徒区荣炳盐资源区曲阳村、茅山镇丁家边村、高资街道水台村建立党建共建协议，力图解决本区域扶贫农产品销售难题。通过“线上＋线下”多渠道化解销售难题，线上完善以扶贫为主的各类应用板块，为农产品提供展示平台，并利用镇江农批线下交易资源，进行全面融合，提升部分贫困村组的盈利能力；线下与镇江农产品营销协会、镇江农批市场共同筹建“镇江市优质农产品展示展销中心”，定位带动本地贫困村和经济薄弱村生产和销售。农批市场成立365果蔬联合体，为“一村一品一店”提供经营示范，销售扶贫大米120吨、蔬菜42吨，收购本地农产品2503吨，自销产值536万元，绝大部分农产品来自贫困村及经济薄弱村。（王　倩）

2021年官塘桥街道各村(社区)情况一览表

表22

村(社区)名称	面积（平方千米）	总户数（户）	总人口（人）	党组织书记	村(社区)主任	办公电话
平山村	6.7	852	3024	雷志高	雷志高	80969903
秀山村	5.5	929	2650	朱明辉	朱明辉	80966307
官塘桥村	3	621	1445	朱荣平	朱荣平	80988281
宝平社区	0.22	1527	3782	鲍丽娇		84523580
远洋社区	0.64	2084	6270	朱　军		80316055

宝塔路街道

【概况】 宝塔路街道地处镇江市润州主城区，东至古运河及丁卯桥路，南至天桥路、南山路、北府路，西至檀山路、黄山北路，北至中山西路及京口闸，总面积7.63平方千米。街道下辖12个社区居委会。街道总人口71634人，总户数29005户，是城际门户和综合交通的枢纽所在，更是全区城市经济核心区、项目建设的主阵地，是集商贸服务、餐饮娱乐、文化旅游于一体的镇江商业新中心所在地。2021年，宝塔路街道深入学习贯彻习近平新时代中国特色社会主义思想，以及中共十九大和十九届历次全会精神，紧紧围绕建设现代化一流主城区的宏伟目标，坚持稳中求进工作总基调，全面落实区委、区政府下达的各项指标任务，对标对表，统筹推进街道各项社会民生事业向前发展，为中国共产党成立100周年交上一份喜人答卷。

【经济发展】 主要指标完成情况：全年完成一般公共预算税收收入3.73亿元，比上年增长27.95%，超额完成任务。GDP核算指标涉及街道房地产销售面积，建筑业总产值，批、零、住、餐销售额增速等7项，均按序时推进。其中，建筑业产值及批发业销售额总量占全区近40%；固定资产投资完成12.6亿元；限上住宿业营业总额完成1700.2万元，比上年增长27.47%。全面完成到位外资400万美元指标任务；新增“四上企业”21家，超额完成任务。全年完成“双招双引”项目引进37个（其中文化体育产业2个，服务业3个，建筑业7个，贸易类3个，商务服务企业7个，信息科技类6个，房地产1个，新能源1个，总部企业5个，金融2个），“金山英才”完成年计划并入选1人，“润州英才”完成申报8人，入选3人。同时，完成启明计划申报1人。

【城市建管】 按期完成解放路10号老小区改造工作。拆除违建1192平方米，完成老旧小区加装电梯3部，大大提高辖区居民幸福指数。完成65户在库D级危房人户分离工作，发放临时租房补贴计25.34万元，逐栋研究解危方案，保障危房解危工作顺利进行。完成恒顺北地块征收扫尾，有序启动康复医院医疗综合大楼搬迁和新马路征收项目。新马路征收项目于11月12日进场，完成签约78户。全面推进城市高效治理，推行智能化、网格化、精细化、人性化管理，投入200万元实施物业全覆盖，积极开展“垃圾分类”入户宣传活动，完成红星牡丹园等6个小区垃圾分类达标建设。积极落实2021年河长制工作及重点区域大气质量管控专项执法行动，做到巡河规范有序、降尘措施有力有效，努力实现$PM_{2.5}$管控目标。全面深化文明城市创建，严格对照文明城市国检标准，不断查遗补缺、巩固强化，积极开展“美丽家园”行动，推进新时代文明实践站所全覆盖，确保高水准通过国家、省文明城市测评。

【民生事业】 街道始终坚持人民至上、生命至上原则，发挥“大数据+网格化+铁脚板”模式优势，在区委、区政府有力指导下，迅速成功处置年初境外输入关联病例，落实疫情常态化防控各项措施，充分保障辖区居民安居乐业。隔离南京、扬州等地疫情相关人员841人，其中，集中隔离81人，居家隔离760人。深入落实惠企利民政策，多措并举稳就业，帮扶就业困难人员再就业548人，支持成功自主创业234人，创业带动就业801人，帮助申请享受政府贴息创业贷款24人，金额744万元。积极推进居家养老与社区养老有机衔接，投入116万元，成功升级黎明社区AAA级居家养老服务中心，设立专项经费121.5万元，免费为80岁以上老人居家养老提供上门服务，提升为民服务水平。建立健全低保跟踪督查机制，做到应保尽保，应退尽退，清退低保户57户130人，新增低保户27户35人，发放低保金1080万元；核发残疾人各项补贴173万元。组织开展大型广场汇演15场，其他各类文化活动186次，极大丰富群众精神文化生活。

【社会治理】 街道以网格化智慧管理为抓手，深入开展“三官一律”进网格工作，着力形成“三官一律”进基层、社会治理“大联动”机制。在南京、扬州等地疫情暴发后，街道充分发挥网格服务优势，主动开展“敲门行动”，3天时间排查29117户，筛查69553人，以网格筑牢疫情防控安全网。纵深推进安全生产工作，牢牢把握安全生产“红线”，对辖区内企业开展各类检查46次，涉及企业52家，排查各类隐患300余条，按照“五定”要求全部整改到位；做好减灾救灾工作，第一时间保障辖区居民生命财产安全；积极落实安全生产三年专项整治重点工作，加大工业企业风险排查力度，做到问题早发现、早整改。

【党建引领】 结合党史学习教育契机，同40多家联盟单位、商圈企业、公益组织构建学习圈，组织学习培训100余次、专题党课18次，开展庆祝中国共产党成立100周年系列活动60余场，坚定理想信念，感悟初心使命。基层组织基础不断夯实，2021年新增申报四星党支部2个、五星党支部1个，支部建设质量逐步提升。坚持以“两新”党员“链条式”管理为重点，联动推进区委、街道两级“书记项目”，14个“书记项目”全部完成。严格按照“六个有”（有党员活动室、有标准公开栏、有党员监督岗、有党员志愿站、有党建园地、有荣誉展示墙）标准打造常发广场、江泰建筑等5个“两新”党组织样板，占全区总量的三分之一。积极创新活动载体，构建“党建引领、多方协同、精诚善治”的商圈党建服务新格局，启用商圈楼宇党建前沿阵地——智·创空间，内设“e

政务”便民服务站，将“办事大厅”移到企业“家门口”，提升惠企利民服务水平。

【全速推进重点项目建设】 2021年，街道5个市、区重点产业项目均按序时有力开展。其中，市重点项目鸿鑫商业广场，总投资约3.2亿元，幕墙施工完成，土建水电安装收尾。区级重点项目南京银行镇江分行改造工程，2021年完成计划投资5000万元任务，并于12月20日试营业；基于闲置计算资源的创新云计算服务共享平台的研发项目，完成投资任务研发；大润发智能升级项目，完成投资1400万元，内部货物传输系统、冷藏设备、货架等智能化改造基本完成并投入使用；浙商银行项目，总投资约1100万元，完成全部投资任务并投入使用。

【全力打造协商议事中心主阵地】 2021年，街道城际商圈党委以“党建+”主题为引领，让政协民主协商与商圈经济发展紧密结合起来，强化政协基层民主协商与经济服务和非公企业融合发展，打造“1+X”城际商圈协商议事中心。以中浩广场协商议事中心为主阵地，在万达广场、常发广场、颐高广场打造前沿关口——协商议事站，该中心被确定为全市协商议事“十佳精品店”。充分发挥政协委员、经发商务、市场监管、税务金融等各方资源优势，探索出“三同步、三平台、零距离服务”的330工作模式。通过一次次协商，把政协的制度优势转化为激发商圈治理的活力，真正做到“小事不出门，大事不出楼”。市政协主席李健在《群众》杂志的署名文章中，把该做法作为典型案例进行了详细介绍。

【全面加强基层组织建设】 2021年，街道支部建设质量在提升，四星及以上先进党支部占比18%；党员意识在提升，社区党员带头做好防汛抗疫、文明城市创建等重点工作；示范效应在提升，2021年选树19个市区“两优一先”优秀组织及个人，镇江建工集团党委陈晓春、江苏南徐中天物业党总支丁蓉获评市级“两新”组织高级党务工作者称号。街道同德里社区成功创建全省第二批“红石榴家园”、常发广场党支部创成2021年度五星级党支部、城际商圈红心加油站荣获“江苏省青年书香号”称号、城际商圈协商议事获得镇江市2021年度“有事好商量”协商议事工作先进集体，基层组织建设取得全面进步。 （姜璐璐）

2021年宝塔路街道各社区基本情况一览表

表23

社区名称	总户数（户）	总人口（人）	党组织书记	社区主任	办公电话
黎明社区	3930	8796	崔正雪	崔正雪	80966620
庄泉社区	3787	6289	李　实	李　实	80966629
黄山社区	2910	6652	朱　晶	朱　晶	87056566
运河社区	2209	5229	蔡春娟	蔡春娟	84496005
车站社区	1916	4596	杜　娟	杜　娟	85917058
凤鸣新村社区	2156	5841	陆金玉	陆金玉	85212983
润州花园社区	2126	6215	薛顶雨	薛顶雨	85210226
金桥社区	1639	3608	贾宇琳	巫晓静	84419081
北府路社区	830	2144	时　敏	时　敏	88082514
广东山庄社区	1471	2329	黄　飞	黄　飞	85219608
同德里社区	3080	5450	于　敏	于　敏	85288433
林隐社区	2837	6593	钱　淼	钱　淼	80967750

和平路街道

【概况】 和平路街道环抱金山，滨水而居，现辖4个涉农社区和7个城市社区，陆域面积20平方千米，水域面积220平方千米，长江岸线93.56千米，常住人口6.8万人，是融市民、农民、渔民为一体的城乡结合型街道。2021年，以习近平新时代中国特色社会主义思想为指引，以建设“强富美高”新和平为目标，以服务项目、保障民生为抓手，开拓创新，真抓实干，努力开创经济和社会事业新局面。

【经济运行】 2021年，完成一般公共预算收入1.3611亿元；完成固定资产投资12.66亿元；新增“四上”企业15家；完成限上批发业销售总额3.2亿元；完成限上零售业销售总额10.3亿元；完成限上住宿业营业总额465万元；完成限上餐饮业营业总额9647万元；完成房地产销售面积10.6万平方米；完成建筑业产值3.19亿元；完成规上服务业营业收入5.18亿元。完成社会消费品零售总额目标任务。

【重点项目推进】 街道在建产业项目魔幻海洋世界主场馆处于停工状态，2021年国庆前夕，项目三方股东就转股事宜进行磋商，完成转股调整。春天里·时光里特色文化旅游街区2021年完成投资2000万元，项目涉及的各项基础实施改造工程有序进行。

【项目招引】 2021年,签约落地21个项目。招引总投资1000万元的御足江南休闲中心入驻装修；总投资200万元包公道人力资源服务项目完成公司注册；招引总部企业延长石油，实现税收超2000万元。招引洽谈马来西亚辉煌创世纪集团、上海贵龙发展有限公司、中科文化科技发展有限公司等考察金山湖北地块、太平圩地块及魔幻海洋世界项目。

【党的建设】 认真系统运用“六统十八联”工作法，强化“党建联盟”共驻共建式融合，做深做实“三结三定”，细化双向服务清单，推动互联互动持续走深走实；结合党史学习教育相关要求，全力抓好党员干部教育培训，打造“街道党校”，整理规范工作机制、学习内容及工作清单等，积极推进“社区党校”建设，整体推进建设主站点3个、分站点4个；认真推进“党建为民服务项目”“我为群众办实事”走深走实。结合“两在两同”建新功行动，领导带头制定“问题清单”，党员带头领办难题；持续深化“红色网格”建设，社区整体推广打造“红色网格工作室”；分类分步推进“红色物业”，完善业委会、党组织及行业的三方联动机制。

【民生事业】 稳步推进桃园老小区、朱方路98号和102号宜居小区、三茅一社区AAA级居家养老服务中心、新金江社区滨江文化公园、丹徒姚大圩渔民公园的改造及燃气开通等一批民生实事项目；帮助桃园小区内遗留下来未办理产权证的6户居民领取产权证；集中力量强势完成金山村太平圩剩余非居搬迁扫尾工作；完成琴园巷社区铁路新村9号、10号楼疑似危房住户的撤离工作。

【保障体系】 加大政府购买上门服务惠民政策宣传力度，通过接受政府购买居家上门服务或入住养老机构，使最低生活保障对象、困境儿童、困难残疾人，以及高龄经济困难的失能、半失能老年人四类人群享受政府购买居家养老上门服务1400余人，困难群众服务保障覆盖率82%。强化就业帮扶，支持成功自主创业人数96人；新增城镇就业人数743人，基本完成序时进度；审核就业困难人员500人；审核一次性创业补贴7人，3.3万元；审核富民创业小额贷款15人，398万元。继续做好退役军人社保接续工作投入近10万元，高标准打造街道、三茅二社区2个示范型退役军人服务站，街道服务站获评“镇江市退役军人工作模范单位”。

【社会稳定】 街道集中力量、抓住机遇，建成街道集成管理指挥中心和网格化服务管理中心，极力打造符合社会治理创新要求的现代化服务型社会治理格局。持续深入开展“扫黑除恶”专项斗争。处理群众来信来访146件次,其中接待来访67件、阳光信息平台来访79件。阳光信访及时受理率100%、按期办结率100%、满意率100%。开展信访化解年活动，成功化解市、区交办重点信访案件2件。

【城乡环境】 完成豚类保护区整治工作，推进环境问题整改“绿书包”（省环专督5号）交办单（大强渔塘）整治工作。落实长江“十年禁渔”，在长江沿线张贴禁捕告知书80份，悬挂宣传横幅100余条，竖立禁捕、禁钓警示牌35块。设立9个公益性岗位，通过公开招聘9名护渔员，建立镇江首支专职护渔队。对润湖河和银山河（镜天段）两岸及河面进行综合整治。

申报创建省级生态文明示范街道。

【法治建设】 以习近平新时代中国特色社会主义思想为指导，讲学习、讲党课，把学习贯彻中共十九大和十九届历次全会精神落到实处，提高思想素质和政策理论水平，增强工作的科学性和预见性，提高依法行政、依法办事的意识和能力。聘请江苏路韬律师事务所为街道的法律顾问单位，参与街道重大问题、重大事项、重大决策、突出事件等，保障街道各项工作以事实为依据、以法律为准绳，遵守法定程序，阳光操作。 （刘　霞）

2021 年和平路街道各社区基本情况一览表

表 24

社区名称	面积（平方千米）	总户数（户）	总人口（人）	党组织书记	社区主任	办公电话
金泉社区	0.8	2966	6063	金　涛	金　涛	85516592
金湖社区	1.96	6481	13835	倪彦勇	张玉忠	87057089
征润州社区	1.55	1802	4086	陈　锋	陈　锋	
新金江社区	9	1234	3230	常春平	常春平	85520703
三茅一社区	0.6	3769	10989	丁　力	丁　力	85617516
三茅二社区	0.75	4912	13582	吴　晨	吴　晨	85609968
金山社区	0.9	1395	3212	姜　丹	姜　丹	85520016
桃园社区	1.15	3276	8946	郭露敏	郭露敏	85529680
一泉社区	1.2	1869	5537	郭　亮	郭　亮	85529191
琴园巷社区	0.6	1775	5011	耿晓波	耿晓波	85627970
牌湾社区	0.9	2269	5853	王　琪	王　琪	88968308

金山街道

【概况】 金山街道位于镇江城区西北部，东起黄山西路，南至中山西路，西沿中山北路，北到长江路，坐拥千年“文脉”西津渡古街、镇江博物馆等。辖区面积 5.16 平方千米，户籍人口 4 万余人，常住人口 1.5 万人。辖区历史悠久，有 10 多处国家、省重点文保单位，更有多个传统手工艺被省、市级文化单位认定为非物质文化遗产项目。2021 年，紧跟全区发展步伐，锚定跨越式高质量发展这个主攻方向，坚决扛起区委、区政府“两争一前列”的光荣使命，奋力开创经济社会各项事业发展新局面。

【党建工作】 做实做特书记项目。主动融入区委“书记项目”——“红色源动力”党员教育管理的实施落地，创新打造“初心课堂”“先锋课堂”“争优课堂”，积极引导基层党员特别是年轻党员在经济发展、民生保障、社会服务一线，践行“两在两同”，书写“红色担当”。聚力提升全域党建。加强资源的对接链接，着力构建起“资源整合、优势互补、共建共享、互利共赢”的党建工作格局。开展“百家联盟单位共建促发展”活动，2021 年新增中国银行、河海大学、江苏大学等 18 家联盟单位，召开党建联席会议 23 场，签订共建协议和双向清单 85 份，不断扩大党建“朋友圈”。开展“百件民生实事”和“百个群众微心愿”活动，联盟单位认领并解决 163 件民生实事。提质增效基层治理。依托江南府邸 6 号楼党群服务中心，搭建党群文体活动平台。打造以西津古渡协商议事联盟——社区“有事好商量”协商议事会为载体的社区治理平台，建立协商议事制度，社区党委、开放式协商议事联盟成员、网格长及红色物业服务人员等力量悉数下沉小区，定期召开“有事好商量议事会”，集中解办难题、化解纠纷。

【经济建设】 抓经济指标。全年完成公共财政预算收入14000万元，比上年增长1.42%，固定资产投资6.61亿元，服务业应税营业收入8.5亿元。完成限上批发业销售额17.15亿元，比上年增长38.50%，建筑业总产值12.7亿元，全面完成目标任务。抓项目建设。加大“双招双引”力度，加快金鹰等在手项目的洽谈，完成签约项目17个，其中包括1亿元以上的农商行改造项目。加快推进超岸寺周边环境提升工程、崇实房地产等项目的进场施工，确保项目早投产、早见效。2021年，入选市“金山英才”计划及“润州英才”计划各1人，2个人才项目备战申报省“双创”计划。优营商环境。在经济发展中积极作为，开展“优化营商环境 保障食品安全”“助力商圈发展·人才招聘会”等主题活动，助力企业发展。支部党员立足岗位，整合力量队伍，组建“红色店小二”服务队、先锋队，为企业上门“派送”服务，先后为辖区20余家企业提供政策解读及“一对一”的红色跟踪服务，帮助企业协调解决实际困难35个。

【安全生产监管】 强化安全生产监管。组织157家餐饮企业完成危化品信息平台录入，全部安装燃气报警装置。推进142家规下工业企业(无规上企业)安全生产风险报告系统网上填报工作。在安全生产问题处置平台录入各类问题隐患46条,办结46条,办结率100%。强化环境保护监管。清理卫生死角3500余处，清除乱堆乱放1500余处，清除小区种菜150余处，清理楼道乱涂乱画3700平方米，封闭垃圾房门窗70余处，在翠堤春晓、江河汇等小区增设垃圾分类亭18个。加强安全隐患排查。排查疑似危房92处（259户）和地质灾害隐患点16处，其中10处重点隐患点、6处一般隐患点。针对特殊人群开展排查登记，实行“一户一档”，成立巡查专班，按不同天气、时期增加巡查力度，并将巡查结果登记在册。加强网格化治理力度。创新以“流动小板凳”“红色帮办员”等社会治理网格化为基础的社区管理品牌建设。依托街区网格功能区划分，构建“1+6+N”的网格员梯队，打造“社区党委—网格—微网格”三级治理模式，形成街区基层社会治理多元共治新格局。加快征收扫尾进度。集中攻坚剩余14户，为西津渡街区扩展腾出空间；稳妥推进解危搬迁，加紧同住建等相关部门对接，对53处、78户D级危房“一户一议”予以妥善解决。

【民生保障】 加强疫情防控工作。开展“敲门行动”专项工作，成立96组（316人）志愿队，逐户上门排查，登记行动轨迹、疫苗接种及核酸检测情况。上门排查常住人口6678户15295人，上门排查率100%；实际排查见到本人6572户15065人，核查率98.5%。加强弱势群体保障力度。切实履行维护民利、解决民生、落实民权的基本职责。年内辖区内保障人口1537人、新增低保户15户、清退低保户30户；慈善助医10人5.5万元，慈善助学7人4.8万元；临时救助226人，救助金10万余元；898户享受廉租房租赁补贴；发放低保金994户1214万元，兜牢兜住困难群众“生活底线”。推动重点人群就业帮扶。借助“新津荟”自由职业者平台，定期开展技能培训、发布招聘信息、办理创业贷款等活动，多措并举解决失业人员、残疾人、退伍军人、大学毕业生等重点群体的就业创业工作。城镇失业人员实现再就业914人，其中就业困难人员再就业300人。举办技能培训班1场，覆盖43人；帮助办理创业担保贷款9人，合计约310万元；办理初始创业补贴3人，合计1.5万元。

【街道第一届议政会召开】 2021年3月，街道顺利召开第一届议政会。此次议政会的召开不仅弥补了街道人大组织架构上的空白，让街道人大作用发挥有队伍、有制度、有保障，更有助于主动组织选民代表围绕群众关注的热点、难点问题开展专题视察、专项调研，实现问政于民、问需于民、问计于民，畅通基层民主“最后一公里”。

【西津古渡社区荣获“全国最美志愿服务社区”称号】 西津古渡社区荣获“全国最美志愿服务社区”称号，这是镇江市唯一入选社区。西津古渡社区大力弘扬“奉献、有爱、互助、进步”的志愿精神，紧紧围绕“双融双服务”（即融入景区和社区、服务游客和居民），整合党建联盟单位资源和社会力量，不断强化阵地建设，使志愿服务与景区建设逐步融合，逐渐成为景区的“津彩”风景。

【十八进小区获评省级宜居示范居住区】 十八进小区建设改造项目入选2021年江苏老旧小区改造（宜居住区创建）实践案例，达到高质量发展考核要求。

通过“两委”走访、调查民意，社工家访、宣传动员，志愿者巡访、监督防控，业委会随访、评价评估，建立以基层党组织为引领、以居民自治组织为主导的共管共建制度，充分发挥居民能动性。十八进片区实施改造后，街道会同市民政局新建融智慧养老AR驿站、日间照料中心、社区医疗服务为一体的综合性场所，同时具备“虚拟养老院”和社区居家养老服务中心功能。实现“老”出内涵、“旧”出风采、“改”出新篇、“造”出价值，提升居民生活品质、幸福指数。

【基层防疫】 街道将“我为群众办实事”实践活动同防疫工作结合起来，始终坚持把人民群众的生命健康放在首位，全面落实“四全”举措，构筑群众群治的严密防线，扎实做好常态化疫情防控工作。街道疫情防控组采取“人防＋技防”“服务＋保障”的“五包一”工作小组模式，精细化做好生活物资保障，确保人民群众居家隔离期间日常生活不受影响。街道各社区与居家隔离对象始终保持点对点按需对接，用细致服务赢得认可。（金培鑫）

2021年金山街道各社区基本情况一览表

表25

社区名称	总人数（人）	总户数（户）	党组织书记	社区主任	电话
迎江路中心社区	8888	2431	宋国琴	宋国琴	85291392
西津古渡社区	5118	2558	史梅玲	史梅玲	87052685
银山门社区	6078	2106	蒋菊花	蒋菊花	86100061
杨家门社区	6628	2848	邱　君	邱　君	86100098
润州山路社区	2900	1370	张亚芳	张亚芳	88081191
红光太古山社区	4906	2133	戴永能	苏文峰	88081195
京畿路社区	5700	2031	邵　城	邵　城	86107031
风车山社区	5275	2444	何永慧	何永慧	86107055

韦岗街道

【概况】 韦岗街道成立于2011年8月，位于润州区西南部、高骊山东麓，是润州区的一块飞地，也处于镇江市西南片区的中心位置，是312国道产业创新走廊的重要节点。街道总面积10.52平方千米，下辖1个村（即韦岗村，含17个村民小组），有农户834户、农业人口1911人，户籍人口3261人。街道有党员279名，下辖1个党委、9个支部。

2021年，韦岗街道认真贯彻落实市、区决策部署，精诚团结、切实作为，落实抓党建、促发展、惠民生、强管理、精治理责任，促进经济社会各项事业再上新台阶。

【党建工作】 党建引领续红色基因。全面实施“三呼三应”释放“红色动力”街道“书记项目”。启动初心主题园提升改造工程，系统优化“初心之旅”实景课堂教学路线，开设光影课堂、烽火课堂、初心课堂等“沉浸＋体验”现场游学项目。“线下”接待全省各地学习团队及参观游客10万余人次，拍摄的《韦岗战斗》云境课堂VR视频，获得“百年风华”全省党员教育全媒体作品创作大赛一等奖、五佳制作奖。打造“红色加油站”党员学习微阵地，持续升级“红色印记”生活馆，打造党建展示厅、“红色书吧”等党员教育阵地，开展“老兵讲堂”等系列活动。加强与11家“党建联盟”互联互通，制定“你点我帮·一呼百应”菜单式精准服务，实现优势互补、合作共赢。落实“接诉即办”机制，强化街道、村、网格三级党组织联动，定期召开座谈会，做好呼应研判。

党史学习教育开新局。制定街道《2021年党史学习教育任务清单》《2021年韦岗街道党工委理论学习中心组专题学习计划》及《关于开展党史学习教育的实施方案》。党史学习教育新闻用稿于重点新闻媒体发表19篇。开展党史主题专题学习会2场、各类集中学习13场，发放4本指定教材281套，开展党史学习教育专题培训5场，覆盖100人次，宣讲团专题宣讲5场，开展“五个红色”活动8场，举办“我为群众办实事”实践活动5场，确保党史学习教育接地气、有声势、见实效。

紧抓作风显韦岗精神。充分发挥“首战必胜、探索进取、担当创新”的韦岗精神，担当实干、勇往直前，高效高质完成区委、区政府交办的各项工作任务。落实主体责任，制定2021年度街道全面从严治党“两个责任”责任清单。强化廉政教育，严格落实“一岗双责”谈话，加强同级监督，形成全街道上下分层抓落实、责任明确的工作格局。守住安全底线，重点监督涉及安全的工作领域，主动约谈安全生产责任人，对街道“五防”值班人员在位情况和履职情况进行抽查，打牢安全生产思想基础。

凝心聚力为民办实事。坚持将“为群众办实事”贯彻始终，结合辖区实际，从“为民、便民、利民”入手，提高村民获得感、幸福感。聚力打造养老助残综合服务中心，有效解决白天家中老年人无人照料、残疾人无人护理的生活难题，与7家企事业单位共同成立爱心联盟，3家驻区企业分别向中心捐赠3万元，保障中心运营。于韦岗村东头组修建占地约300平方米的健身路径，解决韦岗村东头组村民缺乏健身场所的问题。完成船山组、大排岗组等11个村组合计7000余米河道清淤工作；完成东家庄组、黄桥组等村组1250平方米路面硬化工作；牵头化解农村土地确权遗留等矛盾纠纷，调解各类矛盾纠纷40余件；完成船山矿家属区29幢楼的楼道灯线路改造、3号宿舍楼墙面维修工作。

【经济建设工作】 主要指标完成情况。一般公共预算收入年计划8000万元，实际完成9025万元，完成年度计划的112.81%，超序时提前完成任务；固定资产投资完成6900万元，占保底计划的98.8%，完成全年目标任务的40.6%，缺口1.01亿元。进出口总额完成2.35亿元，完成年度计划2.44亿元的96.2%；完成规上工业总产值7.68亿元，同比增长18.2%。

重点项目盯紧盯实。船山节能环保技术提升改造项目按序时推进，项目设计方案定稿，6月初开工，完成前期工作，主要包括生产线转移的土地平整、加油站搬迁和杆线迁移。船山信号楼改造项目完成全部投资571万元，3月初通过相关部门验收。韦岗绿色建筑产业园项目进展顺利，2021年1月，长山公司取得1160万吨矿山开采许可权，有效期6年，矿区面积0.12平方千米，已开工建设。

项目招引如火如荼。韦岗温泉小镇项目。上海中骋集团拟利用韦岗温泉优质水体资源开发温泉酒店综合体项目，完成实地勘探和相关数据整理，启动编制概念设计方案。韦岗青山湖抽水蓄能项目。江苏华电集团拟结合韦岗片区生态环境修复和青山湖规划建设抽水蓄能项目，总投资200亿元，积极对接市级部门，研究前期论证。利和矿业尾矿砂综合利用项目。利和矿业公司拟结合原韦岗铁矿尾矿库取砂销库项目对尾矿砂进行综合利用，项目总投资1亿元，已签订用地协议。南京广和建筑绿色建筑产业园项目。南京广和建筑拟在原黄山水泥厂地块投资建设预制件项目，项目投资3.5亿元，和交产集团协调用地协议。

为企服务持续提升。深入船山矿、长山公司等企业，了解经营状况和近期存在的困难，引导企业完善财务制度；以创新为主题，实现银企互惠共赢，协同金融机构上门解决融资难融资贵的问题；以发展为目标，开展政企交流，走访服务企业30余家次，协调解决企业各类困难20多条。

【民生保障工作】 农村人居环境整治有效。实行“挂钩领导、网格长包网格、村民小组长包组、保洁人员包区块、党员村民代表包户、农户包自己”的网格化长效管护模式，以“定人员、定职责、定地段、定时段”的“四定”责任制确保责任细化到人、工作落实到位，压紧压实责任链。加强以党员、网格员、志愿者为主体的人居环境整治“先锋突击队”建设，全面推行“小板凳”工作法，因地制宜、分类推进、逐个解决辖区环境“脏乱差”问题。以“四清一治一改”为重点，坚持问题导向，组织开展地毯式、拉网式深入排查。

社会救助工作规范有序。围绕民生工作目标谋篇布局，进一步规范城乡低保的申请、审核、公示审批和资金管理的工作程序，做到应保尽保、应退尽退，发放最低生活保障金539247元，保障农村低保30户，人口55人。开展临时救助5人，帮困临时救助金11000元。利用街道日间照料服务中心，开展各类日间照料活动，举办健康、保健系列讲座等活动15余次，活动参与人数100余人。

安全生产专项整治行动有力。按照区危险化学品使用专项整治方案，完成辖区企业“一企一档”的统计；完成危化品使用专项治理信息系统“企业端”和“管理端”的对接工作；对辖区2家矿山企业、2家工贸企业和7家餐饮企业的信息填报工作百分百完成；全面推进工业企业安全生产风险报告，百分百完成辖区内注册的5家规上企业和51家规下企业核查申报工作；开展燃气使用安全大排查大整治工作，明确组织分工，强化工作职责，排查企事业单位8家、餐饮及食品加工场所8家、燃气代充点3处，摸排居民用户890户，排查各类钢瓶1108个，排查和整改安全隐患17起，整改率100%，所有餐饮经营单位完成燃气泄漏报警器的安装。积极开展安全宣传工作，组织开展2次“百团进百万企业千万员工”安全宣讲活动，覆盖企业21家次，参与人员150人次。4月，街道党政主要负责人“四个一”说安全活动有序开展，组织安全生产专题学习2次，编写安全生产署名文章2篇，开展安全生产督导检查6次，检查企业12家次，发现安全隐患33个并全部整改。

疫情防控工作有为有实。全面落实市、区两级关于疫情防控工作的各项决策部署，克服麻痹思想、厌战情绪、侥幸心理，坚持“外防输入、内防反弹”，慎终如始抓防控。自1月28日以来，辖区内国外回镇人员2名，按照要求做好核酸检测、居家观察等相关措施。继续对韦岗村菜品销售安置点和初心主题园两大人流聚集地安排值班测温，监督来往人员佩戴口罩，并做好相应的消杀措施。积极组织动员辖区居民进行疫苗接种，确保接种工作规范稳步推进，完成接种3992剂次，做到辖区居民新冠疫苗“应接尽接”，超额完成区内指标。

【坚持强管理、重品质，做精稳定文章】　深入推动平安建设工作。始终把平安建设作为中心工作的重中之重，坚持常抓不懈，形成街道主要领导牵头、分管领导具体抓、综治中心全力抓的良好局面。规范和完善各项规章制度，加大基层平安创建、网格化管理、信访维稳等工作力度。建立健全长效机制，坚持“打防结合，预防为主”的工作方针，积极维护辖区稳定和谐。

积极推进网格化管理工作。贯彻落实区委政法委网格化管理中心的精神，根据需要，在韦岗村配备5名网格长、10名网格员，做到每日巡查。网格长做到每月采集社情民意至少10条，走访重点人员1次等工作。处理社情民意400余条。在每个网格张贴网格化管理服务公示牌，向村民发放网格服务便民联系卡，提高网格知晓率和满意率，通过网格化管理，延伸管理触角，让街道治理更得民心。

（刘星宇）

2021年韦岗街道韦岗村基本情况一览表

表26

村名称	面积（平方千米）	总户数（户）	总人口（人）	党组织书记	村主任	办公电话
韦岗村	10.52	834	3261	王海宏	王海宏	85821426

南山街道

【概况】　南山街道辖区东至沪宁铁路线，转谷阳路、官塘桥路、环山路，南与丹徒区接壤，西到九华山路，北接南徐大道，转至南山路、林隐路，地理位置独特，文化底蕴深厚。坐拥被宋代大书画家米芾赞为“城市山林”的AAAA级国家森林公园——南山风景区。自南朝以来，备受历代文人青睐，数百位文人墨客和帝王将相先后留下讴歌南山的华章。辖区总面积约16.28平方千米，下辖五凤口、鹤林、檀山白龙湖、回龙、朝阳5个社区及回龙山水库管理所，总人口1.12万人。

2021年，南山街道全年完成公共财政一般预算收入5000.3万元，比上年增长28.59%。全年实到外资250.2万美元，房地产销售面积11235平方米，新增入库企业4家，均超额完成全年指标。限上建筑业总产值63302万元，比上年增长8.39%。住宿、餐饮等行业逐步走出疫情影响，开始渐渐回暖。全年签约项目 11 个，其中 1 亿元以上项目 1 个。主动融入官塘创新社区建设，共享“试验田”发展红利，全力推进西理智造园建设，主动对接联东 U 谷项目，积极推介万科南地块，确保重点项目有进展。常态化落实党政领导挂钩企业走访和重点事项会办交办制度，定期组织企业家沙龙，帮助企业解决实际问题。组建“先锋助企”行动支部，开展“红色帮办”服务 26 次。营造良好引才环境，入选金山英才 1 人。

【党建工作】 2021 年，南山街道全面提升党建工作实效。强基固本夯基础。加强支部规范化建设，新增四星党支部 1 个，三星及以上党支部比例达 85.7%。继续强化“常青松”离退休支部建设，获评区级先进基层党组织，支部书记朱昌圣被评为市“正能量先锋”。实施“头雁培育工程”，组织“90 后”新上任社区干部到无锡等地学习。制定南山街道青年干部培养方案，实施 8 名街道社区干部“双向挂职”和轮岗交流政策。特色培育创亮点。高标准落实区委“红色源动力”项目，做实做特党员教育管理。创新开展“一刻钟党建融合圈”街道“书记项目”，新建朝阳社区党群服务中心，打造全区首个跨街道共建共治共享平台。升级瑞祥互联网党建品牌，增强其两新党建品牌效应。在紫檀小区创新打造“红色物业”，受到上级部门高度认可。精神文明沐新风。因地制宜打造 5 个“道德新风 文明进万家”示范楼道，新增 1 个善行义举榜。开展“好婆媳”“好邻里”评选等文明新风尚活动，1 个社区被评为市级文明社区。充分挖掘道德典型，辖区居民高贵芬获得第八届江苏省道德模范提名奖、荣登 7 月孝老爱亲“中国好人榜”。

【民生福祉】 2021 年，南山街道持续改善民生福祉。帮扶特殊群体。兜底保障困难群众生活救助，全年发放各类救助金 280 余万元。做好城乡居民医疗保险参保扩面征缴，参保人数 2892 人，街道补贴资金 110 余万元。积极保障老年人生活，全年发放尊老金 27 万余元。开展养老服务，为 21 户困难老年人家庭进行适老化改造，为 366 名老人提供免费上门服务。做好民生项目。实施“南山六百救医善养”“电容器厂宿舍改造”“煤炭厂宿舍小区适老性微改造”等民生项目 17 个，完成“微实事”50 余件。大力推进垃圾分类工作，完成 3 个小区省级达标、2 个小区市级达标任务。在紫檀小区试点智能垃圾分类亭建设，提升居民垃圾分类意识。守好防疫底线。发挥各级党员干部、志愿者战斗力量，迅速开展“敲门行动”，摸排人口 4339 户 11195 人，覆盖率 100%。扎实推进疫苗接种工作，分两阶段接种 21367 剂次。常态化开展疫情防控不放松，对辖区内的各类重点人员做到措施到位、责任到人。

【基层治理】 2021 年，南山街道不断推进基层治理。抓实城市管理。以文明城市创建为抓手，开展凤凰河、八公洞水库、周家河上游河道岸堤浇筑、清淤打捞工作。整治五凤口高架下收储地块，硬化场地约 2000 平方米。拆除违法建设 1020 平方米，清理官塘绿苑小区、四明河沿岸违规种植约 4000 平方米。抓牢安全生产。严格落实专项整治三年行动，党政领导深入一线、深入企业调研检查 17 次，排查各类隐患问题 74 个，全部整改。台风“烟花”过境期间，撤离危房居民 9 户 18 人、企业员工 74 人，保障人民财产安全。抓好重点人群。开展群访和重点户矛盾化解工作，全力以赴控增量，不遗余力化存量，成功化解 1 例重点信访户。做好退役军人工作，完成退役军人服务站规范化建设，高效开展退役军人社保接续和就业创业指导帮扶工作，辖区内相关群体基本稳定。

【人居环境】 2021 年，南山街道全力美化人居环境。开展环境整治。全面推进环境卫生专项治理行动，集中整治林隐路菜市场旧址杂乱、五凤口高架下黄沙堆放点扬尘污染等问题，对回龙水库溢洪道进行整体改造，完成辖区内 12 家餐饮企业油烟净化装置安装整改任务。落实河长制工作要求，组织集中巡河 4 次、各级河长巡河 370 次，取缔违规种植约 2000 平方米。践行志愿服务。依托“初心小院”“茶会小院”等志愿服务阵地，广泛听取群众意见，共同商议道路、河塘、水沟、组内环境等近 30 个整治方案，明确包户责任人、具体职责和完成时限。依托“守护绿色”行动支部等先锋队伍，充分调动广大党员、群众积极参与“清洁家园，文明行动”环境整治活动 20 余次，共同维护宜居优美生活环境。打造文化阵地。整合社区室内外活动空间，积极打造“五凤朝阳”文明礼仪讲堂、回龙“文化礼堂 + 家宴中心”“鹤林烟雨”诗画基地等阵地。因地制宜开展“二月二·龙抬头”民俗文化节、“寻找最美南山”健步走等户外活动，美化人居环境，丰富居民生活，提升文明品质。 （杨天行）

2021 年南山街道各社区基本情况一览表

表 27

社区名称	面积（平方千米）	总户数（户）	总人口（人）	党组织书记	社区主任	办公电话
五凤口社区	5.78	306	766	孙正斌	孙正斌	80299217
鹤林社区	2.51	824	1952	周玉宝	周玉宝	84424079
檀山白龙湖社区	3.42	1084	3085	吴秋明	吴秋明	85729193
回龙社区	3.43	113	300	王陈明	张云森	80988586
朝阳社区	1.12	2012	5092	严　扬	严　扬	80985766

镇江市黄山园艺场

【概况】 镇江市黄山园艺场又名镇江市金黄实业有限责任公司，位于镇江市南山路 33 号。2021 年，深入开展党史学习教育，咬定目标不放松，发扬“团结、民主、勤廉、奋进”的黄山精神，坚持稳定、发展不动摇，顺利完成全年各项目标任务。根据区委、区政府的总体部署和《润州区国有企业公司制改革工作方案》文件精神，2021 年 4 月区政府对镇江市金黄实业总公司采取公司制改革方式进行改革，由全民所有制企业改制为国有独资有限责任公司。2021 年 4 月 22 日公司制改革具体实施方案报润州区政府申请公司制改革立项，2021 年 5 月 11 日经润州区人民政府批复同意进行公司制改革，2021 年 5 月 20 日镇江市金黄实业总公司召开全体职工会议，选举产生职工董事和监事。2021 年 6 月 1 日经镇江市润州区行政审批局批准，成立镇江市金黄实业有限责任公司，完成公司改革工作。2021 年 10 月顺利完成与中石化镇江分公司黄山加油站的场地租赁交易。对长期存在的事改企信访隐患问题始终保持高度关注，一旦发现苗头，及时处置化解。认真做好场内退伍军人的劝导工作，避免信访矛盾的发生。

（赵庆华）

镇江市水产养殖试验场

【概况】 2021 年以来，场党委坚持以中共十九大和十九届历次全会精神、习近平新时代中国特色社会主义思想为指导，开展党史学习教育，紧紧围绕区委、区政府提出的总体目标和要求，坚持疫情防控、经营发展两手抓，咬定目标，攻坚克难，开拓进取，不断创新，各项工作取得明显成效。针对场圃企业历史遗留问题多、企业负担沉重、年龄结构老化、普遍活力不足等现状，围绕区委、区政府的总体部署，按照《润州区国有企业公司制改革工作方案》要求，先后完成场部及下属江南房地产开发公司、长江汽车改装厂及分支机构润州综合服务部公司制改革工作，健全法人治理体系，提高国有企业活力和效率。坚持疫情防控与经济发展两不误，继续在盘活存量、扩大增量、加大外欠资金清收力度，以及确保国有资产不流失、保值增值上下功夫。完成老办公大楼等租金收入 20 万元；完成外欠资金清收 850 万元、利息收入 347 万元；清偿七里甸街道欠款 450 万元。落实收支两条线规定，严格执行财政预算监管要求。

（桑绍彪）

润州茶场

【概况】 2021 年，润州茶场以习近平新时代中国特色社会主义思想为指导，以中共十九大和十九届历次全会精神为动力，不忘初心，牢记使命，坚持创新思路、抢抓机遇、改善民生，为茶场的稳定发展打下了坚实的基础。根据区委、区政府和国有场圃深化改革领导小组的统一部署，茶场于 2021 年 5 月底完成公司制改革，由原来的镇江市润州茶叶良种场变更为镇江市润州茶叶良种场有限责任公司，设置新公司的组织架构，完善公司章程。同时，变更法定代表人及社保、银行、税务部门的登记信息。

（谢平亮）

区委、区政府表彰名录

2021 年度“三聚三提五创”三十佳表彰名单

一、忠诚团结创新担当好班子（共 4 个）

官塘桥街道　区委编办

区委区级机关工委　区教育局

二、发展富民好搭档（共 1 对，2 名）

纪宁军　宝塔路街道党工委书记、一级主任科员

高　飞　宝塔路街道党工委副书记、办事处主任

三、服务基层好班长（共 3 名）

祁明星　区委宣传部副部长、网络安全和信息化委员会办公室主任、区政府新闻办公室主任、新闻中心主任

戴克祥　区住房和城乡建设局党委书记、局长

卢春生　区委党校常务副校长、行政学院常务副院长

四、头雁领航好书记（共 5 名）

刘春光　区人力资源和社会保障局党委书记、局长

唐家义　七里甸街道光华朱方路社区党委书记

倪彦勇　和平路街道金湖社区党委书记

宋国琴　金山街道迎江路中心社区党委书记

顾建辉　江苏瑞祥科技集团党委书记、高级副总裁

五、勇于担当好助手（共 16 名）

（一）街道（7 名）

戴永能　金山街道党工委委员、人大工委主任

周景润　七里甸街道党工委副书记

房　永　官塘桥街道党工委副书记、二级主任科员

王国文　宝塔路街道原党工委委员、办事处副主任

胡笑宇　和平路街道党工委政法委员、办事处副主任、四级调研员

金国民　韦岗街道党工委委员、纪工委书记

赵　鸣　南山街道党工委委员、南山联合社区服务中心副主任

（二）区级机关部门（7 名）

马　力　区人民法院党组副书记、副院长

田云山　区人民检察院副检察长

张　晋　区委区级机关工作委员会原副书记

杨海莲　区经济发展局原党组成员、副局长
戴洪祥　区财政局党委委员、副局长
王志华　区退役军人事务局党组成员、副局长、四级调研员
肖　骁　区市场监督管理局党委委员、副局长
（三）区属企事业单位（2名）
孔旺财　区新闻中心副主任
王　毅　区机关事务服务中心副主任

润州区“建设现代化一流主城区”城市经济奖先进名单

一、先进集体名单（共30家）

江苏船山集团有限责任公司
镇江建工建设集团有限公司
镇江鹏龙星徽汽车销售服务有限公司
镇江市建设工程质量检测中心有限公司
镇江电力设计院有限公司
中国移动通信集团江苏有限公司镇江分公司
镇江华江油气工程技术服务有限公司
江苏镇江建设集团有限公司
江苏恒信建设工程造价咨询有限公司
中国电信股份有限公司镇江分公司
江苏银行股份有限公司镇江分行
中信银行股份有限公司镇江分行
中国光大银行股份有限公司镇江分行
中国农业银行股份有限公司镇江分行
兴业银行股份有限公司镇江分行
中国邮政储蓄银行股份有限公司镇江市分行
华夏银行股份有限公司镇江分行
华福证券有限责任公司镇江中山西路证券营业部
招商银行股份有限公司镇江分行
广发银行股份有限公司镇江分行
南山街道
官塘桥街道
润州区新农村发展实业有限公司
区纪委监委机关（区委巡察办）
区委政法委
区商务局（招商中心）
区经发局
区住建局
区人社局
区卫健委

二、先进个人名单（共59名）

陶运平　镇江建工建设集团有限公司董事长
林海鹏　镇江鹏龙星徽汽车销售服务有限公司总经理
伊　立　江苏镇江建筑科学研究院集团股份有限公司党委书记、董事长、总经理
王卫国　镇江电力设计院有限公司院长
管　凯　江苏冬云云计算股份有限公司董事长
朱益群　镇江市华建工程劳务有限公司董事长
吴腊珍　江苏南徐中天物业管理有限公司总经理
袁云燕　江苏瑞祥科技集团有限公司总裁
董学章　江苏树实科技有限公司CEO（首席执行官）
周元明　江苏银行股份有限公司镇江分行党委书记、行长
汤效勇　中信银行股份有限公司镇江分行党委书记、行长
刘　俊　中国光大银行股份有限公司镇江分行党委书记、行长
韩振亚　中国农业银行股份有限公司镇江分行党委书记
段泽强　兴业银行股份有限公司镇江分行党委书记、行长
朱任重　中国农业发展银行镇江市分行党委书记、行长
刘国强　平安银行股份有限公司镇江分行党委书记、行长
胡伟芬　华夏人寿保险股份有限公司镇江中心支公司总经理
王吉祥　华泰证券股份有限公司镇江分公司总经理
孔来富　镇江市亿丰科技小额贷款有限公司总经理
陆　炼　七里甸街道经济发展和建设局局长
金　恺　官塘桥街道党工委委员、办事处副主任、官塘创新社区综合处副处长
李　鹏　官塘桥街道经济发展和建设局招商工作人员
倪　欢　宝塔路街道经济发展和建设局局长
王　云　和平路街道经济发展和建设局统计负责人
朱俊香　金山街道经济发展和建设局局长
秦勇华　韦岗街道经济发展和建设局局长

赵　鸣　南山街道党工委委员、南山联合社区服务中心副主任
耿　静　南山街道经济发展和建设局局长
梅　俊　区招商中心副主任、官塘创新社区招商发展处工作人员
葛月鹏　区工贸总公司党委委员、副总经理
王永海　区房地产开发有限公司副总经理
许传亮　区监委委员
田　冰　区委统战部副部长、台办主任、区政府台办主任
史靓龙　区政府办公室工作人员
江其兵　区委组织部副部长、公务员局局长、老干部局局长、离退休干部工委书记
杨　娴　区文明办副主任
于彬彬　区史志办主任、档案馆馆长
霍晓剑　区委办副主任
张　斌　区委编办主任、组织部副部长
张　晋　区委区级机关工委副书记
陈　兵　区社会治安综合管理中心主任
张　杰　区水利局党组成员、副局长
李　雍　区商务局党组书记、副局长、招商中心主任
侍婷婷　区经发局规划投资科副科长
张振宇　区统计局党组成员、副局长
卞正伟　润州税务局党委委员、副局长
张　旭　区财政局综合科副科长
钟　灵　自规润州分局副局长
殷清峰　润州生态环境局土壤生态科科长
印　洁　区科技局高新发展科负责人
束志祥　区应急管理局党委委员、副局长
丁欣区　住建局建设工程管理处主任
王　振　润州消防救援大队三级指挥员
何莉婷　区法院民事审判第一庭副庭长
顾新峰　公安润州分局经侦大队大队长、二级警长
魏　娜　区检察院第五检察部主任
孟宪阳　交警支队润州大队副大队长
夏　爱　区人才服务中心主任
刘　斌　区卫健委办公室负责人

2021 年度区级机关“两优一先”表彰对象

一、优秀共产党员表彰对象（15 名）

龚梅娟（女）　区委办公室秘书科负责人
王　娟（女）　区人大常委会社会事业委员会副主任
田　岽（女）　区史志办公室综合业务科科长
王　潇（女）　区委组织部组织和党管科科长
余文谦（女）　区委统战部区民宗所所长、区台商服务中心主任
王振轩　区总工会组宣部部长
陈　兵　区社会治安综合治理中心主任
李　弘（女）　区人民法院立案庭副庭长
姜劲松　区人民法院法警大队大队长
潘　晨（女）　区人民检察院办公室副主任
殷梦娇（女）　区残联办公室工作人员
王珺轶（女）　区广播电视台工会主席、视听中心副主任
赵旭晖（女）　区统计局四级主任科员
彭　玮　区交通运输局办公室工作人员
李　莹（女）　区文化体育和旅游局文化馆馆长

二、优秀党务工作者表彰对象（15 名）

赵艺玮（女）　区政府办综合科科员
谢　鹏　区政协机关办公室工作人员
刘　志　区信访局综合科科长
黎一娜（女）　区政府机关事务服务中心办公室工作人员
牟　莹（女）　区纪委第四监督检查室副主任
朱大维　区委区级机关工委效能办工作人员
王益民　区人民法院行政装备科科长、综合办公室负责人
李春和　区人民检察院四部副主任
解　燕（女）　区司法局办公室工作人员
徐怀联　区民政局党组副书记、副局长
尹雪绒（女）　区科技局办公室工作人员
包彩文（女）　区水利局水费管理所所长
袁　莉（女）　区经济发展局办公室科员
戴　妮（女）　区商务局工作人员
高　金　区委编办综合科科员

三、先进基层党组织表彰对象（10 个）

区纪委机关党总支
区离休干部党支部
区委宣传部党支部
区委党校党支部
区团委妇联联合党支部
区人民法院立案庭党支部
区人民检察院民行控告检察综合业务党支部
区审计局党支部
区退役军人事务局党支部
区行政审批局科协联合党支部

2020—2021 年度润州区“优秀教育工作者”名单

中职

江苏省润州中等专业学校　陈永富
江苏省润州中等专业学校　潘海萍

初中

镇江实验学校　蔡　玲
镇江实验学校　冯思思
镇江实验学校　吴玮玮
镇江实验学校　谢黎明
镇江实验学校魅力之城分校　庄　欢
镇江实验学校魅力之城分校　许　瑾
镇江市金山实验学校　诸晓波
镇江实验学校官塘分校　蒋晓娟

小学

镇江实验学校　陈玉莲
镇江实验学校　杨　妍
镇江实验学校　蒋继妍
镇江实验学校　徐　鑫
镇江实验学校魅力之城分校　艾顺玲
镇江实验学校魅力之城分校　智　慧
镇江实验学校魅力之城分校　陆　蕾
镇江市金山实验学校　吴　香
镇江市宝塔路小学　蒋蓓蓓
镇江市中华路小学　马利萍
镇江市中华路小学　朱丽琴
镇江市金山湖小学　薛皎云
镇江市金山湖小学　杨桃花
镇江市金山小学　卜彩霞
镇江市润州区南徐小学　张　飞
镇江市润州区南徐小学　裔玉兰
镇江市润州区实验小学　李旭红
镇江市润州区实验小学　耿　琳
镇江市穆源民族学校　李　震
镇江市孔家巷小学　孙萧白
镇江市润商小学　王玉芳
镇江市润商小学　杨咏梅
镇江市官塘桥中心小学　戴龙霞
镇江市朱方路小学　叶显慧
镇江市朱方路小学　华青云
镇江市蒋乔中心小学　蒋　瑶
镇江市蒋乔中心小学　邵红梅
镇江市韦岗小学　郝思勤

幼儿园

镇江市润州区实验幼儿园　殷　霞
镇江市润州区实验幼儿园第一分园　刘　璐
镇江市润州区朝阳楼幼儿园　王　莹
镇江市润州区南徐新城幼儿园　胡亚琼
镇江市中山西路幼儿园　林　琳
镇江市九华山庄幼儿园　朱海丽
镇江市韦岗幼儿园　巫　云
镇江市润州区南山景园幼儿园　仇　雯
镇江市润州区金山水城幼儿园　江　敏

局机关、直属单位

镇江市润州区教师发展中心　张　俊
镇江市润州区青少年宫　张其平
镇江市润州区教育局　毛寒蕾

新任区领导

彭忠东

1966年8月生，汉族，江苏姜堰人，研究生学历，1988年12月加入中国共产党，1990年7月参加工作。1990.07—1992.05，在华东有色地质勘查局八一四队工作；1992.05—1996.12，江苏省镇江市润州区委组织部干部科科员、审干办副主任、组织科科长（1996.08明确副科级）；1996.12—1998.06，江苏省镇江市委组织部组织员办公室副科级组织员；1998.06—2002.06，江苏省镇江市委组织部组织员办公室副主任（2000.01明确正科级，2000.10主持组织员办公室工作）；2002.06—2003.07，江苏省镇江市委组织部党管处处长、电教中心副主任；2003.07—2006.06，江苏省镇江市委组织部干部教育处处长；2006.06—2006.07，江苏省镇江市委组织部企事业干部处处长；2006.07—2008.12，江苏省镇江市企业高级经营管理人才评价推荐中心主任（副处职），镇江市委组织部企事业干部处处长；2008.12—2010.08，江苏省镇江市润州区副区长（其间：2008.09—2011.07在中央党校经济学专业学习）；2010.08—2012.09，江苏省镇江市润州区委常委、宣传部部长；2012.09—2016.06，江苏省镇江市丹徒区委常委、组织部部长；2016.06—2018.07，江苏省镇江市京口区委副书记；2018.07—2019.01，中共江苏省镇江市委政法委员会常务副书记、市综治办主任；2019.01—2021.12，中共江苏省镇江市委政法委员会常务副书记；2021.12—2022.01，区人大常委会党组书记；2022.01至今，区人大常委会党组书记、主任。

陈秋明

男，1982年7月生，汉族，江苏丹徒人，在职研究生学历，2003年11月加入中国共产党，2004年8月参加工作。2004.08—2006.02，润州区七里甸镇党政办公室科员（其间：2005.02—2006.01抽调至润州区委先进性教育办公室工作）；2006.02—2007.11，润州区委组织部组织科科员；2007.11—2010.12，润州区蒋乔镇副镇长；2010.12—2011.07，润州区蒋乔镇党委组织委员；2011.07—2012.12，润州区韦岗街道党工委副书记、纪工委书记；2012.12—2015.12，共青团镇江市委副书记、党组成员；2013.12—2017.12，兼任市红十字会副会长；2015.12—2018.07，镇江市政府督查室主任（其间：2017.06起挂职扬中市副市长）；2018.07—2021.02，共青团镇江市委员会书记；2021.02—2021.12，润州区委常委、常务副区长；2021.12至今，润州区委副书记、金山街道党工委书记。

朱 明

男，1976 年 7 月生，汉族，江苏镇江人，全日制大专学历，在职大学学历、学士学位，1997 年 10 月加入中国共产党，1998 年 10 月参加工作。1998.10，丹徒工商局高资工商所科员；2001.02，丹徒工商局高资工商所副所长；2002.11，丹徒工商局经检大队副大队长（其间：2003.07 于扬州大学工商管理学院毕业，获管理学学士学位）；2003.12，丹徒工商局公平交易科监督科长兼经检大队大队长；2005.12，丹徒工商局大路工商分局局长；2006.06，镇江工商行政管理局新区分局大路工商所所长；2009.01，镇江工商局新区分局综合科科长；2009.02，镇江工商局新区分局副局长；2012.03，镇江工商经济开发区（新区）分局副局长（正科职）；2013.03，镇江工商局润州分局局长；2015.02，区市场监督管理局党委书记、局长；2016.10，区市场监督管理局党委书记、局长，区食品药品监督管理局局长；2019.02，区委办公室主任；2020.05，区委办公室主任、七里甸街道党工委书记；2020.09，七里甸街道党工委书记；2021.04，区委常委、区政府副区长、七里甸街道党工委书记；2021.05，区委常委、区政府党组成员、副区长、七里甸街道党工委书记；2021.10，区委常委、区政府党组成员、副区长。

崔 超

男，1982 年 8 月生，汉族，江苏镇江人，全日制研究生学历、博士学位，2002 年 12 月加入中国共产党，2006 年 3 月参加工作。2009.08，在丹徒区辛丰镇政府工作；2009.12，丹徒区辛丰镇政府镇长助理；2010.12，在丹徒区住建局工作，兼任丹徒高新技术产业园党工委委员、管委会副主任；2011.06，镇江市科技局高新技术发展及产业化处副处长；2013.01，镇江市科技局综合计划处副处长；2013.03，镇江市科技局综合计划处副处长、主任科员；2015.10，镇江市科技局综合计划处处长；2016.12，镇江市委研究室改革协调处处长；2017.11，镇江市委研究室综合协调处处长（其间：2018.03 兼任改革督查处处长）；2019.03，镇江市委研究室改革处处长；2019.08，镇江市国家保密局副局长；2021.11，润州区政府副区长；2021.12，润州区政府党组成员、副区长。

田 伟

男，1980 年 9 月生，汉族，江苏镇江人，全日制大学学历、学士学位，在职党校研究生学历，2001 年 12 月加入中国共产党，2002 年 8 月参加工作。2002.08，在区发展计划与经济贸易局工作；2003.10，在区委组织部工作，历任组织科科员、干部科副科长；2005.04，团区委副书记；2005.10，团区委书记；2007.01，和平路街道党工委副书记、纪工委书记；2008.02，金山街道党工委副书记、办事处主任；2008.12，民发委党工委副书记、管委会主任（其间：2009.12，江苏省委党校、省行政学院马克思主义哲学研究生毕业）；2010.12，区发改经信委党组副书记、副主任；2012.04，水产养殖试验场党委副书记、场长，区发改经信委党组成员；2014.05，区发改经信委党组成员；2014.08，宝塔路街道党工委副书记、办事处主任；2019.02，韦岗街道党工委书记；2021.02，官塘桥街道党工委书记；2021.04，区政府副区长、官塘桥街道党工委书记；2021.05，区政府党组成员、副区长、官塘桥街道党工委书记；2021.09，区政府党组成员、副区长。

匡淑平

男，1974 年 5 月生，汉族，江苏镇江人，在职党校研究生学历，2003 年 5 月加入中国共产党，1994 年 8 月参加工作。1994.08，润州区人事局报到待分配；1994.09，在润州区财政局工作，历任科员、预算科副科长；2005.06，在润州区委组织部工作，历任办公室副主任、主任；2007.01，润州区委党联办副主任；2011.03，润州区委党联办主任；2011.07，润州区韦岗街道党工委副书记、办事处主任；2012.04，润州区宝塔路街道党工委副书记、办事处主任；2014.02，润州区和平路街道党工委书记；2015.02，润州区财政局党组成员、局长；2015.08，润州区财政局党组书记、局长；2019.02，润州区财政局党委书记、局长、国资办主任、金融办主任；2020.12，润州区政协党组成员，财政局党委书记、局长、国资办主任、金融办主任；2021.01，润州区政协党组成员、副主席，财政局党委书记、局长、国资办主任、金融办主任。

重要文件选录

中共镇江市润州区委　镇江市润州区人民政府 印发《关于实施“润州英才”计划（2021—2025）的意见》的通知

镇润发〔2021〕9号

各街道党工委、办事处，各场圃，区各部委办局，各人民团体，各直属单位：

《关于实施“润州英才”计划（2021—2025）的意见》已经区委常委会研究通过，现印发给你们，请认真抓好贯彻落实。

中共镇江市润州区委员会　　镇江市润州区人民政府

2021年3月25日

关于实施“润州英才”计划（2021—2025）的意见

为深入学习贯彻习近平新时代中国特色社会主义思想和党的十九大、十九届二中、三中、四中、五中全会精神，抢抓长三角一体化、长江经济带、南京都市圈及官塘创新社区建设历史机遇，实施更加开放、更加积极、更加有效的人才政策，不断优化引才育才环境，加快引进和培养各类人才在润州创新创业，努力为润州城市经济发展提供强有力的人才和智力支撑。根据上级有关文件精神，结合全区实际，对原“润州英才”计划进行修订，现就实施“润州英才”计划（2021—2025），提出如下意见。

一、产业强区人才引进计划

“十四五”期间，聚焦产业发展需要，围绕智能制造、新一代信息技术等领域，从2021年开始，用5年时间，计划引进产业强区人才（团队）70人（个）左右。

（一）领创人才引进对象及申报条件

领创人才是指以带项目、带技术、带资金的形式来我区投资创办高成长性科技型企业的人才，应同时具备以下条件：

1. 申报人来润州时间不超过2年，一般具有硕士及以上学位，年龄一般不超过55周岁，其中国家重大人才工程A类、B类专家和境外引进的全职人才可适当放宽。申报人拥有与创业领域产品、技术相关的自主知识产权或关键技术，在产品开发和企业经营管理方面具有比较丰富的实践经验。

2. 创办企业的主导产品具有自主知识产权，技术水平达到国际先进或国内领先，符合我区产业发展方向，有较好的市场发展前景和预期经济效益。

3. 申报人应为所创办企业的主要负责人，在所创办企业的实收资本中货币出资不少于100万元，占股不少于30%或是自然人第一大股东。入选后至考核验收结束，个人实际出资金额不得减少。

4. 申报企业应于资助协议签订前完成工商、税务和社保等注册登记相关手续，并有2名以上非股东（全职员工股权激励的除外）的员工缴纳社保费。

5. 对海外人才，35周岁以下青年人才，国家级人才优先支持。对申报人所创办企业在税收、就业、社保等方面贡献较大，已有社会资本投入的优先支持。

（二）领智人才引进对象及申报条件

领智人才是指引进到我区企业领衔科技创新，促进企业转型升级和跨越发展的人才，应同时具备下列条件：

1. 申报人来润州时间不超过2年，一般应具有博士学位，年龄不超过55周岁，其中国家重大人才工程A类、B类专家和境外引进的全职人才可适当放宽。申报人拥有能够促进企业自主创新、技术升级且产权明晰的核心技术，或在国内外知名企业担任中高级职务、工作业绩突出、在业界有一定影响。实施项目符合我区产业发展方向，主导产品具有较好市场前景和产业化潜力。

2. 申报人需与我区用人单位签订具有法律效力的劳动合同或工作协议，并受聘担任科技、营运等负责人以上职务，申报单位给予的薪酬月均不低于2万元，以申报单位代扣代缴个人所得税完税证明和薪酬发放证明为准；入选后能连续在引进单位工作3年以上，至考核验收结束，薪酬不得降低。

3. 人才一般应为全职引进。来自境内省外其他地区的高校、科研院所等事业单位的，经所在单位或所在单位人事部门出具证明“同意人才到申报企业工作3年以上”，并经所属街道优先或重点推荐，可作为非全职引进人才申报。

4. 对海外人才，35周岁以下青年人才，国家级人才，企业高薪聘用和全职引进人才优先支持。

（三）菁英人才团队引进对象及申报条件

1. 基础条件

(1) 团队由1名领军人才、2名以上核心成员组成，团队成员来润州时间不超过3年，均符合领创或领智人才申报条件。

(2) 团队成员一般应具有博士学位。成员间专业结构和职责分工合理，入选后可持续稳定合作3年以上。团队原则上至少配有一名35周岁以下青年人才。

(3) 团队领军人才应为诺贝尔奖获得者、发达国家科学院院士或工程院院士，中国科学院院士或工程院院士、国家重大人才工程入选者（不含青年项目）、长江学者特聘教授、杰出青年科学基金获得者、国家“863计划”“973计划”首席科学家、新世纪“百千万人才工程”获得者等国家级人才，或在我市申报入选的江苏省“双创人才”。

(4) 团队所实施项目具有自主知识产权，且产业化前景好、具有显著发展潜力和引领作用，能够在未来5年内实现成果转化和产业化，带来重大经济社会效益。

2. 分类条件

领创团队：

(1) 领创团队的领军人才应为创办企业的主要股东，且企业已正式注册成立，在申报企业实收资本中团队货币出资不低于300万元，占股不低于30%。入选后至考核验收结束，实际货币出资金额不得减少。

(2) 对海外回国创业的团队，所创办企业税收、就业、社保贡献大的团队，企业已有社会资本投入的团队优先支持。

领智团队：

(1) 企业引进的领智团队，应与用人单位签订正式劳动合同并已到岗工作，领军人才月均薪酬不低于3万元，以申报单位代扣代缴个人所得税完税证明为准。入选后至考核验收结束，团队成员薪酬不得降低。

(2) 团队成员一般应为全职引进。来自境内省外其他地区的高校、科研院所等事业单位的，经所在单位或所在单位人事部门出具证明“同意人才到申报企业工作3年以上”，可作为非全职引进团队申报。

(3) 对海外引进的团队，企业高薪聘用和全职引进的团队优先支持。

（四）支持政策

1. 对获得立项的菁英人才团队，根据团队实力、创新创业项目、产业规模、引领带动作用等综合评审情况，签订相关资助协议后，给予100万元的资金资助。对获得立项的领创、领智人才，根据人才实力、创新创业项目、企业及产业化规模等综合评审情况按拔尖人才资助、优秀人才资助两个档次，签订相关资助协议后，给予60万元或30万元的资金资助。上述三类资助资金分两年拨付，第一年拨付总资助额的60%资金；第二年根据第三方评价报告结果，拨付总资助额的40%资金，其中用于补助人才的不低于20%，并不得抵扣工资待遇。

2. 入选人才在润州区购置首套商品房的，一次性给予6万元的购房补贴。人才的适龄子女接受学前教育或义务教育的，根据本人意愿，由教育部门在公办幼儿园或中小学优先安排。

3. 对未落户的领创人才，企业注册地所在街道负责提供不少于100平方米工作场所，3年内免收租金。在我区自行租赁办公用房的，3年内按同地段年租金市场指导价的50%给予补贴，累计不超过6万元。

4. 新注册成立的人才创业企业，自税务注册登记年度起，按润州区经济贡献前2年60%、后3年40%的标准给予奖励。同一项目、同一事项不得多头申报，按“就高不就低、不重复享受”原则确定资金扶持额度。

5. 优先推荐入选人才申报国家、省、市各类人才计划，所获资助资金与“润州英才”计划资助资金同时享受。人才落户后，入选国家级、省级人才资助计划的，润州区财政再给予50%、25%的配套奖励。

6. 对镇江市官塘创新社区招商引资项目中有引进人才约定的，在约定人才引进任务范围内，由管委会根据有关协议，自行研究确定；超出约定部分，按照不重复享受原则，执行上述政策。

二、行业紧缺型人才引进计划

“十四五”期间，聚焦城市经济发展需要，计划从2021年开始，用5年时间，计划引进行业紧缺型人才100人左右。

（一）引进对象及申报条件

行业紧缺型人才是指来我区企业工作的产业发展急需人才，应同时具备下列条件：

1. 一般应具有硕士及以上学位或副高以上职称，对我区产业发展有重大影响、能进行技术攻关解决关键技术难题、工作实绩突出、对我区经济社会发展做出特殊贡献的人才。

2. 申报人须于2018年1月1日后来润州且全职在申报企业工作，签订劳动合同并缴纳社会保险。硕士研究生或副高职称人才在企业工作须满3年，博士研究生或正高职称人才在企业工作须满2年。

3. 属于智能制造业、现代服务业（含新一代信息技术、大数据服务、现代金融、商务服务、文化旅游等）紧缺急需领域。

4. 所在企业须在润州登记注册并依法纳税。

（二）支持政策

对认定的行业紧缺型人才：

1. 硕士研究生或副高职称人才一次性补助2万元；博士研究生或正高职称人才一次性补助5万元。

2. 硕士研究生或副高职称人才在润州区购置首套商品房的，一次性给予3万元的购房补贴；博士研究生或正高职称人才在润州区购置首套商品房的，一次性给予5万元的购房补贴。

3. 企业每引进一名博士研究生或正高职称人才，可享受1万元引才补贴。

4. 人才及人才企业所获资助资金与省、市相关支持政策资金同时享受。

三、民生保障人才引进培养计划

（一）教育人才引进培养

1. 主要任务：“十四五”期间，计划引进全日制普通高校硕士研究生及以上学历人才20名以上。培养省特级教师1~2名，市级省特级教师后备1~2名，市名校长3名，市学科带头人、市中青年骨干教师占比位居全市前列。

2. 支持政策及措施：对全日制普通高校硕士研究生及以上学历，取得相应学位，不受开考比例限制，采取面试方式公开招聘，聘用后岗位等级定为专技12级；对培养类人才，每年开展综合考核，省特级教师按每年3万元发放津贴，市级省特级教师后备享受省特级教师70%的待遇，市名校长（园长）、市学科带头人按每年6000元发放津贴，市中青年骨干教师按每年3000元发放津贴，在省市高层次人才推荐、职称评定、岗位晋升等方面给予倾斜。

（二）卫生人才引进培养

1. 主要任务：“十四五”期间，计划引进卫生专业技术人才60名，其中副高职称以上高层次卫生专业人才5名。新增卫生专业副高职称30名，中级职称40名，全科医师规范化培训10名。

2. 支持政策及措施：对全日制普通高校硕士研究生及以上学历和副高以上职称卫生专业技术人才，不受开考比例限制，采取面试方式公开招聘。对外地人才提供3年免费住宿或给予累计不超过1.8万元的住宿补贴；加强人才培养，每两年开展一次省基层卫生骨干人才遴选，给予每人2万元经费补助。对省骨干人才实行协议工资制，工资总额原则上按照本单位年人均工资总额的135%~210%掌握，不纳入绩效工资实施范围。探索建立专业技术高级岗位区内统筹使用的动态管理机制。

四、大学生就业创业促进计划

（一）主要任务

“十四五”期间，聚焦智能制造业、现代服务业（含新一代信息技术、大数据服务、现代金融、商务服务、文化旅游等），从2021年开始，用5年时间，计划引进本科以上高校毕业生不少于6000人。

（二）保障措施

1. 大力发展新兴产业，加快形成开发就业岗位与促进高校毕业生就业的良性互动机制。

2. 每年组织开展20余场招聘活动，提供就业岗位1000余个。通过企业需求征集，制定企业人才需求表，结合全国相关重点院校、专业等进行双向定点推送，形成“高校毕业生—就业岗位—企业”之间的绿色通道。

3. 定期走访辖区重点产业企业及国内重点高校，了解人才需求动态及各地院校专业设置和毕业生供给情况，深入推进辖区重点产业企业与对口高校的合作对接。

4. 着力提高各相关部门审批效率，及时、足额发放补贴，确保来润就业创业的高校毕业生，政策“应享尽享”。

五、配套政策

（一）英才“激励奖”

对在官塘创新社区申报获得“润州英才”计划

拔尖人才资助的，官塘创新社区给予30%的追加支持。鼓励各街道和官塘创新社区共享人才项目资源，各街道（不含官塘桥街道）的人才项目落户官塘创新社区的，双方均计算考核指标。

（二）引才“伯乐奖”

聘请高校专家教授、行业知名企业家等担任“引才大使”，润州区财政每年给予1万元工作经费，帮助推荐、邀请各类高层次人才落户润州。对经事前申报认定、成功引进高层次人才并入选市级引才计划的中介机构、单位和个人，经审核，每入选1人润州区财政给予2万元奖励。鼓励各类平台、企业在外建立引才联络机构，根据协议和绩效给予一定的工作经费和补助奖励。

（三）创业“贡献奖”

对入选市级人才工程超5年、近3年应税销售均超2000万的人才创业企业，润州区财政给予不超过50万元一次性创业奖励。

六、组织保障

（一）加强组织领导

“润州英才”计划在区委、区政府统一领导下，由区人才工作领导小组统筹组织实施，区人才工作领导小组办公室牵头做好综合协调、政策完善和考核督查等工作，其中：产业强区人才引进计划由区人才办牵头组织实施，行业紧缺型人才引进计划、大学生就业创业促进计划由区人社局组织实施，民生保障人才引进培养计划由各对应部门组织实施。各相关部门要结合本部门职能，认真履行职责，努力形成齐抓共管的工作合力。各街道要成立专门机构、配备专门人员，具体负责实施工作，切实将“一把手”抓“第一资源”落到实处。

（二）健全保障机制

设立专项资金，专门用于“润州英才”计划实施、人才项目资助和相关人才服务政策兑现。建立财政分担机制，产业强区人才项目资助资金由润州区财政和注册地所在街道财政按照1:1的原则共同承担。行业紧缺型人才引进计划资助资金由润州区财政承担。

（三）创新引才方式

强化“双招双引”，鼓励招商引资与招才引智同步开展，推动“产业链”与“人才链”融合发展。用好“以赛引才”，联合开展各类创新创业引才赛事，引进更多海外人才和青年人才来润州创新创业。建立高层次人才举荐制度，创新“专家荐才”“同行举荐”等方式，发挥以才引才作用，注重挖掘更多“非共识”人才。

（四）建立退出机制

各用人单位要加强对“润州英才”计划入选人才的管理。对违法违纪、违反学术道德规范，产生不良社会影响以及因个人原因不能发挥作用的，经所属街道报区人才工作领导小组批准后，取消其“润州英才”计划入选资格，并依法依规追究相应责任。

（五）营造引才氛围

实施“红色润才”工程，定期举办高层次人才培训班和国情考察等活动，将“爱国奋斗奉献”红色教育纳入活动范畴。建立“红色帮办”制度，成立项目服务组，多对一为人才提供精准服务。持续完善党政领导联系服务专家制度，定期开展深入访谈、节假日慰问等活动。注重吸纳高层次人才作为“两代表一委员”，充分发挥人才在重大决策中的智囊作用。打造“润州英才”品牌，统筹运用各类媒体资源，大力宣传润州引才优惠政策和良好创新创业环境，不断扩大政策的知晓度和影响力。积极培树先进典型，加大优秀人才宣传力度。

本意见自发布之日起实施，由区人才工作领导小组办公室负责解释。原《关于印发〈关于实施“润州英才”计划的意见〉的通知》（镇润发〔2018〕10号）、《关于印发〈关于促进高校毕业生就业创业的意见〉的通知》（镇润人才办〔2018〕3号）废止。

区委办公室 区政府办公室 印发《关于进一步减轻义务教育阶段学生作业负担和校外培训负担的实施方案》的通知

镇润办发〔2021〕57号

各街道党工委、办事处，各场圃，区各部委办局，各人民团体，各直属单位：

《关于进一步减轻义务教育阶段学生作业负担和校外培训负担的实施方案》已经区委全面深化改革委员会会议研究通过，现印发给你们，请结合实际认真贯彻落实。

中共镇江市润州区委办公室 镇江市润州区人民政府办公室

2021年12月9日

关于进一步减轻义务教育阶段学生作业负担和校外培训负担的实施方案

为贯彻落实《中共中央办公厅、国务院办公厅印发〈关于进一步减轻义务教育阶段学生作业负担和校外培训负担的意见〉的通知》（中办发〔2021〕40号）、《省委办公厅、省政府办公厅印发〈关于进一步减轻义务教育阶段学生作业负担和校外培训负担的实施方案〉的通知》（苏办发〔2021〕32号）、《市委办公室、市政府办公室印发〈关于进一步减轻义务教育阶段学生作业负担和校外培训负担的实施方案〉的通知》（镇办发〔2021〕38号），全面推进我区进一步减轻义务教育阶段学生作业负担和校外培训负担（以下简称“双减”）工作，结合润州实际，制定本实施方案。

一、目标要求

坚持以习近平新时代中国特色社会主义思想为指导，深入贯彻党的十九大和十九届五中全会精神，全面贯彻党的教育方针，落实立德树人根本任务，以强烈的担当意识、机遇意识和先行意识，着眼建设区域高质量教育体系，发挥润州义务教育基础优势，按照市委教育工作领导小组有关指示要求，坚持“校内与校外相结合、减负与增效相结合、当前与长远相结合”的总体思路，强化学校教育主阵地作用，深化校外培训机构治理，坚决防止侵害群众利益行为，构建区域教育良好生态。实现学生过重作业负担和校外培训负担、家庭教育支出和家长相应精力负担1年内有效减轻、3年内成效显著，人民群众教育满意度明显提升。

——从2021年秋季学期开始，全面压减作业总量和时长，全面推行课后服务“5+2”模式，全面推动课堂教学提质增效，全面禁止国家法定节假日、休息日及寒暑假学科类校外培训。完成“双减”工作政策的出台、规范的颁布、协调机制的建立及线下学科类校外培训机构的重新登记。

——1年内，建立具有润州特色的课后服务，落实“研学课堂”评价标准和实施要求，探索建设基于课程标准和统一进度的作业资源库。落实学生成长全员导师制、初中学生综合素质发展性评价机制。创建市、区级义务教育高品质学校。校外培训负担有效减轻，学科类校外培训机构数量明显减少。

——3年内，教育生态显著优化，学校教育主阵地作用充分显现，学生作业设计科学、负担合理，“学足学好”走在全市前列。课后服务覆盖面广、吸引力强，满足学生多样化需求。50%以上学校建成市、区两级义务教育高品质学校，50%以上教师被认定为星级学生成长导师，全面实施义务教育学校学生综合素质发展性评价，教育教学评价新体系基本成型，导向作用充分显现。校外培训全面规范、运行有序、边界清晰、监管有力。人民群众对教育满意度显著增强，家庭教育支出显著减少，教育焦虑显著减轻。

二、工作原则

坚持育人为本、回应关切。遵循教育规律，减轻学生和家长负担，提升学校教育教学质量和服务水平，促进学生身心健康成长，回应社会关切与期盼。

坚持党委领导、政府主导。加强政府统筹，落实部门职责，强化属地管理，健全保障政策，完善家校社三方协同育人机制，营造良好育人氛围。

坚持依法治理、标本兼治。严格执行义务教育法、未成年人保护法等法律规定，注重源头治理、系统治理、综合治理，形成长效管理机制。

坚持统筹推进、稳步实施。严格落实国家有关规定，立足实际，创新举措，精准施策，确保“双减”工作平稳有序。

坚持因地制宜、精准施策。对重点难点问题先行先试，做到一校一案、一企一案，为“双减”工作提供润州经验。

三、重点任务

（一）提高学校教育教学质量

1. 强化办学行为规范。严格招生管理，按照学区免试就近入学，实行公民同招，杜绝提前招生、掐尖招生，起始年级均衡配置师生，实行阳光分班，不得以任何名义设置重点班、实验班和特长班。严格课程管理，开齐开足开好国家规定课程，高质量实施校本课程，强化心理健康教育、劳动教育、综合实践活动等课程实施。严格教学管理，实行零起点教学，推行巡课制度，不随意拔高难度、抢赶进度。严格考试管理，控制考试次数、难度，改进考试方法，考试成绩实行等级制呈现，小学一、二年级不进行纸笔考试，严禁提前结束课程、违规统考、考题超标、考试排名。严格教辅管理，坚持教辅材料“一科一辅”的底线要求，学校教辅材料必须按规定在省教辅评议委员会评议通过的目录中选用，其他教辅材料一律不得进入校园。

2. 加快优质均衡发展。统筹推进城乡义务教育一体化发展，积极推进集团化办学，加快缩小学校间教育水平差距，努力办好每一所学校。借助大数据和教育督导信息化平台实施义务教育优质均衡发展水平动态监测，依据《义务教育优质均衡发展数据报告》，进一步提高指标达成度，提升区域内优质均衡发展水平，争创全国义务教育优质均衡发展区。

3. 提高课堂教学质量。继续推进义务教育学校“教学管理精细年”建设，做优“润州教学节”活动，以学校为单位，把教育、教学、教研等工作进行整理、整顿、整合，做整体性思考。积极实施课堂教学改革，落实“课堂教学主张”，引领课堂回归“立德树人”，回归核心素养发展。推行随堂听课，确保教师在课内“教足教好”、学生在课内“学足学好”，确保学生达到国家规定的学业质量标准。加强教研组和备课组建设，成立润州区“学科拔尖人才研修团队”，盘活各教育集团内名师资源，组织优秀教研组、备课组评选。

4. 推进教育评价改革。根据镇江市义务教育高品质学校评价标准，开展义务教育高品质学校创建，每年建设市级高品质中小学各 2 所。参照镇江市初中学生综合素质发展性评价标准，用好镇江市初中学生综合素质评价信息平台，健全区域初中学生综合素质评价机制，推进初中学生综合素质评价工作。

5. 推行学生成长全员导师制。一名教师对应多名学生，开展思想启导、心理疏导、生活帮导、成长向导、家教指导，落实教师教书育人工作职责，导师工作业绩纳入绩效考核、职称评审、评优评先等评价体系。适当吸收优秀社会人士、家长加入导师团队，关爱和支持每一名学生的成长。

6. 加强学段有效衔接。充分尊重学生身心特点和成长规律，推进幼儿园和小学双向衔接，做好省级试点园（校）幼小衔接工作，开展小学和初中衔接的全域研究，探索建设中小学衔接教育课程，选择符合学段特点的教育内容、教育方式，帮助学生能够在心理、习惯、学业等各方面平稳过渡，将零起点教学要求落到实处。

（二）减轻学生过重作业负担

7. 统筹作业管理。根据省、市义务教育学生作业相关规范，制定我区中小学作业管理细则，加强对学生作业设计、布置、批改等统筹管理，合理调控作业结构，确保难度要求符合国家课程标准。学校要建立作业研究、行政蹲点班级、作业量协调审核和作业校内公示制度，从数量、质量、针对性和与教学一致性等方面，定期开展作业管理评价，加强作业监管。严禁给家长布置或变相布置作业，严禁要求家长检查、批改作业。

8. 控制作业总量。指导学校开展学生作业调查，加强作业量的分析与把关，严格控制作业总量。小学一、二年级不布置书面家庭作业，学校可在尊重学生个性差异的前提下，针对性安排校内巩固练习；小学三至六年级书面作业平均完成时间每天不超过 60 分钟，初中书面作业平均完成时间每天不超过 90 分钟。学生经努力仍完不成书面作业的，也应按时就寝，确保充足睡眠。节假日也要严格控制书面作业时间和总量，并指导学生合理安排完成作业的进度。

9. 优化作业设计。发挥作业诊断、巩固、学情分析等功能，将作业设计纳入教研体系，加强作业设计的专题研究与培训，系统设计符合年龄特点和学习规律、体现素质教育导向的基础性作业、拓展性作业，积极实施分层作业。提倡备课组根据教学实际情况自主设计作业，形成校本化学科作业体系。坚决克服机械、无效作业，坚决杜绝重复性、惩罚性作业。

10. 加强作业指导。教师要充分利用课堂教学时间和课后服务时间加强学生作业指导，逐步培养学生自主学习和时间管理能力，指导小学生在校内基本完成书面作业，初中生在校内完成大部分书面作业。规范教师作业批改要求，做到有布置必批改，有批改必反馈，认真分析学情，加强作业集体评讲、个别面批的针对性，做好答疑辅导。不得要求学生自批自改作业。

11. 用好课余时间。学校要积极引导家长合理安排学生课余生活，除必要的课业学习外不再额外布置其他家庭书面作业，避免校内减负、校外增负。家长要引导学生利用课余时间从事力所能及的家务劳动，开展体育锻炼、社会实践、阅读和文艺等活动。引导学生合理使用电子产品和网络，控制使用时长，保护视力健康，防止网络沉迷。家长要积极与孩子沟通，关注孩子心理情绪，帮助学生养成良好学习生活习惯。

（三）提升学校课后服务水平

12. 保证服务时间。认真落实省、市关于做好义务教育阶段学校课后服务工作的有关要求，拓展课后服务的范围和对象，确保课后服务的学校全覆盖和有需要的学生全覆盖；推行课后服务“5+2”模式，课后服务结束时间原则上与本地正常下班时间相衔接，统筹考虑家长、学生需求，并根据季节变化实行弹性调整；对有特殊需要的学生，学校应提供延时托管服务。学校可统筹安排教师实行“弹性上下班制”。

13. 提高服务质量。分时段系统设计和整体优化课后服务内容，开展体育锻炼，保障学生体育锻炼时间；开展课业辅导和综合素质拓展类服务，实现课后服务提档升级，增强课后服务吸引力。按照“一校一案”的要求，各学校要结合实际制定课后服务实施方案，提供不同类型课后服务项目和内容，统筹安排课后服务时间，增强课后服务的针对性，对学习有困难的学生加强补习辅导和答疑，对学有余力的学生拓展学习空间，开展丰富多彩的科普、文体、艺术、劳动、阅读等兴趣小组及社团活动。严禁利用课后服务时间讲授新课。教育行政部门加强对学校课后服务的全过程管理，每学期开学前开展方案审查，期中开展质量评估，期末进行满意度测评，加大监管力度，并重视对评估、测评结果的运用。

14. 拓展服务渠道。加强课后服务资源的建设和统筹，形成多渠道供给格局。课后服务一般由本校教师承担，同时可聘请退休教师、具备资质的社会专业人员或志愿者提供。课后服务不能满足部分学生发展兴趣特长等特殊需要的，可经教育部门组织遴选，适当引进非学科类校外培训机构参与课后服务，供学校选择使用，形成科技、体育、艺术等方面的社会组织和第三方专业机构白名单，建立评估退出机制。充分利用好区青少年宫、区图书馆和校外实践活动基地等市、区校外活动场所和社区资源。聘任校外辅导员，开展丰富多彩的团队活动。统筹区域内资源，加强对薄弱学校开展课后服务的帮扶。

15. 整合资源建设，做好线上学习公益服务。加快教育信息化 2.0 建设，推进智慧校园的应用，为线上教学提供技术、人才支撑。引导和支持软件及信息服务企业联合教育部门、公益机构，应用新一代信息技术开发线上教学资源及平台。加大宣传推广使用力度，引导师生用好“国家中小学网络云平台”、省“名师空中课堂”、“镇江智教育”等教育教学资源平台及优质学校网络平台，免费向学生提供覆盖各年级各学科的学习资源，同时利用公益平台推出润州网上名师课堂，提供本土化的优质学习平台。结合课后延时服务，进一步推进创客和 STEAM 课程，培养学生的动手能力和创新能力。

（四）强化配套服务政策支持

16. 优化教师队伍建设。根据班级数量、学生数量和中小学教职工编制标准，统筹核定编制，进一步配足配齐教师，特别是道德与法治、音体美、心理健康教育教师，不断优化师资队伍结构。深入推进教师“县管校聘”和义务教育集团化办学改革，加大名校长和骨干教师交流轮岗力度，促进校际骨干教师配置大体相当。加强教师培养培训，提高教师课堂教学能力、课后服务能力、作业设计能力及心理健康教育能力、家庭教育指导能力。将教师参与课后服务表现、作业设计、指导能力等，作为职称评聘、鼓励激励和绩效工资分配的重要参考。进一步加大对一线教师的关心关爱，各类评优评选和职称评聘向一线普通教师倾斜，充分尊重和关爱教师，切实减轻教师负担。

17. 运行挂牌督导机制。实行“4+X”挂牌督导工作机制，常态化推进年度、学期、月、周的专项督导事项，个性化实施“每日督导X”随机督查内容，加强对学校规范办学、作业管理、课后服务等内容的监督指导。责任督学要指导学校做好校内“双减”自查自督工作，适时开展“双减”专题教育评议会，定期向教育督导部门报告工作动态，分享“双减”工作经验，及时向教育行政部门报告“双减”推进过程中出现的困难和问题，提出意见和建议。

18. 完善经费保障机制。学校课后服务经费采取财政补贴、服务性收费或代收费等多种方式筹措到位，并根据财政事权和支出责任相一致原则，进一步加大课后服务财政投入力度。课后服务经费管理办法参照镇江市统一规定执行。认真落实家庭经济困难学生课后服务资助政策，对建档立卡、低保等家庭经济困难学生实行减免。

19. 建立合理取酬机制。课后服务经费实行“收支两条线”管理，做到专款专用，主要用于参与课后服务教师和相关人员的补助。建立课后服务合理取酬机制，义务教育学校教师在法定工作日课后服务报酬按照每课时不低于60元的标准核定发放。在核定绩效工资总量时，应考虑教师参与课后服务的因素，把用于教师课后服务补助的经费额度，作为增量纳入绩效工资并设立相应项目，不作为次年正常核定绩效工资总量的基数。今年年底前完成教师课后服务专项绩效首次核定工作。校外人员提供课后服务的，课后服务补助可按劳务费管理。

20. 完善家校社协同机制。采取多种措施，不断强化家校协同育人作用，普遍建立教师家访制度。进一步明晰家校育人责任，密切家校沟通，创新协同方式，推进协同育人共同体建设。征集和制作一批优质家教微课资源，办好落地式家长学校和网上家庭教育指导平台，推动社区家庭教育指导中心、服务站点建设，引导家长树立科学育儿观念，理性确定孩子成长预期，努力形成减负共识。

21. 强化评价考核导向。树立正确政绩观，严禁下达升学指标或片面以升学率评价学校和教师，认真落实义务教育质量评价指南，将“双减”工作成效纳入学校义务教育质量评价，把学生参加课后服务、校外培训及培训费用支出减少等情况作为重要评价内容，建立并实施区域、学校、教师三个层面教育教学质量新型评价机制。

（五）深化校外培训机构治理

22. 严格审批学科类校外培训机构。不再审批新的面向义务教育阶段学生的学科类校外培训机构，不再审批新的面向学龄前儿童的校外培训机构和面向普通高中学生的学科类校外培训机构。依据《镇江市学科类培训机构审核验收标准》，逐一审核登记原审批的线下学科类校外培训机构，通过审核的义务教育阶段学科类培训机构统一登记为非营利性机构；审核不通过或逾期不重新审核登记的学科类培训机构，责令限期整改，整改期间不得招收新生，整改后仍达不到学科类校外培训机构验收标准的，依法吊销办学许可证，终止培训活动，并依法办理注销登记。

23. 分类审批非学科类校外培训机构。根据培训内容，各相关行业主管部门负责明确本领域校外培训机构的设置标准、准入方式，并强化日常监管。由区人社局负责职业技能培训机构管理；区文体旅局负责文化、艺术和体育培训机构的管理；科技局负责科技类培训机构的管理；市场监管部门负责学生学业托管类机构的管理。各主管部门要联合属地街道全面排查现有培训机构情况，对不符合准入标准的，依法责令限期整改；整改不到位的，依法处置。

24. 严格规范从业人员资质。落实培训机构从业人员准入和退出机制，把牢培训机构从业人员入口关。从事学科类培训的人员必须具备相应教师资格；从事非学科类培训的人员必须具备相应专业资质；聘请在境内的外籍人员要符合国家有关规定；严禁聘请中小学在职教师、在境外的外籍人员参加培训活动，严禁高薪挖抢学校教师。培训机构应将教师资格（专业资质）信息在培训场所及网站显著位置公布，接受社会监督。

25. 严格规范培训内容。落实培训内容备案管理规定，开展经常性抽查排查，及时清理整治违背社会主义核心价值观、非法传播宗教、以“国学”为名传播封建糟粕思想、内容低俗及盗版侵权等违法违规行为。严禁超前超标超范围培训，严禁非学科类培训机构从事学科类培训，严禁提供境外教育课程。严查面向学龄前儿童的线上培训和以学前班、幼小衔接班、思维训练班等名义开展的线下学科类（含外语）培训。

26. 严格规范市场秩序。加大对校外培训机构不正当竞争、垄断、广告等活动监管，开展专项整治行动，坚决查处以虚假宣传、商业混淆等方式进行不正当竞争行为以及利用垄断协议、滥用市场支配地位等进行的行业垄断行为。严格培训广告管理，确保主流媒体、新媒体、公共场所、居民区各类广告牌和网络平台等不刊登、不播发校外培训广告。不得在中小学校、幼儿园内开展商业广告活动，不得利用中小学和幼儿园的教材、教辅材料、练习册、文具、教具、校服、校车等发布或变相发布广告等，严厉打击各种夸大培训效果、误导公众教育观念、制造家长焦虑的校外培训违法违规广告行为。全面使用《中小学生校外培训服务合同（示范文本）》（2021年修订版），保护消费者权益。进一步健全常态化排查机制，及时掌握校外培训机构情况及信息，完善“黑白名单”制度，加强校外培训机构信用监管。培训机构和教师不得泄露家长和学生个人信息，严肃查处买卖学生信息、骚扰电话招生等不当招生行为。

27. 严格规范培训时间。全面落实未成年人保护法有关规定，校外培训机构不得占用国家法定节假日、休息日及寒暑假组织学科类培训。遵循青少年成长规律，严格控制培训时长，线下培训时间不得晚于20:30；线上培训每课时不超过30分钟，课程间隔不少于10分钟，培训结束时间不晚于21:00。教育引导学生合理控制连续线上培训时间。

28. 严格规范财务管理。督促检查校外培训机构建立成本核算制度，根据市场需求、培训成本等因素明确收费项目、标准，并向社会公示、接受监督。学科类校外培训机构收费实行政府指导价，科学合理确定计价办法，明确收费标准，坚决遏制过高收费和过度逐利行为。强化价格监管，严肃查处超标收费、不按规定明码标价、虚假优惠折扣、虚构原价等价格违法行为。加强收费管理，不得一次性收取跨度超过3个月的费用。收费必须开具发票。建立校外培训机构资金监管机制，有效预防“退费难”“卷款跑路”等问题的发生。严禁学科类培训机构上市融资和资本化运作。上市公司不得通过股票市场融资投资学科类培训机构，不得通过发行股份或支付现金等方式购买学科类培训机构资产；外资不得通过兼并收购、受托经营、加盟连锁、利用可变利益实体等方式控股或参股学科类培训机构。加强对学科类培训机构的资产来源核查，已违规的要进行清理整治。

29. 明确管理职责。完善面向义务教育阶段学生的学科类培训机构监督管理机制。全面强化校外培训机构监督管理，依法查处违规行为，全面查处各类组织或个人违规开展面向中小学生学科类培训行为，全面加强对非学科类校外培训机构参与校内服务的管理和指导。

四、工作保障

（一）加强组织领导，优化工作机制

加强党对“双减”工作的领导，区委教育工作领导小组加强统筹协调，建立相关部门参与的联席会议机制。把“双减”工作作为重大民生工程，列入重要议事日程，区委常委会定期研究一次“双减”工作，并及时报告工作进展情况。区委教育工作领导小组要把“双减”工作作为重点任务。“双减”工作会议联席单位要提高认识，强化联动。教育行政部门要明确校外培训监管机构，配齐配强工作人员。学校党组织要认真做好教师的思想政治工作，充分发挥广大教师不可替代的重要作用。校外培训机构党的组织要做到应建必建，充分发挥战斗堡垒作用，扩大党建工作覆盖面和影响力。

（二）加强全面排查，开展专项治理

按照“双减”工作目标任务，突出工作重点、关键阶段、薄弱环节、重点对象等，加强全面排查整治。围绕学科类校外培训机构违规经营、教师有偿补课和收受礼品礼金等开展专项整治。依法依规严肃查处存在不符合资质、未经审批多址开展培训、管理混乱、借机敛财、虚假宣传、与学校勾连牟利等严重问题的机构，逐步大大压减学科类培训机构数量。依法依规严肃查处教师有偿补课行为，直至撤销教师资格。加强联合排查、联合治理、综合治理，严惩重罚违法违规失信行为，公开曝光相关案例，形成警示震慑。

（三）加强督导检查，强化问责力度

将落实“双减”工作情况及实际成效，作为区委区政府督查督办、漠视群众利益专项整治和政府履行教育职责督导评价的重要内容。教育督导部门要将“双减”工作作为今年教育督导的“一号工程”，纳入责任督学日常督导内容，适时开展专项督导。纪检监察部门要加强对“双减”工作全过程监督检查，会同相关部门将形式主义、官僚主义等问题作为监督执纪问责的重点，作出到人到事到格次的问责处理。依托相关监管平台，设立举报电话，畅通群众监督举报途径。充分运用约谈、挂牌督导等手段，强化督导检查成效。建立责任追究机制，对责任不落实、措施不到位的部门、学校及相关责任人严肃追责问责。

（四）加强培训宣传，营造良好氛围

组织联席会议单位的相关人员及校长、教师开展集中培训。教育、宣传、网信等部门加强协作，面向社会、广大家长和校外培训机构加强宣传引导，推动社会各界和广大家长形成科学的教育观、成才观。加强舆情监测和研判，防范风险。及时总结、宣传推广各地好经验好做法，引导培训机构积极转型。新闻媒体要坚持正确舆论导向，弘扬尊师重教传统，增强教师职业幸福感，共同营造良好舆论氛围。

镇江市润州区国民经济和社会发展第十四个五年规划和二〇三五年远景目标纲要

镇润政〔2021〕14号

序 言

“十四五”时期是我国由全面建成小康社会向基本实现社会主义现代化迈进的关键时期，也是我区深入推进镇江市“三高一争”战略目标，深层次融入长三角一体化、宁镇扬一体化、宁镇G312产业创新走廊建设的重要窗口期。科学谋划和编制我区国民经济和社会发展第十四个五年规划和二〇三五年远景目标，对于实施“产业强区、创新融合”发展战略，实现城市经济高质量发展，推动“强富美高”新润州建设再上新台阶，具有十分重大的战略意义和现实意义。

规划范围为润州区行政区域。规划基年为2020年，规划年限为2021—2025年，远景目标展望至2035年。

第一篇 发展基础与发展环境

第一章 “十三五”发展成就

“十三五”时期，我区的产业结构和经济形势发生了重大变化，2017年6月，蒋乔街道、工业园区整建制划至高新区，大部分工业企业、创新载体随之划出。自区划调整以来，全区上下深入贯彻习近平新时代中国特色社会主义指导思想，认真落实省、市重大决策部署，积极践行新发展理念，紧紧围绕城市经济发展，立足“一核三区（核心城区、金山—西津渡片区、南山—官塘片区、韦岗片区）”空间布局，大力发展五大重点产业，全面开展省级服务业综合改革试点工作，在把润州建设成为充满活力、绿色、美丽、和谐、幸福的“强富美高”新城区的道路上不断发力，国民经济和社会发展取得显著成就，为全区高质量发展奠定了坚实基础。

一、立足经济强区建设，城市经济发展质效并进

经济实力明显提升。2018年以来，全区主要经济指标保持平稳增长，地区生产总值、现代服务业应税营业收入、社会消费品零售总额、公共财政预算收入预计（下同）年均增长4%、8%、4.5%、1.31%。服务业成为拉动经济增长的重要支撑，2020年实现服务业增加值218亿元，占地区生产总值比重从2017年的80.1%增长至2020年的83%。2019年度在全省33个城区高质量发展监测评价中进位13名，获得县市区文化建设高质量争先进位奖。

城市经济产业体系初见雏形。初步形成以生产性服务业、高端商贸业、现代旅游业为主的城市经济产业体系。生产性服务业比重不断增加，2020年其占服务业增加值比重超过50%，对税收贡献份额由2017年末的14.7%提升至30%。运用产业引导基金引进树实科技、慧灵科技、虹湾威鹏等企业相继落户，填补了智能制造研发领域的空白。商贸服务业加快转型升级，万达广场、长申超市等商贸综合体加快实现良性竞争、错位发展，瑞祥科技集团开发“智慧新零售”，入围省互联网平台经济“百千万”工程重点企业，云创便民等“倍全模式”实现社区消费新体验。旅游发展从浅层景观游向深层文化游、体验游、休闲游、养生游进行转型，现代旅游业品质优化提升，西津渡创成国家级城市中央休闲区。都市农业特色鲜明，年农产品电子商务交易额超10亿元，“我的社区365”电商平台成为镇江城区农产品社区服务领导者，“镇江金山翠芽”地理标志获得国家级认定，2家农业龙头企业在省股权交易中心挂牌上市。

城市经济发展动能不断集聚。2018年以来，项目招引建设成效显著，开展外出小分队招商300余次，拜访企业500多家，举办各类项目推介会100余场，共签约项目265个，引进树实科技、慧灵科技、京东今鲜汇、镇江长江金融产业园等一批优质项目；38个市、区重点产业项目完成投资105.2亿元，大西路商业中心基本完工，星光时代广场、移动物联网中心、西津渡历史文化小镇竣工运营，联想·星云镇江创新中心投入使用。科技人才工作收获颇丰，新增工程技术研究中心等省级以上研发机构2家，新认定高新技术企业13家、省高企培育库入库12家，新增省级众创空间2家，与镇江市科技局共建科技公共服务平台2个；引进省“双创计划”人才3名，市“金山英才”计划人才项目33个，资助“润州英才”计划人才项目22个。

*营商环境持续优化。*深入开展行政审批制度改革，实现“不见面”审批事项452项，“不见面”率总体保持在99%以上，在全市首创全程电子化营业执照办理。建立常态化服务机制，定期举办城市经济发展大会，开展企业大走访、企业家座谈会等活动，惠及企业200余家，累计办结问题和建议近500个。出台《润州区关于加快推进产业发展的政策意见》，累计投入财政资金7922万元，惠及企业198家次。疫情期间，在全市率先发放餐饮消费券、读书券、健身券等，分类指导企业有序复工复产，并向受疫情影响较为严重的42家企业发放疫情补贴84万元。

*省级服务业综合改革试点卓有成效。*2018年，成功入选省级服务业综合改革试点，2020年，通过省级验收并获得切块资金支持。服务业发展提质增效，2020年服务业税收收入较2017年末增长13.8%，服务业固定资产投资增幅高于全社会固定资产投资2.6个百分点，盘活存量楼宇近20万平方米，培育1幢税收亿元楼宇、5幢产业特色楼宇。省级服务业专项资金向我区倾斜，3年来共获扶持资金1916万元，其中，2020年1200万元，占当年镇江市的63%。发展成效获省级肯定，被评为镇江市唯一的省级土地执法模范区，润州区商务金融服务集聚区获评为省级生产性服务业集聚示范区，新增省级生产性服务业领军企业2家、省级互联网平台经济“百千万”工程重点企业1家。

二、坚持生态宜居理念，品质城市建设显有成效

生态环境持续改善。“十三五”期间，三年污染防治攻坚高质量完成，西南片区生态环境综合整治高水平推进，全区生态红线占比超国土面积40%，空气环境质量逐年改善，长江岸线利用项目清理整治完成率、黑臭水体整治完成率、国考断面水质达标率、“违法用地图斑”消除率均达100%，长江禁捕退捕“四清四无”目标全面实现。2020年，空气质量优良天数达标率为80%，$PM_{2.5}$浓度为38微克/立方米，创2015年以来最好记录。共完成西团结河中段、御桥港中下段、周家河下段、周家河上段、四明河上段、四圩铁路河、凤凰河7条黑臭水体整治任务。共整治河道10600米、完成清淤14.08万立方米、岸坡整治17.58万平方米、绿化修复12.41万平方米。创成省级节水型学校3家、省级节水型社区1家、省级节水型单位1家，创成江苏省节水型社会示范区，润州区水情教育基地开馆运行。

城市面貌日新月异。“十三五”期间，顺利通过国家卫生城市复审、全国文明城市荣誉称号的复查确认和海绵城市建设的国家级验收考核。居住环境全面优化，共完成道路排水等微改造工程120处，新建商品房364.55万平方米，一批高品质小区陆续建成；共完成太古山片区、和平路西片区、罐头厂片区、何家湾地块、恒顺中山西路厂区等14个棚户区改造项目，累计改造6300户，改造面积约96.95万平方米；建成清河湾、官塘绿苑、檀山嘉园等安置小区。开展占道经营专项整治集中执法行动600余起，常态化拉网式推进“散乱污”专项整治，实现公共区域环境卫生保洁市场化运作。城市垃圾分类设施投放实现全覆盖，累计完成206个居民生活小区垃圾分类基础设施设置，覆盖居民11.9万户。

三、基于民生优先原则，社会幸福指数持续走高

居民获得感逐步增强。“十三五”期间，居民收入与经济发展同步增长。多渠道推进就业创业，累计城镇新增就业4.82万人，城镇登记失业率1.34%，建成省级创业型街道4个、创业型村（社区）32个、省级大学生优秀创业项目23个、省级创业示范基地2个、市级创业示范基地2个。不断完善社会保障体系，城乡基本社会保险覆盖率98%以上，基层人社平台标准化建设达标率100%。多元化发展养老服务，城市社区和农村标准化（AA级）以上社区居家养老服务中心覆盖率分别达到83.7%、100%，护理型床位占比达96.8%，累计发放尊老金2660万元，在全市首创迎江路医养融合日间照料中心模式。顺利完成渔民退捕安置，累计投入1.05亿元，安置276户、746人。全面完成农村集体经营性资产股份制改革，2020年末全区村均集体经营性经济收入预期达320万元，为全市最高。

教育现代化建设全市领先。“十三五”期间，区域教育现代化成为全省一流、全国亮点。高分通过全国义务教育发展基本均衡区评估，高水平创成全国中小学校责任督学挂牌督导创新区，被省政府表彰为促进义务教育均衡发展先进集体，成功创建省基础教育装备示范区和省平安校园建设示范区。新建九年一贯制学校2所、小学1所，新建和改扩建幼儿园12所。创成首批省社区教育示范区，创建国家级社区教育示范街道3个、全国学习型社区示范街道2个、省级社区培训学院1所、省级标准

化社区教育中心7个、省级优秀成人继续教育院校2所，65所居民学校全部达到省级标准。

健康润州建设成效显著。顺利通过江苏省慢性病防控示范区、卫生应急示范区复评审，省级健康促进区首创成功。黎明社区卫生服务中心、七里甸社区卫生服务中心创成江苏省社区医院，其中，黎明中心被评为首批“全国百强示范社区卫生服务中心”。全区有国家级社区卫生服务示范中心2家、总数全省第一。首创联合病房模式在全市推广，刘素萍家庭医生团队荣获“全国优秀家庭医生团队”称号。

思想文化加快建设。区文化馆、图书馆复评国家一级馆，43个村（社区）基层综合文化服务中心全部达省级标准。金山水城创成全市唯一省级五星级农家书屋，歌曲《春风又绿月又圆》获得省五星工程奖铜奖，阳光合唱团获“省优秀群众团队”称号。挖掘保护镇江市级非遗项目16个、区级非遗项目11个。打响“家在润州”文化惠民服务品牌，“街巷剧场”“农耕文化”被评为市全民艺术普及优秀项目，宝塔路小学、桃园中心小学、穆源民族学校被评为市全民艺术普及示范基地。

四、着眼基层社会治理，城市管理水平全面提升

社区服务模式不断创新。加强数字平台建设，综合运用信息化手段升级改造区城管数字平台，率先建成智慧社区平台，便民服务范围覆盖城区，城乡和谐社区达标率92%以上，推动和促进全区城市管理水平不断提升。深化“网格化”管理，合理划分262个综合网格、31个专属网格，并配备专职网格员，依托网格化服务管理中心，接入覆盖全区社会面的1310个高清视频监控，形成全覆盖、全过程、全天候的服务管理格局。

市场监管全面精准。实施质量提升战略和“标准化+”战略。全面深化食品、药品、特种设备和重点工业产品、市场秩序、知识产权5大领域19项重大风险防范化解和排查整治工作。推动建立证照联动监管机制，改进和完善我区市场监管信息平台的运用。指导西津渡和环金山湖街区创成“江苏省餐饮质量安全示范街（区）”，推进食品溯源系统建设，开发升级“智慧电梯”2.0版电梯安全监管服务平台。

社会治理公平高效。公众安全感和法治建设满意度保持90%以上。政法队伍满意率92.1%，创历史最高水平。2020年建成高度信息化、智能化新诉讼服务中心，集约了多元解纷、立案服务、综合服务等各类功能，配齐调解工作室、速裁法庭、审判法庭，精准提供“一站式、全方位、多层次、集约化、高效能”的“五星级司法服务”。

第二章 “十三五”存在的问题

“十三五”期间，我区迎难而上，顺利完成国民经济和社会发展目标任务，但是经济社会发展中的一些不全面、不平衡、不协调的问题仍旧存在。

规划与发展不协调。城市规划与城市经济发展不匹配，新增空间不足，可发展可用土地缺乏，对具有标志性、带动性、辐射作用的重大产业项目招引落户造成制约。官塘、韦岗片区规划滞后与当前创新融合发展的要求脱节。

产业发展层次不够高。全区服务业主要以传统服务业为主，新经济、新业态、新模式比重较少，生产性服务业还未形成经济支柱。楼宇权属分散，商业综合体闲置率、换铺率高，专业化、特色化楼宇建设缓慢，楼宇整体经济贡献率较低。重大产业项目储备缺乏，经济发展后劲不足。

创新融合发展不深入。政校企等多方联动合作不紧密，企业技术含量不高，研发投入较低。区划调整后，国家级高新技术企业数量锐减，创新载体和平台不足，不利于高新技术初创团队的招引和培育，目前还没有一个经济板块能够填补产业空心化的“留白”。

公共服务能力有待增强。城市公共服务供给还不能完全满足人民群众日益增长的美好生活需要，教育资源配置有待优化，医疗卫生服务水平有待改进，城市长效管理、精细管理机制还有待进一步健全。

第三章 机遇与挑战

“十四五”时期是我国经济社会高质量发展的重要历史性窗口期，是实现全面建成小康社会战略目标向全面实现社会主义现代化迈进的关键时期，也是我区面临新常态、新机遇、新挑战、新目标、新任务等一系列新情况新要求的新时期。

第一节 国内外环境

从国际环境来看，当今世界正经历百年未有之大变局。我国发展面临的外部环境发生深刻复杂变化，机遇和挑战都有新的发展变化。经济全球化遭遇逆流，保护主义、单边主义上升，国际贸易投资持续低迷，全球产业链供应链价值链受到非经济因素的严重冲击。新兴市场国家和发展中国家整体性崛起，成为全球经济增长的重要动力。新冠肺炎疫情全球大流行成为加剧大变局演进的催化剂，新一轮科技革命和产业变革是大变局的重要推动力量，在加速国际格局和国际关系深刻调整的同时，推动生产方式、社会结构和生活方式发生深刻变化，为我国转向高质量发展阶段提供了新的重大机遇。

从国内环境来看，我国发展仍处于重要战略机遇期。“十四五”时期，我国处于转变发展方式、优化经济结构、转换增长动力的攻坚期，将由全面建成小康社会转向全面建设社会主义现代化国家。我国已转向高质量发展阶段，制度优势显著，治理效能提升，经济长期向好，物质基础雄厚，人力资源丰富，市场空间广阔，发展韧性强劲，社会大局稳定，推动发展具有多方面优势和条件，但发展过程中的不平衡不充分问题仍然突出。新时代新阶段下，贯彻新发展理念是实现高质量发展的必要途径，将加快构建以国内大循环为主体、国内国际双循环相互促进的新发展格局，培育新形势下国家参与国际合作和竞争的新优势。

第二节 发展机遇

新兴产业进入发展新阶段。“十四五”时期将是以 5G、工业互联网为主的新技术突破期和应用期，人工智能、能源技术、智造技术等将带来一系列重大产业变革。我区“十三五”期间在智能机器人、5G 应用等领域进行了积极探索，为“十四五”期间抢抓新兴产业发展机遇奠定了良好基础。

区域创新融合注入发展新动力。镇江地处上海都市圈、南京都市圈和 G42 产业创新带交汇区，是长三角经济圈和上海一小时都市圈的重要成员，2019 年长三角一体化发展上升为国家战略，镇江市被纳入长三角 27 个中心区城市。宁镇扬一体化建设全面提速，连淮扬镇铁路 2020 年年底建成通车，G312 产业创新走廊建设成为宁镇区域协同创新发展的重要增长极。多重国家战略和区域战略的深度叠加，为我区创新融合发展和承接整合区域外溢优质要素，提供了坚实的优势基础和后劲潜力。

镇江市“三高一争”推动高质量发展新格局。2020 年，镇江市紧扣“三高一争”发展导向，确立“创新创业福地、山水花园名城”城市定位，加快构建“一体两翼三带多片区”的发展新格局。作为镇江主城区和行政中心所在地，市域一体化协同化发展为我区推动老城区和新城区融合发展，打造山水花园城市核心载体，提升完善城市功能和服务经济升级提供了有力支撑，官塘创新社区作为镇江市南大门重要的科技增长板块，随着高层次创新人才和创新要素的导入，加速了产城融合、产才融合的步伐。

第三节 面临挑战

“十四五”时期，我们发展所面临的国内外宏观经济形势复杂严峻，世界经济增速放缓，不稳定不确定因素明显增多；国内经济下行压力加大，有效投资增长乏力，自主创新能力不强，关键核心技术短板问题凸显；区域竞争态势加强，区域分工协作的资源配置机制有待进一步畅通；作为主城区，我区在基础设施的互联互通、产业布局的统筹规划、惠民政策的协调对接、公共服务的均等共享、对外宣传的整体包装等方面做得还不够，旅游资源未形成产业优势。以上因素，对全区经济社会高质量发展形成一定的挑战和压力。

第二篇 指导思想与总体目标

第四章 指导思想

在以习近平同志为核心的党中央坚强领导下，高举中国特色社会主义伟大旗帜，深入贯彻党的十九大和十九届二中、三中、四中、五中全会精神，坚持以马克思列宁主义、毛泽东思想、邓小平理论、“三个代表”重要思想、科学发展观、习近平新时代中国特色社会主义思想为指导，坚持新发展理念，牢记习近平总书记对江苏提出的“争当表率、争做示范、走在前列”的要求和“镇江很有前途”的嘱托，按照省委省政府、市委市政府部署要求，坚持稳中求进工作总基调，面向长三角一体化发展，以打造现代化一流主城区为目标导向，以推动城市数字化转型、提升城市能级和核心竞争力为主攻方向，以深化供给侧结构性改革为主线，以改革创新为根本动力，统筹发展和安全，加快推动城市经济发展，加快推进区域治理现代化，加快融入新发展格局，建设成为融入宁镇扬一体化、南京都市圈、“一体两翼三带多片区”发展格局的战略支点，到 2025 年，加快建成“人文生态主城，创新汇智润州”。

第五章 基本原则

“十四五”时期，统筹落实国家、省、市要求，推动产业强区、创新驱动、融合发展，坚持六项基本原则：

坚持党的全面领导。增强“四个意识”、坚定“四个自信”、坚决做到“两个维护”，更好发挥党总揽全局、协调各方作用，落实党和国家系列重大战略部署，执行好省委、市委相关决策部署，不断提高贯彻新发展理念、构建新发展格局的能力和水平，加快把党的政治优势、制度优势转化为发展优势、治理优势。

坚持以人民为中心。坚持人民主体地位，坚持共同富裕方向，始终把增进民生福祉作为发展的根本目的，自觉践行人民城市建设重要理念，把让人民宜居安居放在首位，把依靠人民、造福人民、植根人民化为切实行动，激发全区人民创新创业创造的伟力、共建共治共享的动力，促进社会公平，增进民生福祉，不断实现人民对美好生活的向往。

坚持新发展理念。加快推动质量变革、效率变革、动力变革，在提升城市经济密度、城市能级和核心竞争力上下功夫，在提升集聚区域资源能力上下功夫，在增强创新研发能力上下功夫，加快实现更高质量、更有效率、更加公平、更可持续、更为安全的发展。

坚持深化改革开放。通过改革开放释放内需潜力、激发市场活力、增强内生动力，推动供给侧改革、体制机制改革，增强创新力和竞争力。不断优化营商环境，加强资金、技术、人才等生产要素与其他地区的交流与合作，努力打造开放稳定、具有区域竞争力的产业链、供应链和价值链。

坚持绿色发展。全面倡导绿色低碳的生产生活方式，以建设人与自然和谐共生的现代化为目标，协同推进生态环境保护修复、经济绿色转型发展、人民生活品质提升，全面开展美丽润州建设新实践，让天蓝、山青、水秀、城美成为我区最具吸引力的城市品牌。

坚持遵循城市发展规律。把牢人民城市根本属性，按照“城市是生命体、有机体”的要求，坚持系统思维，统筹生产、生活、生态三大空间，协调规划、建设、管理等各个方面，发挥好各方力量，探索具有润州特色、体现时代特征、彰显人文生态优势的主城区建设之路，着力打造治理体系和治理能力现代化的城区样本。

第六章　发展定位

牢记主城区使命，实现生产、生活、生态的和谐融合，建成“人文生态主城，创新汇智润州”。

人文生态主城。立足山水花园名城，将“生态＋宜居”作为城区发展的主要特色。依托以“两山一渡”为首的风景名胜区、历史文化街区，充分挖掘整合全区自然资源和历史文化资源，展现润州千年真山真水的自然风韵。精准对接群众美好生活需求，营造政策优惠、服务优质、公平公正的就业创业环境，持续提升群众获得感、幸福感、安全感。推动经济跨越发展、人民安居乐业、生态和谐共生，将润州建设成为人文生态主城。

创新汇智润州。立足创新创业福地，以“创新＋融合”作为城市经济发展的重要动力。发挥交通便捷、文旅资源丰富等主城优势，依托官塘创新社区、省级生产性服务业集聚示范区等重要载体，加速创新链和产业链有机融合。推动企业创新体系、产业创新体系、生态创新系统建设，推动传统产业转型升级、新兴产业加快培育。构建高质量创新平台、集聚高端创新要素、吸引高层次创新创业人才，聚力打造创新汇智润州。

第七章　发展目标

“十四五”时期是我国全面建成小康社会、实现第一个百年奋斗目标之后，乘势而上开启全面建设社会主义现代化国家新征程、向第二个百年奋斗目标进军的第一个五年。我区“十四五”经济社会发展目标综合考虑国家、省、市发展目标，围绕“强富美高”新润州建设要求，在经济强、百姓富、环境美、社会文明程度高上不断取得新成就和突破，扛起主城使命、争得城市荣光。

城市能级提升更加强大。在经济高效运转的基础上实现持续健康发展，经济规模不断壮大，投资结构不断优化，到2025年，生产性服务业增加值占地区生产总值比重达到60%。区域一体化高质量推进，长三角一体化、宁镇扬一体化等战略机遇开创融合创新发展新局面，自主创新能力显著增强，产业集聚效应更加凸显，官塘创新社区区域经济引擎作用充分发挥，对全区经济带动作用更加明显。深度融入国内国际双循环相互促进的新发展格局，消费对经济增长的贡献率稳步提高，实现更高层次、更广领域的国际合作。

人民群众生活更有品质。居民收入增长与经济增长保持同步，社会保障体系更加完善，基本公共服务标准化、均等化水平明显提高，高品质、个性化公共服务供给更加丰富便利，多层次社会保障体系更加健全，卫生健康体系更加完善，教育事业发展和人力资源开发主要指标达到全省先进水平。到2025年，实现更高质量和更充分就业，城镇登记失业率控制在3%以内，城乡基本养老保险覆盖率达到98%，人均期望寿命（健康预期寿命）接近80岁，居民获得感、幸福感、安全感明显增强，民生福祉达到新水平，城市吸引力显著提升。

生态环境质量更为优良。生态系统得到更好保护修复，生态环境和人居环境显著改善，大气、水、土壤、绿化等生态环境质量稳定向好，生态空间规模与品质得到新提升，美丽润州建设实现新跃升，润州千年真山真水的自然风韵得到充分展现，城区环境更加宜居宜人，绿色低碳生产生活方式更加深入人心。深入打好污染防治攻坚战，主要污染物排放总量持续减少，到 2025 年，单位 GDP 能耗、单位 GDP 二氧化碳排放量确保完成市确定目标。沿江生态环境修复整治成果进一步巩固，生态优势转化为发展动能的渠道更加畅通。

社会文明程度更加彰显。社会主义核心价值观深入人心，市民文明素质和城市文明程度全面提升，公共文化服务体系和文化体育设施布局更加完备，现代文化创意产业体系和文化创新发展生态更加健全，文化品牌标识度愈加彰显，到 2025 年，社会文明程度测评指数达到 90 以上，文化产业增加值占 GDP 比重达到 5%。法治和诚信社会建设不断完善，社会和谐稳定发展，到 2025 年，法治建设满意度高于 90%。文明城市的常态化管理机制更加完善，人民精神文化生活不断迈上新台阶，城市文化创造力、传播力、影响力显著增强。

城市现代治理更加高效。重大突发公共事件应急能力和防灾减灾抗灾能力明显增强，防范化解重大风险和安全发展体制机制不断完善，安全生产保障能力切实提高，城市安全、韧性显著增强。依法治区迈出更大步伐，法治润州建设取得新进展，平安润州建设达到新水平，执法司法公信力和社会法治意识不断增强，到 2025 年，公众安全感指数达到 96%以上。广泛多层制度化协商民主深入推进，以党建为引领的基层社会治理水平持续提升，网格化社会治理机制更加完善，基层和社区活力进一步激发。

润州区“十四五”规划发展目标

表 28

序号	类别	指标名称	单位	2020 年预计	2025 年目标	指标属性
1	经济强	GDP 增速	%	3.2	>6	预期性
2		一般公共预算收入增速	%	1	6	预期性
3		固定资产投资	亿元	96	150	预期性
4		生产性服务业增加值占服务业增加值比重	%	50	60	预期性
5		研发经费投入增长	%	10	30	预期性
6		每万人拥有高价值发明专利数	件	4	5	预期性
7		每万人劳动力中高技能人才数	人	947	959	预期性
8		社会消费品零售总额增长率	%	0	6	预期性
9		实际利用外资总额	万美元	2000	2500	预期性
10	百姓富	居民人均可支配收入增长率	%	3.2	与经济增长同步	预期性
11		城镇登记失业率	%	2.6	< 3	预期性
12		每千人执业医师数	人	5.2	5.5	预期性
13		人均期望寿命（健康预期寿命）	岁	78.48	接近 80	预期性
14		每千人拥有 0~3 岁婴幼儿托位数	个	1.7	2.1	预期性
15		城乡基本养老保险覆盖率	%	98	98	预期性
16		社区养老服务设施覆盖率	%	83.7	90	预期性

续表 28

序号	类别	指标名称	单位	2020 年预计	2025 年目标	指标属性
17	环境美	单位 GDP 能耗降低	%	完成市目标	完成市目标	约束性
18		单位 GDP 二氧化碳降低	%	完成市目标	完成市目标	约束性
19		空气质量优良天数比率	%	80	完成市目标	约束性
20		地表水国考断面达到或优于Ⅲ类水质比例	%	100	完成市目标	约束性
21	社会文明程度高	法治建设满意度	%	90	>90	预期性
22		社会文明程度测评指数	—	90	>90	预期性
23		文化产业增加值占 GDP 比重	%	4.5	5	预期性
24	安全保障	公众安全感	%	92.5	>96	预期性
25		生产安全事故起数和死亡人数下降	%	75/75	完成市目标	约束性

第三篇　总体任务

第八章　高效构建现代产业体系

深入推进“产业强区”，推动生产性服务业向专业化和价值链高端延伸、生活性服务业向高品质和多样化升级、先进制造业与生产性服务业融合发展，构建符合润州城市定位的高端高效现代产业体系。

第一节　做大做强服务产业

依托我区产业发展实际，围绕新经济、新业态、新模式的发展需求，筑牢服务业基础，丰富服务业新业态，努力实现全区服务业特色化、集聚化发展，进一步提升服务业整体实力。

筑牢服务业基础。引导我区金融业、商贸业、商务服务业、房地产业和文化旅游业等产业提质增效，进一步夯实服务业在全区经济中的主导地位。

——金融业。引导优势金融资源集聚，全力打造新金融行业集聚载体，鼓励保险代理、证券投资、融资租赁、信托基金、融资担保等新兴总部型金融机构发展，为企业个性化发展拓展金融衍生产品。营造良好的金融产业发展环境，增强金融服务实体经济能力，成为润州产业发展的“增长极”和“催化剂”。

——商贸业。依托现有城市综合体和楼宇载体，强化城际商圈和青年广场商圈两大商圈的集聚功能，发展精品商贸、特色商业，引进体验式、连锁型消费业态，增加时尚消费、夜间商业的占比，促进城市综合体品牌升级、业态升级和配套升级。发展“互联网 +”商业模式，积极打造多种业态相互补充、线上线下相互融合、布局合理、特色鲜明的商贸中心。

——商务服务业。以润州区商务金融服务集聚区建设为抓手，充分利用行政中心所在地优势，大力发展法律服务、知识产权服务、评估检测、会计审计、广告咨询、人力资源等商务服务业。依托商务 A 区、国控大厦、万科锦程等楼宇，以特色化、专业化楼宇打造为动力，引导本土企业向专业化、规模化、特色化发展，加大招商力度，以商引商，吸引行业内优质企业入驻，培育形成法律服务、中介服务、软件服务等专业楼宇或楼宇群，成为全市商务服务业发展新高地。

——房地产业。坚持房住不炒定位，按照“稳房价、稳地价、稳预期”要求，推动我区房地产业发展从数量扩张转向品质升级。加快推进智慧房地产建设，鼓励住宅小区打造智慧社区，运用现代信息技术重点打造智慧物业，促进物业管理服务提质升级。推动房地产多元化发展，运用“房地产 +”理念，引导更多房地产企业结合养老、旅游、文化等元素打造特色高品质住宅，满足我区城镇居民更加精细化、多元化的房地产消费需求，并带动相关产业共同发展。

——文化旅游业。以创建省级全域旅游示范区为抓手，大力发展“旅游 +”融合业态，用“珍珠串项链”的方式推动旅游业与农业、工业、体育、健康、科技等行业深度融合，打造精品文旅品牌。深挖西津渡、南山、金山等旅游资源文化内涵，用好西津渡渡口文化、“寿比南山”养生文化、金山佛教文化等，讲好城市山林故事，开发文创产品，打造文创品牌，强化历史文化体验功能，发展成为长三角地区最具文化内涵的创意体验高地。

丰富服务业新业态。在现有产业的基础上，抢抓制造业服务化机遇，大力发展科技研发、工业设计等科技服务业，丰富医疗服务、会展服务和教育服务等业态的市场供给，全面提升服务业的发展水平。

——科技服务业。积极承接长三角一体化、宁镇扬一体化建设所带来的一线城市非核心功能转移，运用产业引导基金、孵化器、人才项目招引等多种方式吸引有潜力的科技研发企业投资落户我区。围绕省级生产性服务业集聚示范区建设，重点招引培育人工智能、智能制造研发等领域的项目，打造科技服务重点楼宇，为“两业融合”发展打下产业基础。围绕官塘创新社区的发展定位，打造镇江数据产业园，进一步完善产业链。

——医疗服务业。进一步强化医疗资源的市场化供给，结合我区人口老龄化现状，发掘医养保障健康新需求，发展养老医疗等业态，招引培育一批以个性化服务、会员制经营、整体式推进为特色的健康管理和养老机构，为居民健康和养老提供专业服务支撑。紧跟5G发展潮流，鼓励本地医疗养老机构和企业与大型医疗集团开展远程医疗合作，提升整体医疗水平。

——会展服务业。依托体育会展中心等载体发展会展经济，积极承办各项体育赛事、文艺演出、会议展览等活动，激发群众对体育锻炼和文娱活动的热情，进一步丰富居民的文化体育生活。与此同时，利用会展活动扩大润州区知名度，拉动交通、旅游、广告、装饰、餐饮等多行业发展，用会展经济撬动城市活力。

——教育服务业。弥补公共教育资源不足，积极引进一批优质基础教育、中职教育机构。鼓励开展在线教育，扩大优质教育影响范围，实现教育资源多元化、特色化、专业化发展。强化区内现有辅导机构、托管机构和培训机构监督管理，引导相关机构有序竞争和发展，提升教育培训行业从业人员素质，打造区域教育品牌，让教育软实力成为润州区在人才竞争中的有效手段。

第二节 推进“两业融合”发展

夯实“两业融合”发展基础，抓紧推进工业企业转型提升，服务业企业调优调精，生产性服务业集聚区做大做强，官塘创新社区引领示范。开创两业深度融合新局面，为推动我区新经济、新业态、新模式的拓展发展提供重要支撑。

夯实“两业融合”发展基础。发展智能制造产业，重点围绕智能制造产业（智能机器人等）加强科技招商，引进一批拥有自主核心技术、填补产业集群空白、创新产业集群业态的重大智能制造项目落户，加快构建具有润州特色的智能制造产业体系。推进新一代信息技术，重点发展大数据、云计算、5G技术和工业互联网等信息产业，引进技术研发能力强、辐射带动作用大的优质企业落户，不断壮大产业集群。推动消费服务化升级，聚焦直播、短视频、线下体验等消费新领域、新模式、新热点，推进消费服务化提质扩容、商品消费优化升级，形成多门类、多元化的服务供给，促进产业结构调整升级。

开展“两业融合”试点示范。针对不同行业和企业的发展特点，鼓励和支持有条件的企业开展行业、企业融合发展试点，积极探索融合发展的可行路径。强化龙头企业引领作用，选择发展潜力好、市场活力强、辐射带动强的龙头企业开展服务化、数字化应用示范，引导辖区企业多样化拓展自身产业发展的领域，逐步实现服务与制造环节“无缝”对接，加快培育一批创新活跃、效益显著、质量卓越、带动效应突出的深度融合发展企业。

优化“两业融合”发展环境。积极为试点企业争取省、市专项扶持，同时，设立区级两业融合发展专项资金，加强试点企业的政策支持力度，激发我区先进制造业和现代服务业融合发展的活力。鼓励辖区金融机构按照商业化原则，适度向两业融合发展企业和项目提供适应其生产和建设周期特点的中长期融资支持，提供专业化金融服务。

第三节 构建产业空间结构

综合产业基础、楼宇分布、交通区位、城市规划等，打造“一核一带一区一镇”产业空间布局，实现全区均衡发展、优化发展。

一核（高端商贸金融核）——围绕中心城区打造“高端商贸金融核”。依托城际商圈、城际枢纽优势，以楼宇为载体，加快发展楼宇经济，重点发展高端商贸、现代金融、总部经济、科技服务等业态，带动中心城区业态调整、核心商圈提档升级，做强润州区商务金融服务集聚区。

一带（文创旅游休闲带）——围绕文旅资源打造“文创旅游休闲带”。以西津渡—环金山湖片区为主，充分利用旅游资源和历史文化资源，大力发展现代旅游、文化创意、休闲娱乐等业态，打造西津渡特色街区，建成对外展示的文创旅游休闲带。

一区（产城融合科创区）——围绕官塘创新社区打造“产城融合科创区”。紧扣“产城融合示范区”“总部经济集聚区”“山水花园名城样板区”定位，积极抢抓G312产业创新走廊的建设机遇，重点发展5G大数据、总部经济、智能制造、工业研发、休闲养生等业态，以产聚才推动产城人的深层次融合。

一镇（温泉生态镇）——围绕韦岗片区生态修复和保护，科学编制韦岗生态镇规划，以温泉康养、生态休闲和红色文化为依托，规划建设科创基地和绿建产业园生态文旅新镇区。

第四节　优化产业发展举措

聚焦总部经济发展、特色楼宇打造、集聚区提升发展，加快龙头企业培育，加速重大项目落地，走出一条协调发展、创新发展、集约发展、绿色发展的城市经济发展之路。

聚焦发展总部经济。鼓励支持建科集团、各大银行做强总部经济，实现多元化发展。建设总部企业经济园（规划100亩），出台相关扶持办法，设立专项引导资金和专项融资平台，引入具备丰富运营经验的开发企业参与建设、改造、升级，营造良好的发展环境，吸引符合我区产业发展定位的优质企业总部入驻，在官塘创新社区打造全市的总部经济集聚区。到2025年末引进总部企业30个，通过总部经济进一步形成和完善产业链。

大力发展楼宇经济。出台加快楼宇经济发展的指导意见，针对全区产业布局，明确各板块的楼宇空间布局和产业定位，为楼宇经济发展留足空间。规范楼宇经济管理服务，完善楼宇经济工作推进机制，成立联席工作会议制度，形成高效推进的工作合力，多方共同推进楼宇发展。依托省级生产性服务业集聚示范区，放大南徐板块优势，有机整合市级平台要素资源，建设和培育一批金融楼、商务楼、科研楼、中介服务楼等特色商务楼宇，实现高端业态集聚。到2025年，力争新培育“亿元税收楼宇”2幢、“千万税收楼宇”10幢以上。

提升发展产业集聚区。以现有集聚区提档升级和新兴集聚区发展培育为重点，实现全区集聚区梯队式发展，促进产业集聚，优化产业结构。在商务金融服务集聚区内，充分发挥联想·星云镇江创新中心、汇典律所等公共平台作用，同时，引入更多其他领域的专业服务平台，提升集聚区专业化服务水平，引导集聚区内楼宇进行信息化、智能化改造升级，提高集聚区内楼宇品质，增强对小微创业企业的吸引力。加强产业引导基金投入，丰富金融市场供给，打造全市创新创业发展新阵地。在官塘创新社区、金山—和平老城区等区域进一步发掘产业集聚趋势，形成集聚区后备发展队伍，引导服务业规模化发展。

加快龙头企业培育。引导各类要素向各行业骨干企业集聚，全力培育扶持区内创新能力一流、规模与品牌行业前列、引领产业跨越发展的龙头企业。增加规模以上企业数量，提升规模以上企业质量，让规模以上企业在行业内形成良好的领跑带头作用。建立健全龙头骨干企业培育扶持机制，在研发创新、品牌培育、人才引进、要素保障、重组并购、示范推广等方面集中各类政策优先扶持。到2025年，培育营业收入超10亿元企业2家、营业收入超5亿元企业20家，实现细分行业的“隐形冠军”“独角兽”企业零的突破。

开展高效能招商引资。创新招商模式，突出“精准招商”和“产业链招商”，大力开展资本招商、平台招商、以商引商等产业专题招商活动。开展以生产性服务业、文化旅游、智能制造、新基建等重点领域的精准招商，依托国家进博会、江苏发展大会、城市经济发展大会等活动，积极开展以商招商、产业链招商、区域差异化招商等投资促进活动，加快引进在全球产业链、价值链中处于中高端的产业项目。

第九章　积极营造科技创新生态

全面实施创新战略布局，加快润州创新体系建设，依靠科技创新提升我区的综合实力和核心竞争力，走创新型发展之路。

第一节　完善科技创新机制

加强科技政策支撑。借助规模以上企业培训和高新技术企业培育计划，发掘并支持更多优质企业进入高企培育库。通过产业引导基金等政策，促进新型科技企业落户润州，激励企业不断科技创新。加强科技成果财产权对科研人员的长期激励，构建以增加知识价值为导向的分配政策，促进企业、高校、科研院所科技成果转化。围绕《镇江市市级科技计划项目管理办法》等，推动企业通过创新引领发展。

深化科研项目引导。强化重大项目在科技创新中的支撑引领作用，实施项目驱动，围绕智能制造、智能机器人、新一代信息技术等产业加强科技招商，充分发挥招商平台作用，选择一批拥有自主核心技术、填补产业集群空白、创新产业集群业态模式的重大智能制造项目落户，切实发挥项目的带动和引领作用，形成“产业链、创新链、价值链”，打造新的经济增长点。建设综合性科技园区，更好承接科技项目和人才成果资源，促进产业创新提升和科研成果转化，提升我区产业承载力。

开展创新创业活动。按照“政府指导、市场运作、开放共享”的理念，联合大企业、创业服务机构、投资机构等多元主体，围绕“创新引领创业，创业带动就业”主题，举办大型创新创业活动，为市民提供创业就业、个人落户、创新创业、企业注册、金融服务等政策咨询服务，在润州区形成创新创业的浓厚氛围。

第二节　打造科技载体平台

高起点、高标准打造科技载体平台，为全区科技企业创新发展和科技成果产业化提供有力支撑和保障。

做强官塘创新社区。推进先进制造业和现代服务业两业融合，大力推动国家级工程技术研究中心建设，重点发展人工智能、5G技术等，构建具有润州特色、能够支撑现代化发展要求的现代产业体系，打响官塘创新社区品牌，提升我区产业承载力。到2025年，实现投资500亿元，引进市级以上重点产业项目50个、区域总部30个，高新技术企业力争突破50家，国家级科技企业孵化器争取实现零突破，培育国家级创业孵化示范基地1个、国家级中小企业公共服务平台1个、博士后工作站3个。

发展创新载体平台。开展产学研对接、专家润州行等活动，积极引进高校院所科研资源，着力搭建一批标志性创新载体平台，招引一批标志性人才产业项目。加快以市场化为导向的机制创新，推进新型研发机构建设发展，大力推动应用基础性、行业共性等技术研发，激发创新载体的发展活力。积极推动科技企业孵化器建设，为实现产业和人才集聚奠定基础。

提高项目孵化成功率。全力培育壮大高新技术企业队伍，完善“创业孵化、创新支撑、融资服务”的科技型企业培育机制。甄选一批市场前景好、核心竞争力强的企业做大做强。充分利用省内外高端科创资源要素，有效提高项目孵化的含金量，支持孵化成果在润州落地产业化。

第三节　激发企业创新活力

加大企业科研经费的投入，全面提升科技创新能力，完善企业知识产权保护措施，强化政府服务企业创新水平，促进产学研深度合作。

加大R&D经费投入。瞄准战略性、关键性科学和技术导向，加大R&D投入，加快布局建设科技创新基地。强化财税金融政策支持力度，完善以研发费用加计扣除为主的税收优惠政策，将企业减税降费的红利更多引导到R&D投入上，使更多企业通过增加R&D投入来提升创新能力，力争在一些关键领域实现核心技术突破。

保障知识产权。鼓励科研人员开展科技创新，科技成果形成的知识产权可作为无形资产在研发创新平台中按一定比例折算股份。加强创新创业过程中的知识产权保护，特别是科技型中小企业在原始创新、二次开发、科技成果转化和产业化过程中的知识产权保护，通过筑牢知识产权的防线，为企业创新升级保驾护航。

提高企业科技竞争力。深入推进高新技术产业引进培育计划，加快引进培育一批创新型领军企业。积极支持科技型中小微企业“专精特新”发展，开展“互联网+”小微企业创新创业培育行动。到2025年，实现新增高新技术企业20家、力争突破50家，培养行业领头羊、隐形冠军。

第四节　引培创新创业人才

积极实施人才兴区战略，以引进培养高层次创新创业人才和经济社会发展重点领域急需紧缺人才为重点，以优化人才发展环境为保障，统筹推进各类人才队伍建设，为建设“强富美高”新润州提供人才支撑。

落实人才工程战略。实施省、市、区重点人才工程，加大人才项目资金支持和服务力度，加快引进和培养一批高层次创新创业人才和行业发展急需紧缺人才。

——招揽领军人才。围绕智能制造、新一代信息技术等新兴产业，引进和培育一批能够突破关键技术的创新型领军人才，以及依靠核心技术自主创业、引领新兴产业发展的科技创业领军人才。鼓励企业通过高薪聘用、股权激励、特聘顾问等方式，柔性引进高层次人才和创新团队。借助“引才大使”、科技镇长团等资源，加强与大院大所、知名高校的对接，帮助引才荐才，拓宽人才招引渠道。

——引培产业人才。聚焦产业人才引进培养，开展人才动态监测，加强需求预测预警。打造人才与产业同步培育的载体平台，强化产业资金扶持，引导企业支持配套，每年选拔一批优秀产业人才，以条块结合、上下联动等方式实施滚动式培养。搭建校地联姻平台，持续做好科技镇长团、科技副总、产业教授选派工作，加大人才与产业对接合作力度，适应传统产业转型升级需要，实施产业人才知识更新培训。

——培育基础人才。结合产业发展方向，充分利用国家、省、市支持大学生就业创业政策，以驻镇高校为重点，积极引进吸纳优秀高校毕业生。不断健全润州专业技能人才培养机制，鼓励青年“技能就业、岗位成才”。关注乡土人才，市区联动储备培养掌握特殊技艺技能，且能够带动技艺传承、带动产业发展、带动群众致富的能工巧匠、经营能人、生产能手。通过搭建平台、政策扶持、完善服务等，加快培养和造就一批具有国际化视野、精通现代管理、崇尚自主创新、善于开拓市场的经营管理人才。

优化人才发展环境。调整加大人才吸引范围和补贴力度，引进高素质劳动者和技术技能人才，紧抓高校毕业生等重点群体就业问题，建立企业用工长效机制。努力创造人才就业创业的良好环境，在户籍迁入、安家住房、医疗保健、子女入学等方面为其创造便利条件。改革人才评价考核和使用激励机制，允许各类人才跨体制、跨领域自由流动。更多运用“柔性”方式引才，推动人才链与创新链、产业链深度对接，实现人才规模、结构、质量的全面提升。加强创新成果知识产权保护，完善知识产权质押融资等金融服务机制，为人才创新创业提供支持。

第十章　坚持深入推进改革开放

坚持以改革开放为动力推动高质量发展，进一步深化市场化改革，优化营商环境，积极融入双循环发展格局，用体制机制创新激发市场活力、增添发展动力。

第一节　提高市场要素配置效率

坚持深化市场体制机制改革，破除阻碍要素自由流动的障碍，落实财政、土地、人才支持政策，促进各类要素合理流动和高效集聚，增强主城区的经济和人口承载力。

土地要素方面。做好国土空间分区规划编制工作，拓展调查包括商服用地在内的各类低效用地情况，对清理出的低效用地采取“回购一批、处置一批、盘活一批”的策略，多管齐下。对列入国家落后淘汰产业目录且已停产、半停产的企业用地，提请市政府收回储备；对未按规定利用和利用不充分的闲置土地，通过征收土地闲置费、限期开发等措施，进行合理化规范化处置；对部分因资金困难、经营不力而难以为继的项目用地，通过寻求新合作方等方式扭转不利形势，盘活土地资源。

人力要素方面。优化高层次人才发展环境，健全支持人才引进的优惠政策和激励措施，完善柔性引才模式，构建“以产引才、以才促产”的产才融合发展格局。畅通人才落户渠道，建立城镇教育、就业、创业、医疗卫生等基本公共服务与常住人口挂钩机制，推进产业工人队伍建设改革。

资本要素方面。全面落实减税降费政策以及各项企业扶持政策，切实减轻企业负担、提升企业预期，激发市场主体活力。增加中小微企业的金融服务供给，解决融资难、融资贵等问题。完善产业发展基金运作模式，为金融创新、产业创新、科技创新的有效融合提供资本保障，构建“产业＋金融＋科技＋人才”的一体化运作模式。

技术要素方面。着力激发技术供给活力，促进科技成果转化。激活产权激励，深化科技成果使用权、处置权和收益权改革。实施知识产权强企行动计划，加快培育一批高价值专利和商标。培养一批技术转移机构和技术经理人，加快推进应用技术类科研院所市场化、企业化发展。

数据要素方面。培育发展数据要素市场，使大数据成为推动经济高质量发展的新动能。加快推进政府数据开放共享，提升社会数据资源价值，加强数据资源整合、安全保护。加快大数据平台建设，建立“云网一体”的信息基础设施体系，形成大数据资源池，完善数据共享机制，推进网络协同。

第二节　加强营商环境建设

全面提高政务服务水平，提升政府工作效能，深入推进“放管服”改革，优化办事流程、减少办理环节，加快政务信息系统资源整合共享，持续优化营商环境。

深化行政审批制度改革。围绕简政放权、放管结合、优化服务，全面推行“证照分离”。深化商事制度改革，进一步理清政府与市场关系，积极改革审批方式，精简涉企证照，大力推进“照后减证”，着力破解“准入不准营”难题。严格落实市场准入负面清单、外商投资准入负面清单等制度，保障各类企业在政策支持、资质许可、政府采购、标准制定等方面的公平待遇和合法权益。在各行政审批部门、便民服务中心全面推动“一窗通办、一网通办、一站快办”，推行“一件事一次办”，实现集成服务“一窗办”。规范和引导行政审批实施部门不断优化流程、减少环节、缩短时限、精简材料，建立规范统一的审批服务体系。深入推进市场

主体注销便利化改革，有效降低制度性交易成本。

扎实推进数字政府建设。推动“互联网+政务服务”，积极打造掌上能办、网上通办、政务大厅全程可办、线上线下融合的便民利企政务服务新模式，提升政务服务效能。探索智慧城市管理，推进智慧医疗、智慧教育、智慧社保、智慧安居、智慧物流、智慧交通等建设，推动公共服务智慧化。

建立优化营商环境科学评价新机制。对标先进地区，引入第三方评估机构，突出围绕“办事时间压缩了多少、申报材料压减了多少、办理环节简化了多少、项目审批提速了多少、企业办事方便了多少”做好评估工作。进一步细化考核内容、量化考核指标、优化考核方式，以评替考、以评促改，全力打造适应高质量发展要求、具有润州特色的优化营商环境评价体系。

加大市场监管力度。完善制度管理体系、监管责任体系、风险防控体系和技术支撑体系。构建公平竞争的市场秩序，建立健全以“双随机、一公开”和“互联网+”为基本手段的监管机制，落实“放管服”改革要求，加强政府行政规范性文件合法性审查工作，建立行政执法协调机制，全面推行证明事项告知承诺制和依法行政动态监控互动反馈机制，实现行政执法社会满意度90%以上。

第三节　融入国内国际双循环格局

坚持扩大内需这一战略基点，持续推进供给侧结构性改革，在需求侧助力消费升级，在供给侧推动产业升级，全面提高对外开放水平，积极参与“一带一路”建设，主动融入新发展格局。

激发全面消费潜能。提高市场供给的质量和水平，促进传统实物消费和服务消费加快回补，积极培育拓展新消费模式和业态，加强促消费环境保障，全面满足居民多层次、多样化的消费需求，促进消费潜能释放。

——促进传统消费扩容提质。加快城市商圈提档升级，推动传统商业综合体向高端化、特色化、智慧化转型，提升特色小店、老字号、非遗等地方特色品牌影响力。发挥西津渡、大西路、伯先路、大龙王巷等历史文化街区支撑作用，打造一批具有润州特色的美食街、休闲购物街。完善商业网点布局规划，支持特色商业街、社区商业等商贸流通载体，以及便民服务设施加快建设，推动建设集标准化菜市场、便利店、家政、餐饮、养老等多功能服务业态于一体的社区生活综合服务中心。

——引领新型消费加快发展。以新业态新模式为引领，积极培育消费新增长点，着力补齐新型消费短板。积极拓展“互联网+服务”，促进以网络购物、移动支付等为特征的新型消费加快发展，创造更多新的产品、新的消费热点和新的消费模式。把握消费升级趋势，促进传统步行街、实体企业转型升级，发展夜间经济，做强小店经济，探索首店经济、首发经济等，不断推进线上线下深度融合、商旅文体跨境融合，增加高品质消费产品和服务供给，增强新消费对双循环格局的支撑作用。

——营造良好消费环境。多举措提升居民收入水平，提高消费能力、提振消费信心。促进生活服务业供需有效对接，推动医疗体检、教育培训等居民生活服务业态和商业模式有效融合，优化生活服务品质。深化“放管服”改革，建立健全数字化监管模式，加大对平台型消费供给主体的监管力度，净化消费环境，最大限度保障消费者合法权益。坚守安全和质量底线，构建产品质量监督体系和产品追溯体系，强化安全监测和风险评估，确保产品质量安全。加强消费领域诚信文化建设，促进监管者、生产者、消费者三者之间诚信互动，共同营造诚信守法的新型消费生态。

持续扩大有效投资。建立重大产业项目储备库，抓好重大项目建设，准确把握投资方向，围绕重点战略、产业布局、重点领域和市场导向等积极引进培育一批产业新项目、新载体，做到建设一批，筹备一批，谋划一批，增强产业可持续发展能力。实施重大项目区领导挂钩推进协调机制，协调解决项目引进和落地过程中的各类问题和矛盾，为高质量高效率推进项目建设提供服务保障。用足用好扶持政策，激发民间资本活力，提升企业自主创新能力，鼓励支持辖区金融机构为转型发展企业和建设项目提供金融信贷服务，加快培育新竞争优势，为新格局赋能助力。

提升对外开放水平。全面落实国家有关高水平对外开放的政策举措，支持有条件的民营企业拓展海外发展空间，加强跨境电商国际合作，推动国际贸易制度创新、管理创新、服务创新，积极参与“一带一路”建设，鼓励区内有条件的企业主动承接“一带一路”沿线国家重点基础设施工程项目，提升辖区企业国际化经营水平和国际竞争力，促进我区在发展经济、扩大就业、改善民生、与其他地区融合发展等方面实现互利共赢。

第十一章　构建新型城市空间布局

融入区域协同发展，优化城区空间结构，实施城市有机更新，完善基础设施建设，真正实现“城市让生活更美好”。

第一节 融入区域协同发展

坚持开放发展、深化合作共赢，贯彻执行国家、省、市重大战略部署，积极参与长江经济带、长三角一体化和宁镇扬一体化建设，全面融入区域协同发展的新格局。

主动参与长江经济带建设。深入贯彻落实长江经济带发展战略，大力推动我区长江经济带高质量发展走在前列。严格执行国家、省负面清单管理制度，坚决守牢底线，抓好环境突出问题整治，实现经济发展与资源环境协同发展。坚决落实中央关于长江“十年禁渔”的决策部署，积极为退捕上岸渔民提供“一站式”保障服务。推进基础设施、生态环境、公共服务一体化发展，努力打造宜业宜居宜游之地。

协同参与长三角一体化。在融入长三角一体化中拓展发展空间，依托长三角公共服务便利共享，在医疗方面开展异地就医门急诊医疗费用直接结算试点工作；在教育方面率先实现区域教育现代化，协同开展教育监测评估，引导学校高质量发展；在文化方面共同打造区域特色文化品牌，推出快捷旅游线路和产品。依托G42沪宁沿线人才创新走廊的建设，积极参与人才规划接轨、人才工程互认、人才资源共享。制定相对统一的人才流动、吸引、创业等政策，构建公平竞争的人才发展环境。

主动融入宁镇扬一体化。以官塘创新社区为依托，积极参与G312产业创新走廊建设，协助配合做好金润大道城区段拓宽改造，招引一批大项目。积极与周边城市城区在优化调整产业结构等方面开展合作交流。加大与南京、扬州资源要素开放共享，主动承接南京人才溢出、创新溢出和产业梯度转移，并加强与扬州对接交流，为企业创新发展和人才合理流动搭建优质服务平台。

积极参与镇江市域协同发展。深层次融入镇江发展大局，加强和全市其他板块的协同。抢抓镇江加速南拓、推动镇丹（主城区和丹阳）一体化发展的机遇，在市域融合上加强与兄弟辖市区的协同创新，在更大范围内集聚优势资源、开拓更大市场，力争在更高层面参与价值链分工，全面提升主城区的首位度。

第二节 优化城区空间结构

优化空间规划体系。优化国土空间布局，因地制宜安排各类用地，促进生产生活生态用地布局合理。坚持落实区域重大战略、区域协调发展战略、主体功能区战略，健全区域协调发展体制机制，构建高质量发展的国土空间布局和支撑体系。以资源环境承载力为基本约束，落实建设用地总量强度“双控”和生态保护红线、永久基本农田、城镇开发边界“三线”，优化国土空间开发利用布局。

扩展城市发展空间。以第三次国土调查成果为基础，以编制镇江市国土空间总体规划为契机，合理控制国土空间开发强度，增加生态空间。结合国土空间规划编制，梳理闲散、边角、多规矛盾地块，针对性进行合理调整。严格执行土地征收成片开发标准，推进官塘片区土地征收成片开发和主城、南徐、南山等城市片区的填平补齐，统筹韦岗片区转型发展，充分释各片区空间资源，为“十四五”时期重大项目的招引落户、公共服务设施的补充完善留足空间。

加强用地空间协同。调整产业用地结构，优先供应战略性新兴产业及现代服务业等发展用地。完善与区域发展战略相适应、与人口城镇化相匹配、与节约集约相协调的土地政策体系，促进区域、城乡用地布局优化。优先重点保障官塘桥街道（智能制造业为主）、金山湖（服务业为主）和南山张家湾（旅游业为主）等片区产业用地。

第三节 实施城市有机更新

改进老旧城区功能形象，加强古城城市设计，整治提升老旧街区主干道景观，整体展现古城历史风貌。增加老旧城区服务设施与绿化，改善社区环境面貌，打造符合润州特色的精致社区。

加快城市双修改造。实施老城区微更新计划，加快“生态修复、城市修补”的城市双修工作。坚持“不搞大拆大建、尽量利用原有建筑”原则，用微更新让老旧空间焕发新的生机。通过提升物业管理、加强立面改造、更新设施等手段，加强老旧小区的整治改造，切实改善人居品质。创新老城区房地产管理模式，建立“政府+企业+个人”的共同管理模式和利益分担机制，鼓励社会参与，加快旧城改造步伐。

实现城市面貌更新。加大老旧小区改造力度，推行“绣花式”改造，加强城区基础设施建设，实施老旧小区雨污分流和海绵城市建设。加强区域环境整治力度，高标准做好公厕改扩建工程，进一步完善环卫基础设施建设，切实改善城市面貌，提高人民群众的生活品质。持续加大违法建设管控力度，建立健全垃圾分类投放运输处置体系。

修缮历史特色街区。加强对历史街区和文物保护单位的整治与修缮，彰显润州的历史文化特色。以大运河文化带建设为契机，保护老旧城区的传统风貌与街巷特色，振兴老旧街区，修缮运河路、伯先路、大西路等历史文化街区，以巷道为主要体系，渗透到街区保护的各个层次，推动街区整体协调、可持续发展。

第四节 完善基础设施建设

加快城市基础设施转型升级，全面提升城市基础设施水平，统筹传统和新型基础设施发展，打造集约高效、经济适用、智能绿色、安全可靠的现代化基础设施体系。

加强水利设施建设。以农村水利向城市水利的转型发展为动力，加快推进水利基础设施空间管控，着力推进水利工程补短板。重点实施长江堤防防洪能力提升工程，加快实施区域防洪、城市防洪等工程，全面构筑完善蓄引提调水工程体系。继续加强农村水利工程建设，推进农村河道疏浚管护，积极做好水土保持工作，服务乡村振兴战略。实施智慧水利平台建设项目，提高水利信息化水平。

推动新型基础设施建设。建立数字转型、智能升级、融合创新等服务的基础设施体系。抢抓“新基建”发展机遇，推动5G移动通信网络试点部署，加强工业互联网、物联网等新型基础设施建设，为产业发展和城市建设赋能。发挥政府和社会资本在新型基础设施“准公共产品”领域建设中的合作优势，鼓励社会资本进入相关领域，加快形成新型基础设施投资、建设、运营的新格局。

第十二章 不断提升民生福祉水平

坚持以人民为中心，不断保障和改善民生，提高基本公共服务标准化、均等化水平，人民获得感、幸福感、安全感明显增强。

第一节 提高居民收入水平

健全就业服务体系。建设一体化信息平台，强化供求双方沟通，实现资源共享。健全就业服务平台功能，开发线上线下相结合、灵活多样的就业服务模式，提供一站式、全方位就业服务。建立动态信息数据库，实行网格化动态化服务管理，建立人力资源需求预测和失业监测预警机制，多维度开展重点区域、行业、企业和群体监测，防范化解失业风险。针对农民工、贫困未就业劳动力、高校毕业生等各类重点人群的特点和需求，加大公益性、辅助性、居家岗位开发，主动挖掘输出性就业岗位，为求职者创造高质量就业岗位。

实施多渠道就业政策。多层次、多途径宣传和解读最新就业创业政策，全面落实稳岗补贴及技能提升补贴政策，切实为企业“减负”。通过就业援助、专场招聘等多样化就业活动，提供就业信息，拓展就业渠道，促进高校毕业生、退役军人等重点群体就业。

推进创业引领政策。健全“创业培训、创业载体、创业服务”三位一体的格局，持续开展各类创业活动，推进创业补贴和富民创业贷款政策落地见效。突出创业载体的功能建设，做好孵化基地的培训申报工作，充分发挥创业孵化基地资源集聚和辐射引领作用。深入实施创业富民工程，推进“润·乐创”创业服务品牌建设。

完善民生保障制度。坚持把不断提高人民生活水平作为发展的根本出发点和落脚点，通过创业引领、就业扶持、技能培训等有效手段，多渠道增加城乡居民特别是中低收入群体的收入，扎实推动共同富裕。坚持按劳分配为主体、多种分配方式并存，提高劳动报酬在初次分配中的比重，健全工资合理增长机制，着力提高低收入群体的收入，扩大中等收入群体；完善按要素分配政策制度，增加中低收入群体的要素收入；完善再分配机制，加大税收、社保、转移支付等调节力度和精准性；发挥第三次分配的作用，发展慈善事业。

第二节 健全社会保障体系

以促进社会保障均等化、普惠化为核心，打造共建共治共享新局面，确保基本社会保障覆盖全民、均等享有，切实增强广大人民群众的幸福感和获得感。

完善社保服务体系。完善我区城乡社会救助、社会福利和社会保险等社会保障制度与政策保障体系。多渠道开展政策宣传活动，基本实现法定人员医疗保险参保全覆盖。构建政企协作机制，积极引导社会资本参与，推进多层次社会保障体系建设。

扩大社保覆盖范围。建立部门间信息交换共享机制，规范单位和个人参保行为，形成参保扩面工作合力。加大社会保险扩面力度，以个体私营企业、灵活就业人员、中断缴费人员为社会保险参保扩面重点，加快实现基本养老保险、基本医疗保险应保尽保。实施社会保险扶贫项目，落实城乡低保、社会救助和优抚对象等各项惠民政策，加大低保、特困人员、建档立卡贫困户的财政扶持力度。

健全社会救助体系。稳步提升兜底保障水平，进一步提升困难群众的获得感。坚持城乡低保标准自然增长机制，逐步提高低保户收入水平。持续推动最低生活保障政策向困难残疾人、大重病患者倾斜，将家庭人均收入高于低保标准但低于两倍的上述困难群众纳入低保，继续实施现有低保的清理整治，及时做好动态调整，确保最低生活保障的公平公正。在社会救助领域购买公共服务，实现高效精准帮扶。

落实养老服务体系。加快建设政府社会机构相补充、社区家庭相协调、医养康养相结合的养老服务体系，不断完善政府购买居家养老上门服务制度，全面建立困难老年人定期探访制度，实现居家养老服务保障有力。扩大社区养老服务供给，实现社区养老服务用房制度化保障，推进社区养老服务标准化建设和社会化发展。不断深化养老机构改革，推进医疗卫生与养老服务、社区居家与机构养老、养老服务与信息技术融合发展。加强养老服务队伍建设，推行专业化教育，不断加大培训力度，完善激励机制。

第三节　提高教育质量水平

坚持战略引领、改革创新，以推动教育高质量发展为主题，以深化教育领域综合改革为主线，着力推进教育公平，提高教育质量，全面实施素质教育，大力推进教育现代化和信息化建设，努力建成教育强区。

确立“教育优先”发展理念。财政资金优先保障教育投入，公共资源优先满足教育和人力资源开发需要。确保城乡义务教育阶段学校生均公用经费财政基准定额高于省财政基准定额10%。定期对教育资金开展绩效评价。建立完善多元投入机制，积极鼓励社会力量捐资出资办学。

着力打造教育装备现代化。坚持按标准实施教育装备建设，推行“标准＋特色”装备发展模式，充分发挥装备对教育的支撑、引领、重构和服务作用。实施教育信息化2.0行动计划，深度实施信息技术与教育教学的融合创新，加大优质教学资源征集建设力度，优化在线课堂建设，探索基于人工智能、5G网络、大数据的个性化教学、精细化管理和智能化服务，全面实现“互联网＋”背景下的教育和学习方式的变革，教育信息化整体水平达到省内领先。

构建高质量教师教育体系。突出师德师风建设，强化典型树德，推进“四有”好教师团队建设。提高教师专业发展水平，优化教师培训培养体系，创建一批市级教师发展示范校，培养一支高素质人才梯队。促进中小学校长队伍专业化，完善校长选任机制与管理办法，加大培训力度，开展专题研修，积极培养和储备教育管理人才队伍。创新教师编制和聘用管理，建立中小学教师编制动态调整机制，区域内义务教育学校实行“区管校聘”。

全面优化基础教育布局。按照《镇江市市区义务教育学校布局规划（2017—2035）》和《镇江市市区学前教育设施布局规划（2018—2035）》，推进配套学校和幼儿园建设。完成1所学校改扩建工程，推进1所学校新建工程，增加义务教育学位3720个。加大配套幼儿园建设和治理，重点抓好城镇小区配套幼儿园“四同步”管理，即同步规划、同步建设、同步验收、同步交付使用，城镇小区配套幼儿园均办成公办或民办普惠性幼儿园。

实现各类教育优质均衡。区域内普惠性幼儿园覆盖率达90%以上，省、市优质园占比达90%。义务教育优质均衡，义务教育巩固率、特殊儿童义务教育入学率和巩固率、学校标准化建设达标率、标准班额比例均达100%。全面推进集团化办学，形成全员全过程全方位育人工作格局。到2025年，全区中小学都建有2个以上爱国主义教育、革命传统教育、劳动实践教育、现代职业体验等校外实践活动基地；所有学校配备至少1名专兼职心理健康教师，新增1~2所镇江市心理健康标准化建设达标学校；新增省基础教育内涵建设项目4个。终身教育体系共享开放，探索建立可持续发展的资源共享模式。创新社区教育治理体系，打造成为全市社区教育示范窗口，到2025年，全区社区教育参与率达100%。

第四节　完善卫生健康体系

优化医疗卫生体系，把以治病为中心转变为以人民健康为中心，深入贯彻落实《基本医疗卫生与健康促进法》，加强社区卫生健康服务体系建设，提高妇幼健康服务能力水平，加强重大疾病防治和公共卫生服务，不断提高大病保障水平，切实减少群众医疗费用支出，全面推进健康润州建设。

完善医疗卫生体系。树立“大健康”理念，加快智慧健康信息化建设，打造特色医疗服务品牌，实现区域医疗资源特色共享。优化卫健资源布局，整合我区医疗卫生资源，七里甸、黎明社区医院按二级医院配置。持续加强卫生健康事业经费投入和卫生健康专业人才引进力度，新增1~2家社区医院，更好地服务辖区群众。

促进医养融合发展。积极构建养老、医护、康复服务相互衔接的服务模式，创新医养融合发展。构建以居家养老为基础、社区养老为依托、机构养老为补充的医养融合发展的养老服务体系，让老年人能够充分享有更全面的社会保障。建立多学科团队的老年健康管理模式，支持我区社区和机构养老中嵌入基层医疗机构资源，将优质医疗资源与老年康复、老年护理和养老资源结合，实现医疗资源利用最大化。

建设智慧健康信息平台。将公共卫生监测、预警信息化建设纳入统一规划和核心建设内容，围绕区域医疗、公众健康、电子病历、社区卫生、医疗保障、公共卫生应急领域，构建以居民健康档案为核心的智慧区域医疗卫生信息化整体方案，建立统一的疾病监测评估系统，强化信息互通共享。

构建公共体育体系。完善基础体育设施网络，推进基本公共体育服务均等化，加强户外运动场地设施的科学规划与布局，积极开展丰富多彩的文化体育活动。推进全民健身“六个身边”工程建设，推动形成政府主导、部门联动、社会参与的全民健身工作机制，发挥好全民健身联席会议协调作用，明确体育市场综合治理职责，加强体育市场综合管理队伍建设。

第十三章 持续推进生态文明建设

良好的生态环境是最普惠的民生福祉，是中华民族永续发展的要求。完善相关治理机制，抓好源头防控，坚决打赢蓝天保卫战、着力打好碧水保卫战、扎实推进净土保卫战，实现生态环境质量总体改善，人和自然和谐共生。

第一节 持续改善生态环境

围绕三大保卫战，突出生态保护红线的环境空间管控的基础性作用，推动生态保护从单要素保护向“优化生态系统结构、提升生态服务功能”的生态系统管理方式转变，构筑生态安全屏障。

加强生态环境治理。全方位改善大气质量，开展臭氧和 $PM_{2.5}$ 协同治理，采取整体强化治理和临时应急管控相结合的举措，加强扬尘污染防治、餐饮油烟和汽车尾气污染防控，积极推动“清洁城市”行动。加强生态河湖治理和水功能区达标建设，开展重点湖泊整治与农村生态河道建设，加大河湖生态管控与水污染防治力度，进行水环境综合治理。专项整治河道入口，确保接入水体的排口实现雨污分流。有序推进土壤污染防治，进一步完善土壤污染重点监管单位名录，督促土壤污染责任人对建设用地土壤污染风险管控和修复名录中的地块采取相应的风险管控措施。加快推进突出环境问题见底清零，提升区域土壤环境质量。开展区域环境联动治理，全面提升区域污染防治水平。

持续推进生态保护修复。以保护生态空间、优化生态系统为核心，建立健全生态补偿长效机制和多渠道生态建设资金投入机制，统筹山水林田湖草系统治理和空间协同保护与修复。实施山体复绿和宕口治理，加快推进废弃矿山地质环境治理工程，重点推进矿山宕口的环境治理，分阶段修复和复垦韦岗铁矿矿山和其他已关闭的宕口及废弃矿山土地。

实施生态管控政策。根据国家、省、市各级要求，配合建立以“三线一单”（生态保护红线、环境质量底线、资源利用上线和生态环境准入清单）为基础的润州区生态环境空间管控政策，将污染源普查、环境调查、环境监测、排放清单、排污许可、执法审批数据与“三线一单”和功能区划成果融合，形成“三线一单”数据标准、技术规范、配套规章和管理政策。

第二节 加强生态联保共治

参与“长江经济带”生态环境保护修复。加强协同联动，强化山水林田湖草等各种生态要素的协同治理，参与长江上中下游协同治理，改善长江生态环境和水域生态功能，提升生态系统质量和稳定性。开展长江干流岸线保护和利用专项检查行动，保护好长江水生生物资源，加强长江禁渔期执法检查工作，开展禁捕退捕政策宣传，实施禁捕退捕“打非断链”联合执法行动，加强捕捞、运输、销售、餐饮全链条的联合执法监管，坚决斩断非法捕捞利益链，切实保护长江水域生态环境。积极配合做好长江岸线配套工程，推进长江润州段植树造林工作。防治有害生物，加强森林防火工作，实施林政资源管理，推动长江岸线规范化、精细化和现代化管理，把长江润州段建成绿色生态廊道。

构建生态联保机制。深入推进河长制、湖长制，强化制度创新和政策供给，积极配合省、市、长三角区域探索建立联合巡河、联合监测、联合执法、联合保洁和联合治理等多项协调机制。更好运用科技手段保护宁镇扬段生态，以提高环境质量为核心，深入实施大气、水、土壤污染联动防治行动计划，推动环境协同治理，以生态环境保护修复为保障，将用水总量、水环境质量等作为约束性指标，改善大运河沿线生态空间布局和生态环境。

第三节 持续绿色循环发展

加快推进绿色生态顶层设计，用制度保护生态环境，加快制度创新，强化制度执行，构建绿色循环发展环境，推动我区可持续发展。

建立绿色发展体制。按照主体功能区定位，以保护生态系统的完整性、强化对资源有效保护和合理利用为目标，建立我区绿色发展体制。探索在保护生态环境的过程中，创造生态产品、增加生态财富、提升生态价值的途径和方法。建立科学的考核指标和评价体系，强化对区域生态功能稳定性、生态产品提供能力和生态环境保护制度建立与执行情况的评价和考核，压实生态环境保护责任，建立完善环境质量责任管理体系，强化行政处罚、环保督察、经济政策等组合调控，探索具有润州特色的绿色发展体制。

加快产业绿色转型。围绕清洁生产、绿色环保、循环再生、创新驱动原则，推动传统服务业、支柱产业绿色转型。大力发展资源循环利用等节能环保产业，加快形成科技含量高、资源消耗低、环境污染少的产业结构和生产方式，实现优质、高效、低耗、清洁生产。

第十四章　全力加强社会文明建设

培育和践行社会主义核心价值观，加强公民道德和精神文明建设。继续深化文化体制改革，增强文化整体实力和竞争力。促进基本公共文化服务标准化、均等化，提升文化产业发展水平，培育和规范文化市场，传承和弘扬优秀传统文化，提升文化软实力。

第一节　推进精神文明建设

将精神文明建设贯穿到各项事业的发展之中，推动精神文明建设走进群众、走在实处、走出新路，为“强富美高”新润州建设凝聚精神力量。

提高思想道德素质。大力培育和践行社会主义核心价值观，提高人民思想觉悟、道德水准、文明素养和全社会文明程度，培养担当民族复兴大任的时代新人，弘扬共筑美好生活梦想的时代新风，激励人们向上向善、孝老爱亲，忠于祖国、忠于人民。开展党史、新中国史、改革开放史、社会主义发展史教育活动，加强爱国主义、集体主义、社会主义教育，弘扬党和人民在各个历史时期奋斗中形成的伟大精神，以贯彻落实《新时代公民道德建设实施纲要》为契机，坚定理想信念、凝聚道德力量，不断提升润州公民道德建设水平。发挥诚信宣传教育的成风化俗作用，深化诚信主题教育实践活动，弘扬诚信文化，推进诚信建设。

开展精神文明活动。深化“大爱镇江　爱在润州”品牌建设，着力构建大爱无疆、崇德向善的道德发展环境。开展“弘扬好家风　传承好家训”品牌活动，倡导注重家庭、注重家教、注重家风，引导我区干部群众自觉传承好家训，形成家家弘扬家庭美德的良好风气。开展市民公约、村规民约、学生守则、行业规范等规范守则教育实践活动。开展学雷锋志愿服务，健全志愿服务工作机制，加大志愿服务组织培育力度。关爱未成年人，着力强化青少年德育工作，构建学校、家庭、社会三方密切配合的青少年品德教育体系。加大新闻媒体对先进模范的宣传，营造良好的社会氛围。

提升文明治理水平。完善目标责任体系，优化创建文明润州工作责任目标分解和绩效考核制度。深入开展文明城市、文明村镇、文明单位、文明校园、文明家庭等文明系列精神文明创建活动，提升文明城区科学化、精细化、长效化治理水平。做实文明交通、文明旅游、文明餐桌、文明上网“四项文明行动”。抓实爱国卫生运动，强化公共卫生健康教育，普及科学防病和健康知识。

第二节　提升公共文化服务

全面提升文化精神感召力、文化事业生命力、文化产业竞争力、文化人才创新力。抓好供需对接，着力提升公共文化服务质效，切实让每个人都能享受到基本公共文化服务的“阳光雨露”。

加强文体旅基础设施建设。整合全区文化馆和图书馆服务功能，建成润州区文化艺术中心，发挥其对周边旅游产业的辐射带动作用。完善现有文化场馆服务功能，加强街道、村（社区）公共文化阵地建设，实现街道文化站、社区综合文化服务中心和市民文化广场全面提升。提升公共体育设施服务水平，完善城市山体及沿江健身步道建设，增加群众健身设施、补齐健身设施短板。提升旅游设施服务水平，加大旅游停车场建设，实现景区和乡村旅游点 Wi-Fi 全覆盖，推进旅游线路沿线公共厕所旅游化改造，完善旅游厕所地图标注。

提高公共文化服务水平。开展全民阅读活动，支持实体书店建设。鼓励社会力量投资兴办具有润州特色的公共文化项目或文化中介服务机构，支持在企业、街道、社区等建立文艺协会。鼓励和支持社会组织通过民办公助、委托筹办、公开招投标等制度，以建设文化馆、图书馆、文化公园等方式，参与公共文化服务供给。通过多种形式，积极适应人民群众公共文化新需求，不断丰富公共文化服务品种和内容，提供更好的公共文化产品和服务。

提升文艺精品创作能力。围绕“全面小康”“建党 100 周年”等重大历史节点，引导和创作一批弘扬主旋律、讴歌时代精神的文艺精品。建立文

艺创作专项基金，支持原创性文化作品生产，扶持重点作品创作，在资金、场地等方面为展演、展播、展览弘扬主流价值的精品力作提供条件。积极发展网络文艺，鼓励广大市民参加网络文艺和微电影大赛等活动，激发原创动力。大力发展旅游演艺，深入推进西津渡镇屏山音乐街区建设，打造一批高质量、常态化的实景演出和剧场演出，扶持文化演艺项目进景区。

保护文化遗产传承。探索建立非物质文化遗产传承与传承人培养制度，传承发展好锅盖面、肴肉等非物质文化遗产。加强文物保护和历史文化街区修复工作，开展文物普查，积极申报重点文物保护单位，加强对不可移动文物的监控和管理。加强国家级、省级非物质文化遗产项目申报工作，积极推进市级非遗项目“秀山号子”省级非物质文化遗产项目的申报工作。

第三节 健全文化产业体系

促进文化产业提档升级。随着文化建设规模不断扩大，人民的精神文化需求越来越多样化和精细化，进一步建立健全现代文化产业体系，通过市场机制调动社会力量广泛参与，充分发挥文艺生态与产业经济协同效应，提供更加丰富优质的文化产品，推动文化传承创新进入新境界。鼓励文化新产业蓬勃发展，积极发展有科技含量、文化品位的现代创意设计、新兴媒体、动漫游戏、网络文化、网络出版、网络视听等文化产业，大力发展剧场演艺、网络直播电竞、“24 小时书店”等新兴业态。

推动文体旅深度融合。结合全域旅游示范区创建、国家级城市中央休闲区培育等，深化文体旅融合发展，大力推进“文化 +”“旅游 +”“文体旅 +”，催生新业态，拓宽产业面，拉长产业链，构建现代文体旅产业体系。鼓励市场充分结合我区本地文化特色，推出旅游产品、演艺节目。做好文化活动、文化场馆、文化体验与旅游活动的合理衔接。构建全域旅游精品大环线，加强文化旅游标准化建设，加强西津渡、环金山湖等文旅资源和线路方面的协同开发、整体推广，大力塑造润州形象和品牌，增强润州文化软实力。

第十五章 推进社会治理现代化建设

第一节 深化社会法治建设

坚持中国特色社会主义法治道路，坚持建设中国特色社会主义法治体系，让社会主义法治成为良法善治，依法保障人民权益，进一步实现社会公平正义，让全体人民依法平等享有权利和履行义务。

优化社会法治环境。深化法治政府建设，加强权力清单管理，严格规范公正文明执法，全面增强政府公信力和执行力。坚守公正司法底线，完善开放、动态、透明、便民的阳光司法机制。着力开展广覆盖、多形式、立体化的法治宣传教育，全面实施“八五”普法规划，切实增强法治宣传教育的针对性和实效性，充分发挥法治文化教育熏陶和示范引领作用，依法维护权益和化解矛盾，增强制度意识和契约精神。

推进法治一体化建设。推进法治润州、法治政府、法治社会一体化建设，推动法治工作融入经济、政治、文化、社会和生态文明建设，把党的领导贯彻到领导立法、保证执法、支持司法、带头守法的全过程。推动法治政府建设各项制度落到实处，健全行政机关法律顾问、公职律师在重大决策、政府合同、经济活动中的参与机制。落实法治政府建设与责任落实督查机制，开展综合督查。推动法治政府创建，全面实施法治社会建设指标体系，推进法治社会建设，提升法治社会共建共治共享水平。

加强公共法律服务。全面推进润州区、各街道公共法律服务中心实体化运行，强化落实“谁执法谁普法”责任制，深入开展宪法宣传主题活动，推进省级法治文化示范点、省级民主法治示范村（社区）创建，推进崇德尚法村居建设，发挥百姓议事会等社会组织作用，推进“三治融合”基层治理新格局。优化四大类 24 项法律服务产品，开展好“法企同行”“法护人生”“民企护航”等活动。提升村（社区）司法行政服务站服务效能，提升一村一社法律顾问服务质量，提升法润民生群效应，让群众获得优质的法律服务。

第二节 提升基层共治水平

坚持和完善共建共治共享的社会治理制度，是推进社会治理现代化的重要制度保障。结合我区发展实际和地域特色，切实推动治理现代化制度建设，建立健全城市治理保障机制。

改革社会治理方式。坚持系统治理，发挥政府主导作用，鼓励和支持社会各方面参与，实现政府治理和社会自我调节、居民自治良性互动。坚持依法治理，加强法治保障，运用法治思维和法治方式化解社会矛盾。坚持综合治理，强化道德约束，规范社会行为，调节利益关系，协调社会关系，解决社会问题。坚持源头治理，标本兼治、重在治本，以网格化管理、社会化服务为方向，健全基层综合服务管理平台，及时反映和协调人民群众各方面各层次利益诉求。

坚持开放融合共治。聚合党委、政府、社会、公众力量构建社会治理共同体，切实解决新形势下社会治理面临的各项难题。要树立开放融合的现代思维，在坚持党委领导、政府负责的同时，调动社会参与积极性，发挥人民主人翁精神，为共建共治共享拓展广阔的空间。充分运用民主协商的方式，找到全社会意愿和要求的最大公约数，凝聚社会治理的最大共识，形成社会治理的最大合力。

构建基层共治体系。扎实健全基层治理体系，全面提升社会治理能力，构建共建共治共享的社会治理格局。通过现代化信息技术，拓宽群众参与基层社会治理渠道，更好发挥网格长、网格员和社区志愿者队伍作用。完善网格化治理模式，加强对网格方法理念、体制机制、能力手段的探索运用，加强政法、民政、公安、人社、城管等多部门数据的整合共享，探索构建全要素社会治理“一张网”，积极引导群团组织、社会组织发挥作用，做好社会共治的大文章。

提高基层治理能力。推进区域治理体系和治理能力现代化，推动重心下移、资源下沉，更好提供精准化、精细化服务。进一步整合网格、做强网格，制定完善执法清单，推动执法力量不断下沉。推动网格建设从“多张网”向“一张网”转变，网格职能从“单一”向“多元”转变，网格长从“体制外”向“体制内”转变，破解基层治理“最后一公里”难题，不断提升广大群众获得感、幸福感、安全感。

建立群众自治制度。拓展和完善群众参与基层社会治理的制度化渠道，探索开展居民会议、议事协商、民主听证等多种形式的民主决策实践，开展自我管理、自我服务、自我教育、自我监督等多种方式的民主治理实践，开展村务公开、居务公开、民主评议等多种渠道的民主监督实践，让群众成为基层社会治理的参与者、受益者，全面推进基层群众自治制度化、规范化、程序化。

提升村（社区）管理能力。优化调整社区设置，完善“网格化”长效运行机制，合理划分基础网格单元，形成“基层吹哨，部门报到”的高效格局，实现全区范围内社区网格管理精细化、网格化、常态化，提升社区综合服务能力。整合辖区单位阵地，加强党群服务中心规范化建设，做到党群共建、责任共担、阵地共享，更好地发挥社区党组织统筹领导作用，探索社区服务模式创新。

第三节 健全社会信用体系

信用时代已经来临，以信用信息共享为支撑，以联动奖惩为手段，不断深化诚信润州建设，逐步构建适应高质量发展的社会信用体系，开启诚信润州新篇章。

完善社会信用体系。加快诚信润州建设，以信用信息归集为基础，以拓展信用信息应用为核心，全面推进政务诚信、商务诚信、社会诚信、司法公信，不断完善组织协调机制，推动信用监管向重点领域、难点问题延伸，强化联合惩戒，让守信者一路畅通，让失信者寸步难行，全力推进润州区社会信用体系建设，不断提高人民群众安全感。

强化信用数据归集。利用镇江市级智慧信用平台，加强部门协调对接，推动社会法人和自然人公共信用信息“应归尽归”。建立常态化数据报送机制，强化业务指导和督查，确保数据报送时效性、覆盖面和数据量。

构建信用监管机制。建立健全信用管理覆盖事前、事中和事后全流程监管环节的新型监管机制和信用承诺制度，组织开展从业者事前诚信教育，积极推广应用信用报告。强化事中监管，加强事后信用分级分类监管，实施跨地区、跨领域信用奖惩，鼓励企业进行信用修复，优化行业监管，提升“放管服”水平。

聚焦特色信用服务。持续创新信用服务方式、拓展信用信息应用、提升服务质量，强化信用应用服务，大力实施信用惠民便企工程，提升企业和个人信用服务体验。依托“信用镇江”网站、省市一体化服务平台，实时提供信用查询、信用审查、信用修复和异议处理服务。指导企业开展信用管理，重视红黑名单的梳理和应用。

第四节 完善社会安防体系

整合优化各类社会资源，从事前、事中、事后整体视角进行防范，从源头、传导、转化等关键环节进行化解，形成互信、互助、互担的整体防控链，提高风险防范化解的前瞻性、系统性、协同性。全面推进平安润州建设，维护社会安全，确保人民安居乐业、社会安定有序。

落实安全防控政策。全面践行总体国家安全观，依法严打各类危害政治安全的犯罪行为，守好政治安全生命线。建立党政“一把手”负责、多部门参与的平安建设领导工作机制，健全政治安全、社会稳定、社会治理、反邪教等工作协调机制，完善扫黑除恶、禁毒防艾、命案防控长效工作机制，常态化综合治理社会治安突出问题，构建问题联治、工作联动、平安联创工作机制，增强社会治安防控的整体性、协同性、精准性。加强社会治安综合治理，创新立体化社会治安防控体系，依法严密防范和惩治各类违法犯罪活动。

健全公共安全体制。完善和落实安全生产责任和管理制度，建立公共安全隐患排查和安全预防控制体系，完善信息报送、会商研判、应急抢险、指挥调度机制，推进城市安全长效治理，着力提升应急管理水平。完善重大灾害防控机制，健全应急管理能力体系和应急物资储备保障体系，提高防灾减灾救灾能力。健全食品药品安全监管制度，健全可追溯制度和质量标识制度，保障群众身体健康和生命安全。

提升基层调解能力。完善润州区、各街道信访工作联席会议机制，推进制度化、规范化、程序化建设，发挥协调、会商、处置的重要作用。增强区、街道链接协同，做到两级联席会议互通、社区网格治理相融，确保条线数据全掌控、信息搜集全覆盖。运用基层网格治理模式，及时排查上报不稳定因素等各类动态信息，实现网格内联防、网格间联动。综合运用智慧信访信息系统，方便群众就近便捷反映诉求，切实做到“让数据多跑路，让群众少跑腿”。落实多元高效的矛盾纠纷化解工作，推进社会治理现代化进程。

完善社稳风险评估。促进科学决策、民主决策、依法决策，完善社会稳定风险评估机制，把维护社会稳定的关口前移，按照决策实施后可能对社会稳定造成的影响程度确定包括高风险、中风险、低风险的风险等级。完善社会心理服务体系和危机干预机制，完善社会矛盾纠纷预防调处化解综合机制和信息平台，从源头上预防和化解矛盾。建成区级社会矛盾纠纷非诉讼调处中心、区级非诉讼纠纷解决综合平台等，推进人民调解、行政调解、司法调解相互融合。推进社会矛盾调处网格化建设和专业性行业性调解委员会的建设与运转，全力维护社会和谐稳定。

第十六章　规划实施保障

切实加强党的领导。增强政治意识、大局意识、核心意识、看齐意识，自觉维护党中央权威和集中统一领导，为实现高质量发展提供根本保证。坚定不移推进全面从严治党，不断提高党的执政能力和领导水平，充分发挥党委领导作用，完善加强党的基层组织建设，牢固树立全心全意为人民服务的根本宗旨，强化担当作为，充分发挥先锋模范作用，将党的全面领导贯彻落实到一切工作之中。

加强政策引领。围绕“强富美高”发展任务，系统谋划出台创新、产业、人才、投资、金融等一系列政策，为我区建设“人文生态主城，创新汇智润州”提供政策保障。聚焦高质量发展、竞争力提升和现代化建设，加强顶层设计，注重规划战略导向作用，增强规划的指导和约束功能，统筹重大战略和重大举措，体现科学化、民主化、法治化、规范化，使规划更好地体现时代特色、更好地贯彻国家发展战略，更全面地落实省、市发展要求。

明确职责分工。各有关部门要按照职责分工，加强对规划纲要实施的指导，在相关专项规划编制、重大政策制定、重大项目安排、重大体制创新方面予以积极支持。统筹指导和综合协调规划实施，研究审议重大政策、重大项目和年度工作安排，协调解决重大问题，督促落实重大事项，全面做好各项工作。激发各类主体的活力和创造力，组织动员全社会力量落实规划纲要，形成推动润州区高质量发展的强大合力。

建立监督制度。建立工作督办制度，强化效能意识和责任意识，规范履行监督职责的良好氛围，有效促进规划工作的制度化、规范化。建立健全规划年度监测、中期评估和后评估制度。根据评估结果对规划进行调整修订，报区人大常委会审议批准后实施。加强规划实施的法律监督、民主监督，建立健全重大事项报告制度，定期将规划实施情况向区人大常委会报告、向区政协通报。强化规划透明性，发动人民群众广泛参与和监督规划实施情况，确保各项发展任务目标顺利完成。

加强安全保障。推进公共安全保障的思路理念、体制机制、方法措施和技术装备创新，实现公共安全治理体系和治理能力的现代化。重点围绕共性基础科学问题、安全信息系统、社会安全综合治理、生产安全、城镇安全、抵御和应对自然灾害、公共卫生安全、生物安全、农产品食品药品安全、粮食安全等方面，建立公共安全风险评估、预防准备、监测预警、态势研判、救援处置、综合保障等关键环节的公共安全风险防控技术体系。完善公共安全学科建设和教育体系，建设一批公共安全体验、培训、演练基地，着力提高民众的安全意识、安全素质和自救互救能力。

第四篇　二〇三五年远景目标

从“十四五”开始到2035年，是我区国民经济和社会发展的重要时期。随着江苏省以国内大循环为主体、国内国际双循环相互促进的新发展格局率先形成，创新成为引领发展的第一动力，治理体系和治理能力现代化基本实现，长三角一体化、宁镇扬一体化建设的深入进行，我区发展空间将更加广阔。

第十七章　指导思想

高举习近平新时代中国特色社会主义思想伟大旗帜，认真贯彻党的基本路线，以人民为中心，以高质量发展为抓手，以改革创新为动力，以实现现代化为总体奋斗目标，在更大范围、更广领域、更高层次上扩大对外开放，加快城市经济的建设步伐，深入贯彻可持续发展战略。经过十五年的努力，把润州建成一个环境优美、科教发达、经济繁荣、人民富裕和社会文明的现代化程度走在全国前列新城区。

第十八章　远景目标

2035年润州经济社会发展的远景目标是：全面建成宜居宜业宜游的现代化一流主城区，成为具有区域影响力的服务业集聚中心、科技创新中心和“创新创业福地、山水花园名城”的重要窗口、标杆样板，主城区首位度极大彰显，城市经济全面繁荣，城市能级大幅跃升，城市软实力全面增强，“美丽润州”全景绽放，绿色健康的生产生活方式蔚然成风。

城市经济全面繁荣。到2035年，全区国内生产总值520亿元，年均增长率为5%以上。全社会固定资产投资十五年累计完成3000亿元以上，一般公共财政预算收入突破30亿元，城市经济全面繁荣，创新体系全面建成，“三新”经济成为经济增长的主力军，新兴服务业成为服务业的主体力量。

主城区首位度极大彰显。全面建成现代化经济体系和创新体系，形成以国内大循环为主体、国内国际双循环相互促进的新发展格局，到2035年，十五年累计吸纳民资2000亿元以上，外资到位10亿美元以上，同时实现资本和技术输出，广泛参与国内国际分工和竞争。

人民生活普遍富裕。到2035年，全区城镇居民人均可支配收入突破10万元，年均增长6%以上，基本实现幼有善育、学有优教、老有厚得、病有良医、老有颐养、住有宜居、弱有众扶，人的全面发展、人民共同富裕取得明显的实质性进展。

关于印发《镇江市润州区推进省级文化和旅游消费试点工作实施方案》的通知

镇润政办〔2021〕22号

各街道办事处，区各有关部门和单位：

《镇江市润州区推进省级文化和旅游消费试点工作实施方案》已经区政府研究通过，请你们认真抓好贯彻落实。

镇江市润州区人民政府办公室

2021年12月17日

镇江市润州区推进省级文化和旅游消费试点工作实施方案

为进一步深化文化和旅游领域供给侧改革，挖掘文化和旅游消费潜力，助推文化和旅游产业复苏和发展，加快建设文化旅游强区，推动经济社会高质量发展，满足人民群众日益增长的美好生活需要，提升润州文化和旅游消费时尚度、繁荣度、美誉度，全面彰显“山水花园城市”的独特魅力。根据试点工作有关要求，结合润州区实际，特制定本方案。

一、总体目标

1. 产业引领进一步提升。到2022年年底，预计全区文化产业增加值占GDP比重达5.5%以上；旅游总收入超110亿元，旅游业增加值占GDP比重达8%以上；文化产业、旅游业增加值增速高于同期GDP增速，成为全区城市经济高质量发展的重要战略性支柱产业之一。

2. 产品供给进一步丰富。到2022年年底，预计全区新增规上文化企业5家，高端知名品牌酒店和精品民宿8家，培育全省知名综合性文旅集团（公司）2家、3星以上旅行社5家。

3. 载体集聚进一步加强。到2022年年底，预计全区创成1个省级夜间文旅消费集聚区，创成1个以上省级高品质步行街，打造1个以上有一定知名度的文体商旅综合体，形成文化和旅游消费试点工作的“润州模式”。

4. 消费贡献进一步突出。到2022年年底，预计全区居民人均教育文化娱乐消费支出达6000元以上，年均增8%以上，努力建成省内重要的消费中心城市。

5. 消费环境进一步改善。加强文化旅游行业信用体系建设，构建放心消费环境；加强文化旅游行业消费设施建设，打造便捷消费环境；倡导文明旅游，文化旅游领域投诉办结率达到100%。

二、主要任务

1. 优化文旅产品供给。坚持项目引领助推产业升级，以西津渡镇屏山音乐街区、环金山湖、南山风景名胜区开发、全域旅游集散中心等项目为龙头，全力推进文旅项目建设。以全域旅游示范区创建为抓手，统筹抓好新业态、新市场、新产品开发，增创高品质旅游休闲街区、夜间文旅消费集聚区、文旅融合示范区等，推出一批专属润州、代表润州、象征润州的高品质文旅产品，不断提升润州文化旅游产业规模、能级、品质。主动融入宁镇扬、长三角和“大华东”文旅一体化发展，加强政府间合作，加快构建资源共享、线路互推、客源互送、信息互通的文旅合作新机制，推出“高铁+景区”“高铁+酒店”“酒店+文创”等产品线路。持续办好“润州明月夜”“西津渡潮流艺术节”“南山长寿节”“高骊山登山节”等一批集文化展示、旅游推广、文旅消费等于一体的品牌活动，彰显润州特色、擦亮“润”字品牌。（责任单位：区委宣传部、区文体旅局、韦岗街道、各景区）

2. 深挖特色资源禀赋。打好山水牌、人文牌、生态牌，着力挖掘名人文化、运河文化、红色文化、诗词文化等特色文化资源，积极构建“山水古渡·自在润州”旅游产品体系，推进文化旅游与夜间经济、美丽润州建设等深度融合发展。推动苏派装裱、剪纸、金山灯彩、烙铁画等非物质文化遗产传承发展，鼓励非遗大师工作室、非遗体验工坊、非遗代表性项目进旅游景区等，推动非遗融入吃、住、行、游、购、娱等各环节。依托西津渡历史文化街区、南山剧院、金山湖风景区等，策划打造一批反映润州深厚文脉的旅游演艺产品，推动锡剧、评弹等传统曲艺上金山湖游船。引导景区、博物馆、图书馆、美术馆、综合体等推出参与式、体验式文旅融合消费项目，开发具有浓郁润州特色的个性化、时尚化文创产品。（责任单位：区文体旅局、区商务局、各街道、各景区）

3. 繁荣发展夜间经济。继续抓细抓实夜间经济发展，推动夜间经济与旅游经济、网红经济等结合，做靓“润州明月夜”特色品牌，打造集特色文创、国潮品牌、网红打卡、时尚餐饮、健体康养等于一体的夜间经济典范。繁荣夜间文化消费，鼓励博物馆、图书馆、美术馆、名人故居等文化场馆夜间开放；繁荣夜间旅游消费，引导西津渡中央休闲区、金山湖景区、万达—常发广场城际商圈、协信星光综合体等优化夜间产品业态，重点打造西津渡—金山湖精华段精品夜游产品；繁荣“夜读”消费，扶持和培育24小时书店，推进“星光夜读”“二楼南书房”“马副官的店”等夜读品牌提档升级；繁荣夜间娱乐消费，鼓励夜间酒吧、音乐演艺等娱乐业态在景区周边集聚发展；繁荣发展夜间购物消费，加大特色老字号、非遗产品开发力度，持续扶持服务“镇江风物”“印巷镇江”“博苏堂”等文创企业，让润州文创品牌走出去、火起来；繁荣夜间体育消费，发展社区健身房、无人健身房、24 小时健身房等新业态，引进和举办夜间体育赛事；繁荣夜间住宿消费，集中推出文化主题酒店、特色民宿、精品酒店三大夜宿产品集群；繁荣夜间节事消费，打造“西津灯会”“电音之夏”“润州明月夜”等夜间文旅节庆品牌。落实带薪休假制度，鼓励企事业单位与职工灵活安排分段休假、错峰休假；遵循节假日及高峰期旅游消费集中规律，加强高速公路和景区道路交通管理，及时发布景区拥堵信息；鼓励并带头落实景区周边机关、企事业单位在旅游高峰期协助提供停车、餐饮等便利。（责任单位：区委宣传部、区文体旅局、区商务局、区交通运输局，各街道、各景区，市交通产业集团）

4. 深化消费惠民活动。推动国有景区门票降价，鼓励旅游景区、乡村旅游区等实行淡旺季票价和非周末促销价，落实特殊人群门票减免政策。每年举办“润州旅游惠民月”“文艺精品展演月”等惠民活动，推出景区分时段优惠、公益演出、全民读书、非遗活动、特惠旅游线路等优惠举措。鼓励剧院剧场等高雅艺术演出门票实行折扣优惠，降低票价水平，开展“文化惠民月”等系列活动。鼓励金融机构拓展旅游休闲、康体健身、艺术培训等类型的消费信贷业务，推出文化和旅游消费联名银行卡并给予特惠商户折扣、消费分期等优惠政策。（责任单位：区文体旅局、区商务局、区财政局，各景区）

5. 优化文旅消费环境。鼓励文化和旅游企业加强对外交流合作，发挥协会作用，逐步建立与港澳台以及境外的交流合作机制，加大对境外游客文化和旅游宣传力度。推进“智慧文旅”平台建设，提高景区、图书馆、博物馆、文化馆、美术馆、纪念馆等场馆数字化、智慧化服务水平，打造文旅融合、主客共享、深度体验的润州全域旅游智慧平台。提高文化和旅游消费场所银行卡、云闪付 APP 和符合银行业统一标准的各类移动支付产品使用便捷度，提升文化和旅游消费场所移动通信网络覆盖水平，到 2022 年，实现全区文化和旅游消费场所支持银行卡和移动支付，实现 4A 级以上景区 5G 网络全覆盖。推进“互联网＋旅游”融合发展，强化智慧景区建设，实现实时监测、科学引导、智慧服务，推广景区门票预约制度。支持景区景点、餐饮住宿、购物娱乐、公交车站等场所多语种服务水平，加大小语种旅游服务人才培养力度。（责任单位：区文体旅局、区商务局、区财政局，各景区）

6. 加大市场监管力度。建立文化和旅游企业诚信评价动态管理制度，构建旅行社、星级饭店等旅游企业的信用评价体系，对列入文化和旅游市场黑名单的市场主体和从业人员实施联合惩戒。在各景区等因地制宜设立旅游警察、旅游巡回法庭、旅游公益保护检察官等，在旅游服务行业全面推行“润州最滋润”服务品牌。充分发挥文化和旅游相关行业协会作用，引导行业自律规范发展。强化文化娱乐和旅游设施质量安全监管，建立旅游用车“红名单”制度，督促旅行社使用合法合规的客运车辆。建立消费投诉联动处理机制，逐步推行“无理由退货”。（责任单位：区文体旅局、区商务局、区检察院、区法院、区市场监督管理局，各景区）

三、保障措施

1. 强化组织领导。建立政府主导、部门联动、社会参与的工作机制，成立由区政府主要领导任组长，分管领导任副组长，各地各部门为成员单位的润州区文化和旅游消费试点工作领导小组，统筹抓好文化和旅游消费试点工作，形成区、各街道、部门各司其职、协同推进的常态化、长效化工作机制。把文化和旅游消费纳入统计指标体系，加强统计监测、信息评估和形势研判，为促进文化和旅游消费提供决策依据，不断完善促进文化和旅游消费政策。

2. 强化资金支持。持续对文化和旅游消费投入力度，建立财政投入、社会参与的多渠道、多元化投入保障机制，统筹使用区级文化产业引导资金、旅游发展奖励资金等各类资金，支持文化和旅游基础设施建设、举办重大文化和旅游节事活动、打造文化和旅游消费品牌。建立奖励激励机制，采取贷款贴息、政府购买服务、以奖代补、项目补助等方式，支持文旅消费试点、高品质步行街和夜间文旅消费集聚区建设。鼓励金融机构为文旅企业开辟绿色通道，提供综合性金融服务。

3. 强化政策保障。修订完善《润州区鼓励支持旅游业发展若干政策》，形成《润州区促进文化和旅游消费行动方案》《润州区促进夜间经济发展的实施意见》等政策体系，建立完善联席会议制度、工作报告制度、监测评价制度、信息通报制度等，形成强有力的制度支撑和保障体系。加强文化和旅游消费工作研究，指导促进文化和旅游消费试点、示范创建工作。开展工作绩效评估，每年聘请第三方机构开展文化和旅游消费工作的绩效评估，确保工作落地落实。

文件题录

区 委

表 29

序号	文号	标 题
1	镇润发〔2021〕1 号	关于印发《中共镇江市润州区委常委会 2021 年工作要点》的通知
2	镇润发〔2021〕2 号	关于调整区委常委、副区长挂钩基层联系点的通知
3	镇润发〔2021〕3 号	关于区委常委工作分工的通知
4	镇润发〔2021〕4 号	关于表彰润州区 2020 年度“服务城市经济高质量发展贡献奖”的决定
5	镇润发〔2021〕5 号	关于区委常委会 2020 年度民主生活会情况的通报
6	镇润发〔2021〕6 号	印发《关于开展全区政法队伍教育整顿的实施方案》的通知
7	镇润发〔2021〕7 号	印发关于开展党史学习教育实施方案的通知
8	镇润发〔2021〕8 号	关于成立区委党史学习教育领导小组的通知
9	镇润发〔2021〕9 号	印发《关于实施“润州英才”计划（2021—2025）的意见》的通知
10	镇润发〔2021〕10 号	关于授予韦岗街道等 8 个领导班子、刘春光等 28 名同志 2020 年度“三聚三提五创”活动荣誉称号的决定
11	镇润发〔2021〕11 号	关于表彰润州区 2020 年度“服务城市经济高质量发展促进奖”的决定
12	镇润发〔2021〕12 号	关于表彰镇江市润州区劳动模范的决定
13	镇润发〔2021〕13 号	关于做好中国共产党镇江市润州区第九次代表大会代表选举工作的通知
14	镇润发〔2021〕14 号	中共镇江市润州区委关于庆祝中国共产党成立 100 周年活动安排相关事项的通知
15	镇润发〔2021〕15 号	中共镇江市润州区委关于表彰全区优秀共产党员、优秀党务工作者、先进基层党组织的决定
16	镇润发〔2021〕16 号	关于深入学习贯彻《习近平总书记在庆祝中国共产党成立 100 周年大会上的讲话》的通知
17	镇润发〔2021〕17 号	关于印发《2021 年度“三聚三提五创”三十佳评选活动实施方案》的通知
18	镇润发〔2021〕18 号	关于印发润州区 2020 年度政治生态监测评估反馈问题整改方案的通知
19	镇润发〔2021〕19 号	关于在全区党员干部中开展“两在两同”建新功行动的实施意见
20	镇润发〔2021〕20 号	关于官塘创新社区高质量发展行动方案的通知
21	镇润发〔2021〕21 号	中共镇江市润州区委转发《中共镇江市润州区人大常委会党组关于做好区人民代表大会换届选举工作的意见》的通知
22	镇润发〔2021〕22 号	关于成立区委军民融合发展委员会的通知
23	镇润发〔2021〕23 号	区委转发《区委统战部、区委组织部关于政协润州区第七届委员会人事安排的意见》的通知

续表 29

序号	文号	标题
24	镇润发〔2021〕24 号	印发《〈关于推动中共润州区委落实全面从严治党主体责任的纪检监察建议〉整改实施方案》的通知
25	镇润办发〔2021〕1 号	关于切实做好春节安全生产工作的通知
26	镇润办发〔2021〕2 号	关于印发《2021 年度落实全面从严治党党委（党组）主体责任、纪委监督责任的清单》的通知
27	镇润办发〔2021〕3 号	关于调整润州区信访案件县（处）级领导包案的通知
28	镇润办发〔2021〕4 号	关于印发 2021 年重点产业项目投资计划的通知
29	镇润办发〔2021〕5 号	关于印发《润州区关工委 2021 年工作意见》的通知
30	镇润办发〔2021〕6 号	关于转发《润州区政协 2021 年工作要点》的通知
31	镇润办发〔2021〕7 号	关于成立润州区国有企业改革领导小组的通知
32	镇润办发〔2021〕8 号	关于调整区委部分议事协调机构组成人员的通知
33	镇润办发〔2021〕9 号	关于做好 2021 年度镇江市润州区劳动模范评选表彰工作的通知
34	镇润办发〔2021〕10 号	印发《关于开展“红色源动力”党员教育管理提升项目的实施办法》的通知
35	镇润办发〔2021〕11 号	关于成立中共镇江市润州区第九届代表大会第一次会议筹备工作领导小组的通知
36	镇润办发〔2021〕12 号	关于印发润州区关于进一步深化安全生产三年专项整治工作的实施意见的通知
37	镇润办发〔2021〕13 号	关于印发《区委常委会成员、区政府领导班子成员 2021 年安全生产重点工作清单》的通知
38	镇润办发〔2021〕14 号	关于印发润州区城市本质安全大整治大规范大提升“三大行动”实施方案的通知
39	镇润办发〔2021〕15 号	关于印发《2021 年全区机关作风效能建设工作要点》的通知
40	镇润办发〔2021〕16 号	关于做好区级优秀共产党员、优秀党务工作者和先进基层党组织推荐工作的通知
41	镇润办发〔2021〕17 号	关于 2020 年度各街道和区级机关部门综合考核情况的通报
42	镇润办发〔2021〕18 号	关于切实做好“五一”劳动节安全生产工作的通知
43	镇润办发〔2021〕19 号	关于印发《润州区值班管理办法（试行)》的通知
44	镇润办发〔2021〕20 号	关于印发《2021 年区领导督办重点提案责任分工》的通知
45	镇润办发〔2021〕21 号	关于印发《2021 年度全区党委信息工作考评细则》的通知
46	镇润办发〔2021〕22 号	关于印发《润州区政协 2021 年度党建工作要点》的通知
47	镇润办发〔2021〕23 号	关于印发《2021 年度区级督查检查考核工作计划》的通知
48	镇润办发〔2021〕24 号	关于区委办公室区委研究室主任副主任工作分工的通知
49	镇润办发〔2021〕25 号	关于成立润州区优化营商环境“润州最滋润”品牌建设工作领导小组的通知

续表 29

序号	文号	标题
50	镇润办发〔2021〕26 号	印发《关于 2020 年区委常委会贯彻执行中央八项规定精神和省委、市委十项规定情况的报告》的通知
51	镇润办发〔2021〕27 号	关于印发 2021 年意识形态工作“责任清单”“任务清单”的通知
52	镇润办发〔2021〕28 号	印发《关于进一步解决形式主义问题做好 2021 年为基层减负工作具体措施及责任分工方案》的通知
53	镇润办发〔2021〕29 号	印发《关于组织开展“永远跟党走”群众性主题宣传教育活动的工作方案》的通知
54	镇润办发〔2021〕30 号	关于印发《中共镇江市润州区委国家安全委员会 2021 年工作要点》的通知
55	镇润办发〔2021〕31 号	关于朱明、田伟同志担任区委部分议事协调机构组成人员的通知
56	镇润办发〔2021〕32 号	关于印发《中共镇江市润州区委全面深化改革委员会 2021 年工作要点》的通知
57	镇润办发〔2021〕33 号	关于印发 2021 年各街道党工委办事处和区安委会成员单位履行安全生产工作责任考核评价指标的通知
58	镇润办发〔2021〕34 号	关于印发《镇江市润州区残疾人联合会职能配置、内设机构和人员编制规定》的通知
59	镇润办发〔2021〕35 号	关于调整涉退役军人信访案件县（处）级领导包案的通知
60	镇润办发〔2021〕36 号	关于印发《润州区 2021 年度综合考核实施办法》《2021 年度街道推进高质量发展考核实施方案》《2021 年度区级机关服务高质量发展考核实施方案》《2021 年度街道党的建设考核实施方案》《2021 年度区级机关党的建设考核实施方案》《2021 年度领导班子和干部队伍建设考核实施方案》的通知
61	镇润办发〔2021〕37 号	区委办公室　区政府办公室关于印发《镇江市润州区国企改革三年行动方案（2020—2022）》的通知
62	镇润办发〔2021〕38 号	关于成立省安全生产巡查工作润州区协调联络组的通知
63	镇润办发〔2021〕39 号	关于调整润州区生态文明（低碳城市）建设领导小组成员名单的通知
64	镇润办发〔2021〕40 号	关于加强区党政有关部门（单位）与区政协各专门委员会对口联系工作的通知
65	镇润办发〔2021〕41 号	印发关于深入开展党史新中国史改革开放史社会主义发展史宣传教育的实施方案的通知
66	镇润办发〔2021〕42 号	关于印发润州区党政机关公务用车管理办法的通知
67	镇润办发〔2021〕43 号	关于聘任第二届区委法律顾问的通知
68	镇润办发〔2021〕44 号	关于切实做好中秋、国庆期间安全生产防范工作的通知
69	镇润办发〔2021〕45 号	关于印发润州区党政领导干部防范和惩治统计造假、弄虚作假责任制实施办法的通知
70	镇润办发〔2021〕46 号	印发《关于常态化开展扫黑除恶斗争巩固专项斗争成果的实施意见》的通知
71	镇润办发〔2021〕47 号	印发《关于开展“强化党建引领落实长江禁捕退捕长效管理”项目的实施办法》的通知
72	镇润办发〔2021〕48 号	关于印发《2021 年润州区开展社会主义现代化建设实践探索工作方案》的通知

续表 29

序号	文号	标题
73	镇润办发〔2021〕49 号	关于印发《润州区创建安全发展示范城市工作任务清单》的通知
74	镇润办发〔2021〕50 号	印发《润州区贯彻落实市第六专项巡查组关于危险化学品使用安全治理反馈意见的整改工作方案》的通知
75	镇润办发〔2021〕51 号	关于转发《江苏省党政机关移动互联网应用程序管理办法（试行）》《关于推进政务新媒体健康有序发展的实施意见》的通知
76	镇润办发〔2021〕52 号	关于做好全区 2022 年度重点党报党刊征订工作的通知
77	镇润办发〔2021〕53 号	关于印发《润州区全面推行林长制工作方案》的通知
78	镇润办发〔2021〕54 号	关于成立润州区（含高新区）全域旅游示范区创建工作领导小组的通知
79	镇润办发〔2021〕55 号	区委办转发《区委统战部关于工商联（商会）换届工作的实施方案》的通知
80	镇润办发〔2021〕56 号	关于成立润州区林长制工作领导小组的通知
81	镇润办发〔2021〕57 号	印发《关于进一步减轻义务教育阶段学生作业负担和校外培训负担的实施方案》的通知
82	镇润办发〔2021〕58 号	关于印发《镇江市润州区规范民办义务教育发展实施方案》的通知
83	镇润办发〔2021〕59 号	印发《润州区深化村（社区）工作者职业体系实施方案》的通知
84	镇润办发〔2021〕60 号	关于推进全区党政机关和国有企事业单位培训疗养机构改革相关工作的通知
85	镇润办发〔2021〕61 号	区委办公室　区政府办公室关于成立润州区生态环境保护委员会的通知
86	镇润办发〔2021〕62 号	区委办公室　区政府办公室关于印发《省第二十安全生产巡查组反馈意见整改方案》的通知
87	镇润办发〔2021〕63 号	关于开展 2022 年元旦、春节冬春防火暨安全生产大检查的通知
88	镇润办发〔2021〕64 号	关于做好 2022 年元旦春节期间有关工作的通知

区人大常委会

表 30

序号	文号	标题
1	镇润人〔2021〕1 号	关于陈秋明同志任职的通知
2	镇润人〔2021〕2 号	关于公布 2020 效能建设测评结果的通知
3	镇润人〔2021〕3 号	关于 2020 年度基层人大百分考核等次的通报
4	镇润人〔2021〕4 号	关于提请贺永欣等同志职务任免的报告
5	镇润人〔2021〕5 号	关于印发《润州区人大常委会 2021 年工作要点》的通知
6	镇润人〔2021〕6 号	关于贺永欣等同志职务任免的通知
7	镇润人〔2021〕7 号	关于刘向华等同志职务任免的通知

续表 30

序号	文号	标题
8	镇润人〔2021〕8 号	关于李鸿梅等同志免职的通知
9	镇润人〔2021〕9 号	关于祝中昊免职的通知
10	镇润人〔2021〕10 号	关于朱明等同志任职的通知
11	镇润人〔2021〕11 号	关于印发《在全区人大系统开展“民呼我应”主题实践活动的实施意见》的通知
12	镇润人〔2021〕12 号	关于提请卢庆荣等同志职务任免的报告
13	镇润人〔2021〕13 号	关于卢庆荣等同志职务任免的通知
14	镇润人〔2021〕14 号	关于王慧同志任职的通知
15	镇润人〔2021〕15 号	关于王婧等同志任职的通知
16	镇润人〔2021〕16 号	关于耿宇剑等同志免职的通知
17	镇润人〔2021〕18 号	关于提请张浩等同志职务任免的报告
18	镇润人〔2021〕19 号	关于提请批准润州区第十届人大代表名额分配方案的报告
19	镇润人〔2021〕20 号	关于张浩等同志职务任免的通知
20	镇润人〔2021〕21 号	关于成立镇江市润州区选举委员会的通知
21	镇润人〔2021〕22 号	关于启用镇江市润州区选举委员会印章的通知
22	镇润人〔2021〕23 号	关于提请姜银土同志任职的报告
23	镇润人〔2021〕24 号	关于姜银土同志任职的通知
24	镇润人〔2021〕25 号	关于方一之等同志职务任免的通知
25	镇润人〔2021〕26 号	关于曹学卫等同志免职的通知
26	镇润人〔2021〕27 号	关于耿长旭等同志职务任免的通知
27	镇润人〔2021〕28 号	关于推荐继续提名镇江市人民代表大会代表候选人的报告
28	镇润人〔2021〕29 号	关于崔超同志任职的通知
29	镇润人〔2021〕30 号	关于王刚等同志职务任免的通知
30	镇润人〔2021〕31 号	关于张蓓等同志任职的通知
31	镇润人办〔2021〕1 号	关于印发《2021 年润州区街道人大工作百分考核细则》的通知
32	镇润人办〔2021〕2 号	2021 年区人大代表小组开展活动的意见
33	镇润人办〔2021〕3 号	关于加强区人大各代表小组与被测评单位对口联系的通知
34	镇润人办〔2021〕4 号	关于潘丁亮等同志述职评议情况的通报
35	镇润人办〔2021〕5 号	关于做好区人大代表联系监督 2021 年区政府民生实事票决项目的通知
36	镇润人办〔2021〕6 号	关于吴斌斌同志述职评议情况的通报
37	镇润人办〔2021〕7 号	关于镇江市润州区第九届人民代表大会第五次会议代表建议、批评和意见的交办意见

续表 30

序号	文号	标题
38	镇润人办〔2021〕8 号	关于街道议政代表会听取街道办事处年度环境状况和环境保护目标完成情况报告的指导意见
39	镇润人办〔2021〕9 号	关于做好 2021 年重点办理代表建议工作的通知
40	镇润人办〔2021〕10 号	关于江金保等同志述职评议情况的通报
41	镇润人办〔2021〕11 号	关于胡娟等同志述职评议情况的通报
42	镇润人办〔2021〕12 号	关于申请区人民代表大会换届选举工作经费的请示

区政府

表 31

序号	文号	标题
1	镇润政〔2021〕1 号	关于提请陈秋明同志职务任免的报告
2	镇润政〔2021〕2 号	关于区长副区长工作分工的通知
3	镇润政〔2021〕3 号	关于提请刘向华等同志职务任免的报告
4	镇润政〔2021〕4 号	关于袁界荣等同志职务任免的通知
5	镇润政〔2021〕5 号	关于周潇等同志试用任职的通知
6	镇润政〔2021〕6 号	关于印发润州区人民政府 2021 年度百项任务和十件民生实事目标责任分解表的通知
7	镇润政〔2021〕7 号	关于调整润州区部分省级生态公益林的请示
8	镇润政〔2021〕8 号	关于上报镇江市润州区国土空间规划近期实施方案的请示
9	镇润政〔2021〕9 号	关于“省级全域旅游示范区”创建工作验收的请示
10	镇润政〔2021〕10 号	关于提请祝中昊免职的报告
11	镇润政〔2021〕11 号	关于镇江市润州金江加油站项目用地土地上市的请示
12	镇润政〔2021〕12 号	346 国道镇江 240 省道至乔家门段扩建工程（润州区段）项目搬迁公告
13	镇润政〔2021〕13 号	关于上报润州区 2021-01 号土地征收成片开发方案的请示
14	镇润政〔2021〕14 号	关于印发《镇江市润州区国民经济和社会发展第十四个五年规划和二〇三五年远景目标纲要》的通知
15	镇润政〔2021〕15 号	关于祝锋等同志免职的通知
16	镇润政〔2021〕16 号	关于邓燕等同志试用任职的通知
17	镇润政〔2021〕17 号	关于拾翠同志任职的通知
18	镇润政〔2021〕18 号	关于邀请市政府领导出席校企战略合作签约仪式的请示
19	镇润政〔2021〕19 号	关于提请朱明、田伟同志任职的报告

续表 31

序号	文号	标题
20	镇润政〔2021〕20 号	关于区长副区长工作分工的通知
21	镇润政〔2021〕21 号	关于提请王慧同志任职的议案
22	镇润政〔2021〕22 号	关于高飞等同志职务任免的同志
23	镇润政〔2021〕23 号	关于张振宇等同志试用任职的通知
24	镇润政〔2021〕24 号	关于《润州区突发事件总体应急预案》向市政府备案的报告
25	镇润政〔2021〕25 号	镇江市润州区人民政府国有土地上房屋征收决定书
26	镇润政〔2021〕26 号	镇江市润州区人民政府国有土地上房屋征收决定公告
27	镇润政〔2021〕27 号	镇江市润州区人民政府关于“大棚房”问题专项清理整治行动“回头看”专题报告
28	镇润政〔2021〕28 号	关于 6.3 亿元专项债券资金闲置问题的报告
29	镇润政〔2021〕29 号	镇江市润州区人民政府国有土地上房屋征收决定书
30	镇润政〔2021〕30 号	镇江市润州区人民政府国有土地上房屋征收决定公告
31	镇润政〔2021〕31 号	关于工人大厦北等地块项目招引相关情况的请示
32	镇润政〔2021〕32 号	润州区人民政府关于和平路街道办公驻地迁移历史遗留问题的请示
33	镇润政〔2021〕33 号	关于授予 2020—2021 年度润州区“优秀教育工作者”称号的通报
34	镇润政〔2021〕34 号	西理智造园项目搬迁公告
35	镇润政〔2021〕35 号	关于批准官塘创新社区享受相关政策的请示
36	镇润政〔2021〕36 号	关于石荣贺等同志职务任免的通知
37	镇润政〔2021〕37 号	关于郑泽宇等同志试用任职的通知
38	镇润政〔2021〕38 号	关于柯佳同志任职的通知
39	镇润政〔2021〕39 号	关于对 2020 年度地方政府专项债券实施项目调整的请示
40	镇润政〔2021〕40 号	关于调整润州区部分省级生态公益林的请示
41	镇润政〔2021〕41 号	关于提请耿长旭等同志职务任免的议案
42	镇润政〔2021〕42 号	关于耿长旭等同志职务任免的通知
43	镇润政〔2021〕43 号	关于袁建明等同志试用任职的通知
44	镇润政〔2021〕44 号	关于陈涛等同志任职的通知
45	镇润政〔2021〕45 号	关于黄昕同志职务任免的通知
46	镇润政〔2021〕46 号	关于申请对润州区七里桥建设项目涉及生态空间管控区域论证报告进行论证的请示
47	镇润政〔2021〕47 号	关于拟请崔超同志任职的议案
48	镇润政〔2021〕48 号	关于李纯刚同志到澳门进修的请示

续表 31

序号	文号	标题
49	镇润政〔2021〕49 号	关于扬镇线邗江润州段联合检查的报告
50	镇润政〔2021〕50 号	关于公布润州区第五批区级非物质文化遗产代表性项目名录的通知
51	镇润政〔2021〕51 号	关于李晓燕同志到澳门进修的请示
52	镇润政〔2021〕52 号	关于张烁等同志职务任免的通知
53	镇润政〔2021〕53 号	关于祁明星等同志职务任免的通知
54	镇润政〔2021〕54 号	关于陈茜等同志试用任职的通知
55	镇润政〔2021〕55 号	关于唐明乐同志任职的通知
56	镇润政〔2021〕56 号	关于借用龚家湾沟西路东地块市级收益分成的请示
57	镇润政〔2021〕57 号	关于印发《关于进一步规范区级财政预算追加的意见》的通知
58	镇润政办〔2021〕1 号	关于申请拨付 2021 年应急值班补贴经费的请示
59	镇润政办〔2021〕2 号	关于申请拨付挂职领导相关经费的请示
60	镇润政办〔2021〕3 号	关于印发《润州区突发事件总体应急预案》的通知
61	镇润政办〔2021〕4 号	关于申请拨付区政府与东南大学系列活动经费的请示
62	镇润政办〔2021〕5 号	关于下达全区国民经济和社会发展主要指标 2021 年度目标的通知
63	镇润政办〔2021〕6 号	关于申请增加行政运行支出经费的请示
64	镇润政办〔2021〕7 号	镇江市润州区人民政府办公室印发《关于全面落实国务院安委会开展深化江苏安全生产专项整治指导工作润州实施方案》的通知
65	镇润政办〔2021〕8 号	关于调整区政府办公室领导班子成员工作分工的通知
66	镇润政办〔2021〕9 号	关于申请城市经济高质量发展大会经费的请示
67	镇润政办〔2021〕10 号	关于申请拨付学史力行乡村振兴推进会暨中国礼赠品企业 100 强（镇江）峰会活动经费的请示
68	镇润政办〔2021〕11 号	关于印发《润州区改革完善医疗卫生行业综合监管制度实施方案》的通知
69	镇润政办〔2021〕12 号	关于印发《润州区特种设备事故应急救援预案》的通知
70	镇润政办〔2021〕13 号	关于调整镇江市润州区新型冠状病毒肺炎疫情防控指挥部的通知
71	镇润政办〔2021〕14 号	关于成立润州区恒大铂珺花园项目相关事宜处置工作专班的通知
72	镇润政办〔2021〕15 号	关于印发润州区既有建筑安全隐患排查整治专项行动方案的通知
73	镇润政办〔2021〕16 号	关于申请镇江数据湖项目发布会经费的请示
74	镇润政办〔2021〕17 号	关于申请拨付消费券发放活动费用的请示
75	镇润政办〔2021〕18 号	关于拨付第五届低碳大会园艺绿植布展服务费的请示
76	镇润政办〔2021〕19 号	关于拨付省、市安全生产巡查组开展工作相关费用的请示
77	镇润政办〔2021〕20 号	关于印发《关于进一步加强河湖长效管护的意见》的通知

续表 31

序号	文号	标题
78	镇润政办〔2021〕21 号	关于印发《润州区政企共担客户红线外电力接入工程实施办法（试行）》的通知
79	镇润政办〔2021〕22 号	关于印发镇江市润州区推进省级文化和旅游消费试点工作实施方案的通知
80	镇润政办〔2021〕23 号	关于印发《润州区创建“国家级节水型社会达标县”工作实施方案》的通知
81	镇润政办〔2021〕24 号	关于印发回龙山水库管理和保护规划（2019—2035）等四座水库湖泊保护规划的通知
82	镇润政办〔2021〕25 号	关于印发《润州区街道权力事项清单》的通知

区政协

表 32

序号	文号	标题
1	镇润政协党〔2021〕1 号	关于建议蒋阿喜等同志为一级主任科员人选考察对象的请示
2	镇润政协党〔2021〕2 号	润州区政协党组党史学习教育实施方案
3	镇润政协党〔2021〕3 号	关于润州区政协系统开展“三走进三服务”活动的意见
4	镇润政协党〔2021〕4 号	中共政协镇江市润州区委员会党组关于成立中国共产党镇江市润州区政协委员联合总支部的通知
5	镇润政协〔2021〕1 号	关于调整区政协第六届委员会主席、副主席、秘书长工作分工的通知
6	镇润政协〔2021〕2 号	关于印发《镇江市润州区政协推进“有事好商量”协商议事工作标准化的实施意见》的通知
7	镇润政协〔2021〕3 号	关于加强我区群众体育管理推动国民体质提升的建议案
8	镇润政协〔2021〕4 号	关于邵建栋等同志职务任免的通知
9	镇润政协〔2021〕5 号	关于打造润州“数字经济引领区”的建议案
10	镇润政协〔2021〕6 号	关于华晨明等同志职务任免的通知
11	镇润政协〔2021〕7 号	关于夏兵等同志职务任免的通知
12	镇润政协办〔2021〕1 号	关于筹建“智慧政协”平台专项经费的请示
13	镇润政协办〔2021〕2 号	关于转发镇江市政协《关于深入推进全市“有事好商量”协商议事工作的意见》的通知
14	镇润政协办〔2021〕3 号	关于视察智慧电梯监管服务平台运行情况的通知
15	镇润政协办〔2021〕4 号	关于成立润州区“有事好商量”协商议事工作领导小组的通知
16	镇润政协办〔2021〕5 号	关于申请“有事好商量”协商议事室建设专项经费的请示
17	镇润政协办〔2021〕6 号	关于视察润州基础卫生建设情况的通知
18	镇润政协办〔2021〕7 号	关于视察润州检察工作的通知

续表 32

序号	文号	标题
19	镇润政协办〔2021〕8 号	关于开展区政协委员述职活动的通知
20	镇润政协办〔2021〕9 号	关于换届工作经费的请示
21	镇润政协办〔2021〕10 号	关于视察区行政审批工作的通知
22	镇润政协办〔2021〕11 号	关于组织区第七届政协委员培训的通知
23	镇润政协办〔2021〕12 号	关于做好区政协七届一次会议提案征集工作的通知

统计公报

2021 年润州区国民经济和社会发展统计公报

润州区统计局

二〇二二年四月十四日

2021 年，在市委、市政府和区委、区政府的坚强领导下，全区坚持以习近平新时代中国特色社会主义思想为指导，认真贯彻党的十九大和十九届历次全会精神，深入落实习近平总书记视察江苏、镇江重要讲话指示精神，牢记“镇江很有前途”的殷殷嘱托，团结依靠全区人民，攻坚克难、苦干实干，经受住世纪疫情大战大考，推动了城市经济和各项事业高质量发展，实现“十三五”圆满收官、“十四五”扎实开局。

一、综合

2021 年全区实现地区生产总值 273.69 亿元，按可比价格计算，比上年增长 9.5%，其中：第一产业增加值 0.43 亿元，下降 15.3%；第二产业增加值 45.05 亿元，增长 2.0%；第三产业增加值 228.22 亿元，增长 11.0%。

经济结构进一步调整，服务业增加值占地区生产总值比重略有下降，三次产业比例为 0.2 ∶ 16.4 ∶ 83.4。

2021 年全年完成财政总收入 26.09 亿元，增长 10.37%；其中一般公共预算收入 14.66 亿元，增长 5.15%；一般公共预算收入中各项税收收入 12.76 亿元，增长 8.85%。全年完成财政总支出 30.26 亿元，增长 0.07%；其中一般公共预算支出 22.72 亿元，增长 5.13%。

二、农业

全区农林牧渔业总产值 7558 万元，按可比价计算，同比下降 10.4%；农林牧渔业增加值 4557 万元，按可比价计算，同比下降 15.8%。粮食总产量 1023.6 吨，同比增长 7.2%；水产品产量 140 吨，同比下降 28.2%；蔬菜 10824 吨，同比下降 15.3%。

全年农作物播种面积 640.91 公顷，同比下降 13.9%；其中：粮食播种面积 124 公顷，同比增长 12.7%；蔬菜播种面积 457.53 公顷，同比下降 19.9%。

全年化肥施用量（折纯）370 吨，农村用电量 3167 万千瓦时。

2021 年度润州区农田水利基本建设完成投资约 100 万元。完成土方约 1 万方，疏浚县乡河道 2 条，疏浚长度约 1 千米；改善灌溉面积 66.6 公顷；改善除涝面积 66.6 公顷；长效保洁河道约 13 公里。

三、工业和建筑业

年末拥有规模以上工业企业 11 家。全年规模以上工业企业完成总产值 31.25 亿元，同比增长 13.0%。分轻重工业看，轻工业 0.29 亿元，同比下降 21.7%；重工业 30.96 亿元，同比增长 13.5%。分行业门类看，采矿业 6.32 亿元，同比增长 6.1%；制造业 7.08 亿元，同比增长 20.0%；电力、热力、燃气及水生产和供应业 17.85 亿元，同比增长 13.0%。在总计中，股份制企业 13.39 亿元，同比增长 13.0%；外商及港澳台商投资企业 17.86 亿元，同比下降 13.0%。在总计中，民营工业 13.39 亿元，同比增长 13.0%，其中私营企业 4.13 亿元，同比增长 43.6%。在总计中，大中型工业企业 25.20 亿元，同比增长 10.2%。

全年规模以上工业企业实现营业收入 33.83 亿元，同比增长 9.9%；利税 7.37 亿元，同比增长 38.5%；利润 6.00 亿元，同比增长 50.40%。规模以上工业企业总资产贡献率、业务收入利润率和成本费用利润率分别为 20.82%、17.74%和 21.08%，产品销售率为 103.10%。规模以上工业企业主要产品产量见表 33。

主要工业产品产量

表 33

产品名称	计量单位	累计	比上年±%
石灰石	吨	10964617.00	–1.77
鲜、冷藏肉	吨	801.60	25.08
商品混凝土	立方米	303738.21	11.25
石墨及碳素制品	吨	100500.00	19.36
滚动轴承	万套	316.24	–15.05

年末在库的具有资质等级的建筑业企业 87 家，从事建筑业活动的平均人数为 25073 人。签订合同额 124.09 亿元，同比下降 9.5%，其中，本年新签合同额 79.49 亿元，同比下降 5.8%。建筑业房屋施工面积 515.02 万平方米，同比增长 5.2%。全年实现建筑业总产值 91.91 亿元，同比增长 9.6%。竣工产值 58.67 亿元，同比下降 5.4%。

四、固定资产投资

全年完成固定资产投资 56.57 亿元，同比下降 28.2%。其中：二产投资完成 0.25 亿元，同比下降 58.1%；三产投资完成 56.32 亿元，同比下降 22.4%；高技术产业投资完成 1.38 亿元，同比下降 86.3%；民间投资 45.52 亿元，同比下降 28.2%。

年末在库从事房地产开发经营业企业 27 家，完成房地产投资 46.17 亿元，同比下降 25.4%。房屋施工面积 250.45 万平方米，同比下降 9.4%；房屋竣工面积 51.63 万平方米，同比增长 66.2%。本年商品房销售面积 75.92 万平方米，同比增长 37.3%，其中，住宅销售面积 72.29 万平方米，同比增长 36.8%。本年商品房销售额完成 89.62 亿元，同比增长 43.1%。待售面积 17.05 万平方米，同比下降 14.0%。

五、国内贸易和开放型经济

2021 年实现社会消费品零售总额 134.6 亿元，增长 17.4%。限额以上单位中，批发业实现零售额 17.1 亿元，同比增长 43.27%；零售业实现零售额 47.3 亿元，同比增长 45.59%；住宿业实现零售额 0.24 亿元，同比增长 9.53%；餐饮业实现零售额 3.09 亿元，同比增长 4.05%。全年限额以上批发和零售业消费品中，石油及制品类实现零售额 26.27 亿元，同比增长 31.6%；服装、鞋帽、针纺织品类实现零售额 0.33 亿元，同比增长 11.13%；家用电器和音像器材类实现零售额 0.49 亿元，比上年下降 21.61%；日用品类实现零售额 18.27 亿元，比上年增长 237.55%；粮油食品类实现零售额 5.54 亿元，比上年增长 25.23%；中西药品类实现零售额 0.33 亿元，比上年下降 40.06%。

年末拥有亿元贸易市场 2 个，分别是：镇江九州国际装饰家居广场有限公司、镇江农副产品批发市场有限公司，实现成交额 35.75 亿元。

2021 年完成进出口总额 18.4 亿人民币，同比降低 3.9%，其中出口总额 16.8 亿人民币，同比降低 3.8%；进口总额 1.6 亿人民币，同比降低 4.7%。2021 年全年全区实际利用外资 1977 万美元，占市计划的 85.97%。

六、科学技术和卫生

2021 年新认定的国家级高新技术企业 3 家，年末拥有国家高新技术企业数 15 家。成功为区内 1 家企业申请苏科贷 500 万元。6 个科技项目获市以上立项，为企业争取扶持资金 646 万元。1 家科技企业孵化器和 2 家省级众创空间获批。

2021 年末拥有医疗卫生机构（包含个私诊所）121 个、实有床位 742 张；有卫生技术人员 1096 人，其中：执业（助理）医师 379 人、注册护士 667 人、药剂人员 50 人。城乡居民合作医疗同步实施。（卫生部分含高新区）

七、教育、体育和文化

2021年全区拥有小学12所、初中1所、九年一贯制学校5所（含两所民办：镇江苏州外国语学校、镇江培文实验学校）；现有在校小学生14042人，初中生4344人。九年义务教育对象入学率100%；小学、初中在校生巩固率均达100%；初中升高中段的比例达到100%。职业教育、成人教育继续发展，现有中等职业类学校1所，在校学生679人。年内向普通高校输送新生81人。（教育部分含高新区）

2021年全区学生体质健康抽测平均合格率95%以上，优秀率10%以上。润州区积极参加市级各类学生体育竞赛，并获得优异成绩。组织学生参加市十六届运动会学生部比赛，获金牌38.5枚，总分1168分。镇江实验学校官塘分校创建成国家级足球特色学校，金山水城幼儿园创建成国家级足球特色幼儿园，润州实小被评为江苏省足球后备人才示范校。2021年镇江市区中考体育考试中润州区再次以均分38.39位列市区第一。(此部分含高新区)

年末全区拥有街道文化站7个，各村（社区）综合文化服务实现全覆盖，完成区文化馆和7个街道文化站客流分析系统设备安装，和省公共文化云平台实现有效对接。群众性文化活动蓬勃开展，全年举办区级演出20余场、开展文艺播种进社区志愿辅导178场、开展全民艺术普及“润心课堂”培训287次、“润心书场”扬州评话演出37场、全民艺术普及进机关课程59次，艺术普及进校园培训120余场、全民艺术普及展览210余场、组织各类读书活动140余场。区文体旅系统在市级以上获奖作品19件，在书画、美术、舞台文艺等方面发表、展出作品180余件。全区已建成体育健身路径点175个。目前，社会体育指导员2714人。

八、生态环境

2021年润州区空气质量优良天数比率为76%，较2017年上升19.9个百分点；$PM_{2.5}$浓度为36微克/立方米，较2017年下降39%。2021年润州区新河桥国考断面及京口闸省考断面水质均达Ⅱ类，达到省考核目标。全区集中式饮用水水质达标率100%。

2021年全区共完成成片造林20公顷（其中净增造林6.67公顷，退化林修复13.33公顷）；林木覆盖率为32.66%。

九、人民生活和社会保障

2021年润州区城镇常住居民人均可支配收入为58145元，同比增加4422元，增长8.2%。从收入来源看，工资性收入、经营净收入、财产净收入和转移净收入分别为33438元、6926元、6886元和10895元，同比分别增长6.8%、10.1%、11.2%和9.8%。城镇居民人均消费支出36597元，同比增加6624元，增长22.1%。从同比增速来看，八大类消费呈全面增长趋势，其中教育文化娱乐、医疗保健、其他用品及服务支出涨幅均超过30%。从消费比重上看，食品、居住和教育文化娱乐支出位居前三位，比重分别为28.5%、20.6%和16.4%；其次是交通通信、衣着、生活用品及服务、医疗保健和其他用品及服务支出，比重分别为14.7%、6.8%、5.2%、4.6%和3.2%。

2021年全区新增城镇就业人员6411人，帮助城镇失业人员再就业7420人，2021年年末城镇登记失业率控制在4%以内。（此部分含高新区）

2021年全区城乡基本社会保险覆盖率达98%，共有6444名城乡老年居民享受到政府养老补贴。(此部分含高新区)

注：

1. 公报中各项统计数据均为初步统计数，正式数据以《润州统计年鉴2021》为准。

2. 地区生产总值、各产业增加值绝对数按当年价格计算，增长速度按可比价格计算。

3. 除标注含高新区外，其余段落部分的数据均不含高新区。

（区统计局）

统计数据

国民经济和社会发展主要指标

表 34

指标名称		计量单位	2021 年实绩	比上年 ± %
行政概况	街道	个	7	
	村民委员会	个	4	
	居民委员会	个	48	
	全区总面积	平方千米	113	
国民经济核算	地区生产总值	亿元	273.69	9.5
	#第一产业	亿元	0.43	−15.3
	第二产业	亿元	45.05	2.0
	#工业	亿元	19.94	6.3
农业	农林牧渔总产值	万元	7558.00	−10.4
	#农业	万元	6333.00	−6.2
	林业	万元	193.00	19.3
	牧业	万元		
	渔业	万元	446.00	−49.0
	农林牧渔服务业	万元	586.00	−9.2
工业	规模以上工业总产值	亿元	31.25	13.0
	规模以上工业增加值	亿元	11.32	2.1
	规模以上工业营业收入	亿元	33.83	9.9
	规模以上工业利税总额	亿元	7.37	38.5
	规模以上工业利润总额	亿元	6.00	50.4
国内贸易	社会消费品零售总额	亿元	134.60	17.4
对外经济	实际利用外资	万美元	1977.00	−2.1
	进出口总额	亿元	18.40	−3.9
	进口	亿元	1.60	−4.7
	出口	亿元	16.80	−3.8

续表 34

指标名称		计量单位	2021 年实绩	比上年 ± %
固定资产投资	固定资产投资总额	亿元	56.57	–28.2
	#第二产业	亿元	0.25	–58.1
	第三产业	亿元	56.32	–22.4
	#房地产	亿元	46.17	–25.4
财政收支	一般公共预算收入	亿元	14.66	5.2
	# 税收收入	亿元	12.76	8.9
	一般公共预算支出	亿元	22.72	5.1
人民生活	在岗职工平均工资	元	130970.00	—
	城镇常住居民人均可支配收入	元	58145.00	8.2
教育卫生	在校学生数	人	26730	1.4
	医院床位数	张	742	—
	卫生技术人员	人	619	9.2
	# 护士	人	310	15.2

规模以上工业（分街道）

表 35

单位名称	工业总产值（亿元）	营业收入（亿元）	利税（亿元）	利润总额（亿元）	资产总计（亿元）	负债合计（亿元）	企业数（个）	平均用工人数（万人）
七里甸街道	18.52	18.54	3.97	3.56	14.56	9.01	2	0.09
官塘桥街道	0.99	1.01	0.08	0.05	0.64	0.53	1	0.00
宝塔路街道	—	—	—	—	—	—	—	—
和平路街道	0.59	0.55	0.04	0.03	2.22	1.82	2	0.01
金山街道	—	—	—	—	—	—	—	—
韦岗街道	9.22	11.20	3.22	2.34	15.06	3.46	5	0.10
南山街道	1.93	2.53	0.06	0.02	2.91	0.90	1	0.05
合计	31.25	33.83	7.37	6.00	35.39	15.72	11	0.25

建筑业主要指标

表 36

指标名称	计量单位	2021 年实绩	比上年 ± %
企业数	个	87	20.8
签订的合同额	亿元	124.09	–9.5
建筑业总产值	亿元	91.91	9.6
竣工产值	亿元	58.67	–5.4
房屋建筑施工面积	万平方米	515.02	5.2
#新开工面积	万平方米	87.75	79.1
从事建筑业活动的平均人数	人	25073	3.6
建筑业企业期末人数	人	12582	–15.2

注：本表建筑业企业均为具有资质等级的总承包和专业承包建筑业企业（不含劳务分包建筑业企业）。

固定资产投资

表 37

指标名称	2021 年实绩（亿元）	比上年 ± %
固定资产投资	56.57	–28.2
其中：工业投资	0.25	–58.1
其中：制造业投资	—	—
其中：工业技改投资	0.09	–70.6
服务业投资	56.32	–22.4
# 房地产	46.17	–25.4
其中：产业投资	6.58	–59.1
其中：高技术产业投资	1.38	–86.3
其中：民间投资	45.52	–28.2

房地产开发投资

表 38

指标名称	计量单位	2021 年实绩	比上年 ± %
房地产开发投资完成额	亿元	46.17	–25.4
房屋施工面积	万平方米	250.45	–9.8
房屋竣工面积	万平方米	51.63	66.2
商品房销售面积	万平方米	75.92	37.3
#住宅	万平方米	72.29	36.8
商品房销售额	亿元	89.62	42.7
#住宅	亿元	87.01	41.2
商品房平均售价	元	11804.07	4.0
#住宅	元	12035.94	3.2
待售面积	万平方米	17.05	–17.6

城镇非私营单位从业人员和劳动报酬

表 39

指标名称	计量单位	2021 年实绩
全部从业人员	人	43156
在岗职工	人	35896
其他从业人员	人	2388
劳务派遣人员	人	4872
女性	人	17166
全部从业人员劳动报酬	万元	576300
在岗职工	万元	512269
其他从业人员	万元	11753
劳务派遣人员	万元	52278
在岗职工平均工资	元	130970

社会消费品零售总额（分街道）

表 40

指标名称	2021 年实绩(万元)	比上年 ± %
润州区	1346000.0	17.4
七里甸街道	208758.5	17.2
官塘桥街道	37054.8	17.6
宝塔路街道	517358.0	17.6
和平路街道	173059.5	17.5
金山街道	92306.8	17.3
韦岗街道	11071.0	17.1
南山街道	306391.4	17.8

利用外资（分街道）

表 41

指标名称	实际利用外资(万美元)
七里甸街道	201.20
官塘桥街道	670.30
宝塔路街道	400.30
和平路街道	5.00
金山街道	300.00
韦岗街道	112.50
南山街道	250.20
合计	1977.00

一般公共预算收入

表 42

指标名称	2021 年实绩(万元)	比上年 ± %
一般公共预算收入	146622	5.2
税收收入	127612	8.9
增值税	68510	8.1
企业所得税	18786	33.7
个人所得税	11454	41.1
资源税	1593	11.4
城市维护建设税	2	–38.6
房产税	6452	–3.3
印花税	2768	7.7
城镇土地使用税	1879	–6.8
土地增值税	15875	–8.1
耕地占用税	0	–100.0
其他税收收入	293	—
非税收收入	19010	–14.4
专项收入	6683	7.7
行政事业性收费收入	4447	–44.7
罚没收入	2024	–46.1
国有资源(资产)有偿使用收入	862	–79.6
其他收入	4994	—

一般公共预算支出

表 43

指标名称	2021 年实绩(万元)	比上年 ± %
一般公共预算支出	227158	5.1
一般公共服务支出	29510	13.3
国防支出	185	–6.1
公共安全支出	10550	10.6
教育支出	41517	13.8
科学技术支出	3184	28.2
文化旅游体育与传媒支出	929	–17.8
社会保障和就业支出	19783	–44.7
卫生健康支出	7870	54.8
节能环保支出	1766	–8.2
城乡社区支出	10664	2.0
农林水支出	3515	–23.2
交通运输支出	603	11.7
资源勘探工业信息等支出	783	–45.2
商业服务业等支出	779	–61.7
金融支出	0	–100.0
援助其他地区支出	776	5.0
自然资源海洋气象等支出	2	–93.5
住房保障支出	91265	57.6
灾害防治及应急管理支出	620	32.2
债务付息及发行费支出	2857	–85.0

教　育

表 44

指标名称	计量单位	2021 年实绩	比上年 ± %
全区学校总数	所	59	7.3
九年一贯制	所	4	0.0
初中	所	1	0.0
职中	所	1	0.0
小学	所	13	0.0
幼儿园	所	40	11.1

续表 44

指标名称	计量单位	2021 年实绩	比上年 ± %
全区学生总数	人	26730	1.4
初中	人	4344	0.1
职中	人	685	4.3
小学	人	14042	3.5
幼儿园	人	7659	–1.7
全区班级总数	个	793	2.9
初中	个	109	4.8
职中	个	19	5.6
小学	个	373	4.5
幼儿园	个	292	0.0
全区当年毕业生数	人	6633	0.2
初中	人	1448	–8.9
职中	人	431	–18.1
小学	人	2194	1.0
幼儿园	人	2560	9.6
全区当年招生数	人	6726	7.8
初中	人	1449	6.7
职中	人	465	100.0
小学	人	2530	9.8
幼儿园	人	2282	–11.5
全区教职员工总数	人	2568	–0.9
初中	人	330	–49.2
职中	人	94	–4.1
小学	人	876	46.5
幼儿园	人	1268	1.8
中学专任教师职称人数	人	298	–2.0
高级教师(副高级)	人	108	0.0
一级教师(中级)	人	153	–3.2
二级教师(初级)	人	37	–2.6
小学专任教师职称人数	人	834	0.6
高级教师(副高级)	人	99	3.1
一级教师(中级)	人	658	3.5

续表 44

指标名称	计量单位	2021 年实绩	比上年 ± %
二级教师(初级)	人	77	-20.6
职中专任教师职称人数	人	90	-8.2
高级教师(副高级)	人	48	-11.1
一级教师(中级)	人	37	5.7
二级教师(初级)	人	5	-44.4

注：专任教师数不含工人。

医疗机构

表 45

指标名称	机构数（个）	床位数（张）	卫生技术人员（人）	其中		
				执业医师（人）	注册护士（人）	药剂人员（人）
医院	7	230	119	57	52	10
综合医院	7	230	119	57	52	10
社区卫生服务中心	7	512	479	171	256	52
妇幼保健所	1	—	11	8	2	1
疾病预防控制中心	1	—	10	10	—	—
卫生监督所	1	—	—	—	—	—
总计	17	742	619	246	310	63

（区统计局）

索 引

栏目编校：田 崇

说 明

一、本索引采用主题分析索引方法编制，按索引词第一个字的汉语拼音字母顺序排列(同音按声调)，音、调相同按第二个字音序排列，以此类推。

二、索引词后的阿拉伯数字表示内容所在的页码，数字后的拉丁字母a、b、c表示该页码从左到右的栏数。

三、凡空二字起排，为二级索引，是一级索引词的“附见”。

四、特载、专记、大事记等内容不作索引。

B

C

D

F

G

H

J

K

L

M

N

Q

R

S

X

Y

Z

润州区人民检察院

召开党风廉政建设工作暨队伍教育整顿工作部署会

2021年，区检察院贯彻落实最高人民检察院“讲政治、顾大局、谋发展、重自强”总体要求，围绕区委、区政府决策部署，以“南山蓝”品牌建设为抓手，紧扣“民有所呼、检有所为”履职尽责，2件案例入选最高人民检察院和省检察院典型案例，1项工作被评为全市2021年十佳法治惠民实事。年内，获集体荣誉11个，其中国家级荣誉1个、省级荣誉5个、市级荣誉7个。

检察官操作无人机巡航

“双子新约”网络传销案庭审现场

润州区人民法院

中央第六督导组视察润州区法院诉讼服务中心

2021年，镇江市润州区人民法院在区委坚强领导、区人大有力监督和上级法院指导下，在区政府、区政协和社会各界大力支持下，坚持以习近平新时代中国特色社会主义思想为指导，深入贯彻落实中共十九大和十九届历次全会精神，紧紧围绕“努力让人民群众在每一个司法案件中感受到公平正义”的工作目标，积极践行司法为民、公正司法主线，牢牢抓住政法队伍教育整顿契机，不断加强审判执行工作和自身建设，努力打造一支忠诚干净担当的法院队伍，各项工作取得新进展。截至12月28日，受理案件11112件，审执结10197件，比上年分别上升25.35%和25.66%，该院被评为全省优秀法院。

镇江市润州区人民法院被评为全省优秀法院

召开法官助理分阶培养工作推进会

人民陪审员任命大会暨首期培训班

走访辖区企业着力优化营商环境

集中发放执行案款

邀请残疾人体验“一站式”诉讼服务

青年干警社区普法

润州区教育局

润州区首届教学节

青年教师课堂教学展评

2021年，润州区教育局以更高水平、更高质量教育现代化建设为抓手，推进教育改革与发展，各项工作取得新进展。颁布《2021年度润州区幼儿园招生工作意见》，促进公办、民办幼儿园平衡发展；积极推进义务教育“双减”政策落实，课后服务工作全面推进；开展以“润童学党史，向阳奋力跑”为主题的“个十百千万”工程，推进青少年党史学习教育，组织大、中、小学生各类学党史活动近500场，参与人数超10万人次；举办区中小学生文艺会演，全区500余名学生参演。创成省社区教育品牌项目1个、省“名师工作室”2个。全年“智慧助老”技术培训1100人次。年内，多人次、多项目获得市级以上表彰，1人被评为2020年度江苏“最美教师”。

参与疫情防控志愿服务

难忘的十岁成长礼

食品安全校校行

舞蹈“剪纸姑娘”

颗颗红星永向党　红色经典永流传

盛世国乐

一路前行一路歌

校园文化艺术节

润州区教育局

一起找春天

消防第一课

我运动，我快乐

指尖茶趣

学校食堂厨师厨艺大比拼

润州区民政局

区民政局换届选举工作培训会

区民政局对全区村（社区）工作者进行培训

2021年，润州区民政局围绕民政主责主业，切实履行基本民生保障、基层社会治理、基本社会服务等职责，全力推进民政事业高质量发展。

润州区“韦岗”成功入选江苏省首批100个红色地名 ▶

上门服务

困难老年人家庭适老化改造

端午节组织儿童开展趣味活动

润州区交通运输局

2021年，润州区交通运输局在区委、区政府和市交通运输局的正确领导下，围绕年度重点工作，凝心聚力，主动作为，真抓实干，确保各项目标任务落实到位。抓好农路管养解民忧，做好行业监管促发展，整治铁路隐患树标杆，助力城市经济勇为先，贯彻交通发展新理念。

党史学习教育主题活动

组织开展交通发展摄影征文大赛

开展疫情交通防控查验工作

铁路沿线环境检查

农村公路巡查

桥梁安全隐患排查整治

润州区市场监督管理局

食品安全检查

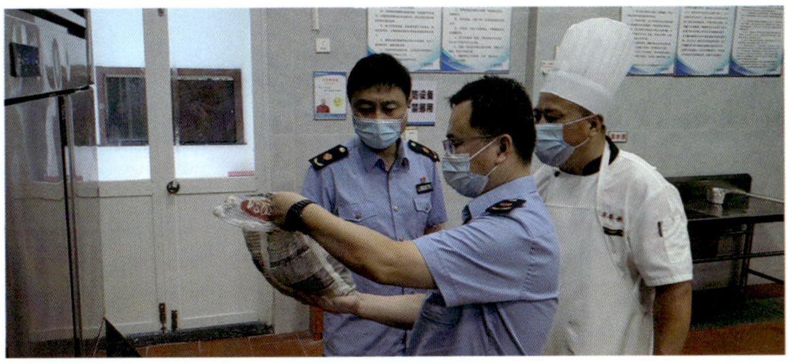

餐饮安全检查

安全生产宣讲

计量器具检查

2021年是中国共产党成立100周年，是“十四五”规划的开局之年，润州区市场监管局以政治建设为统领，聚焦高质量发展，踔厉奋发，笃行不怠，加速提升润州经济社会发展服务质效，以优异的成绩向党的百年华诞献礼。

开展“庆祝中国共产党成立100周年”系列活动

润州区城市管理局

区城管局党委主要负责人讲专题党课

上海战役总前委旧址纪念馆广场前重温入党誓词

2021年，区城管局紧紧围绕区委、区政府总体目标，在市容秩序、环卫保洁、品质提升、文明创建等多个方面真抓实干、攻坚克难，提高管理水平，提升城市品质。

城市市容和环境卫生管理宣传月活动

环卫工人爱心驿站

环卫机械化作业

民生实事项目——改造公厕

润州区住房和城乡建设局

工地扬尘管控

燃气供气点检查

2021年，区住建局认真贯彻落实区委、区政府各项决策部署，以城建项目为重点，以民生工程为根本，以作风效能为抓手，强化措施、主动作为，努力开创全区住建工作新局面。老旧小区改造、危房解危、房屋征收、住房保障等民生实事工程进展顺利；物业管理、房地产建筑业市场等行业管理水平提档升级；燃气安全、既有建筑排查、自然灾害风险普查、信访维稳、防汛防涝、疫情防控等风险处置能力持续提升；污水处理、工地扬尘管控等生态环境治理成效显著。获区委、区政府2021年度服务城市经济高质量发展促进奖先进单位、2021年度机关效能建设优秀单位。“党建引领全区物业水平新提升”书记项目获2021年度十佳书记项目荣誉。

餐饮店燃气检查

既有住宅加装电梯工程

解放路 10 号改造前

解放路 10 号改造后

桃园小区二期改造前

桃园小区二期改造后

润州区人力资源和社会保障局

区人社局全体党员在韦岗抗战胜利纪念碑前重温入党誓词

区人社局主要负责人给全体党员上了一堂“微党课”

2021年，在区委、区政府的正确领导下，区人社局积极响应“跑起来”号召，围绕城市经济发展主线，着力抓重点、强弱项、防风险、稳预期，全面高效扎实推进就业创业、社会保障、人事人才、劳动权益等各项重点工作，全区人力资源和社会保障事业取得了新的进展。区人社局先后获得江苏省文明单位、镇江市文明单位、镇江市证照联动监管工作先进单位、镇江市金牌劳动人事争议调解组织、润州区服务城市经济发展先进单位等多项省、市、区级荣誉。

2021年，区城镇居民人均可支配收入58144.8元，城镇居民可支配收入增幅达8.2%；城镇新增就业6411人，占年计划的110.5%；城乡居民基本养老保险保障水平每人每月249元，城乡社会保险覆盖率稳定在98%以上；每万人劳动力中高技能人才333人。

2021 中国 · 镇江国际菁英创业大赛润州选拔赛活动现场

结对帮扶进社区，社保先锋服务队在现场帮助退休人员进行资格认证

进行事业单位公开招聘资格复审

在万达广场举办“春风行动”专场招聘会

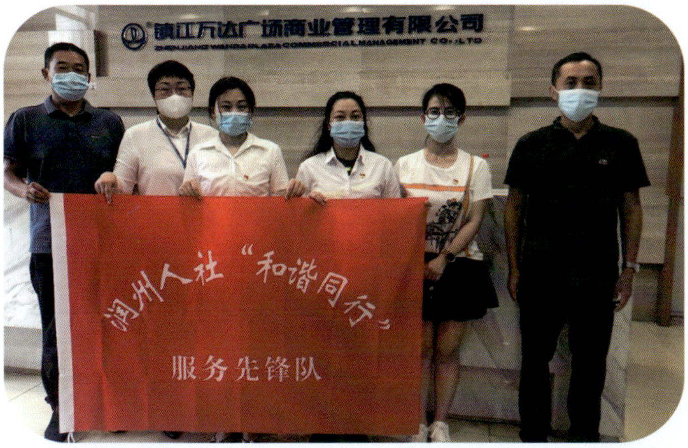

“和谐同行”先锋服务队走访万达广场进行惠企助企政策宣讲

劳动监察部门走进企业进行“双随机”书面审查、劳动合同专项活动

润州区卫生健康委员会

开展庆祝中国共产党成立100周年暨“七一”表彰大会

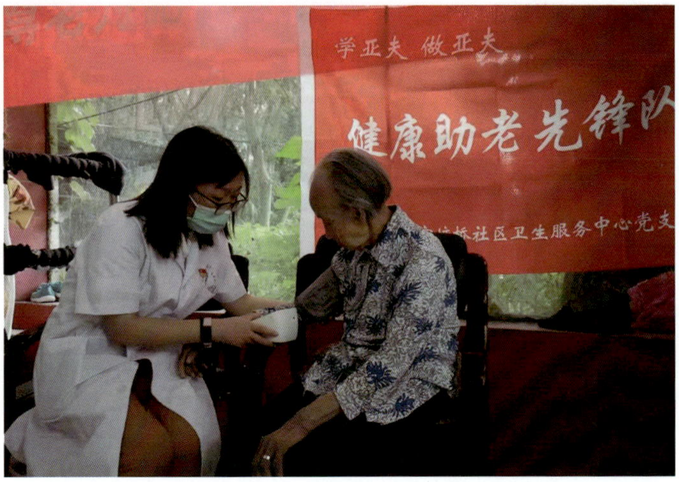

党员志愿者在南山长寿养老院开展“学亚夫、做亚夫”先锋行动

2021年，润州区卫健委坚持以人民为中心的发展理念，始终围绕健康润州建设，聚焦疫情防控、疫苗接种、健康保障、民生实事等重要方面，毫不松懈筑牢健康防护屏障，坚定不移提升健康服务能力，初心不改解决群众心中急难愁盼。全区卫健系统下设公共卫生单位3家，分别为区疾病预防控制中心、区卫生监督所、区妇幼保健计划生育服务中心；社区卫生服务中心7家，分别为七里甸、黎明、宝塔路、工业园区、金山、蒋乔、官塘桥社区卫生服务中心。现有在职员工638人，核定人员编制358个（在编人员217人、空编141个），编外人员421人（其中事业保险66人），其中高级职称57人、中级职称135人。

开展学百年党史、做健康卫士义诊活动

参观“百年征程 初心永恒”——中国共产党在江苏历史展

润州区支援南京、扬州核酸采样队凯旋

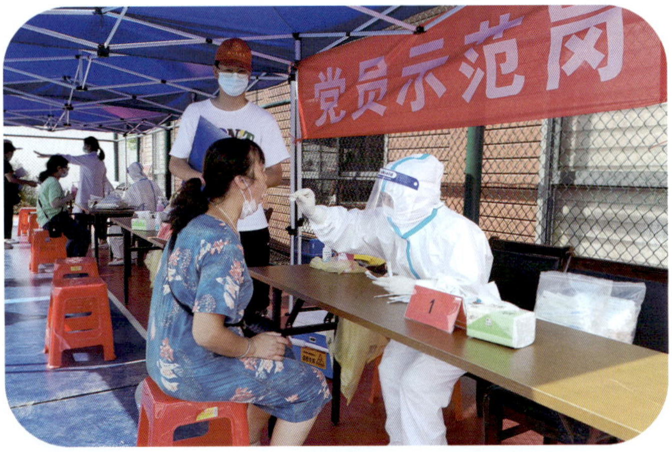

全员核酸检测应急演练现场党员示范岗

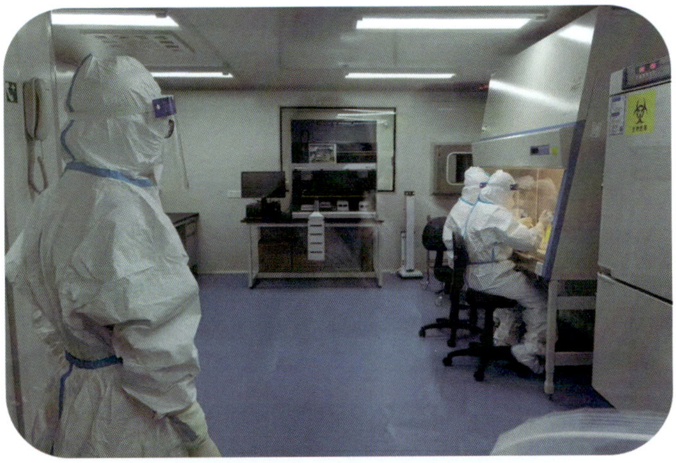

新建成的PCR核酸检测实验室

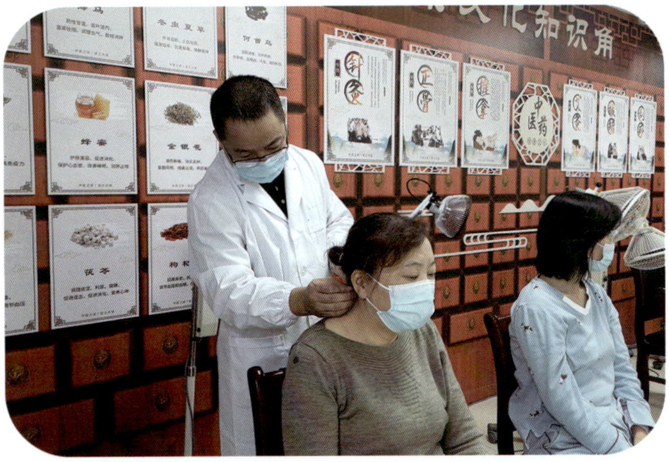

中医馆针灸服务

举办“我们的护理精神在党旗下闪光”红色诗歌朗诵活动庆祝“5·12”国际护士节

润州区退役军人事务局

省退役军人事务厅领导检查指导润州区退役军人事务工作

2021年，区退役军人事务局坚持以习近平新时代中国特色社会主义思想为指导，深入学习习近平总书记关于退役军人工作重要论述，贯彻落实中央、省、市、区系列会议和文件精神，用心用情用力，争先率先领先，持续推动退役军人事务工作高质量发展。

区委负责同志带队慰问驻润州部队

召开军地座谈会

退役士兵返乡报到

现役官兵与退役士兵座谈

慰问参战老兵

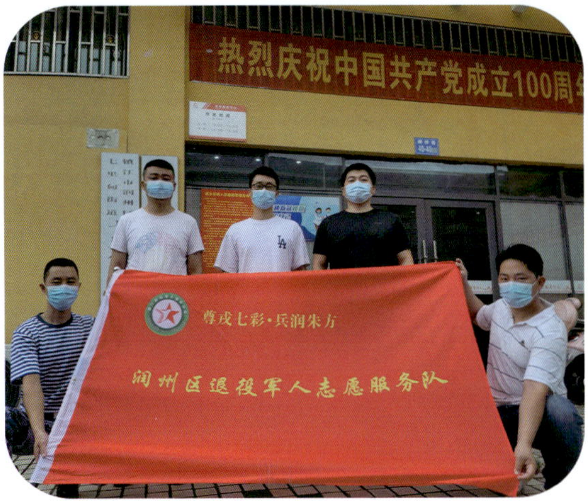

退役军人志愿服务队开展志愿服务

中秋节慰问困难群众

为少年军校学生佩戴纪念章

“戎耀今生”书画家进军营活动启动仪式

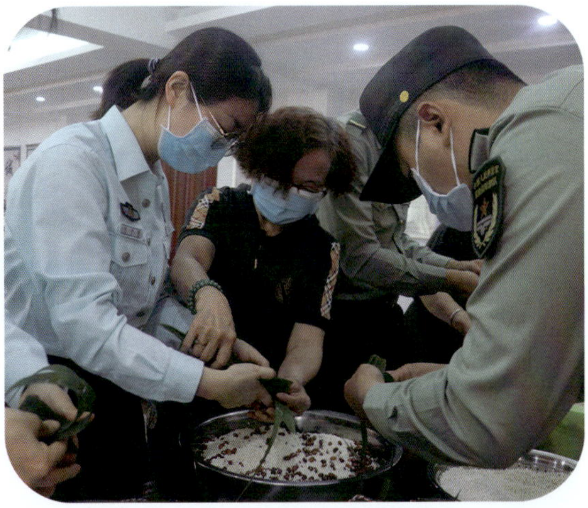

双拥共建迎端午，浓情粽意暖人心

镇江市润州生态环境局

区政府主要负责人现场调度全区臭氧污染防治工作

开展"传承红色基因，弘扬抗战精神"主题党日活动

2021年，润州生态环境局坚持以区域环境质量持续改善为核心目标，聚焦"减污降碳"总要求，坚持"生态优先，特色发展"战略路径，持续发力污染防治攻坚战，解决各类突出环境问题。

开展执法队伍冬春季整训活动

开展"人与自然和谐共生"主题宣传活动

开展南山"毅行"环保志愿活动

国家税务总局镇江市润州区税务局

举行“双师引领　薪火相传”2021年度师徒结对仪式

庆祝中国共产党成立100周年文艺汇演

2021年，润州区税务局党委以习近平新时代中国特色社会主义思想为指导，在市税务局党委和区委的坚强领导下，深化党史学习教育，以“带好队伍”大力推动“干好税务”，以“双提”促发展，以“三问”抓实效，努力在服务地方发展中跑在前列，在税收营商环境建设中争创一流。

工作人员在线上体验区辅导纳税人办理税务事项

青年干部到居民小区开展疫情防控值勤、宣传工作

邀请税费体验师体验江苏税务App功能

镇江市公安局润州分局

召开全区公安工作会议

召开全区公安队伍教育整顿领导小组（扩大）会议

2021年，镇江市公安局润州分局在润州区委、区政府和镇江市公安局的坚强领导下，凝心聚力做好抗疫情、护安全、保稳定、惠民生各项工作，圆满完成全年各项目标任务。

全力服务大局，中国共产党成立100周年系列安保维稳工作凸显担当。优化营商环境，在全市率先启动“易民办·一警通”服务品牌，助企惠民“润七条”服务举措高效推进。首批派出所“综窗”投入使用，十佳品牌创建亮点纷呈。扛主业守平安，常态化扫黑除恶，严打电信诈骗、食药环等违法犯罪，全面筑牢民生领域安全防线。聚焦突出犯罪，深化严打整治攻势，侦破公安部督办“2·19”特大假冒注册名表案、“5·07”特大电信网络诈骗案等一大批大案、要案。强化整体防控，试点启动“巡处一体化”警务机制实战改革，实体化运作反诈中心。坚持固本强基，网安电子取证室、情指中心融合实战中心等营房建设按下“加速键”。重规范提效能，坚持党建引领，认真开展党史学习教育和队伍教育整顿，深入开展问题查纠，大力整治顽瘴痼疾，着力弘扬功模精神，坚持严治警厚爱警，锻造“四个铁一般”过硬队伍。2021年，涌现出一大批先进集体和个人，24个集体、150余人受到上级公安机关和政府表彰奖励。

参加“人民公安心向党　初心使命铸忠诚”庆祝中国共产党成立100周年大合唱比赛

举行“警企一警通”帮办服务示范点揭牌仪式暨助企惠民“七个办”现场发布会

召开“5·07”特大电信诈骗案新闻通气会

常态化巡逻，织密防控网

安全教育进校园

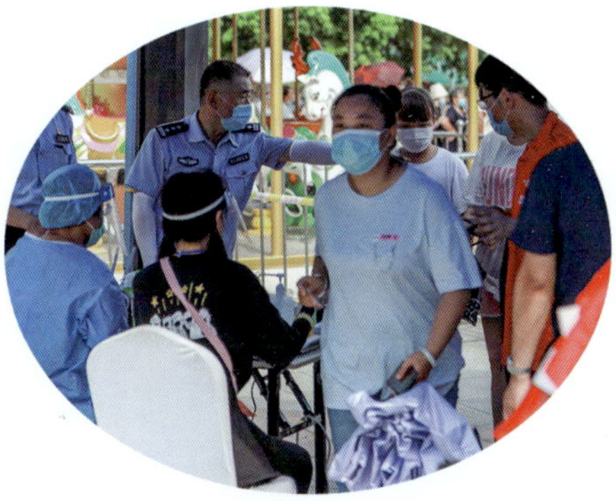

护航核酸检测应急演练

抓获“2·19”特大假冒注册商标名表案嫌疑人

扣押涉案物品

润州区七里甸街道

江苏省委党史学习教育第三巡回指导组到万科社区观摩指导

开展“万科社区绿化带整治及健身广场建设”协商议事活动

召开“加速产业聚集、勇当经济发展排头兵暨一季度开门红”工作会议

七里甸街道地处镇江市核心主城区，是市、区两级行政中心所在地，坐拥南徐新城“首善资源”，政务、商务、文化活动云集，资源、资金、人才等要素汇聚，城际铁路、南徐大道等交通要道穿境而过，区位优势独特，资源优势凸显。辖区面积13.2平方千米，下辖10个社区，总人口约8.4万人。

2021年，街道深入贯彻中共十九大和十九届历次全会精神，认真学习习近平新时代中国特色社会主义思想，贯彻落实省第十四次党代会、市第八次党代会和区第九次党代会精神，大力弘扬伟大建党精神，坚持稳中求进工作总基调，科学统筹高质量发展，“十四五”开局平稳有序。

镇江市网格规范化标准化工作现场会在金星社区举行

南徐曙光社区举办红星玫瑰苑小区消防升级改造竣工交接仪式

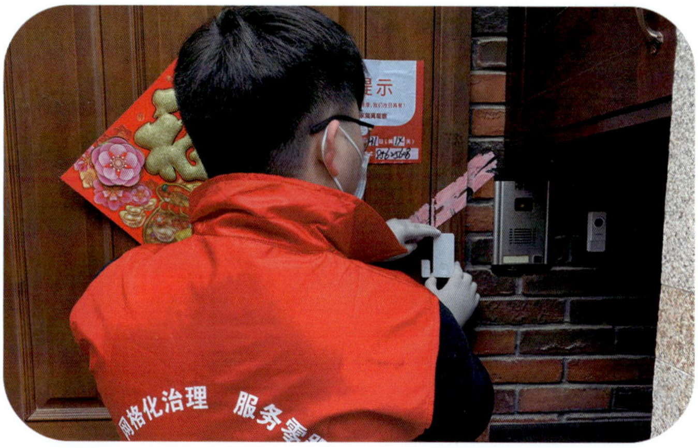

为重点居家隔离对象安装门磁感应系统

万科社区离退休干部政治生活室揭牌

金星菜场智慧化改造升级重新开业

重装开业的金星菜市场

为辖区老党员颁发“光荣在党 50 年”纪念章

润州区官塘桥街道

区委负责人走访调研融创地产

街道党工委走访江苏润易云通科技产业发展有限公司

官塘桥街道位于镇江市南，东邻丁卯经济开发区，南接丹徒新区，西接南山风景区，338省道、京沪高速铁路和沪宁城际铁路等穿境而过。2021年，区域面积12.26平方千米，有4304户、1万余人，下辖官塘桥、平山、秀山3个行政村和宝平、远洋2个社区。有九年制义务教育学校2所、幼儿园2所、社区卫生服务中心1所。

官塘桥街道第一届议政会第二次会议

官塘桥街道全力服务创新社区建设动员大会

街道议政代表督查辖区内民生实事项目完成情况

市五级人大代表接待选民日活动

举办“百年风华耀初心　砥砺奋进新官塘”文艺演出

2021年全区重大产业项目建设现场会暨东南大学校友经济产业园（镇江园）项目开工仪式

“我为群众办实事　官塘党员当先锋”认领民生实事项目现场

润州区和平路街道

区委主要负责人调研菜市场疫情防控工作

省委党史学习教育第三巡回指导组调研视察金湖社区幸福小院

省、市、区领导考察红色形象体系及渔文化科普馆

和平路街道环抱金山，滨水而居，现辖4个涉农社区和7个城市社区，陆域20平方千米，水域220平方千米，长江岸线93.56千米，常住人口6.8万人，是融市民、农民、渔民为一体的城乡结合型街道。2021年，和平路街道以习近平新时代中国特色社会主义思想为指引，在区委、区政府的坚强领导下，在区各部门的关心指导下，以建设强富美高新和平为目标，以服务项目、保障民生为抓手，开拓创新，真抓实干，努力开创经济和社会事业新局面。

庆祝中国共产党成立100周年活动

机关党支部主题教育活动

街道研究部署文明城市迎检等工作

开展全员核酸应急演练

润州区十年禁渔党建联盟成立

深入基层听取民情民意

镇江新金江渔文化科普馆开馆

润州区宝塔路街道

市委主要负责人调研“人大进商圈”工作

市人大常委会负责人调研城际商圈人大代表联络站

区委主要负责人参观党史书画展活动

区政府主要负责人督查推进民生实事项目建设情况

城际商圈优秀联盟企业授牌活动

宝塔路街道地处镇江市主城区，东至古运河，南至天桥路、南山路、北府路，西至檀山路、黄山北路，北至中山西路及京口闸，总面积7.63平方千米。2021年，下辖社区居委会12个，共29005户、71634人。

全年完成一般公共预算收入3.73亿元、固定资产投资12.6亿元、限上住宿业营业总额1700.2万元，实到外资及港澳台资400万美元。新增“四上企业”21家，项目引进34个，“金山英才”等人才计划入选5人；完成老旧小区加装电梯3部，完成65户在库D级危房人户分离工作，发放临时租房补贴25.34万元，投入200万元实施物业全覆盖；帮扶再就业、创业1583人次，帮助政府贴息创业贷款24人、744万元。投入116万元，升级黎明社区AAA级居家养老服务中心。全年发放低保金1080万元、残疾人补贴173万元，组织大型广场汇演15场，其他各类文化活动186次。年内，红心加油站获“江苏省青年书香号”称号。

“我为群众办实事”媒体走基层系列活动新闻发布会宝塔路街道专场

企业同心助力疫情防控

城际商圈“政校商联盟”共建活动

中国航天精密仪器专家嵇钧生给少先队员讲嵇直故事

社区举办“我和党旗合个影”活动

社区开展“民族团结一家亲 共学党史颂党恩”活动

童心向党 礼赞百年——纽扣画活动

润州区金山街道

省政协主席黄莉新调研金山街道“有事好商量”协商议事工作

区委负责人带队检查安全生产工作

金山街道位于镇江城区西北部，东起黄山西路，南至中山西路，西沿中山北路，北到长江路，坐拥千年“文脉”西津渡古街、镇江博物馆等10余处国家、省重点文保单位。辖区面积5.16平方千米，户籍人口4万余人，常住人口1.5万人。下辖迎江路中心社区、西津古渡社区、银山门社区等8个社区。辖区历史悠久，有多个传统手工艺被列为省、市级非物质文化遗产名录。

街道第一届议政会第一次会议

新建成的古善新风红色一条街迎接省、市有关领导调研

“金山好声音”悦之声宣讲团成立

街道举办庆祝中国共产党成立100周年文艺活动

童心向党学党史 巧手剪纸迎华诞

“光荣在党50年”纪念章颁发仪式

润州区韦岗街道

区委常委在光影课堂进行党史学习教育

润州区“初心主题园”党建联盟单位集中签约

韦岗街道成立于2011年8月，位于润州区西南部、高骊山东麓，是润州区的一块飞地，也处于镇江市西南片区的中心位置，是312国道产业创新走廊的重要节点。街道总面积10.52平方千米，下辖1个村（即韦岗村，含17个村民小组），有农户834户、农业人口1911人，户籍人口3261人。街道有党员279名，下辖1个党委、9个支部。

2021年，在区委、区政府的正确领导下，韦岗街道认真贯彻落实市、区决策部署，精诚团结、切实作为，全力落实抓党建、促发展、惠民生、强管理、精治理责任，促进经济社会各项事业再上新台阶。

开展“携手清洁家园　共建文明乡村”活动

街道党工委与中国移动镇江市区分公司党支部组织双方党员在初心主题园“三大课堂”共同学党史、悟初心，体验红色教育路线

人大“小板凳”工作法

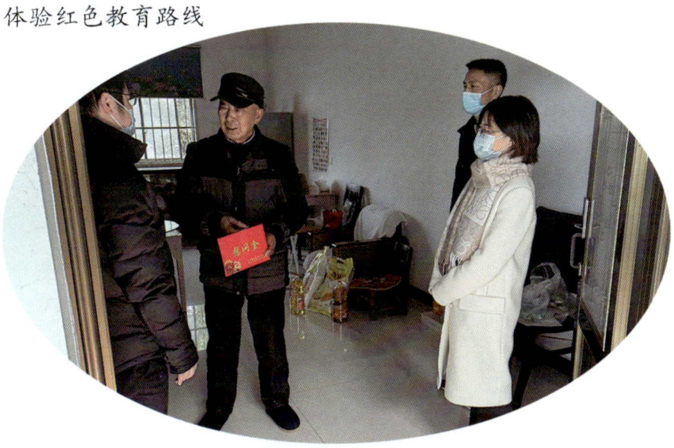

走访慰问困难群众

疫情防控

“高骊蓝”志愿服务队植树活动

党员先锋队

润州区南山街道

区委主要负责人到南山街道调研

区政府主要负责人率队调研南山街道辖区企业

南山街道，管辖范围东至沪宁铁路线，转谷阳路、官塘桥路、环山路，南与丹徒区接壤，西到九华山路，北接南徐大道，转至南山路、林隐路。地理位置独特，文化底蕴深厚。坐拥被宋代大书画家米芾赞为“城市山林”的AAAA级国家森林公园——南山风景区。自南朝以来，备受历代文人青睐，多位文人墨客和帝王将相均先后留下了讴歌南山的华章。辖区总面积约16.28平方千米，下辖五凤口、鹤林、檀山白龙湖、回龙、朝阳五个社区及回龙山水库管理所，总人口1.12万人。

2021年，在区委、区政府的坚强领导下，南山街道紧紧围绕上级部署要求，主动融入实施“双轮驱动”、筑造“四个主城”新发展格局，真抓实干、奋力奔跑，较好完成全年各项工作任务。

“风华恰百年　南山党旗红”文艺活动

区人大负责人调研南山街道民生实事项目

2021 年南山街道工作动员大会

2021年南山街道第一届议政会第一次会议

“风华恰百年　南山党旗红”暨深化“15分钟党建融合圈”系列活动

流动党员岗位认领仪式

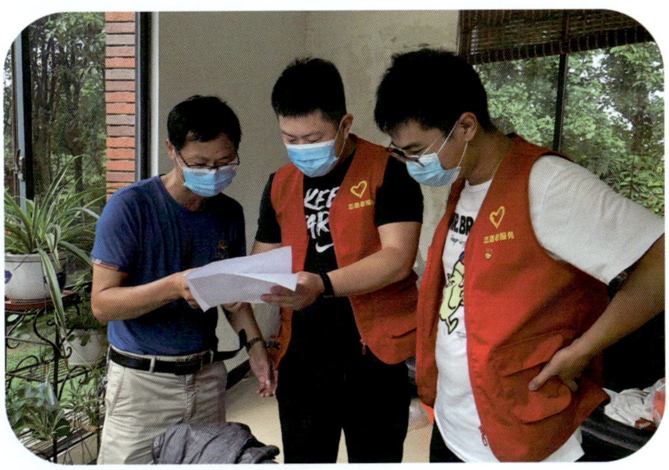

志愿者摸排辖区外来人员

镇江润州长江村镇银行

镇江润州长江村镇银行经银监分局批准于2015年2月5日开业，内设业务发展部、风险管理部、财务会计部、综合管理部和营业部5个部门，下设城南支行。该行自成立以来，始终坚持以服务小微和“三农”、服务地方经济为己任，为“三农”、小微客户创造平等的融资机会，为客户量身打造金融产品和服务流程，大力实施普惠金融政策。致力于打造一家集社交、休闲、金融服务于一体的新型社区银行，让广大客户切身感受和体验到优质快捷的金融服务，全力打造“真诚服务小微客户的特色银行”。2021年，该行紧紧围绕“稳健发展年”工作目标，努力吸收存款，加强与客户的联系，强化服务意识，提高服务质量。同时，全行以“三化营销”“阳光金融　普惠‘三农’”及“深耕责任田”为主题推出贯穿全年的服务营销活动，明确客户服务的工作重点。该行着力于落实好柜面服务五部曲和厅堂营销要求，整合资源提升网点服务效能。

与润州花园社区党委联合迎新春

“绿色金融　我行动”健步走活动

与润州花园社区
联合迎中秋庆国庆

润州区官塘桥街道官塘桥村

市委负责人调研“智慧官塘”产业楼企业

市委业务部门调研官塘桥村村史馆

开展“完善村规民约，树立文明新风”专题协商议事活动

官塘桥村位于镇江市南大门，沪宁高速公路支线、官塘桥路、环山路贯村而过。面积3平方千米，人口1445人。2021年，拥有固定资产1.18亿元，总收入428万元。重点打造的“智慧官塘”产业楼，企业入驻率100%，成为2021年镇江市乡村振兴现场观摩会润州区唯一观摩点。新建“驿路先锋”便民服务点1个、“微社区邻里服务中心”1个。先后获“全国综合减灾示范村”“全国科普惠农兴村先进单位”“江苏省优秀科普惠农服务站”“江苏省民主法治示范村”“江苏省基层党组织书记实训基地”“镇江市文明村”“镇江市优秀基层党组织”等称号。

开展廉政书法进社区活动

开展墙绘美丽乡村活动

驿路先锋便民服务点开展“点亮群众夜生活”便民服务活动

润州区官塘桥街道平山村

官塘桥街道平山村位于沪蓉高速南出入口，北与五凤口社区交界，南与秀山村接壤，东与丁卯街道毗邻，是官塘新城建设的核心区。地域面积6.7平方千米，辖21个村民小组、852户、3024人。村党委下属4个党支部、11个党小组、党员117名。先后获“江苏省社会主义新农村建设示范村”“江苏省省级创业型村”“江苏省文明村（2016—2018年度）”等称号。

穿红军军装，重温入党誓词

服务专场活动

开展完善村规民约协商议事会活动

户外座谈学习将党课搬到群众身边

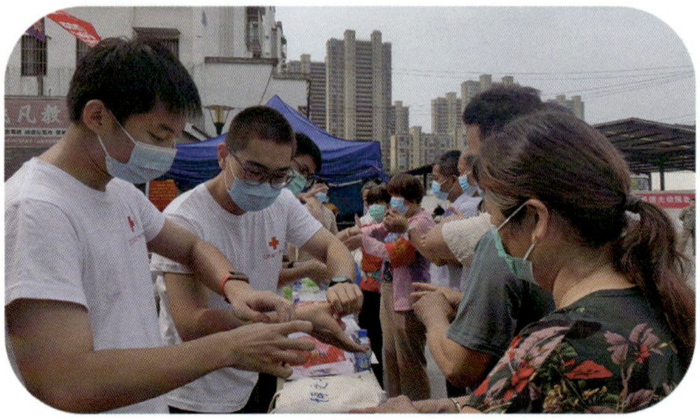

防疫知识宣讲活动

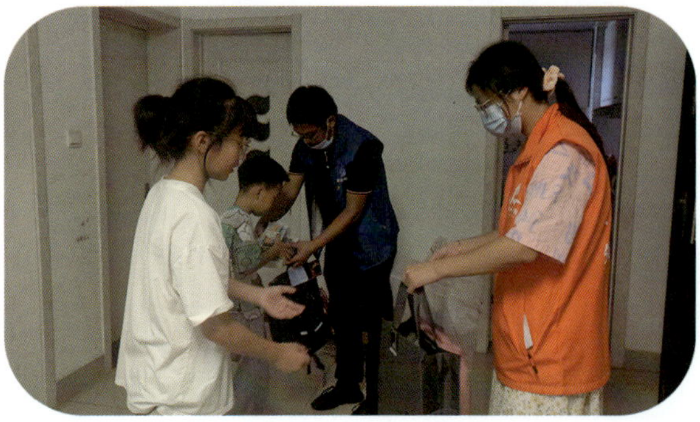

开学季慰问困难家庭

情暖中秋包月饼活动

润州区官塘桥街道秀山村

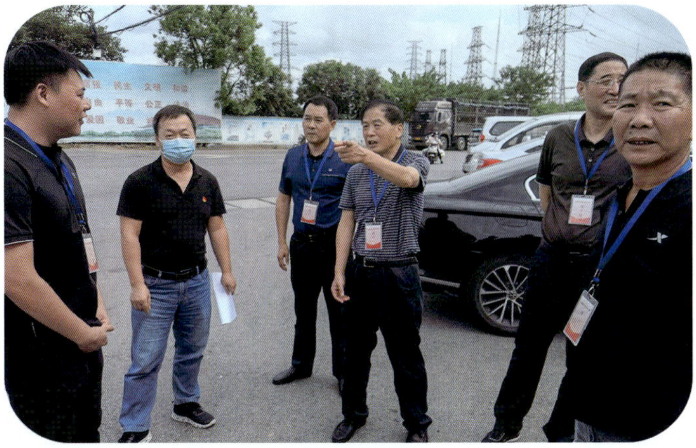

街道议政代表视察民生实事项目

第十二届村委会选举大会

秀山村地处官塘桥街道东南，距离镇江市中心约8千米，东邻沪宁城际铁路，南接338省道，西至镇南立交桥，北与润州茶场、平山村交界。占地5.6平方千米，下辖9个自然村、19个村民小组，有居民760户、2650人，耕地面积820亩。2021年，工业销售5680万元、利税210.6万元，三产营收额9.5亿元、利税4120万元，居民人均收入23680元。流转土地约1300亩，安置2200余人。全年在各类媒体刊登稿件50余篇。先后获“省级电子商务示范村（社区）”“省级民主法治示范村”“镇江市远程教育示范平台”等称号。

开展“办实事、树新风”协商议事季活动

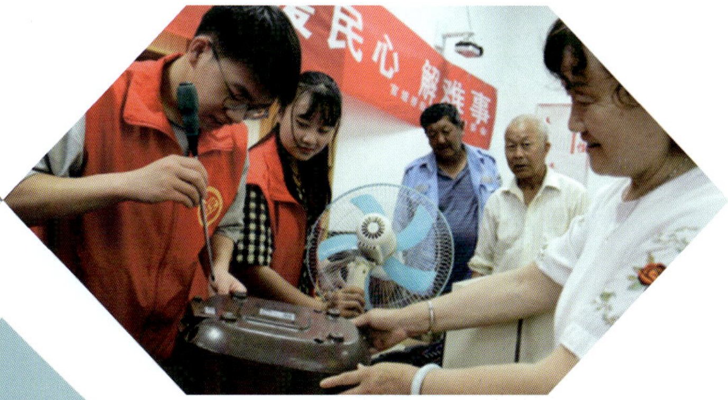

开展学党史·办实事实践活动

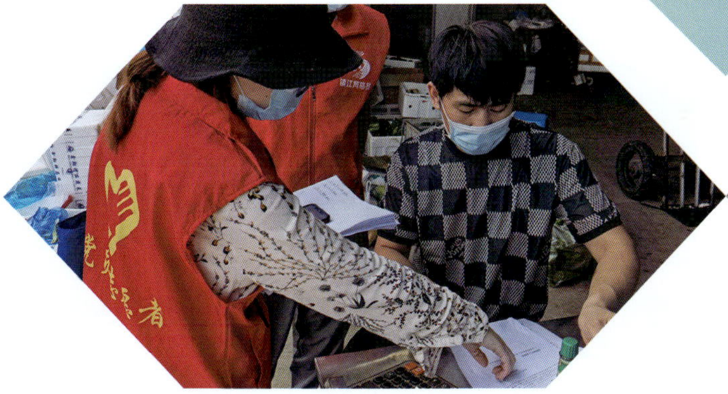

党员志愿者上门向辖区商户宣讲疫情防控知识

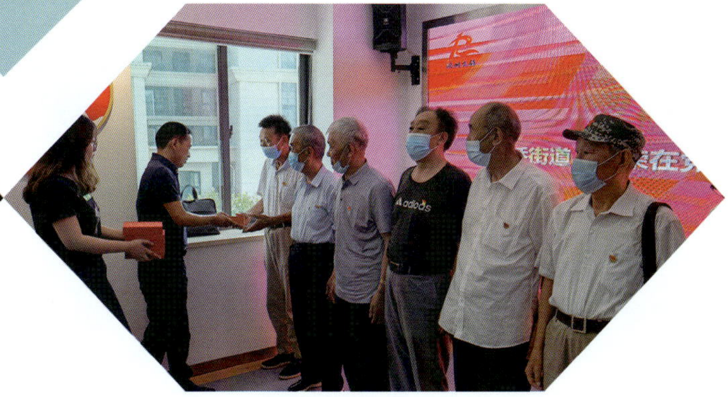

颁发“光荣在党50周年”纪念章

润州区官塘桥街道宝平社区

流动书箱学党史

宝平社区位于镇江市东南，东临宝平路，南接三里岗路，北靠谷阳路，西邻官山路。辖区内有秀山美苑和南山一品两个住宅小区，总人口约4000人。成立于2015年11月，办公地址为谷阳路18号南山一品13幢，建筑面积1800平方米。建有近5000平方米综合性宝平文化广场、社区科普体验馆、社区党校。先后获“江苏省民主法治示范社区”“江苏省新闻出版广电系统先进集体”“镇江市四星级示范农家书屋”“镇江市文明社区”“镇江市社区科普益民先进单位”“镇江市人社基层服务标准化示范平台”“镇江市优秀基层综合性文化服务中心”等称号。

亲子趣味运动会

手绘迎冬奥

童心向党　礼献祖国

学雷锋活动

润州区官塘桥街道远洋社区

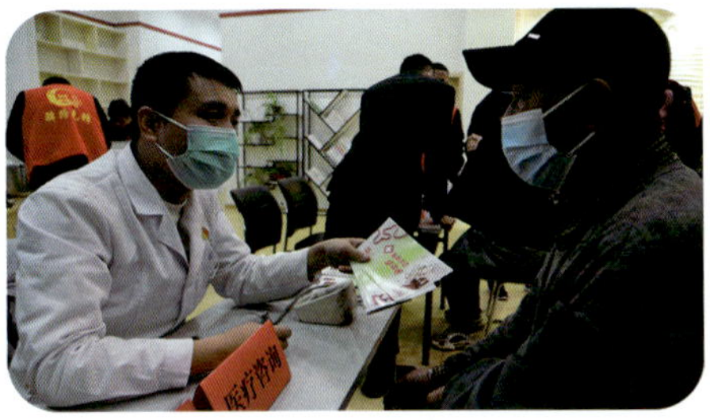

健康义诊活动

“金牛送福”新春剪纸活动

抗疫故事分享会

老少同乐喜迎中秋

暖心春运　爱心购票

我与小树共成长

远洋社区位于镇江市南、沪宁高速镇江支线东侧。2021年，户籍人口285户、630人。社区支部有党员42名，党群服务中心面积1008平方米，配备“一站式”服务大厅等党建工作阵地。先后获“省级健康社区”“省级残疾人康复中心”“省级创业型示范社区”“镇江市劳动示范平台”“镇江市五星先进党支部”“润州区先进基层党组织”“区级十佳网格党组织”等称号。

“学党史、践初心”党课学习

润州区和平路街道

和平路街道新金江社区成立于2020年10月，由原长江村、金江村、金江社区组成，是渔民村向社区转变的新型社区，有总户数1234户，总人口3392人，其中党员141人。面对辖区内群众结构组成多样、渔民退捕上岸的现状，社区党委坚持以党建为引领，统建“1+X”服务阵地，编织“渔民服务网”，组建新时代红色网格服务队，在实践中较好地发挥资源整合的“组合拳”效能，加速“新市民”融入城市生活，逐步打造党旗红、百姓安、产业富的魅力新社区。

新金江渔文化科普馆开馆暨长江大保护新媒体实践基地授牌

润州区委宣传部党支部走进和平路街道新金江社区联合开展“学党史 · 润初心——宣风化雨‘润’滨江”主题活动

开展防范电信诈骗活动

开展庆祝中国共产党成立100周年文艺汇演

新金江社区

镇江市金山地区人民检察院到新金江社区开展“检察蓝护航长江绿”普法活动

人大代表走进新金江社区接待选民听民意

组织党员学习十九届六中全会公报

江苏省农业农村厅渔政处党支部向护渔队赠送防护物资助力长江禁渔

润州区南山街道

为老党员颁发纪念章

学党史剪纸活动

鹤林社区隶属润州区南山街道，地处镇江市南山风景名胜区北麓，因始建于东晋时期的鹤林寺而得名，素有"鹤林烟雨开画本"的城市山林生态之美，亦有"偷得浮生半日闲"的深厚人文历史底蕴。

辖区东至沪宁城际铁路，南至招隐寺，西至南山北部景区，北至林隐路，面积约2.5平方千米，常住人口近1000户、约2000人。原下辖竹林、康湾、高家门3个居民小组和1个安置小区——康湾山居。近十年来，随着城市建设的快速发展，原先的5个村民小组相继搬迁，居民主要安置到红星桃花源、瑞香苑、官塘绿苑等居民小区。

2020年10月，经重新区划调整后，煤炭公司宿舍、山林名墅等小区并入鹤林辖区。社区党支部由此升格为党委，下设3个支部。社区党委秉承求真务实的优良传统，按照区委、街道党工委提出的工作要求，通过党建引领社区治理，做好社区融合发展，开展常态化走访、网格化治理、参与式自治、规范化服务，为民办实事、做好事，努力创建文明和谐新鹤林。

开展"学党史、强党性"学习教育

鹤林社区

邀请社区老党员、抗美援朝老战士，走进校园，参加“三旗传递”交接仪式，讲述战斗故事，让红色基因薪火相传，培养少先队员听党话、感党恩、跟党走的决心

开展“书香南山”读书活动

组织社区青年党员开展“传承抗美援朝精神，践行青年奋斗使命”党史学习教育活动，传承红色基因，激发爱党爱国情怀，践行青年奋斗使命

重温入党誓词

第八届江苏省道德模范高贵芬

润州区韦岗街道韦岗村

书香韦岗

疫情防控

韦岗村位于镇江西郊，距市中心约15千米，东、北面与丹徒区高资街道相邻，西、南面与句容市边城镇交界，交通便利，312国道及243省道穿境而过。全村总面积10.52平方千米，户籍人口4713人，辖地户籍人口3158人，下设17个村民小组，有农户966户、农业人口2057人。村党委下辖6个支部，分别是韦岗村第一至第五党支部和1个非公有制支部鋈鑫科技支部，现有党员170名。

“文化扶智 乡村振兴”走进韦岗村专场文艺演出

新春送福活动

为残疾群众提供上门服务

燕子窝水库

润州区宝塔路街道黎明社区

党建联盟之齐创共建显成效

党史教育之“光荣在党50年”纪念章颁发

宝塔路街道黎明社区地处镇江城区南端，东至黄山东路，南靠南山风景区，西至老黄山南路，北依沪宁铁路线。辖区占地0.81平方千米，常住人口0.83万人。社区所辖3个成熟封闭小区及部分零散楼栋，3个成熟封闭小区分别是景天花园、红星牡丹园、红星桃花源（样板安置小区）。黎明社区是街道唯一涉农社区，原有住户800余户，人口2000多人，随着城市建设发展，目前辖区涉农住户拆迁率达90%，仅剩很小部分原居民未拆迁。

社区连续被评为“江苏省文明社区”，多次荣获“镇江市双拥模范社区”、“镇江市退休人员社会化管理服务示范点”、“镇江市廉政文化示范点”、市级人口和计划生育工作“镇江市示范社区”等多项称号。

民生改善之改造后的居家养老服务中心

民生改善之铁路沿线貌换新颜

疫情防控之常态化防控守护一方

党史教育之学习参观

润州区七里甸社区卫生服务中心

七里甸社区卫生服务中心，是康复集团优质护理示范点。现有职工233人，卫生技术人员213人，其中高级职称30人,中级职称52人。肾病科为该卫生服务中心重点科室，采用中西医结合的方法治疗肾病已有30多年历史。医疗综合楼面积2万平方米，病床300张，设施先进，环境优美。医院先后获“省级示范社区卫生服务中心”“国家级示范社区卫生服务中心”“全国优质示范社区卫生服务中心”“江苏省中医药特色社区卫生服务中心”“江苏省首批社区医院”“省级健康促进医院”等荣誉称号。同时，卫生服务中心为“中医类别全科医生规范化培养基地（基层培养基地)”“全科医师规范化社区培训基地”“儿科、肾脏科市级基层医疗机构特色科室”“肾脏科省级基层医疗机构特色科室”“全科医师省级示范培训基地”。

“学党史、学先进事迹”系列主题活动

“红心向党，初心不改”红色歌曲比赛

指导社区居民辨别中药

开展“两在两同”建新功行动

镇江华润燃气有限公司

时任镇江市常务副市长郭建调研指导

荣获省级放心消费创建示范单位

镇江华润燃气立足燃气行业和经营实际，以文明凝聚人心，用“镇好”服务激发干劲，持续广泛深入推进服务质量提档升级。公司坚持强化党建引领，打造“润燃·镇好”新品牌；公司倡导业绩导向，在保证发展燃气主业的同时，坚持提供综合能源及综合服务业务；公司坚守客户导向，畅通用户办事渠道，提升效率，持续用心打造优质服务；公司秉持安全保供原则，不惜一切代价安全供气。镇江华润燃气将继续突出行业特色和华润优势，不断提升华润燃气服务质量和水平，努力争创行业标杆企业、全市优秀企业，为助力实现镇江产业强市和“世界一流、中国第一”燃气梦做贡献。

党史学习教育

“润燃·镇好”服务品牌

政风行风热线

“水电气路 服务先锋”党建联盟

华润燃气位于上党的210万立方米LNG储配站

瑞祥科技集团

——激发数字活力，企业发展蝶变升级

瑞祥科技集团总部办公楼

数字福利，赋能消费场景再升级

江苏瑞祥科技集团有限公司成立于2008年，是一家拥有“互联网基因”的综合型商贸流通集团公司。近年来，集团全面布局数字化产业，围绕“数字化福利”和“数字化权益”两大赛道，在金融、商业、科技三大板块持续发力，积极推动数字产业链多元创新，不仅为客户提供一站式数字福利解决方案，还助力传统企业数字化转型。

瑞祥作为“数字福利礼品客户权益管理专家”，稳健运营数字采购、数字营销、数字行政三大板块，实现企业“数字化”和“产业化”双向融合发展的螺旋式上升。展望未来，瑞祥将进一步夯实数字产业基础、抢抓先机，支撑数字经济加快发展，促进企业、社会经济迈向新蓝海。

瑞祥科技助力乡村振兴

2021年数字金融产业金科奖

电子商务示范企业

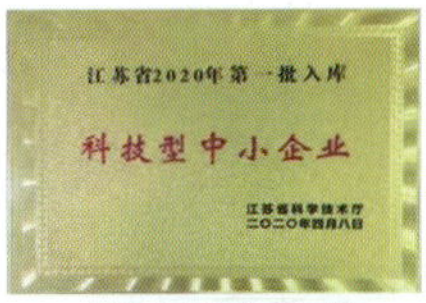

江苏省2020年第一批入库科技型中小企业

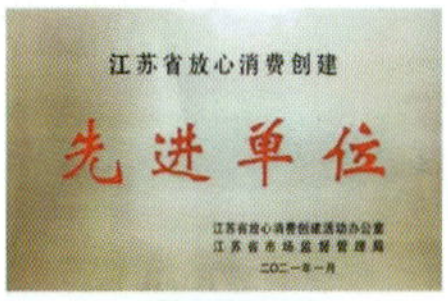

江苏省放心消费创建先进单位

2019年度“五星”先进党支部

江苏省科技型民营企业

“三创争两提升”活动示范单位

2020江苏省软件核心竞争力企业

全市脱贫攻坚暨对口帮扶支援合作先进集体

江苏省2020年度数字商务企业

江苏省电子商务协会副会长单位

互联网平台经济“百千万”工程第五批重点企业

中国互联网成长型企业16强

江苏冬云云计算

江苏冬云云计算股份有限公司成立于2016年，专注数据存储及安全领域科技创新，是镇江市软件行业协会会长单位、镇江市互联网协会副理事长单位、江苏省网络信息安全协会理事单位。2019年与南京大学联合成立“南大—冬云网络安全联合实验室”，取得12项专利，成功将区块链技术运用在提升网络安全防护上，并取得良好的经济效益。该技术安全级别远高于传统的网络防火墙等技术，且因无法篡改用户信息数据，最大限度降低损失，对未来网络安全防护有着革命性意义。

目前，江苏冬云云计算已成为国内领先的数据存储和安全服务商，市场占有率居省内前三，抗Ddos网络攻击防护能力居国内第一。2022年5月与江苏电信达成合作协议，由冬云一期投资2.4亿元，在镇江官塘新建一个集网络安全、数字安全技术应用、超级算力三者业务为一体，承载万台高端服务器，输出算力达400P的“冬云（官塘）超级计算中心”。该项目预计2023年6月交付使用，旨在构建镇江数字经济发展“算力底座”，为华东地区科研院所、网络安全攻防、数据灾备、网络应用分发提供算力支撑。

冬云（官塘）超级计算中心

股份有限公司

冬云（西津渡）创新发展中心

冬云—南大网络安全联合实验室

冬云生态系统

企业荣誉

镇江市农业产业化经营龙头企业

镇江市五峰茶场

开展创新产业链上学习教育活动

现代化制茶车间

镇江市五峰茶场地处镇江市西郊、五洲山北麓，属宁镇丘陵地区。茶场创建于1986年2月，茶园面积62公顷，生态环境极佳，茶树优良品种率达90%以上，茶园方圆5千米内无工业“三废”排放企业。茶场年产各类绿茶23吨，品种包含五峰黄金芽、五峰白茶、五峰翠箩、五峰迎春茶、金山翠芽茶、五峰香怡茶、五峰红茶，产销率高达100%，历年来呈现供不应求的趋势。镇江市五峰茶场是镇江市市级农业产业化经营龙头企业，中国茶叶学会首批命名的全国12家“茶叶科技示范基地”之一。茶场先后通过无公害农产品产地和产品认证、绿色食品认证，并在全省茶叶行业首批通过QS市场准入质量安全认证。2015年，五峰茶场承担实施部级园艺标准园项目，创建了国家级茶叶标准示范园。2019年，五峰茶场荣获省级文明单位称号。2020年，五峰茶场着力生产线改造升级，打造建成符合农业现代化标准的茶叶示范生产基地。

茶场拥有的“彭公”牌商标和“五峰迎春”牌商标双双被评为“江苏省著名商标”；“五峰迎春茶”同时被评为“江苏名牌农产品”。自主品牌“五峰香怡茶”“五峰迎春茶”在2019年北京世界园艺博览会荣获江苏“十佳名茶”称号。